De Zorgverzekeringswet en de Wet op de zorgtoeslag

De Zorgverzekeringswet en de Wet op de zorgtoeslag

Mr. C.C. Beerepoot

Gezondheidswetgeving in de praktijk

Redactie:
Mr. R.N. van Donk
Mr. dr. H.E.G.M. Hermans
Mr. dr. J.J.M. Linders

Bohn Stafleu van Loghum
Houten, 2008

© 2008 Bohn Stafleu van Loghum, onderdeel van Springer Uitgeverij
Alle rechten voorbehouden. Niets uit deze uitgave mag worden verveelvoudigd, opgeslagen in een geautomatiseerd gegevensbestand, of openbaar gemaakt, in enige vorm of op enige wijze, hetzij elektronisch, mechanisch, door fotokopieën of opnamen, hetzij op enige andere manier, zonder voorafgaande schriftelijke toestemming van de uitgever. Voor zover het maken van kopieën uit deze uitgave is toegestaan op grond van artikel 16b Auteurswet 1912 j° het Besluit van 20 juni 1974, Stb. 351, zoals gewijzigd bij het Besluit van 23 augustus 1985, Stb. 471 en artikel 17 Auteurswet 1912, dient men de daarvoor wettelijk verschuldigde vergoedingen te voldoen aan de Stichting Reprorecht (Postbus 3051, 2130 KB Hoofddorp). Voor het overnemen van (een) gedeelte(n) uit deze uitgave in bloemlezingen, readers en andere compilatiewerken (artikel 16 Auteurswet 1912) dient men zich tot de uitgever te wenden.

Samensteller(s) en uitgever zijn zich volledig bewust van hun taak een betrouwbare uitgave te verzorgen. Niettemin kunnen zij geen aansprakelijkheid aanvaarden voor drukfouten en andere onjuistheden die eventueel in deze uitgave voorkomen.

ISBN 978 90 313 5308 8
NUR 825

Ontwerp omslag: Houdbaar, Deventer
Ontwerp binnenwerk: TEFF (www.teff.nl)
Automatische opmaak: Pre Press, Zeist
Illustratie omslag: Rembrandt, De anatomische les van dr. Nicolaes Tulp (detail),
© Koninklijk Kabinet van Schilderijen Mauritshuis, Den Haag

Eerste druk, 2006
Tweede, herziene druk, 2008

Bohn Stafleu van Loghum
Het Spoor 2
Postbus 246
3990 GA Houten

www.bsl.nl

Inhoud

	Woord vooraf	1
	Ten geleide bij de eerste druk	3
	Voorwoord tweede, herziene druk	11
1	Overzicht verwante regelgeving	15
2	Doel van de Zvw	27
3	Wordingsgeschiedenis	31
4	Juridisch kader van de Zorgverzekeringswet	35
5	Juridisch instrumentarium	71
6	Wet op de zorgtoeslag	121
7	Overige wet- en regelgeving	131
	Literatuur	133
	Bijlage 1 Zorgverzekeringswet	135
	Bijlage 2 Besluit zorgverzekering	185
	Bijlage 3 Regeling zorgverzekering	207
	Bijlage 4 Wet op de zorgtoeslag	325
	De auteur	329

Afkortingen 331

Register 337

Woord vooraf

Vanaf 1 januari 2006 is de Zorgverzekeringswet van kracht. Met de Zorgverzekeringswet is het Nederlandse stelsel van ziektekostenverzekeringen ingrijpend hervormd en kwam er een einde aan de naast elkaar bestaande systemen van ziekenfondsverzekering en particuliere ziektekostenverzekeringen. Daarvoor in de plaats regelt de Zorgverzekeringswet één privaatrechtelijk stelsel van ziektekostenverzekeringen met wettelijke waarborgen ten aanzien van de acceptatie van verzekerden, de door zorgverzekeraars in rekening te brengen premies en de omvang van het pakket van te verzekeren prestaties.

Kern van het systeem is dat de verschillende actoren elkaar via de werking van de markt stimuleren tot betere prestaties op het terrein waarop zij werkzaam zijn. Van verzekerden wordt verwacht dat zij zich opstellen als kritische consumenten die hun verzekeraar kiezen aan de hand van de hoogte van de premie, de gehanteerde vergoedingsregeling bij restitutie van zorgkosten, de organisatie van zorgprestaties en overige dienstverlening in het geval van een naturaverzekering en last but not least: het niveau van serviceverlening. Voor zorgverzekeraars is het dan ook zaak via kostenbeheersing en afspraken met zorgaanbieders een zo aantrekkelijk mogelijke combinatie te leveren van verzekeringsprestaties en premiehoogte, gepaard gaande met een goede service en klantvriendelijkheid. Van zorgaanbieders wordt een efficiënte en kwalitatief goede zorgverlening verwacht, gestimuleerd door contracten met zorgverzekeraars (natura) of door de patiënt, die immers bij een restitutiepolis een deel van de kosten voor eigen rekening krijgt. Voor verzekeraars en zorgaanbieders bestaat aldus het risico van verlies van klandizie en voor verzekerden het risico dat men meer betaalt dan nodig is.

In de eerste jaren van de Zvw hebben zich verschuivingen voorgedaan in de verzekerdenbestanden van ongeveer 18 procent in 2006 en 4,4% in 2007. De wet gaat zelf uit van een evaluatie na vijf jaar.

De Zorgverzekeringswet staat niet op zichzelf. Naast deze wet brengt de invoering van het zorgverzekeringsstelsel een woud van aanpalende regelgeving mee. Dit boek van mevrouw mr. Beerepoot is een herziening van de eerste versie van 2006. Het biedt u een helder overzicht van de formele wetten en de lagere regelgeving die met met de invoering van het zorgstelsel is ingegaan. Voorts garandeert de aan dit boek gekoppelde online vakbibliotheek de actualiteit van de opgenomen wet- en regelgeving.

Namens de redactie,
Ruud van Donk
juni 2008

Ten geleide bij de eerste druk

De herziening van het verzekeringsstelsel, die op 1 januari 2006 zijn beslag krijgt, vraagt om een heldere uitleg. De Zorgverzekeringswet (Zvw) neemt een bijzondere positie in binnen ons rechtssysteem. Deze wet wordt aan vele kanten ingeperkt en gestuurd door regelgeving die zich over vele terreinen uitstrekt en daarom de nodige ruimte en aandacht vergt. Niet alleen is de nieuwe Zvw verweven met velerlei rechtsgebieden en dient dus om die reden duidelijk te worden gepositioneerd, maar ook is deze nieuwe wet onderwerp geweest van vele discussies in en buiten de media, aangezien sprake is van een majeure hervorming van ons nationale zorgstelsel, waarover al decennialang wordt nagedacht.

Ondanks kritische kanttekeningen door de Raad van State, het parlement, de Europese Commissie, de verzekeraars, de artsengenootschappen en ziekenhuisvertegenwoordigers, de patiëntenplatforms en de kritiek van het 'geweten van de privacy', het College bescherming persoonsgegevens, dat een duidelijke stempel heeft gedrukt op de uiteindelijke vormgeving van de wet, is de Zvw op 14 juni 2005 door de Eerste Kamer aanvaard.

Met de Zvw wordt afscheid genomen van het systeem waarin zowel een particuliere verzekering als een ziekenfondsverzekering vigeren. Kwam men boven de ziekenfondsgrens, dan moest men kiezen voor een particuliere verzekering. Het ziekenfonds was van rechtswege geregeld, terwijl voor de particulier geen acceptatieplicht voor de verzekeraar bestond. Een gezin met twee kinderen, waarvan de man kostwinner was en boven de ziekenfondsgrens uitkwam, betaalde bijvoorbeeld voor zijn huishouden € 429 nominale premie per maand. Een alleenstaande in het ziekenfonds betaalde € 400 nominale premie per jaar, afgezien van een kleine inkomensafhankelijke bijdrage van hemzelf en door zijn werkgever. Met invoering van de Zvw zal nog maar één verzekering bestaan, te weten de zorgverzekering. Het gaat hier om een basisverzekering waarvan het pakket grotendeels overeenkomt met het ziekenfondspakket en de mogelijkheid van het sluiten van een aanvullende verzekering. Op eenieder rust per 1 januari 2006 de verplichting een zorgverzekering af te sluiten. Daartegenover staat de verplichting voor verzekeraars iedereen voor een basisverzekering te accepteren. Naar verwachting zal de nominale premie voor een gezin rond de € 184 per maand bedragen. Kinderen betalen geen premie. In bovengenoemd voorbeeld zal het gezin daarom minder premie gaan betalen voor het basispakket, maar met de aanvullende verzekering wellicht op hetzelfde bedrag uitkomen, terwijl de ziekenfondsverzekerde veel meer premie zal moeten opbrengen, maar indien deze verzekerde aan een aantal voorwaarden voldoet zal hij worden gecompenseerd via een toeslag die men bij de Belastingdienst/Toeslagen kan aanvragen zodat de financiële gevolgen van de invoering van dit stelsel minimaal zullen blijven. De stelselwijziging is althans zodanig opgezet dat al te grote inkomenseffecten zullen worden vermeden.

De Zvw vormt als gezegd het sluitstuk van een proces van reflectie over een herinrichting van ons nationale systeem van ziektekostenverzekeringen. De voorstellen voor een reorganisatie zijn begonnen met het zogenaamde plan-Hendriks uit 1974, waarna vervolgens concrete voorstellen tot wijziging in de zorg zijn ontwikkeld die bekend zijn onder de namen plan-Dekker en plan-Simons. De vormgeving van deze plannen ging nog uit van een publiekrechtelijk stelsel.

De ratio van de Zvw komt erop neer dat de structuur van het zorgstelsel zodanig gewijzigd dient te worden dat de bijdrage van de burger voor zijn zorgverzekering zodanig onder controle kan worden gebracht, dat ook in de toekomst betaalbaarheid van de zorg gehandhaafd kan blijven. Tegelijkertijd dient toegang tot de zorg voor eenieder te worden gewaarborgd. Het kabinet zoekt naar een evenwicht tussen solidariteit en solidariteit.
 De Zvw bouwt overigens voort op mogelijkheden voor marktwerking die al voorheen waren geïntroduceerd in de zorgsector. Denk bijvoorbeeld aan zogenaamde vrij onderhandelbare diagnosebehandelingcombinaties (dbc's). Met andere woorden, concurrentie op het gebied van inkoop van zorg door verzekeraars bij ziekenhuizen, maar denk ook aan overheidsingrijpen op de markt van de geneesmiddelen. Hier is onder minister Borst (tijdens de kabinetten-Kok) bereikt dat geneesmiddelen niet duurder worden dan nodig. De KNMG hanteert het adagium 'goedkoop waar het kan, duur waar het moet'. In dit laatste geval is door de overheid ingegrepen op de markt van geneesmiddelen met het doel dit beter te laten werken. Het mes snijdt hier aan twee kanten: de patiënt zal minder voor zijn geneesmiddelen betalen. Een correctie ten aanzien van de monopoliepositie van de geneesmiddelenfabrikant draagt er immers toe bij dat het principe van de vrije markt een betere kans krijgt, waardoor meer prikkels voor bijvoorbeeld research en innovatie zullen ontstaan.

Het wijzigen van een stelsel is per definitie geen kleinigheid en gaat gepaard met de economische wetmatigheid dat de 'cost voor de baet' uitgaat. Dit betekent dat de vruchten van deze stelselwijziging pas op termijn geplukt kunnen worden en op korte termijn de investering in dit nieuwe stelsel een tijdelijke kostenverhoging met zich zal meebrengen. Om een en ander te stroomlijnen kan hier wederom gerefereerd worden aan de invoering van de dbc's. Met deze dbc's wordt bedoeld het onlangs in ziekenhuizen toegepaste systeem om verrichtingen makkelijker te kunnen declareren. Waar voorheen nog iedere verrichting apart moest worden geadministreerd, is met dit nieuwe systeem gekozen voor een techniek waarbij de arts op basis van een diagnose kiest voor een totale behandelingscombinatie. Dit is te vergelijken met een bezoek aan een restaurant waarbij men van de menukaart kiest en vervolgens voor maaltijd en bediening betaalt, in plaats van ieder ingrediënt van de maaltijd afzonderlijk op de bon te vermelden. Voor de goede orde zij hier nog opgemerkt dat dit nieuwe declaratiesysteem op zichzelf geen onderdeel uitmaakt van de Zvw. In de discussie rond de invoering van de Zvw worden de zaken echter vaak op een hoop gegooid. Het declaratiesysteem maakt vergelijking mogelijk tussen verschillende zorgaanbieders. Hierdoor ontstaat de nodige transparantie die noodzakelijk is voor concurrentie en marktwerking. Hiervoor moesten ziekenhuizen echter eerst voor honderdduizenden en soms miljoenen euro's investeren in nieuwe automatiseringssystemen en administratieve krachten. Een en ander heeft ertoe geleid dat de nodige kritiek is losgebarsten ten aanzien van de stelselwijziging in de zorg.

Ook de burger voelt zich onzeker ten aanzien van de kosten die dat voor zijn inkomensplaatje met zich mee zal brengen. Dat op termijn de markt zal zorgen voor een gunstige uitwerking op de portemonnee van de burger moet hij nog maar afwachten. De houding van de Nederlander wordt tot nog toe gekenschetst als 'eerst zien en dan geloven'. De Consumentenbond wordt met vragen bestookt over de toeslagen en veranderingen per huishouden etc. Bedacht moet echter worden dat hier sprake is van invoeringsperikelen die ook wel worden vergeleken met de problematiek met de invoering van de euro. Ook nu geldt dat de burger meent, en soms niet ten onrechte, in zijn portemonnee door de invoering te worden geraakt. Doch uiteindelijk zal ook hier sprake zijn van een voordeel op de langere termijn.

Om deze bezwaren het hoofd te bieden is het volgens de econoom prof.dr. S.C.W. Eijffinger, tevens prominent CDA-lid, noodzakelijk dat het kabinet duidelijker gaat uitleggen wat de bedoeling van de invoering van de Zvw is en welke voordelen hiermee op termijn behaald kunnen worden, zodat duidelijk wordt dat uiteindelijk de voordelen eenieder ten goede zullen komen. Hiertegenover wordt echter door de oppositie – vooral de PvdA en de SP – gewezen op de nadelen van de invoering van de Zvw. Die nadelen behelzen volgens deze partijen de enorme toename van de bureaucratie. De zorgsector staat momenteel al te boek als een samenstel van organisaties met veel te veel 'overhead'. Er zou veel te veel tijd en geld verloren gaan aan tussen de patiënt en dokter geschoven 'managementlagen'. De operatie die door de Belastingdienst/Toeslagen dient te worden uitgevoerd om eenieder de zorgtoeslag te doen toekomen, vergt wederom het in het leven roepen van een bureaucratisch apparaat. Er zullen naar schatting meer dan vijfhonderd extra krachten bij de Belastingdienst/Toeslagen moeten worden aangenomen om een miljardenoperatie van teruggave over de gehele bevolking via per post verzonden formulieren uit te voeren. Op deze wijze kunnen daarom kanttekeningen worden geplaatst bij de vraag of de kosten op termijn voldoende zullen worden terugverdiend om een dergelijke inspanning te rechtvaardigen. Minister Hoogervorst van Volksgezondheid, Welzijn en Sport (VWS) relativeert bovengenoemde exercitie met een verwijzing naar de volgende gegevens: in de zorgsector zijn ongeveer een miljoen mensen werkzaam zodat vijfhonderd meer of minder in het geheel verdwijnen. Bovendien moet men het kabinet beoordelen op het totaal aan maatregelen dat wordt getroffen. De overheid voert een beleid van deregulering en daarbij zullen ook deze periode duizenden arbeidsplaatsen voor ambtenaren verdwijnen, zodat per saldo nog altijd een substantiële bezuiniging wordt doorgevoerd.

Op deze plaats kan ook nog gewezen worden op de discussie ten aanzien van de beloningsstructuur in de zorgsector. De oppositie wijst met de regelmaat van de klok op de torenhoge inkomsten van topmanagers met bonussen etc. Door minister-president Kok waren de inkomsten van topmanagers al gekenschetst met de inmiddels beruchte bewoordingen van exhibitionistische zelfverrijking. Dat managers in de zorg zich ook dergelijke bedragen weten toe te eigenen, terwijl het – althans volgens vele kamerleden en de bonden – hard werkende verplegend personeel met modaal genoegen moet nemen, is veel leden van de Tweede Kamer in het verkeerde keelgat geschoten. De privatisering die in de zorgsector heeft plaatsgevonden heeft tot gevolg dat ziekenhuisdirecteuren en bestuurders van andere zorginstellingen zoals verpleeghuizen, bloedbanken en dergelijke alsook de besturen van zorgverzekeraars salarissen al dan niet met bonus incasseren, die vaak een veelvoud zijn van het ministerssalaris. Om die reden is ook in het parlement voorgesteld om te bezien of het niet mogelijk is in de semipublieke sector een soort minister-presidentnorm aan te houden, dat wil zeggen dat bijvoorbeeld bestuurders van de inmiddels geprivatiseerde nutsbedrijven niet meer zouden mogen verdienen dan het inkomen van de minister-president. Hierover is overleg geweest tussen de sector en minister De Geus van Sociale Zaken en Werkgelegenheid (SZW), hetgeen tot nog toe nog geen concreet resultaat heeft opgeleverd.

Ook minister Hoogervorst van VWS ziet de inkomsten van managers in de zorg met lede ogen aan. De overheid heeft echter in de private sector geen of althans geen directe zeggenschap over de bedrijfsvoering of salariëring van de directie. Binnen het Nederlandse ondernemingsrecht is het zo geregeld dat de Raad van Commissarissen met deze zaken is belast. De Raad van Commissarissen heeft volgens de wet de taak om rekening te houden met alle betrokken partijen bij een onderneming, dat wil zeggen met werkgevers, werknemers en aandeelhouders. Het is echter wel zo dat wetgeving als de Zvw ertoe bijdraagt dat marktwerking en daarmee concurrentie wordt bevorderd, zodat indirect druk wordt uitgeoefend op de kosten en daarom ook op de loonkosten en het imago van de onderneming. De overheid oefent invloed uit op dit laatste punt doordat wordt geregeld dat de salariëring inclusief bonussen verplicht openbaar wordt gemaakt.

Dit boek tracht een uiteenzetting te geven van de inbedding van de Zvw in de verschillende rechtsgebieden. Een hele opgave aangezien het hier een rijke schakering van veelal nieuwe wetgeving betreft, die tegelijkertijd per 1 januari 2006 in werking moet treden. Denk daarbij aan de gezondheidswetgeving, zoals het Wetsvoorstel toelating zorginstellingen, het Wetsvoorstel marktordening gezondheidszorg, maar ook overige wetgeving als de privacywetgeving, het Europese recht, het mededingingsrecht, het bestuursrecht, het algemene verbintenissen- en vermogensrecht, het verzekeringsrecht, en zelfs het commune strafrecht.

In dit boek zullen de meest ingrijpende (aangenomen) amendementen die in de loop van de parlementaire behandeling zijn ingediend en die het karakter van de Zvw uiteindelijk hebben bepaald, worden besproken.

De privaatrechtelijke basis van de zorgverzekering wordt op sommige plaatsen, gezien het eigen karakter van de Zvw, zoals de bepalingen rond acceptatie, opzegging en dekking, weer opzijgeschoven. In de totstandkoming van de Zvw wordt voortdurend een evenwicht gezocht tussen de private elementen en de publieke waarborgen dat zo kenmerkend is voor dit nieuwe zorgstelsel. In het nieuwe zorgstelsel zal sprake zijn van gereguleerde marktwerking. Gaat het ook werken? Is het wel zo dat zorgaanbieders kunnen concurreren met elkaar en is daar voldoende speelruimte voor omdat dat alleen kan op de terreinen waar min of meer routinematige behandelingen worden verricht? Hoe specialistischer de behandeling, hoe minder concurrentie mogelijk is. De verzekerde wordt in dit stelsel een bepalende actor, doordat hij eigen verantwoordelijkheden krijgt toebedeeld. Hij kan jaarlijks wisselen van zorgverzekeraar en zal dan kiezen voor een zorgverzekeraar die en goedkoop is en kwalitatief goede zorg aanbiedt. De verzekerde wordt gedwongen een afweging te maken of hij bepaalde zorg zal willen consumeren, omdat hij via de no-claimteruggave en een eigen risico kan besparen op de zorgkosten. Is de verzekerde in staat te stemmen met de voeten en is hij daadwerkelijk in staat te beoordelen of de ene zorgverzekeraar hem meer te bieden heeft dan de andere? Het is immers niet uitsluitend de hoogte van de premie die dat aangeeft, maar ook het aantal zorgaanbieders dat geconsulteerd kan worden, de kwaliteit die ze bieden en de procedurele voorwaarden die in de verzekering worden gesteld.

Ook de Eerste Kamer heeft een grote stem gehad in de Zvw. De poortwachtersfunctie van de huisarts is wettelijk verankerd en er is een overgangsregeling getroffen in de verzekeringsplicht om te voorkomen dat personen niet verzekerd zijn, de zogenaamde negatieve optie. Of daarmee de prikkel om nog van zorgverzekeraar te wisselen voorgoed uit het stelsel wordt verwijderd, is een wellicht al te negatieve voorstelling van zaken. Toch kan je je niet aan de indruk onttrekken dat, gezien de argumentatie van de Nederlandse regering bij de toets aan het mededingingsrecht voor het handhaven van de reserves van ziekenfondsen, waarin steeds werd gesteld dat ziekenfondsverzekerden, de sociaal zwakkeren, nu eenmaal niet geneigd zijn van verzekeraar te wisselen, dit toch een kern van waarheid in zich zal dragen.

Is het Europees recht dit nieuwe verzekeringsstelsel welgezind? Tijdens de Ronde tafelconferentie met de Tweede Kamer was het ook voor de specialisten op het terrein van de Derde Schaderichtlijn de vraag of de uitzonderingsbepaling van artikel 54 in deze richtlijn toepasselijk was en vervolgens of deze al dan niet restrictief moest worden uitgelegd.

Vergaande uitspraken als wijziging van de Derde Schaderichtlijn en termen als 'the devil is in the details' waren niet van de lucht. Uiteindelijk is er wel een uitspraak ontlokt aan de Europese Commissie en zag toenmalig EU-commissaris Bolkestein ruimte in de Derde Schaderichtlijn voor de invoering van de Zvw. Het Hof van Justitie kan uiteindelijk slechts definitieve duidelijkheid geven of de Zvw in strijd is met de Derde Schaderichtlijn. Absolute zekerheid bestaat daarom nog steeds niet en bepaalde kamerleden pleiten er dan ook voor dat de minister een crisisplan, plan B, een ziektekostenstelsel geschoeid op publiekrechtelijke leest, achter de hand houdt.

Bij de totstandkoming van een stelsel van risicoverevening is een rechtstreekse toets aan de mededingingsregels uit het EG-Verdrag uitgevoerd waaruit een positieve notificatie is voortgekomen van de Europese Commissie, maar er is tot op heden nog onduidelijkheid over de vraag of dit stelsel voldoet aan de eisen van de privacywetgeving.

Het toezicht raakt bijna alle toezichtkaders en verschillende wetgeving, de Zorgautoriteit i.o., de Autoriteit Financiële Markten, De Nederlandsche Bank en de Pensioen- & Verzekeringskamer.

In dit boek wordt ook duidelijk dat terdege rekening is gehouden met de kosten die deze megaoperatie met zich meebrengt en dat op de middellange termijn redelijkerwijs voordelen kunnen worden verwacht ten opzichte van de huidige investering. Zie bijvoorbeeld de uitvoering van het amendement-Schippers ten aanzien van de administratieve lasten.

De bevolking is voorts duidelijkheid verschaft via Postbus 51-spots, brieven van minister Hoogervorst, de baksteenrode envelop met goed nieuws van staatssecretaris Wijn en publiciteit in de media over de huisartsenstakingen waaruit voelbaar is dat geen sprake meer is van louter politieke werkelijkheid, maar dat iedere Nederlander eraan zal moeten geloven. Minister De Geus SZW spreekt van een 'steengoede' wet voor eenieder. De huisartsen dachten daar anders over. Volgens de huisarts komt de nieuwe wet de patiënt niet ten goede omdat de huisarts bang is dat de verzekeraar zich in de praktijk zal gaan bemoeien met het uitschrijven van medicijnen, waardoor de patiënt mogelijkerwijs niet in alle gevallen optimaal wordt bediend. Na bemiddeling is met de huisartsen een compromis tot stand gekomen. Nochtans is de storm van kritiek op de nieuwe wet – veroorzaakt door de medisch specialisten, onder andere bij monde van beroepsorganisaties van de Koninklijke Nederlandsche Maatschappij tot bevordering der Geneeskunst (KNMG) en de Orde van medisch specialisten – nog niet gaan liggen. De specialisten keren zich met name tegen de zogenaamde administratieve lasten die uitvoering van deze wet met zich mee zouden brengen. Onder andere het nieuwe systeem van de dbc's zou ervoor zorgen dat de specialist meer tijd aan administratie moet besteden dan aan de patiënt. Ziekenhuizen voorzien bovendien dat meer patiënten in de toekomst onverzekerd zullen rondlopen, wanneer grote groepen in de praktijk niet in staat zullen blijken hun premie tijdig te voldoen, waardoor de druk op de budgetten van ziekenhuizen zal toenemen. Afgezien van bestaande voorzieningen als de zogenaamde calamiteitenpotjes (oninbare vorderingen kunnen geboekt worden op de post dubieuze debiteuren bij ziekenhuizen en oninbare rekeningen voor illegalen kunnen worden verhaald op de Stichting Koppeling) om dergelijke openstaande posten het hoofd te bieden, zal ook hier volgens de minister de soep niet zo heet worden gegeten als hij wordt opgediend. Immers, eenieder zal tijdig van de verzekeraar een offerte ontvangen tegen per saldo gelijke voorwaarden als onder de ziekenfondsverzekering het geval was en waarbij met invulling van een handtekening en bankrekeningnummer een machtiging wordt afgegeven waardoor in de praktijk weinig of niets verandert.

Doorslaggevende argumenten van het kabinet-Balkenende II om de Zvw privaatrechtelijk vorm te geven en dus niet te kiezen voor een publiekrechtelijk stelsel betreft de verwachting dat de burger prikkels gegeven kan worden om de eigen verantwoordelijkheid meer te activeren, zodat de verzorgingsstaat vervangen kan worden voor een nieuwe participatiemaatschappij zoals de premier dat heeft genoemd. Daarbij hoort dat de burger dan ook zelf moet kunnen kiezen hoe hij zijn leven inricht en in het bijzonder hoe hij zich van zorg wil verzekeren. In de discussie rondom de Zvw is deze keuzevrijheid steeds aan de orde geweest. De keuzevrijheid hangt samen met het belangrijke aspect van het kostenbewustzijn van de zorgvoorzieningen. Daartegenover staat echter de meer filosofische vraag of de burger wel echt zit te wachten op meer keuzevrijheid. De burger heeft al zo veel keuzemogelijkheden in de huidige samenleving aan zijn hoofd, denk bijvoorbeeld aan de keuze voor zijn internetprovider, de opties op zijn mobiele telefoon, de keuze voor zijn elektriciteitsvoorziening, zijn hypotheekvorm etc., dat het ook een fictie kan zijn te denken dat de burger op zijn zolderkamer offertes voor zijn zorgverzekering zal willen bestuderen. Hiertegenover kan dan weer gesteld worden dat een gemiddeld huishouden in Nederland zonder problemen een ordner in de kast heeft staan met daarin een keur aan verzekeringen: een autoverzekering, een inboedelverzekering, een opstalverzekering, een glasverzekering, een reisverzekering, ongevallenverzekering, een lijfrentepolis etc., zodat een polis meer of minder toch niet tot een maatschappelijke discussie hoeft te leiden.

De effecten die de Zvw zal hebben op het inkomen zijn inmiddels berekend. De inkomensplaatjes zijn bij de algemene politieke beschouwingen 2005 in de Tweede Kamer besproken. De kritiek van de oppositie was gelegen in het beeld dat de Zvw teweegbrengt dat gezinnen met inkomens van rond de € 60.000 er jaarlijks met honderden euro's op vooruit zullen gaan, terwijl voor andere groepen en met name de minima geen vooruitgang of zelfs enige achteruitgang in het verschiet ligt. Derhalve wordt in de berekeningen dus een uitzondering geconstateerd op de bovengenoemde regel dat de gevolgen van de Zvw in het inkomensbeeld minimaal zullen blijven. Aldus beschouwd kan de ingewikkelde stelselwijziging ook worden opgevat als verkapte gezinspolitiek die past bij de ideologie van het CDA die terug wil naar het traditionele gezin als hoeksteen van de samenleving. De fractievoorzitter van het CDA, Maxime Verhagen, heeft ook toegegeven dat het de bedoeling is om waar mogelijk met de onderhavige wetgeving gezinspolitiek te bedrijven. De minister-president hield de kamer echter voor dat de laatste jaren juist deze groep extra had ingeleverd, zodat compensatie gerechtvaardigd zou zijn.

De tijd zal leren of inkomenssolidariteit, risicosolidariteit, eigen verantwoordelijkheid van de verzekerde en marktwerking naast elkaar kunnen bestaan. De wetgever heeft het nieuwe zorgstelsel vijf jaar de kans gegeven om dit te laten zien en verwacht nadien van de minister een verslag over de doeltreffendheid en de effecten van deze wet in de praktijk.

In ieder geval kan gesproken worden van een dynamisch zorgstelsel, dat temeer blijkt uit het feit dat de inkt van de drukker van het *Staatsblad* nog niet droog is of er staan alweer nieuwe wetswijzigingen en wijzigingsbesluiten op stapel.

Tot slot kan gesteld worden dat iedere stelselwijziging nu eenmaal invoeringsperikelen met zich meebrengt, maar het gaat uiteindelijk om het bereikte resultaat. Wanneer voor eenieder de voordelen duidelijk zullen worden, zullen ook de kruitdampen optrekken en zal men zich afvragen waarom we dit niet veel eerder hebben gedaan, zo is althans de vaste overtuiging van de minister. Die voordelen zullen niet alleen zijn dat wordt bereikt dat ook met de vergrijzing voor de deur de premies voor de ziektekosten in de toekomst betaalbaar zullen blijven, maar ook dat veel ballast overboord is gegooid. In plaats van drie ziektekostenstelsels, te weten de ziekenfondsverzekering, de particuliere ziektekostenverzekeringen en de publiekrechtelijke ziektekostenverzekering, is er nu nog voor iedereen één verzekering. Mensen die meer gaan verdienen en uit het ziekenfonds moesten overstappen naar een particuliere verzekering met alle rompslomp van dien en niet in de laatste plaats met het risico per saldo slechter uit te zijn als gevolg van de hoge particuliere ziektekostenpremie, zullen de voordelen van de Zvw aan den lijve ondervinden.

Bovendien moet worden onderkend dat al lange tijd onder de vigeur van het vorige stelsel is getracht de problematiek van de wachtlijsten het hoofd te bieden, doch dat ondanks herhaaldelijke financiële bijstortingen de zaak maar met matig succes onder controle was te krijgen. Uit dit alles blijkt dat hervormingen in de zorg noodzakelijk waren. De wijze waarop een en ander juridisch gestalte heeft gekregen wordt hierna uiteengezet.

De tekst vermeldt de stand van zaken tot en met Prinsjesdag 2005.

Christine Beerepoot
Zwolle, 20 september 2005

Voorwoord tweede, herziene druk

De invoering van de Zorgverzekeringswet was op zichzelf geen geringe opgave, maar bleek achteraf weinig voeten in de aarde te hebben. De vorige minister van VWS, Hans Hoogervorst, had zijn politieke lot aan dit project verbonden, maar is erin geslaagd de wet vakkundig door het parlement te loodsen. Zij het dat het Eerste Kamerlid Hannie van Leeuwen tot op het laatste moment toezeggingen bleef eisen, hetgeen overigens staatsrechtelijk discutabel genoemd kan worden. Is hier sprake van een versluierd recht van amendement van de Eerste Kamer?

Hoe dan ook, gesteld kan worden dat voor de meeste burgers de nieuwe wet geen problemen heeft opgeleverd. In verzekeringsland heeft de wet geleid tot een aantal fusies. Zo zijn Univé-VGZ-IZA-Trias samengevoegd tot Uvit en vormen Agis en Achmea een nieuwe combinatie. Mede omdat de aanbieders moeten dingen naar de contracten met de zorgverzekeraars vinden ook tussen deze partijen de nodige fusies plaats teneinde de kosten zo laag mogelijk te houden. De Tweede Kamer heeft voorgesteld de minister van VWS de bevoegdheid te geven om fusies tussen zorgaanbieders te verbieden. Na onderzoek heeft de Raad voor de volksgezondheid en zorg (RVZ) echter niet aan kunnen tonen dat grootschaligheid zou leiden tot verschraling. Sterker nog, de RVZ geeft aan dat de kwaliteit van de zorg zelfs gediend zou kunnen zijn met schaalvergroting.

Daarnaast was een beoogd doel van de Zvw om de burger meer keuzevrijheid voor een zorgverzekering toe te kennen. De mogelijkheid is in de wet opgenomen om van zorgverzekeraar te wisselen en in beginsel rust op de zorgverzekeraar de plicht tot acceptatie van de verzekerden. Sinds 1 januari 2008 zijn enige restricties aangebracht in de opzegging door de verzekerde van zijn zorgverzekering als er sprake is van premieschuld. Bij de invoering in 2006 werd eenmalig de mogelijkheid geboden om met inbegrip van de aanvullende verzekering over te stappen en hebben de verzekeraars afgesproken om zonder risicoselectie overstappende verzekerden van elkaar te accepteren. Sinds 2007 stelt de zorgverzekeraar dus ten aanzien van het aanvullende pakket voorwaarden. Bij de invoering is massaal gebruikgemaakt van de ruime mogelijkheden om van zorgverzekeraar te wisselen. Grote aantallen verzekerden zijn overgestapt, hetgeen overigens wel tot enig gemor heeft geleid bij de zorgverzekeraars, vooral voor wat betreft de administratieve verwerking hiervan.

Uit concurrentieoverwegingen trachten de zorgverzekeraars schaalvoordelen te behalen uit fusies en daarnaast worden de kosten zo laag mogelijk gehouden door andere vormen van samenwerking tussen zorgverzekeraars, zoals de zogenaamde 'overstapservice', waarbij de wisseling van zorgverzekeraar administratief gezien een fluitje van een cent is geworden.

Het afgelopen jaar werd vastgesteld dat een algemene doelstelling van de afgelopen kabinetten, te weten het verminderen van de regeldruk en het terugdringen van de bureaucratisering niet is gehaald. Vooral in Europees verband worden steeds meer eisen op het gebied van regelgeving aan overheden gesteld. Ook ten aanzien van de zorg wordt wel gesproken van een woud van regels, hoewel met de Zvw toch ook vooruitgang is geboekt op het punt van efficiency en marktwerking.

De huidige minister van VWS, Ab Klink – die sinds het aantreden van het kabinet Balkenende IV samen zetelt met vicepremier André Rouvoet, die verantwoordelijk is voor het programmaministerie voor Jeugd en Gezin – was in zijn hoedanigheid van voorzitter van de 'denktank' van het CDA al betrokken bij de totstandkoming van nieuwe wetgeving zoals de Zvw. Het CDA-gezelschap dat heeft nagedacht over sociale vraagstukken in Nederland en dat later bekend is geworden als het zogenaamde 'Schlemmer-beraad', genoemd naar het café waar men vergaderde, heeft zich hierbij laten inspireren door de Amerikaanse filosoof Amitai Etzioni. De leidende gedachte is hier om zo veel mogelijk verantwoordelijkheid te leggen in het maatschappelijke middenveld. Denk hierbij ook aan de versoepeling van het ontslagrecht en de herziening WIA. Zo is de zorgverzekering in beginsel een private aangelegenheid, zij het dat de overheid het sociaalrechtelijke element in de wet heeft vastgelegd. Burgers en bedrijven zijn eerst en vooral zelf verantwoordelijk voor hun handelen. De overheid treedt slechts in die zin regulerend op dat in de wet de contouren voor sociale rechtvaardigheid worden gelegd.

Samengevat kan worden gesteld dat de invoering van de Zvw geen grote problemen heeft gekend en dat de premie waarop de zorgverzekeraars zouden uitkomen, van tevoren goed werd ingeschat, dat ook de operatie met betrekking tot de toeslagen via de Belastingdienst zonder al te veel problemen is uitgevoerd, op enkele punten in het Coalitieakkoord van Balkenende IV zijn wijzigingen aangebracht. Minister van Financiën Wouter Bos, in het vorige kabinet als oppositieleider tegen de no-claim en tegen het systeem van teruggave via de Wet op de zorgtoeslag, heeft bereikt dat de no-claimteruggaveregeling werd vervangen door een verplicht eigen risico.

Men zou het voorgaande ook als volgt kunnen illustreren: de Zvw heeft de problematiek omtrent onverzekerden en chronisch zieken op de agenda gezet. Daarnaast is de vraag voor de komende tijd hoe het basispakket geduid dient te worden: van belang is wat precies wordt verstaan onder zorg zoals medisch specialisten en anderen die plegen te bieden en hoe de kosten daarvoor berekend dienen te worden. Deze vragen met betrekking tot het basispakket zijn uiteraard ook van belang voor de financiering, om zodoende de kosten beheersbaar te houden. Immers, de geraamde kosten voor de verzekering (*ex ante*) dienen in de pas te lopen met de uitgaven. Bij budgetoverschrijdingen dient een oplossing gevonden te worden. Indien men de nominale premie gelijk wenst te houden, zal in dat geval bijvoorbeeld voor de financiering de zogenaamde inkomensafhankelijke bijdrage worden verhoogd. Telkens weer moet met de voortschrijding van nieuwe medische technische inzichten in de wetenschap worden beoordeeld welke medische ingrepen noodzakelijk zijn, kosteneffectief etc. Daarom dient om de zoveel tijd de balans te worden opgemaakt van wat wel en niet in het basispakket dient te worden opgenomen dan wel van het basispakket moet worden uitgesloten.

Op dit moment buigt de staatssecretaris van VWS, Jet Bussemaker, zich over het SER-advies van 18 april 2008, *Langdurige zorg verzekerd*, over de toekomst van de AWBZ, waarin onder meer wordt voorgesteld om de zogenoemde 'kortdurende, herstelgerichte zorg' van de AWBZ over te hevelen naar het basispakket van de Zvw.

Binnen de zorg is een aantal zaken geherdefinieerd die voor de Zvw van belang genoemd kunnen worden. Het gaat daarbij onder meer om het stroomlijnen van de opzegbepalingen, de overheveling van de geneeskundige ggz, de verzwaring van het incassoregime, de invulling van de pakketprincipes op het terrein van het pakketbeheer, de afschaffing van de noclaimteruggaveregeling en de invoering van een verplicht eigen risico in de Zvw.

Voor de Zvw is voorts van belang de inwerkingtreding van aanverwante wetgeving zoals de Wet marktordening gezondheidszorg, de Wet op het financieel toezicht, de Wet op het gebruik van het burgerservicenummer in de zorg en de invoering van de Wet maatschappelijke ondersteuning.

De tekst van de vorige editie is op vele plaatsen aangepast als gevolg van genoemde wijzigingen evenals van de hiervoor genoemde aanvullingen op de wet. In een apart overzicht is tot slot de in voorbereiding zijnde wetgeving op het terrein van de Zvw opgenomen.

Tot zover de stand van zaken twee jaar na invoering van de Zvw.

Christine Beerepoot
juni 2008

1 Overzicht verwante regelgeving

1.1	**Overzicht wetten**	15
1.2	**Overzicht wetsvoorstellen**	24

In dit hoofdstuk staat een overzicht van de wetten die betrekking hebben op de Zorgverzekeringswet en de Wet op de zorgtoeslag. Aan het eind is tevens een overzicht opgenomen van de wetsvoorstellen tot wijziging van de Zvw en de Wzt alsmede wetsvoorstellen van verwante wetgeving die op dit moment in voorbereiding zijn.

1.1 Overzicht wetten

Wet marktordening gezondheidszorg (Stb. 2006, 415)

Op 1 oktober 2006 is de Wet marktordening gezondheidszorg (WMG) in werking getreden. De Wet tarieven gezondheidszorg is per die datum ingetrokken.

De wet geeft vorm aan het nieuwe sturingsconcept waar de Zvw van uitgaat: de gereguleerde marktwerking. In plaats van centrale aanbodsturing zullen verzekerden, zorgverzekeraars en zorgaanbieders zelf de markt moeten beheersen, waarbij de randvoorwaarde wordt gesteld dat de publieke belangen voldoende tot hun recht moeten komen. Met andere woorden: marktwerking waar mogelijk, regulering waar nodig. Na jarenlange centrale aanbodsturing zal deze nieuwe verantwoordelijkheidsverdeling op de markt niet van de ene op de andere dag volledig autonoom kunnen werken. Deze wet maakt het mogelijk de aanbieders en zorgverzekeraars te stimuleren hun klanten zo goed mogelijk te bedienen.

De verschillende deelmarkten, de zorginkoopmarkt, de zorgverzekeringsmarkt en de zorgverleningsmarkt, vereisen een speciaal op de zorgsector gerichte toezichthouder waarin de specifieke kennis over de verschillende zorgmarkten en de verschillende vormen van toezicht zijn geïntegreerd. De verschillende vormen van toezicht zijn zo veel mogelijk in één hand gelegd, namelijk in die van de Nederlandse Zorgautoriteit (hierna: Zorgautoriteit).

De WMG regelt de oprichting van de Zorgautoriteit, haar taken, bevoegdheden en instrumenten en de verhoudingen van de Zorgautoriteit tot de minister en andere toezichthouders.

De belangrijkste bevoegdheden van de Zorgautoriteit zijn de mogelijkheid om een partij met aanmerkelijke marktmacht een specifieke verplichting op te leggen teneinde de zorginkoopmarkt op gang te brengen in een deelmarkt met vrije tariefvorming. Daarnaast kan de Zorgautoriteit algemene regels stellen waaraan zorgaanbieders en zorgverzekeraars moeten voldoen om de verzekerden inzicht te geven in de markt voor consumenten. Indien dit inzicht onvoldoende blijkt, kan de Zorgautoriteit ingrijpen en zelf regels stellen voor de nodige transparantie.

Alleen dat toezicht wordt aan de Zorgautoriteit opgedragen dat aanvullend is op dat van de functionele toezichthouders die een breder terrein bestrijken, zoals de Nederlandse Mededingingsautoriteit (NMa), De Nederlandsche Bank (DNB), de Autoriteit Financiële Markten (AFM) en de Inspectie voor de Gezondheidszorg (IGZ). Voor markten waar het vooralsnog nodig blijft tarieven en prestaties te reguleren zijn de taken uit de Wet tarieven gezondheidszorg (WTG) overgenomen in de WMG. De betaalbaarheid van de gezondheidszorg moet in goede banen worden geleid. Om de samenhang in de regulering van het toezicht mogelijk te maken moet de Zorgautoriteit informatie uitwisselen met de NMa, DNB, AFM en de IGZ.

De NMa houdt algemeen toezicht op de zorgmarkt ingevolge de Mededingingswet. Het gaat daarbij om fusiecontrole, toezicht op het verbod op kartelvorming en misbruik van economische machtspositie.

DNB houdt toezicht op de zorgverzekeraars als bedoeld in de Wet op het financieel toezicht (Wft) en ziet toe op de integriteit en solvabiliteit van de zorgverzekeraars, het prudentieel toezicht.

De AFM houdt gedragstoezicht op verzekeraars als bedoeld in de Wet op het financieel toezicht. In beginsel was het de bedoeling dat het zorgspecifieke gedragstoezicht op de zorgverzekeraars volledig zou worden uitgevoerd door de Zorgautoriteit. Vanwege complicaties in de taakafbakening tussen de AFM en de Zorgautoriteit is daarvan afgezien en wordt het gedragstoezicht uitgevoerd door de AFM; de Zorgautoriteit heeft slechts een aanvullende taak. Het gedragstoezicht in de Wft geeft de basisbescherming voor alle verzekerden en legt eisen neer hoe private verzekeraars, waaronder de zorgverzekeraars, zich dienen te gedragen in hun dienstverlening.

De IGZ is belast met het toezicht op de kwaliteit van de zorg.

Het College tarieven gezondheidszorg (CTG) en het College toezicht zorgverzekeringen (CTZ) zijn opgegaan in de Zorgautoriteit.

Wet toelating zorginstellingen (Stb. 2005, 571)

De WTZi voorziet in de condities om geleidelijk meer marktwerking te introduceren door een verschuiving van aanbodsturing naar vraagsturing. Dit betekent dat niet meer de bouw het uitgangspunt moet vormen voor de vormgeving van de zorginfrastructuur, maar het proces van zorgverlening zelf. Het is daarom de bedoeling dat de strakke regelgeving voor de bouw wordt gedereguleerd.

Het toelaten van instellingen in het nieuwe zorgstelsel is het verlenen van een recht om verzekerde zorg te mogen leveren. Een toegelaten instelling voldoet aan de basisvoorwaarden met betrekking tot transparantie en controleerbaarheid. De toelating is tevens het aangrijpingspunt voor sturing op de organisatie van de zorg, in die gevallen waar de overheid een bijzondere taak heeft om zelf publieke belangen te borgen. Het gaat bijvoorbeeld om het borgen van de bereikbaarheid van acute zorg en om het tegemoetkomen aan leefwensen en meer privacy in de zorg. De aard van deze taak maakt dat het kabinet ervoor kiest het toelaten van instellingen in zijn geheel onder de verantwoordelijkheid van de minister van VWS te brengen.

De zorginstellingen krijgen op basis van de WTZi een grotere verantwoordelijkheid voor hun investeringsbeslissingen. Daarbij moeten er integrale prestatiebekostigingen komen, waarbij de huisvestingslasten deel zullen uitmaken van de kostprijzen. Deze wijziging zal over een termijn van tien jaar zijn beslag krijgen. Voorts wordt in het wetsontwerp een opening geboden voor het uitkeren van winst aan de aandeelhouders.

De Wet ziekenhuisvoorzieningen en de Tijdelijke verstrekkingenwet maatschappelijke dienstverlening zijn met de WTZi ingetrokken.

Wet op het financieel toezicht (Stb. 2006, 475)

Per 1 januari 2007 zijn de Wet toezicht verzekeringsbedrijf 1993 (WTVb) en de Wet financiële dienstverlening (WFD) vervallen. De Wet op het financieel toezicht komt in de plaats van onder meer deze wetten. Financiële toezichtwetgeving kent van oudsher een sectorale inrichting, waarbij elke sector op het terrein van de financiële markten zijn eigen wet kende. De bepalingen van de verschillende wetten regelen veelal dezelfde onderwerpen inzake vergunningen alsmede regels inzake ontheffingen en vrijstellingen. Op de financiële markten vindt in toenemende mate een vervlechting plaats van ondernemingen en producten. Ook integriteit en consumentenvoorlichting zijn sectoroverstijgend van aard. De Wft regelt zowel het prudentieel toezicht (DNB), waarin eisen worden gesteld aan de integriteit en solvabiliteit van de zorgverzekeraars, als het gedragstoezicht (AFM). Bij het gedragstoezicht gaat het om de basisvereisten waaraan financiële dienstverleners moeten voldoen om een fatsoenlijke distributie van financiële producten te waarborgen, waaronder ook de zorgverzekeringen als bedoeld in de Zvw vallen. Het gedragstoezicht geeft de basisbescherming voor alle verzekerden en legt eisen neer hoe private verzekeraars zich dienen te gedragen in hun dienstverlening, regelt dat zorgverzekeraars geen misleidende reclame verspreiden en zij de consument deskundig en juist voorlichten en eventueel adviseren. De Wft strekt zich ook uit tot intermediairs. De Zorgautoriteit heeft hierbij een aanvullende rol als het gaat om het transparant maken van de markt. Doordat de AFM over het algemene gedragstoezicht gaat en de Zorgautoriteit zich met name richt op de zorgverzekering zelf, is te verwachten dat het raakvlak tussen de AFM en de Zorgautoriteit beperkt zal zijn.

Algemene Wet Bijzondere Ziektekosten (AWBZ)

De kring van verzekeringsplichtigen in de Zvw is, behoudens enkele uitzonderingen, gelijk aan de kring van verzekeringsplichtigen in de AWBZ. De artikelen 5 en 5b AWBZ alsmede het onderliggende Besluit uitbreiding en beperking kring verzekerden 1999 (KB 746) bepalen de kring van verzekerden.

De AWBZ is op een aantal punten aangepast in verband met de invoering van de Zvw. Dit is geregeld in de Invoerings- en aanpassingswet Zorgverzekeringswet (I&A-wet). In de Ziekenfondswet (ZFW) waren de taken van het CVZ en CTZ in het kader van de AWBZ geregeld. Het gaat daarbij bijvoorbeeld om de taak van het CVZ om subsidies ten laste van het Algemeen Fonds Bijzondere Ziektekosten te verstrekken. De ZFW vervalt en deze CVZ- en CTZ-taken zijn niet meer in de Zvw geregeld. Om die reden is dit in de artikelen 41 t/m 51 van de AWBZ geregeld.

Doordat in de Zvw de ziekenfondsen en ziektekostenverzekeraars zijn vervangen door zorgverzekeraars is artikel 9 AWBZ opnieuw geredigeerd. Uitgangspunt blijft dat AWBZ-verzekerden die een zorgverzekering hebben afgesloten bij een zorgverzekeraar, van rechtswege bij dezelfde zorgverzekeraar zijn ingeschreven voor de toepassing van de AWBZ. Deze zorgverzekeraar moet zich wel hebben aangemeld bij het CVZ als uitvoerder van de AWBZ. De zorgverzekeraars zijn niet verplicht de AWBZ uit te voeren. De verzekerde dient zich dan aan te melden bij een andere zorgverzekeraar voor het te gelde kunnen maken van zijn aanspraken ingevolge de AWBZ.

Verzekerden die zich niet hebben ingeschreven bij een zorgverzekeraar omdat zij niet hebben voldaan aan hun verzekeringsplicht dan wel geen zorgverzekering hebben omdat zij militair zijn, dienen zich alsnog in te schrijven bij een zorgverzekeraar voor de uitvoering van de AWBZ. Deze laatstgenoemde verzekerden die zich aanmelden ter inschrijving voor de AWBZ moeten hun burgerservicenummer vermelden. De zorgverzekeraar dient de identiteit van de aangemelde persoon vast te stellen.

Op grond van artikel 32a van de AWBZ konden bepaalde groepen personen zich vrijwillig verzekeren tegen AWBZ-zorg. Met de invoering van de Zvw wordt de 'vrijwillige AWBZ-verzekering' afgeschaft. Voor personen die zich vrijwillig hadden verzekerd is een overgangsregeling getroffen, waardoor zij in bepaalde gevallen aanspraak behouden op AWBZ-zorg.

De geneeskundige geestelijke gezondheidszorg (ggz) is per 1 januari 2008 uit de AWBZ overgeheveld naar de Zvw. In de AWBZ is de hoofddoelstelling van het kabinet de verzekering terug te brengen tot waar zij voor was bedoeld: een wet voor niet op genezing gerichte langdurige zorg. Delen van de op genezing gerichte zorg zal het kabinet daarom onderbrengen in de Zvw. Zo gaat het geneeskundige deel van de ggz over naar de Zvw. Alleen de ondersteunende begeleiding in de ggz alsmede de niet-geneeskundige activerende begeleiding en de ggz-zorg voor patiënten die langer dan een jaar in een instelling verblijven, blijven in de AWBZ.

Wet maatschappelijke ondersteuning (WMO)

Per 1 januari 2007 is de WMO in werking getreden. De WMO omvat activiteiten uit de Wet voorzieningen gehandicapten (WVG) en de Welzijnswet 1994, die per 1 januari 2007 zijn vervallen. Tevens is de huishoudelijke verzorging overgeheveld van de AWBZ naar de WMO. Het belangrijkste doel van de WMO is om participatie van alle burgers mogelijk te maken en dat te bevorderen door een samenhangend lokaal beleid, uitgevoerd dicht bij de burger, door een daarvoor goed toegeruste gemeente.

Er bestaat geen aanspraak op maatschappelijke ondersteuning voor zover er een voorziening op grond van een andere wettelijke bepaling bestaat met betrekking tot de problematiek die in het gegeven geval aanleiding geeft voor de noodzaak tot ondersteuning. Dit betekent dat de WMO aanvullend is op andere wetten en dat de AWBZ of de Zvw voorgaan op de WMO.

Burgerlijk Wetboek (BW)

De zorgverzekering is een overeenkomst naar burgerlijk recht, en wel een op grond van de Zvw gereguleerde vorm van de schadeverzekering. Dat betekent dat naast de specifieke bepalingen uit de Zvw ook het algemeen verbintenissenrecht, boek 6 BW, en het algemeen deel van het vermogensrecht, boek 3 BW, van toepassing zijn op deze schadeovereenkomst, voor zover van deze bepalingen niet door titel 17, afdeling 2, boek 7 BW of de Zvw wordt afgeweken.

Het Wetsvoorstel tot vaststelling van titel 7.17 (verzekering) en titel 7.18 (lijfrente) van het nieuwe Burgerlijk Wetboek (*Kamerstukken II* 1985/86, 19 529) is op 16 mei 1986 ingediend bij de Tweede Kamer. In dit wetsvoorstel is het nieuwe verzekeringsrecht vastgelegd. Het Wetsvoorstel Invoeringswet titel 7.17 en titel 7.18 Burgerlijk Wetboek (*Kamerstukken II* 2004/05, 30 137) voorziet in de daadwerkelijke invoeging van deze titels. De Zvw is gebaseerd op het nieuwe verzekeringsrecht dat op 1 januari 2006 in werking is getreden (*Stb.* 2005, 702). In afdeling 1 van titel 7.17 zijn de algemene bepalingen van het verzekeringsrecht vastgelegd en in afdeling 2 van titel 7.17 zijn de bepalingen voor de schadeverzekering vastgelegd. Deze bepalingen zijn ook van toepassing op de zorgverzekering, aangezien dit een schadeverzekeringsovereenkomst is.

Artikelen 7:455 e.v. BW bevatten bepalingen omtrent de geneeskundige behandelingsovereenkomst. De zwijgplicht (artikel 7:457 BW) van instellingen, individuele beroepsbeoefenaren en beroepsbeoefenaren die werkzaam zijn voor een instelling die de rekeningen verzendt, wordt met artikel 86 Zvw opzijgezet.

Derde Schaderichtlijn

De op het EG-Verdrag gebaseerde secundaire wetgeving, de Derde Schaderichtlijn, is van toepassing op de zorgverzekeraars, aangezien de zorgverzekeraars verzekeraars zijn als bedoeld in deze Schaderichtlijn. In de Schaderichtlijn is bepaald dat de particuliere verzekeringsmarkt niet mag worden gereguleerd als het gaat om de voorwaarden waaronder een verzekeraar moet functioneren. In de Zvw zijn wel voorwaarden gesteld aan de zorgverzekeraars. Zij hebben onder meer een acceptatieplicht, een verbod om premies te differentiëren en zij dienen een wettelijk omschreven verzekeringspakket aan te bieden. In bepaalde gevallen kan op basis van een hardheidsclausule in de Derde Schaderichtlijn (artikel 54) een beroep worden gedaan op beginselen als het algemeen belang, objectieve noodzakelijkheid en proportionaliteit. Vooralsnog lijkt het mogelijk voorwaarden te stellen aan de schadeverzekeraars.

Wet invoerings- en aanpassingswet Zorgverzekeringswet (I&A-wet) (Stb. 2005, 525)

Om de overgang van het oude naar het nieuwe zorgstelsel zorgvuldig te laten verlopen, is op 1 januari 2006 tevens de I&A-wet in werking getreden. De wet regelt de aanpassing van allerlei wetgeving die ingevolge de invoering van de Zvw, al dan niet in technische zin, aanpassing behoeft. Tevens voorziet het in een wijziging van de Wzt en de Zvw.

In hoofdlijnen gaat het om de volgende wijzigingen:
– De I&A-wet voorziet in juridische en financiële zin in de overstap van de ziekenfondsen naar zorgverzekeraars.
– De specifieke wetgeving op het terrein van de ziektekostenverzekeringen zal met de inwerkingtreding van de I&A-wet vervallen. Het gaat daarbij om de ZFW, de Wet op de toegang tot ziektekostenverzekeringen (Wtz) en de Wet medefinanciering oververtegenwoordiging oudere ziekenfondsverzekerden (Wet MOOZ). De financiële afwikkeling van deze twee laatstgenoemde wetten is in deze wet geregeld.
– In verband met het verdwijnen van de Wtz vervallen de werkzaamheden van de Stichting uitvoering omslagregelingen en worden deze met deze wet afgewikkeld.
– De AWBZ wordt op een aantal punten aangepast aan de gevolgen van de Zvw. Het gaat om regels inzake de taken die het CVZ en het CTZ hebben bij de uitvoering van de AWBZ, die voorheen in de Ziekenfondswet waren geregeld. Daarnaast zijn er overgangsregelingen getroffen in de I&A-wet

op het terrein van de AWBZ-subsidies en de afschaffing van de vrijwillige AWBZ-verzekering.
- In dit wetsvoorstel wordt toegelicht hoe de overgang van verzekerden van de bestaande verzekering naar een verzekering uit hoofde van de Zvw plaatsvindt. Het gaat daarbij bijvoorbeeld om de zogenaamde negatieve optie, die inhoudt dat verzekerden automatisch verzekerd zijn ingevolge de Zvw, ook als zij niets doen.
- Voor het geval de sociale partners er niet in slagen te voorkomen dat werkgevers met ingang van 2006 zowel een tegemoetkoming in de ziektekosten moeten betalen op grond van lopende cao-afspraken als op grond van de Zvw in verband met een tegemoetkoming in de inkomensafhankelijke bijdrage, regelt dit wetsvoorstel dat bestaande cao-verplichtingen in mindering mogen worden gebracht op de inkomensafhankelijke bijdrage.
- In dit wetsvoorstel wordt de Zvw zodanig gewijzigd dat ter uitvoering van de motie-Schippers en Smilde (*Kamerstukken II* 2004/05, 29 763, nr. 88) de toegang tot zorg zoals medisch specialisten die plegen te bieden, afhankelijk wordt gesteld van een voorafgaande verwijzing door een zorgaanbieder.

Wet bescherming persoonsgegevens (Wbp)

Artikel 21, eerste lid, onderdeel a, Wbp bepaalt dat hulpverleners, instellingen of voorzieningen voor gezondheidszorg medische persoonsgegevens mogen verwerken voor zover dat met het oog op een goede behandeling of verzorging van de betrokkenen dan wel het beheer van de desbetreffende instelling of beroepspraktijk noodzakelijk is. De zorgaanbieders kunnen bepaalde gezondheidspersoonsgegevens verstrekken aan de zorgverzekeraars van de verzekerden aan wie zij zorg verlenen. Dit is nader uitgewerkt in artikel 86 Zvw. Dit artikel is opgenomen in verband met de invoering van de diagnosebehandelingcombinaties (dbc's). Artikel 21, eerste lid, onderdeel b, Wbp bepaalt dat verzekeraars gezondheidspersoonsgegevens mogen verwerken voor zover dat noodzakelijk is voor de uitvoering van de verzekeringsovereenkomst.

Artikel 24 Wbp bepaalt dat het burgerservicenummer (of bij het ontbreken daarvan het sofinummer) van een persoon bij wet is voorgeschreven en bij de verwerking van persoonsgegevens slechts gebruikt mag worden ter uitvoering van de Zvw. De zorgverzekeraar mag het nummer derhalve niet gebruiken voor de aanvullende verzekering. Ingevolge artikel 24 Wbp dient bij wet of algemene maatregel van bestuur (AMvB) te worden bepaald aan wie het gebruik van het burgerservicenummer is toegestaan. Op basis van de Zvw mag het burgerservicenummer worden gebruikt door de zorgverzekeraars (artikel 4 en 85 Zvw), het CVZ (artikel 35 Zvw) en de zorgaanbieders (artikel 86 en 117 Zvw).

Artikel 51 Wbp bepaalt dat besluiten die geheel of in grote mate toezien op het verwerken van persoonsgegevens aan het College bescherming persoonsgegevens (CBP) dienen te worden overgelegd voor advies. De Zvw en onderliggende regelgeving is voor advies voorgelegd aan het CBP. Zie het advies van 12 mei 2004, waarin het CBP adviseert over het gebruik van het burgerservicenummer, het gebruik van persoonsgegevens door het CVZ ten behoeve van de risicoverevening, de informatiebepalingen, de risicoselectie bij de aanvullende verzekering, de collectieve contracten en het verzekeren van samenhangende risico's en het toezicht.

Algemene wet inkomensafhankelijke regelingen (AWIR) (Stb. 2005, 344)

De wet van 23 juni 2005 tot harmonisatie van inkomensafhankelijke regelingen (Algemene wet inkomensafhankelijke regelingen) is op 1 september 2005 in werking getreden. Het kabinet streeft ernaar, zoals ook in het Hoofdlijnenakkoord is vastgelegd, om inkomensafhankelijke regelingen, met name voor zorg, kinderen en wonen, verder te stroomlijnen. Deze stroomlijning moet leiden tot meer transparantie voor de burger, vermindering van uitvoeringskosten en een meer effectieve aanpak van de armoedeval. De introductie van de zorgtoeslag, met een omvangrijke doelgroep die grotendeels doelgroepen van overige inkomensafhankelijke regelingen overlapt, is de directe aanleiding om over te gaan tot stroomlijning en harmonisatie van de diverse inkomensafhankelijke regelingen. De onderhavige wet is daar de uitwerking van. Op basis van deze wet wordt de uitbetaling van de zorgtoeslag geregeld.

Wet algemene bepalingen burgerservicenummer (Wabb) (Stb. 2007, 288)

Het kabinet bereidt de introductie van het burgerservicenummer (bsn) voor dat in de plaats komt van enkele bestaande nummers, waaronder het burgerservicenummer. Het is een uniek identificerend nummer voor iedere burger, waarmee de burger bij ieder loket in de publieke sector terechtkan. De wet is op 26 november 2007 in werking getreden. Er bestond tevens een voornemen om voor de zorgsector een zorgidentificatienummer in te voeren. Hiervan is afgezien, het bsn gaat ook voor de zorgsector gelden. De Wabb regelt dat binnen de overheidssector gebruik kan worden gemaakt van het burgerservicenummer. Voor het gebruik van dat nummer in andere sectoren, zoals onderwijs en zorg, zijn in aanvulling op de Wabb afzonderlijke wetten nodig.

Wet gebruik burgerservicenummer in de zorg (Stb. 2008, 164)

De Wet gebruik burgerservicenummer is op 8 april 2008 door de Eerste Kamer aangenomen en is per 1 juni 2008 in werking getreden. Deze wet regelt dat ook binnen de zorgsector gebruik wordt gemaakt van het burgerservicenummer. Het gebruik van het nummer in de zorg is nodig om eenduidig te kunnen vaststellen welke gegevens bij welke cliënt horen. De wet ziet zowel toe op elektronische als niet-elektronische verwerking van persoonsgegevens in de zorg.

EG-Verdrag

De Europese Commissie heeft het nieuwe verzekeringsstelsel getoetst aan het EG-Verdrag. De maatregelen in dit systeem, zoals het risicovereveningssysteem en het behoud van de wettelijke reserves, zijn aangemerkt als staatsmiddelen in de zin van artikel 87, eerste lid, van het EG-Verdrag. De verenigbaarheid van de maatregel 'risicovereveningssysteem' met de gemeenschappelijke markt is rechtstreeks getoetst aan artikel 86, tweede lid, van het EG-Verdrag. De verenigbaarheid van de maatregel 'behoud reserves bij ziekenfondsen' is rechtstreeks getoetst aan artikel 87, derde lid, onder c, van het EG-Verdrag.

De conclusie is in beide gevallen dat de Europese Commissie (kenmerk Brussel, 03,V.2005, C(2005)1329 fin.) van opvatting is dat de mededinging niet wordt beperkt in een mate die met het gemeenschappelijk belang strijdig is en dat de maatregelen derhalve mogen worden genomen.

EG-Verordening 1408/71

De risico's die in de Zvw worden gedekt, zijn risico's die vallen onder het socialezekerheidsstelsel in de zin van artikel 4 van de Verordening (EEG) nr. 1408/71, gewijzigd bij Verordening (EG) nr. 118/97 van 2 december 1996. De Zvw is ingevolge artikel 5 Verordening nr. 1408/71 door de Nederlandse autoriteiten aangemeld als socialeverzekeringswet in de zin van deze verordening bij de Europese Commissie. Dit betekent dat personen met een Nederlandse nationaliteit die in een verdragsland wonen aanspraak kunnen maken op zorg zoals geregeld bij het socialezekerheidspakket van hun woonland ten laste van Nederland.

ILO-Verdragen

Deze verdragen bepalen dat in het Nederlandse zorgstelsel verplichtingen worden opgenomen met betrekking tot de omvang van de te verzekeren personen, het te verzekeren pakket en de uitvoeringsorganisatie van het ziektekostenstelsel.

De Nederlandse regering heeft de ILO-Verdragen nrs. 102 en 103 geratificeerd waarin geen verbod is gemaakt op het maken van winst. Dit is van belang omdat de ILO-Verdragen nrs. 24 en 25 dat verbod wel kennen en een van de kenmerken van het nieuwe zorgstelsel is dat de zorgverzekeraars winst kunnen maken.

1.2 Overzicht wetsvoorstellen

Hierna volgen de wetsvoorstellen tot wijziging van de Zvw en de Wzt alsmede wetsvoorstellen van verwante wetgeving.

Verstrekking van bijdragen aan zorgaanbieders die inkomsten derven ten gevolge van het verlenen van medisch noodzakelijke zorg aan bepaalde groepen vreemdelingen (Kamerstukken 31249)

Wijziging van de Zorgverzekeringswet in verband met de verstrekking van bijdragen aan zorgaanbieders die inkomsten derven ten gevolge van het verlenen van medisch noodzakelijke zorg aan bepaalde groepen vreemdelingen (en van de AWBZ met het oog op verzekering van bepaalde groepen minderjarige vreemdelingen).

Eerstelijnszorgaanbieders kunnen een verzoek voor compensatie van zorgkosten voor bepaalde groepen vreemdelingen (hierna: illegalen) indienen bij de Stichting Koppeling. Voor tweedelijnszorginstellingen is de beleidsregel afschrijvingskosten dubieuze debiteuren beschikbaar.

In dit wetsvoorstel wordt geregeld om alle vormen van medisch noodzakelijke zorg (tevens AWBZ-zorg) die wordt verleend aan in betalingsonmacht verkerende illegalen te financieren vanuit de begroting van VWS.

Wetsvoorstel Reparatiewet VWS 2008 (Kamerstukken 31405)

Op 8 april 2008 is de Reparatiewet 2008 aangeboden aan de Tweede Kamer der Staten-Generaal teneinde enkele wetstechnische gebreken te herstellen en andere wijzigingen van ondergeschikte aard aan te brengen.

Wetsvoorstel structurele maatregelen wanbetalers nominale zorgverzekeringspremie (Kamerstukken nog niet bekend)

Op 11 april 2008 heeft de ministerraad ingestemd met het doorzenden naar de Raad van State van het wetsvoorstel tot wijziging van de Zorgverzekeringswet (Zvw) en de Wet op de Zorgtoeslag (Wzt), houdende maatregelen om ook wanbetalers voor hun zorgverzekering te laten betalen.

Dit wetsvoorstel regelt dat verzekerden die meer dan zes maanden hun nominale zorgpremie niet hebben betaald, 130% van de premie gaan betalen. Deze boete geldt totdat zij hun schuld hebben afbetaald. Het College voor zorgverzekeringen (CVZ) int de bestuursrechtelijke premie van 130%.

De premie wordt ingehouden op het inkomen van de wanbetaler (bronheffing). Als het nodig is, wordt de premie ingehouden op de zorgtoeslag.

Wanbetalers moeten hun schuld van zes maandpremies en bijkomende kosten (ongeveer 1000 euro) afbetalen aan de zorgverzekeraar. Pas daarna betalen zij weer de gewone nominale premie aan de verzekeraar.

Er zijn volgens het CBS op dit moment ongeveer 200.000 wanbetalers. Het kabinet verwacht dat door dit wetsvoorstel het aantal snel afneemt.

Wetsvoorstel EPD (Kamerstukken 31466)

Dit betreft de wijziging van de Wet gebruik burgerservicenummer in de zorg in verband met de landelijke elektronische informatie-uitwisseling in de zorg.

Op 20 mei 2008 is het wetsvoorstel EPD aan de Tweede Kamer aangeboden. De beoogde datum waarop de Wet EPD in werking treedt is 1 september 2009. Vanaf die datum geldt een verplichting tot aansluiting op het landelijk schakelpunt (LSP) voor apotheken, huisartsen, huisartsenposten en ziekenhuizen.

Wetsvoorstel Aanpassingswet Vierde tranche Algemene wet bestuursrecht (Kamerstukken 31124)

In het voorstel voor een Vierde tranche Algemene wet bestuursrecht wordt een drietal onderwerpen in de Awb geregeld. Deze onderwerpen zijn thans op diverse plaatsen in bijzondere wetgeving geregeld, waaronder de Zvw. Nu deze onderwerpen in de Awb zullen worden geregeld, is het noodzakelijk om bijzondere wetgeving daaraan aan te passen. Dit is geregeld in het wetsvoorstel Aanpassingswet 4e tranche Algemene wet bestuursrecht. Artikel 96 Zvw wordt daarin opnieuw geredigeerd. De artikelen 101 tot en met 113 Zvw vervallen.

Wet cliënt en kwaliteit van zorg (Kamerstukken nog niet ingediend bij de Tweede Kamer)

De Tweede Kamer en de Nederlandse Patiënten Consumenten Federatie (NPCF) hebben gevraagd om een 'zorgconsumentenwet' die de rechten van cliënten, patiënten en consumenten in de zorg verbetert en bundelt en de plichten van zorgaanbieders samenbrengt en op de cliënt afstemt. Het voorstel voor deze Wet cliënt en kwaliteit van zorg is op het moment in voorbereiding.

2 Doel van de Zvw

De Zvw regelt dat de bevolking zich met ingang van 1 januari 2006 op grond van een privaatrechtelijke verzekering (schadeverzekering) dient te verzekeren tegen de behoefte aan geneeskundige zorg. De ziektekostenverzekeringen ziekenfonds en particulier zijn opgegaan in één basisverzekering, de zorgverzekering. Gekozen is voor een bijzondere, op grond van de Zvw gereguleerde vorm van de privaatrechtelijke schadeverzekering.

Toegankelijke, kwalitatief hoogwaardige en betaalbare gezondheidszorg worden beschouwd als een groot goed in dit nieuwe zorgstelsel. Dit wordt met deze wet beoogd via de instrumenten van gereguleerde marktwerking. Vrij, maar toch gebonden. Op de inkoopmarkt zullen zorgaanbieders met elkaar moeten concurreren om de inkoopcontracten met de zorgverzekeraars te kunnen afsluiten. Op de zorgverzekeringsmarkt zullen zorgverzekeraars hun premies zo moeten vaststellen en de kwaliteit en de voorwaarden van hun zorgaanbod zo moeten regelen dat verzekerden bij hen een zorgverzekering willen afsluiten.

De wetgever heeft sociale randvoorwaarden geïntroduceerd die de toegankelijkheid en betaalbaarheid van de zorg moeten garanderen. Risicosolidariteit, inkomenssolidariteit, acceptatieplicht, verzekeringsplicht, een door de wetgever omschreven pakket van verzekerde prestaties, keuzevrijheid van de verzekerde voor zijn verzekeraar en een verbod op premiedifferentiatie zijn daarbij het uitgangspunt.

Onmiddellijk doemt daarbij de vraag op of het ingrijpen door de overheid in de privaatrechtelijke schadeverzekeringen niet in strijd komt met het Europees recht, de Europese schaderichtlijnen. Met deze genoemde instrumenten, waarbij de overheid voorschriften gaat stellen aan de zorgverzekeraar, kan het fort van de zekerheidsstelling dat verzekeringsmaatschappijen in Europa onder gelijke omstandigheden kunnen concurreren zonder dat de ene verzekeraar wordt benadeeld ten opzichte van een andere, worden bestormd. Vooralsnog gaat het kabinet ervan uit dat deze overheidsvoorschriften zijn toegestaan. Het kabinet baseert zich op een exceptie in het Europees recht die bepaalt dat de schaderichtlijnen niet van toepassing zijn als een nieuwe verzekering in de plaats treedt van een sociale verzekering.

Het kabinet geeft aan dat dit het geval is, omdat de Zvw in de plaats treedt van de ziekenfondsverzekering.

De verzekerde heeft binnen dit nieuwe zorgstelsel een grotere eigen verantwoordelijkheid. Er is geen sprake meer van een verzekering van rechtswege, zoals dat bij de ziekenfondsverzekering wel het geval was. Het is namelijk niet zo dat de totstandkoming van de verzekering voortvloeit uit de wet. De verzekeringsplichtige als bedoeld in de Zvw moet zelf een zorgverzekering afsluiten. Dit is niet vrijblijvend, de wetgever legt de verplichting op om een schadeverzekering af te sluiten. Deze verplichting wordt afgedwongen door het heffen van een boete bij uitblijven van de totstandkoming van de zorgverzekering. Niemand kan zich dus aan de zorgverzekeringsplicht onttrekken. Indien niet iedereen de verplichting zou krijgen om zich te verzekeren, zou het beginsel van de risicosolidariteit namelijk worden ondermijnd. De verzekeringsplicht is dus een belangrijke voorwaarde voor de beoogde risicosolidariteit. De kring van verzekerden die verplicht is een zorgverzekering af te sluiten, is gelijk aan de kring van verzekerden die een AWBZ-verzekering hebben.

Naast de verzekeringsplicht heeft de verzekerde in dit zorgstelsel een grote eigen verantwoordelijkheid. Hij wordt aangesproken op een zorgvuldig zorggebruik en wordt daartoe geprikkeld aangezien het systeem een verplicht eigen risico kent. De verzekerde krijgt de mogelijkheid om jaarlijks van zorgverzekeraar te wisselen.

De zorgverzekeraars kunnen zich onderscheiden in de hoogte van de nominale premie (die lager kan zijn naarmate zorg goedkoop wordt ingekocht), de kwaliteit van de ingekochte zorg, de voorwaarden die worden gesteld aan de te leveren zorg, zoals de verwijzingsvoorschriften of toestemmingsvoorwaarden en de contracten die hij al dan niet met bepaalde zorgaanbieders afsluit. Ook kan de zorgverzekeraar een eigen risico aanbieden aan de verzekerde. Verwacht wordt van de verzekerde dat hij een afweging maakt op basis van deze verschillen en de voor hem meest gunstige zorgverzekeraar kiest. De zorgverzekeraar heeft een acceptatieplicht en is daarom verplicht iedere verzekeringsplichtige die in zijn werkgebied woont en die zich bij hem meldt, te accepteren. Het is de zorgverzekeraar dus niet toegestaan een selectie te maken op basis van verzekerdenkenmerken, zoals leeftijd, geslacht, gezondheidskenmerken en inkomen van de verzekerden. De zorgverzekering wordt afgesloten tegen een voor iedere polisvariant gelijke premie, waarvan de zorgverzekeraar de hoogte zelf kan bepalen. De verzekerde vanaf 18 jaar is een nominale premie verschuldigd. Hierbij geldt wel dat de nominale premie voor alle verzekerden met eenzelfde polis gelijk moet zijn. Of anders gezegd, de zorgverzekeraar heeft een acceptatieplicht en premiedifferentiatie is niet toegestaan. Daarnaast heeft de zorgverzekeraar de verplichting om een door de wetgever omschreven pakket van verzekerde prestaties aan te bieden. De verzekeraar heeft dus niet de vrijheid om de dekkingsomvang van de zorgverzekering vast te stellen. In een volledig 'vrije' private verzekeringsmarkt is het uitgangspunt dat de verzekeraar nu juist wel selecteert op de risico's die hij in zijn portefeuille opneemt en bestaat er geen verplichting de verzekerden te accepteren. Met de verzekerden die een voor zijn bedrijfsvoering te groot risico vormen, is de verzekeraar niet verplicht een overeenkomst af te sluiten. Bovendien kan hij de hoogte van de premie afstemmen op een verzekerde van wie hij verwacht dat deze een groter risico vormt en daarom een grotere kans heeft om een beroep te doen op een uitkering voor de gemaakte schade. Al deze beginselen worden met de Zvw doorbroken: acceptatieplicht en een verbod op premiedifferentiatie. Risicosolidariteit is derhalve het uitgangspunt in de Zvw.

Om als zorgverzekeraar toch een gezonde bedrijfsvoering te kunnen voeren, is in de Zvw een systeem ontwikkeld om zorgverzekeraars te compenseren voor het feit dat zij in hun portefeuilles verzekerden met verschillende gezondheidsrisico's hebben, de zogenoemde risicoverevening. De risico's van de verzekerden op basis van kenmerken die samenhangen met de gezondheidstoestand van de verzekerde die de zorgverzekeraar in zijn portefeuille heeft, worden zo goed mogelijk ingeschat. Het vereveningsmodel 2006 is zodanig opgebouwd dat alle beschikbare middelen op basis van de kenmerken leeftijd en geslacht worden verdeeld, waarna vervolgens herschikkingen plaatsvinden op basis van de andere verdeelkenmerken, zoals Farmaceutische Kosten Groepen, diagnosekostengroepen, aard van het inkomen en de regio waarin de verzekerde woont. Deze kenmerken dienen als basis voor de bijdrage die deze zorgverzekeraar krijgt uit het Zorgverzekeringsfonds.

Om de prikkel tot doelmatig handelen te effectueren in combinatie met verevening van de gezondheidsrisico's, is in de Zvw gekozen voor een systeem van *ex ante* risicoverevening. Kenmerk hiervan is dat niet de verschillen in kosten worden gecompenseerd, maar dat een inschatting wordt gemaakt van de kosten op basis van de genoemde criteria.

Aanvullend op deze vereveningsbijdrage brengt de zorgverzekeraar bij zijn verzekerden een (nominale) premie in rekening, waarvan hij de hoogte zelf kan vaststellen, zodat voor de zorgverzekeraar een prikkel blijft bestaan om doelmatig zorg in te kopen. Immers, hoe lager de premie, hoe meer verzekeringsplichtigen een zorgverzekering bij hem willen afsluiten.

Voor veel mensen, vooral voor ziekenfondsverzekerden, is de nominale premie van de zorgverzekering hoger dan de premie die verschuldigd was in 2005. Aan de andere kant is er een aantal voordelen die tot uitdrukking komen in het inkomen, zoals het vervallen van de procentuele ziekenfondspremie van de ziekenfondsverzekerden en het vervallen van de Wet MOOZ-bijdrage en Wtz-omslagbijdrage voor voormalig particulier verzekerden. Voor alle verzekerden geldt dat de AWBZ-premie omlaag gaat. Indien de premie in verhouding tot het inkomen van de verzekerde en zijn eventuele toeslagpartner een te zware last is, dan heeft de verzekerde ingevolge de Wet op de zorgtoeslag recht op een financiële tegemoetkoming in de premiekosten.

3 Wordingsgeschiedenis

De Zvw kent een lange ontstaansgeschiedenis. Uit de beschrijvingen door historici en maatschappijwetenschappers ontstaat het volgende beeld. De wortels reiken terug tot ver in de vorige eeuw. In het begin van de twintigste eeuw ontstond een reactie op de zogenaamde liberale 'nachtwakersstaat'. De overheid zorgde destijds slechts 's nachts voor schaarse verlichting teneinde een minimum aan veiligheid te garanderen. De burger diende voor zichzelf te zorgen. In de negentiende eeuw raakten velen tijdens de industrialisatie in de steden in grote armoede. In de loop van de twintigste eeuw ontstonden bewegingen en partijen met als doel rechten voor arbeiders, vrouwen en kinderen af te dwingen en betere woon- en leefomstandigheden te creëren. Een belangrijk streven was om te komen tot een meer sociale cohesie van de samenleving op basis van solidariteit. Met de opkomst van het vrouwenkiesrecht, recht op onderwijs etc. ontstonden ook langzamerhand sociale voorzieningen. Na de Tweede Wereldoorlog bereikte minister-president Drees een mijlpaal met de invoering van de Algemene Ouderdomswet (AOW). Nederland was toen bezig van een nachtwakersstaat een zogenaamde verzorgingsstaat te worden. In de jaren zeventig van de vorige eeuw is middels immense wetgevingsprogramma's dit streven vervolmaakt. Zo zijn de Ziekenfondswet (ZFW), de Wet op de arbeidsongeschiktheidsverzekering (WAO), de Werkloosheidswet (WW) en andere socialezekerheidswetten tot stand gekomen die ervoor zorgen dat de burger als het ware van wieg tot graf door de overheid wordt verzorgd. Op alle mogelijke terreinen waar een ingezetene van Nederland buiten de boot dreigt te vallen, is wel een vangnet aangebracht om hem te redden. Dit alles is overigens een geconstitutionaliseerde gang van zaken aangezien in de Grondwet, maar ook in verschillende verdragen die door Nederland zijn geratificeerd, uitdrukkelijk of impliciet de opdracht aan de Nederlandse Staat wordt verstrekt om voor een minimale gezondheidszorg voorzieningen te treffen.

Inmiddels is duidelijk dat dit nobele sociale streven ook haar grenzen kent en op vele terreinen is gebleken dat de verzorgingsstaat aan zijn eigen succes ten onder dreigt te gaan. Zo werd minister-president Kok nog door president Clinton van de Verenigde Staten uitgenodigd op de top van de rijkste industrielanden om als voorbeeld voor de rest van de wereld te dienen en te laten zien dat sociale rechtvaardigheid kan samengaan met economische vooruitgang. In Duitsland kregen de vertegenwoordigers van onze vakbeweging nog prijzen uitgereikt voor het inmiddels ook in het buitenland befaamde poldermodel, sociaal maar economisch verantwoord. Tegelijkertijd leerden de afgelopen jaren dat deze sociale politiek ook haar grenzen kent. De WW werd door de sociale partners aangewend om overtollig personeel te lozen en daarmee de kosten op het collectief af te wentelen en zo zijn ook velen in de WAO terechtgekomen, die daarmee ook topzwaar is geworden. Tegelijkertijd dient beseft te worden dat de bomen niet tot in de hemel groeien, zoals men eind jaren negentig leek te denken. Het leek of het niet op kon met de aandelenkoersen en er geen einde kwam aan reizen, consumeren, tweede hypotheek etc. Nadat de zogenaamde internethype als een zeepbel uit elkaar was gespat en pijnlijk duidelijk werd dat velen op krediet leefden, werden ook de grenzen van het besteedbaar inkomen weer tot reële waarden teruggedrongen. Honderdduizenden uitkeringsgerechtigden die in de jaren zeventig in WW- en WAO-regelingen waren terechtgekomen. moesten ook worden betaald. Dit geld leek er in de jaren negentig te zijn, maar blijkt achteraf bezien voor een groot deel een papieren tijger: immers, de beurs bleek lucht te bevatten en wij zullen dus alle zeilen moeten bijzetten om aan de verplichtingen die in het verleden zijn aangegaan te kunnen voldoen. Bovendien maakt Nederland ook deel uit van een mondiale economie en dienen ook wij het hoofd te bieden aan de nieuwe economische grootmachten China en India. Voor bovenstaande analyse kan verwezen worden naar de inzichten die hieromtrent door de voorzitter van de SER en oud-Rabotopman dr. H.H.F. Wijffels geregeld in interviews geventileerd worden (zie ook de bijdrage van Wijffels in het boek *Authentiek leiderschap*).

Al in de jaren negentig waarschuwde Wijffels voor al te optimistische verwachtingen van de beurskoersen. Wijffels wilde toen al niet geloven dat geld verdiend kon worden met louter financiële activa, dus zonder handen en denken. Derhalve is in veel landen, waaronder Nederland, de situatie ontstaan dat veel vermogen dat in de jaren negentig op papier bestond, de afgelopen tien jaar ook weer op papier is verdwenen. Verplichtingen die in het verleden zijn aangegaan met betrekking tot sociale uitkeringen, pensioenen etc. dienen toch te worden nagekomen en om die reden zal het geld dat bij de verwachtingen is achtergebleven, alsnog verdiend moeten worden. Deze economische analyse verklaart dus waarom op dit moment het conjunctureel herstel zo lang op zich laat wachten en de economische groei derhalve stagneert, en vormt indirect een belangrijke grondslag voor de hervormingen in de sociale zekerheid en de totstandkoming van de Zvw. Immers, de premies moeten ook voor de toekomst betaalbaar blijven. Dit wordt met het nieuwe stelsel beoogd, omdat de portemonnee van de burger en de schatkist van de overheid dus minder groot blijkt te zijn dan in de jaren negentig werd verwacht.

Duidelijk is geworden dat de weg van nachtwakersstaat naar verzorgingsstaat inmiddels weer een tegenbeweging dient te maken. Wil de AOW ook in de toekomst blijven bestaan, dan is het nodig dat deze regeling betaalbaar blijft. Dit is alleen mogelijk door ingrepen in de huidige regelingen. Zo zullen mensen langer moeten gaan werken, op deze wijze wordt langer premie betaald en wordt de groep AOW'ers die betaald moeten worden volgens het zogenaamde omslagstelsel, dus door degenen die werken, kleiner en dus beter betaalbaar. Dit alles is ook mogelijk en noodzakelijk, juist als gevolg van het feit dat de mensen de afgelopen honderd jaar als gevolg van medische vooruitgang en medische voorzieningen gemiddeld genomen 25 jaar langer leven.

Gewezen kan worden op de inleiding van minister-president Balkenende op de Bilderbergconferentie in Oosterbeek op 22 januari 2005 van de Stichting NCW, *Op eigen kracht; van verzorgingsstaat naar participatiemaatschappij*, waarin hij de ideologie van het huidige CDA voor het voetlicht brengt. Deze visie is ook leidraad voor het huidige kabinetsbeleid. Balkenende wil duidelijk maken dat de burger is uitgekeken op de verzorgingsstaat. De burger wil niet meer dat alles vanuit Den Haag voor hem wordt geregeld. Bovendien betoogt Balkenende dat de burger zeer wel in staat is, nu hij mettertijd mondiger is geworden, om zijn eigen zaken te regelen. Dit doet hij het liefst in het verband van zogenaamde maatschappelijke organisaties: het verenigingswezen, kerkgenootschappen, scholen, gemeenten, provincies, bedrijfstakorganisaties etc. Dat wil zeggen dat de burger zichzelf veelal informeel heeft georganiseerd en de overheid dient volgens Balkenende de kaders op afstand te bepalen. De burger dient het vertrouwen te krijgen om de zaken zelf te organiseren. Overigens is hierop wel weer binnen CDA-kring kritiek ontstaan. Oud-minister Bert de Vries deed een boek verschijnen waarin hij aangeeft dat natuurlijk niet iedere burger mondig is geworden en op deze wijze grote groepen in de problemen kunnen komen. Het sociale vangnet zou op deze wijze worden weggehaald. Zo was er bij de totstandkoming van de Zvw bijvoorbeeld de angst dat met de nieuwe Zvw grote groepen onverzekerd zouden rondlopen aangezien zij niet in staat zouden blijken zich aan te melden bij een zorgverzekeraar dan wel de zorgtoeslag te bekomen en deze daadwerkelijk aan te wenden voor de betaling van de premie. Met andere woorden, de angst bestond dat niet alle mensen in staat zouden zijn zich te verzekeren en hun premie op tijd te betalen. De kritiek van Bert de Vries leek in zoverre gegrond dat hierover het laatste woord ook nog niet leek te zijn gezegd in de Eerste Kamer. De aantallen onverzekerden en wanbetalers worden door de minister van VWS op verzoek van de Tweede Kamer gevolgd. Het voordeel van de Zvw was echter dat ook hier zichtbaar wordt dat mensen worden aangesproken op hun eigen verantwoordelijkheid (om zich tegen ziektekosten te verzekeren) en daarom gesproken kan worden van een burger die actief participeert ten opzichte van een burger in de verzorgingsstaat die passief wordt verzorgd.

De Zvw beoogt ten opzichte van de ziekenfondsverzekering een gematigd psychologisch effect te bereiken met de directe wijze van premiebetaling. Onder de Zvw wordt bereikt dat de verzekerde een veel groter deel van de premie nominaal gaat betalen dan bij de ziekenfondsverzekering en hij eerst zelf een verzekering moet uitkiezen, zodat de verzekerde daarbij veel beter zicht krijgt op de kosten die gemoeid zijn met zijn ziektekosten. Via de zorgtoeslag krijgt de verzekerde de kosten weliswaar weer gedeeltelijk vergoed, zodat het lijkt alsof zinloos geld wordt rondgepompt, maar het psychologisch effect is bereikt dat de verzekerde zich meer bewust zal worden van de kosten.

Extra prikkels worden bovendien veroorzaakt door de zogenaamde noclaimteruggave (thans het verplicht eigen risico) en de keuze voor een hoog of laag vrijwillig eigen risico. Derhalve wordt het gedrag van de verzekerde beïnvloed daar waar hij besluit wel of niet een arts te raadplegen en hij begrijpt dat zijn gezondheid kosten of baten teweeg zal brengen, zodat hij ook ten aanzien van zijn levenswijze zijn gedrag zal aanpassen. Dus wordt de burger geactiveerd om als een participerend lid aan de samenleving deel te nemen. In de verzorgingsstaat was de actieve houding van de burger verdwenen, omdat er voor de burger geen noodzaak meer bestond om voor werk en inkomen te zorgen, aangezien voor alle noden op zijn pad wel een loket was ingericht. Een onderscheid kan nog gemaakt worden tussen een verzekering in natura of een restitutieverzekering. Bij de laatste wordt ook aan de verzekerde de rekening van de medische behandeling zichtbaar.

Omdat de medische technologie in ras tempo voortschrijdt evenals de mogelijkheden het leven te verlengen, maar vooral ook de kwaliteit van het leven te verbeteren, ook in cosmetische zin, is het nodig dit proces beheersbaar te maken en vooral ook betaalbaar te houden. Om die reden is al decennialang een discussie gaande tot een structuurwijziging van ons zorgstelsel te komen, die ten slotte is uitgemond in de Zvw. Deze discussie is begonnen met het plan-Hendriks in 1974, het plan-Dekker (Bereidheid tot verandering) in 1987 en het plan-Simons (1992), die alle uitgingen van een ziektekostenstelsel geschoeid op publiekrechtelijke leest. De Zvw die is aangekondigd tijdens de vorming van het kabinet-Balkenende II (2003) in het Hoofdlijnenakkoord is daarentegen gebaseerd op het privaatrecht, zij het dat het privaatrecht met bijzondere sociaalrechtelijke randvoorwaarden is ingeperkt.

Op deze plaats kan voorts worden opgemerkt dat Nederland niet alleen staat als het gaat om sociaalrechtelijke veranderingsprocessen. In de Duitse verkiezingen ging het om de vraag op welke wijze Duitsland sociaaleconomische hervormingen moet doorvoeren. Tal van keren werd verwezen naar de hervormingen die in Nederland en de Scandinavische landen reeds in gang zijn gezet. In Duitsland wordt bijvoorbeeld het zogenaamde Rijnlandse model gehanteerd, waarbij een slagvaardiger economisch beleid vooropstaat en de concurrentie en marktwerking moeten worden bevorderd, terwijl toch de sociale randvoorwaarden niet uit het oog verloren mogen worden. Duitsland kijkt hiervoor meer dan eens naar het Nederlandse poldermodel.

4 Juridisch kader van de Zorgverzekeringswet

4.1	Begrippenkader van de Zvw	35
4.2	Wetgevingstraject	36
4.3	Privaatrechtelijk stelsel, schadeverzekering (*Kamerstukken II*, 19 529 en *Kamerstukken II* 2004/05, 30 137, nr. 8)	40
4.4	Functiegerichte omschrijving te verzekeren prestaties	41
4.5	Verwijzing eerstelijnszorgaanbieder	44
4.6	Doelmatigheid	45
4.7	Privacy	46
4.8	'Europe proof' Europese regelgeving	52
4.9	Bolkesteinbrief/Powerplay/'Beste Hans'	55
4.10	Terrorismeregeling	56
4.11	Delegatiebevoegdheid en voorhang	57
4.12	Administratieve lasten/motie-Schippers	58
4.13	Toezicht op afstand	60
4.14	Afschaffing vrijwillige AWBZ	61
4.15	Vergunning en melding	63
4.16	Woonlandpakket	64

4.1 Begrippenkader van de Zvw

Het doel van de Zvw is het faciliteren van een transparant, duurzaam en betaalbaar zorgstelsel door middel van de introductie van marktwerking op basis van een gelijk speelveld voor verzekerde, verzekeraar en zorgaanbieder, waarbij de overheid slechts beperkte sociale randvoorwaarden stelt. Het gelijke speelveld voor verzekeraars wordt gefaciliteerd door een systeem van risicoverevening. Inkomenssolidariteit (vanwege de inkomensafhankelijke bijdrage) en risicosolidariteit (ongeacht het gezondheidsrisico betaalt iedereen dezelfde nominale premie en dient iedereen geaccepteerd te worden door de zorgverzekeraar) zijn daarbij de kernbegrippen.

In hoofdlijnen zijn met deze wet de volgende maatregelen genomen:
- Het afschaffen van het onderscheid tussen particulier en ziekenfondsverzekerden door de introductie van één privaatrechtelijk verzekeringsregime.
- Een door de overheid vastgesteld functiegericht omschreven wettelijk pakket van zorg.
- De verplichting voor de verzekerde zich te verzekeren bij de zorgverzekeraar van zijn keuze.
- De mogelijkheid voor de verzekerde jaarlijks van zorgverzekeraar te wisselen.
- De introductie van een verplicht eigen risico en een vrijwillig eigen risico.
- De verplichting voor de verzekeraar om zowel restitutiepolissen als naturapolissen (of een combinatie daarvan) aan te bieden tegen een door hem per polisvariant vaste (significante) nominale premie.
- Een inkomensafhankelijke bijdrage.
- De verplichting voor de verzekeraar alle verzekeringsplichtigen te accepteren waarvoor compensatie bestaat via risicoverevening.
- De keuzevrijheid van de verzekerde.
- De mogelijkheid voor de verzekeraar winst te maken.
- Verbod op premiedifferentiatie.
- Inkomenscompensatie via de zorgtoeslag.
- Een wettelijk geregeld onafhankelijk toezicht op de zorgverzekeraars.

4.2 Wetgevingstraject

Algemeen

De Zvw is in zeer hoog tempo tot stand gekomen, nog geen jaar na het moment van indiening bij de Tweede Kamer door de Koningin is het uiteindelijk op 14 juni 2005 door de Eerste Kamer aanvaard. Hierna volgt een overzicht van de wetgeving en onderliggende regelgeving die nodig was om het nieuwe zorgstelsel per 1 januari 2006 te laten draaien.

Er werd besloten om in het kader van het terugdringen van wet- en regelgeving slechts één besluit en één ministeriële regeling onder de Zvw vast te stellen. Het ging daarbij om het Besluit zorgverzekering en de Regeling zorgverzekering. Daarnaast was het over het algemeen zo dat bij het tot stand komen van een nieuwe wet ook wetgeving tot stand kwam om de overgang naar een nieuw, in dit geval zorgstelsel soepel te laten verlopen. Dat werd vastgelegd in de I&A-wet en het daarop gebaseerde Aanpassingsbesluit.

Zorgverzekeringswet (Stb. 2005, 358)

Wet van 16 juni 2005, houdende regeling van een sociale verzekering voor geneeskundige zorg ten behoeve van de gehele bevolking (Zvw). In het

Hoofdlijnenakkoord van 16 mei 2003 kabinet-Balkenende II is aangekondigd dat een standaardverzekering voor curatieve zorg in het leven zal worden geroepen. Op 17 september 2004 is het wetsvoorstel aangeboden aan de Tweede Kamer, op 21 december 2004 is zij aanvaard door de Tweede Kamer en op 14 juni 2005 heeft de Eerste Kamer ingestemd met het wetsvoorstel, dat – nadat de wet is gewijzigd met de I&A-wet – op 1 januari 2006 in werking is getreden.

Besluit zorgverzekering (Stb. 2005, 389)

Besluit van 28 juni 2005, houdende vaststelling van een AMvB als bedoeld in de artikelen 11, 20, 22, 32, 34 en 89 van de Zvw. In dit besluit wordt het volgende geregeld: ingevolge artikel 11 Zvw is in de artikelen 2.3 t/m 2.15 de inhoud en omvang van de zorg nader omschreven en is bepaald voor welke zorg een eigen bijdrage in rekening mag worden gebracht.
- Ingevolge artikel 18a Zvw zijn in de artikelen 2.17 de uitvoeringsregels van het verplicht eigen risico geregeld.
- Ingevolge artikel 20 Zvw is in artikel 2.17 en 2.18 bepaald voor welke vormen van zorg de kosten buiten het verplicht respectievelijk vrijwillig eigen risico vallen.
- Ingevolge artikel 32 en 34 Zvw zijn in de artikelen 3.1 t/m 3.18 regels gesteld omtrent de berekening van de vereveningsbijdrage.
- Ingevolge artikel 89 Zvw is in artikel 4.2 de gegevensuitwisseling tussen de zorgverzekeraars en de Belastingdienst ten behoeve van het vaststellen van de verzekeringsplicht geregeld.
- Ingevolge artikel 118a is in artikel 3.1a geregeld in welke gevallen de verzekerde recht heeft op een compensatie van het verplicht eigen risico.

Dit besluit is in werking getreden op 1 januari 2006.

De artikelen die betrekking hebben op de overheveling van de geneeskundige geestelijke gezondheidszorg zijn op 1 januari 2008 in werking getreden. Het gaat daarbij om artikel 2.4 eerste lid Besluit zorgverzekering, voor zover het zorg betreft zoals psychiaters, zenuwartsen en klinisch psychologen die plegen te bieden, de eerstelijnspsychologische zorg voor zover die niet wordt verleend door een huisarts, de onderdelen d, e en f van dat lid, het derde lid van dat artikel, artikel 3.1, eerste lid, subonderdeel c, artikel 3.5 en artikel 3.11 Besluit zorgverzekering. Dit is geregeld bij wet van 22 november 2006, *Stb.* 2006, 630.

Regeling zorgverzekering (Stcrt. 2005, 171)

Deze regeling van 1 september 2005 houdende regels terzake van de uitvoering van de Zvw omvat op hoofdlijnen nadere regels met betrekking tot de prestaties, de verevening, het Zorgverzekeringsfonds, de inkomensafhankelijke bijdrage, het College voor zorgverzekeringen (CVZ) en de gegevensverstrekking. De regeling van 1 september 2005 omvat nadere regels met be-

trekking tot de prestaties, de hoogte van de eigen bijdragen en de verevening, gebaseerd op de volgende artikelen:
- Ingevolge artikel 32, vierde lid, onderdeel a Zvw het bedrag dat in totaal in het daaropvolgende kalenderjaar aan de zorgverzekeraars kan worden toegekend.
- Ingevolge artikel 35 Zvw regels over de in de administratie van het CVZ op te nemen persoonsgegevens.
- Ingevolge artikel 87 Zvw de gegevensverstrekking tussen zorgverzekeraar en zorgaanbieder.
- Ingevolge artikel 2.5 van het besluit een beperking van de omvang van de zorg zoals medisch specialisten die plegen te bieden.
- Ingevolge artikel 2.8 van het besluit een indeling in groepen van onderling vervangbare geneesmiddelen en enkele nadere regels met betrekking tot het geneesmiddelenvergoedingensysteem.
- Ingevolge artikel 2.9 van het besluit nadere regels voor de hulpmiddelenzorg.
- Ingevolge het besluit de vast te stellen hoogte van de eigen bijdragen voor bepaalde vormen van zorg.
- Ingevolge artikel 3.1 van het besluit de hoogte van het macroprestatiebedrag en de macrodeelbedragen.
- Ingevolge artikel 3.1a van het besluit de aanwijzing van FKG's t.b.v. van de compensatieregeling voor het verplicht eigen risico.

Deze regeling is tranchegewijs ingevoerd met als inwerkingtredingsdatum 1 januari 2006. Het gaat om de regelingen van 1 september 2005, *Stcrt.* 2005, 171, 13 oktober 2005, *Stcrt.* 2005, 203 en 15 december 2005, *Stcrt.* 2005, 249.

(I&A-wet) Invoerings- en aanpassingswet Zorgverzekeringswet (Stb. 2005, 525)

Invoering van de Zvw en aanpassing van overige wetten aan die wet. De I&A-wet regelt aspecten die voortvloeien uit de invoering van de Zvw, de daarmee samenhangende intrekking van de ZFW, de Wtz en de Wet MOOZ. Dit wetsvoorstel is eind september 2005 door de Eerste Kamer behandeld (*Kamerstukken* II 2004/05, 30 124).

Aanpassingsbesluit Zorgverzekeringswet (Stb. 2005, 690)

Ten gevolge van de inwerkingtreding van de Zvw zijn bepaalde algemene maatregelen van bestuur eveneens gewijzigd omdat deze besluiten de Zvw raken, of daarin verwijzingen plaatsvinden naar bijvoorbeeld de ZFW. Het ging daarbij om in hoge mate technische aanpassingen, zoals het vervangen van verwijzingen naar de ZFW door verwijzingen naar de Zvw. Definitiebepalingen zijn aangepast, verwijzingen naar de ZFW zijn vervallen, alle nieuwe wijzigingen onder de Zvw zijn geïmplementeerd. Denk bijvoorbeeld aan een wijziging van het Besluit uitbreiding en beperking kring verzekerden volksverzekeringen 1999 als het gaat om een verwijzing naar de ZFW, de intrekking van het Verstrekkingenbesluit ziekenfondsverzekering en de wijziging van het Besluit zorgverzekering. Dit alles is in één besluit, het Aanpassingsbesluit Zvw, geschied. In sommige van de wetten waarop te wijzigen besluiten berusten, is voorgeschreven dat de voordracht aan de Koningin niet plaatsvindt dan nadat het ontwerpwijzigingsbesluit is overgelegd aan de Tweede en Eerste Kamer (zgn. voorhangverplichting). Ondanks het in hoge mate technische karakter van de wijzigingen zijn de ontwerpwijzigingen overeenkomstig de wettelijke bepalingen aan beide Kamers voorgelegd.

Met het Aanpassingsbesluit Zvw zijn technische wijzigingen aangebracht in de volgende besluiten. De ontwerptekst van deze wijzigingen van de genoemde besluiten is op 14 september 2005 aangeboden aan de Tweede Kamer. Op basis van de daarbij vermelde wetten is telkens de bepaling in de onderliggende wet genoemd die tot voorhang verplicht:
- Het Besluit donorregister (artikel 10, zesde lid van de Wet op de orgaandonatie);
- Het Uitvoeringsbesluit Wet op de jeugdzorg (artikel 109 van de Wet op de jeugdzorg);
- Het Besluit draagkrachtcriteria rechtsbijstand (artikel 49 van de Wet op de rechtsbijstand);
- Het Besluit BIBOB (artikel 1, derde lid van de Wet bevordering integriteitsbeoordelingen door het openbaar bestuur);
- het Aanwijzingsbesluit rechtspersonen met een beperkte kasbeheerfunctie (artikel 45, vijfde lid van de Comptabiliteitswet 2001);
- Het Besluit woon- en verblijfsgebouwen milieubeheer (artikel 21.6, vierde lid van de Wet milieubeheer)
- Het Waterleidingbesluit (artikel 4a, eerste lid van de Waterleidingwet).

Aanpassingsregeling Zorgverzekeringswet (Stcrt. 2005, 248)

Naast het aanpassingsbesluit zijn in de aanpassingsregeling technische wijzigingen in andere ministeriële regelingen opgenomen.

Inwerkingtredingsbesluit artikel 127 Zvw (Stb. 2005, 649)

Het tijdstip waarop de wet of artikelen of onderdelen van de Zvw in werking treden is niet in de wet zelf geregeld, maar bij een afzonderlijk Koninklijk Besluit bepaald.

Wet op de zorgtoeslag (Wzt) (Stb. 2005, 369)

Regels inzake de aanspraak op een financiële tegemoetkoming in de premie van een zorgverzekering vanwege een laag inkomen, de Wzt, is op 17 september 2004 aanhangig gemaakt bij de Tweede Kamer en op 14 juni 2005 door de Eerste Kamer aanvaard.

4.3 Privaatrechtelijk stelsel, schadeverzekering (*Kamerstukken II*, 19 529 en *Kamerstukken II* 2004/05, 30 137, nr. 8)

De Zvw regelt dat de bevolking zich met ingang van 1 januari 2006 op grond van een privaatrechtelijke verzekering dient te verzekeren tegen de behoefte aan geneeskundige zorg. De zorgverzekeraars zijn verplicht de verzekeringsplichtige te accepteren voor de zorgverzekering. De Zvw beperkt de contractvrijheid uit het burgerlijk recht in die zin, dat iedere verzekeringsplichtige verplicht is een zorgverzekering af te sluiten, dat de zorgverzekeraar een acceptatieplicht heeft en dat de te verzekeren prestaties wettelijk zijn vastgelegd. De totstandkoming van de zorgverzekering vergt zoals iedere overeenkomst een aanbod en een aanvaarding van dat aanbod (artikel 6:217, eerste lid van het BW). Een aanvaarding is een tot de aanbieder gerichte wilsverklaring. Deze wilsverklaring kan impliciet of expliciet zijn.

De regels van het algemene (schade)verzekeringsrecht zijn op deze zorgverzekeringen van toepassing. De Zvw gaat uit van het nieuwe verzekeringsrecht van titel 7.17 BW zoals dat geldt per 1 januari 2006.

De zorgverzekering is vanwege het sociale karakter een gereguleerde privaatrechtelijke schadeverzekering. In de Zvw wordt een aantal eisen aan burgers, verzekeraars en aan de zorgverzekeringen zelf gesteld om ervoor te zorgen dat iedere inwoner die geneeskundige zorg nodig heeft, voldoende gedekt is. De belangrijkste daarvan zijn de verzekeringsplicht en de acceptatieplicht, een door de wetgever te bepalen te verzekeren risico en pakket, en een verbod op premiedifferentiatie naar persoonskenmerken bij de verzekerde. Dit sociale karakter van de zorgverzekering leidt ertoe dat in de Zvw voor de zorgverzekeringen op enkele artikelen van het dwingende (algemene) verzekeringsrecht een uitzondering moet worden gemaakt. Enkele andere artikelen van het verzekeringsrecht blijven voor de zorgverzekeringen gelden, maar zullen door de Zvw voor zorgverzekeringen een beperktere reikwijdte krijgen dan voor andere private verzekeringen. Het merendeel van de artikelen van het algemeen verzekeringsrecht is echter ook voor zorgverzekeringen onverkort van toepassing.

Overigens zij hier opgemerkt dat in de tekst voor het gemak van 'verzekerde' wordt gesproken, waarmee tevens de verzekeringnemer wordt bedoeld. Strikt genomen dienen deze begrippen gescheiden te worden behandeld in het verzekeringsrecht, daar met de verzekeringnemer degene wordt bedoeld die premieplichtig is, terwijl met de verzekerde degene wordt aangeduid op wiens lijf de verzekering wordt afgesloten. Bij de bespreking van de Zvw is het onpraktisch steeds dit onderscheid te maken.

Overzicht van afwijking of beperking van de reikwijdte van de dwingendrechtelijke bepalingen van titel 7.17 BW.
1 De mededelingsplicht van artikel 928 BW heeft betrekking op feiten waarvan de verzekeringsnemer weet (of behoort te begrijpen) dat deze voor de verzekeraar van belang zijn voor de vraag of hij een verzekering zal

sluiten, en zo ja, onder welke voorwaarden. De acceptatieplicht, het door de wetgever te bepalen verzekerde pakket en het verbod van premiedifferentiatie heeft echter tot gevolg dat informatie over de gezondheid van betrokkenen voor de verzekeraar in dit verband niet van belang is. De reikwijdte en de betekenis van de artikelen 928 tot en met 930 BW zijn daardoor sterk ingeperkt.

2 In afwijking van artikel 940, vierde lid, BW kan een verzekeringnemer een zorgverzekering niet opzeggen indien de in dat lid bedoelde wijziging ten nadele louter het gevolg is van een beperking, door de wetgever, van het te verzekeren pakket (artikel 7, derde lid, onderdeel b, Zvw). Het toestaan van opzegging om deze redenen zou gezien de verzekeringsplicht weinig zin hebben. Iedere andere zorgverzekeraar dient de wijziging ten nadele immers ook in zijn zorgverzekeringen te verwerken.

3 Artikel 7, eerste lid, Zvw geeft de verzekeringnemer de bevoegdheid om de zorgverzekering met ingang van 1 januari van ieder jaar op te zeggen. Dit is gunstiger dan artikel 940, tweede lid, BW dat de verzekeringnemer na een periode van vijf jaar een dergelijke bevoegdheid geeft.

4 In artikel 15 Zvw worden artikel 941, eerste lid, artikel 941 en, voor zover nodig, artikel 951 BW voor zorgverzekeringen buiten toepassing verklaard (artikel 15, MvT, p. 111-113).

De Zvw bevat ook twee afwijkingen van de definitie van verzekering in artikel 925 BW. Allereerst bepaalt artikel 16, tweede lid, Zvw dat voor de zorgverzekering van kinderen jonger dan 18 jaar geen premie verschuldigd is. Daarnaast zullen zorgverzekeringen die binnen vier maanden na het ontstaan van de verzekeringsplicht gesloten worden, terugwerken tot en met de dag waarop die verzekeringsplicht ontstond (artikel 5, vijfde lid, Zvw). Dit geldt ook indien de verzekeringnemer op het moment waarop hij de zorgverzekering sluit, ervan op de hoogte is dat in laatstbedoelde periode behoefte bestond aan te verzekeren zorg. In het nader rapport dat de minister heeft uitgebracht op het advies van de Raad van State over de Zvw (*Kamerstukken II*, 29 763, nr. 4) wordt onder punt 5 dieper op deze materie ingegaan. De I&A-wet bevat geen afwijkingen of beperkingen van de reikwijdte van de dwingende regels van het algemene verzekeringsrecht.

4.4 Functiegerichte omschrijving te verzekeren prestaties

Verzekerde risico

In artikel 10 Zvw is het risico omschreven dat de zorgverzekering verzekert. Het gaat daarbij om het risico op de behoefte aan bepaalde in de wet geregelde vormen van zorg, zoals geneeskundige zorg, waaronder integrale eerstelijnszorg zoals die door huisartsen en verloskundigen pleegt te geschieden, mondzorg, farmaceutische zorg, hulpmiddelenzorg, verpleging, verzorging, waaronder kraamzorg en verblijf in verband met geneeskundige zorg. De behoefte aan het vervoer dat samenhangt met het ontvangen van deze zorg of diensten dan wel in verband met een aanspraak op grond van de AWBZ, valt eveneens onder het te verzekeren risico.

Verzekerde prestatie

In artikel 11 Zvw is vervolgens bepaald dat indien het verzekerde risico zich bij de verzekerde voordoet, hij recht heeft op prestaties bestaande uit zorg of de overige diensten (hierna wordt steeds gesproken over zorg, waaronder tevens verstaan wordt 'overige diensten') waaraan hij behoefte heeft (zorg in natura) dan wel vergoeding van de kosten van deze zorg (restitutie). Er wordt niet meer gesproken van aanspraken of verstrekkingen zoals in de ZFW, aangezien de verzekerde recht heeft op zorg zoals deze is overeengekomen met de zorgverzekeraar en deze dus niet rechtstreeks voortvloeit uit de wet.

Functiegerichte omschrijving

In het Besluit zorgverzekering is ter uitvoering van artikel 11 van de Zvw de inhoud en omvang van de prestaties waarop de verzekerde krachtens de zorgverzekering recht heeft nader geregeld.

De omschrijving van de zorg gaat niet meer uit van het bestaande aanbod, zoals ziekenhuiszorg of zorg die verleend wordt door een medisch specialist, maar van de zogenaamde (zorg)functies. Gesproken wordt over verzorging, verpleging, verblijf en de zorg zoals bepaalde beroepsbeoefenaren die plegen te bieden. Met dit laatste wordt niet bedoeld dat de beroepsbeoefenaren die in de omschrijving van de zorg zijn genoemd, deze zorg ook moeten bieden. Integendeel, het is de bedoeling van een omschrijving in functies van het pakket dat de zorgverzekeraar en de verzekerde de vrijheid krijgen onderling af te spreken wie de zorg levert of waar de zorg wordt geleverd. De verwijzing naar de beroepsbeoefenaren is gekozen om voor iedereen kenbare beroepsbeoefenaren te kiezen om de inhoud en omvang van de zorg te kunnen afbakenen. Of anders gezegd, de zorg die huisartsen plegen te bieden kan worden verleend door een huisarts, maar ook door praktijkverpleegkundigen, doktersassistenten, bedrijfsartsen, GGD-artsen etc.

Stand van de wetenschap en praktijk

De inhoud en omvang worden niet alleen bepaald door de omschrijving van de verschillende zorgvormen, maar ook het criterium 'de stand van de wetenschap en praktijk' is daarvoor van belang. Dit criterium is met de invoering van de Zvw in de plaats gekomen van het tot dan toe geldende gebruikelijkheidscriterium. Het gebruikelijkheidscriterium gold alleen voor huisartsenzorg en medisch-specialistische zorg. Het huidige criterium, de stand van de wetenschap en praktijk, geldt voor alle zorgvormen. Of bepaalde zorg tot de te verzekeren prestaties behoort, wordt mede beoordeeld aan de hand van de stand van de wetenschap en praktijk. Daarnaast geldt, bij ontbreken van een zodanige maatstaf, als criterium of bepaalde zorg onder de dekking van de zorgverzekering valt, datgene wat in het betrokken vakgebied geldt als verantwoorde en adequate zorg en diensten.

Of bepaalde zorg voldoet aan het criterium 'stand van de wetenschap en praktijk' is van belang of sprake is van *evidence based medicine* waarin de elementen wetenschap en praktijk zijn gecombineerd. Naast internationale literatuur (Smits en Peerbooms, C-151/99) dient rekening te worden gehouden met wetenschappelijke onderzoeken en de gezaghebbende opinie van specialisten (CRvB 30 september 2004, RZA 2004, 179).

Het criterium 'stand van de wetenschap en praktijk' is niet van toepassing op zittend ziekenvervoer en welzijnsgerelateerde hulpmiddelen.

Omvang verzekerde pakket

Hoofdlijn van de inhoud en omvang van het pakket is dat de Zvw betrekking heeft op de zorg die is gericht op genezing. Het te verzekeren pakket van de Zvw heeft betrekking op noodzakelijke zorg, getoetst aan aantoonbare werking, kosteneffectiviteit en uitvoerbaarheid. Aangesloten is derhalve bij de criteria van de commissie-Dunning, De voortdurende toetsing van het verzekeringspakket aan deze criteria zal plaatsvinden door het CVZ. Ter uitvoering van artikel 11, derde lid, Zvw is in het Besluit zorgverzekering de zorg die in ieder geval in de zorgovereenkomst van de zorgverzekering moet worden opgenomen, nader omschreven. Het gaat daarbij slechts om de omvang en inhoud van het pakket. De zorgverzekeraar en de verzekerden hebben geen bevoegdheid om andere of uitgebreidere zorgvormen in de zorgverzekering op te nemen (artikel 1, onderdeel d, van de Zvw). Uit de artikelen 10 en 11 Zvw vloeit voort dat er ook geen bevoegdheid is om beperktere afspraken te maken, behalve als het gaat om de pro-lifepolissen.

Voor welke indicatiegebieden het recht op zorg bestaat is tevens bij wettelijk voorschrift geregeld, omdat dit de inhoud en omvang van het pakket raakt. De verzekerde heeft slechts recht op zorg voor zover hij daarop naar inhoud en omvang redelijkerwijs is aangewezen (artikel 2.1, derde lid, Besluit zorgverzekering).

Tevens is in het Besluit zorgverzekering geregeld voor welke zorg een deel van de kosten voor rekening van de verzekerde komt. De hoogte van een dergelijke bijdrage wordt vervolgens door de minister vastgesteld.

De zorgverzekeraar heeft niet de bevoegdheid de inhoud en omvang van het pakket vast te stellen, maar kan wel voorwaarden van administratieve en procedurele aard in de zorgverzekering opnemen.

Ter uitvoering van het amendement-Omtzigt (*Kamerstukken* II 2004/05, 29 763, nr. 40) dient de inhoud en omvang van de zorg (zo veel mogelijk) en de eventueel daarvoor verschuldigde bijdragen in dit Besluit zorgverzekering te worden geregeld. De ratio hiervan is dat de omvang van het verzekerde pakket en het invoeren van een eigen bijdrage voor bepaalde zorg niet op ieder door de minister vast te stellen moment weer kan worden geregeld. Het raakt immers het sociale karakter van de verzekering. Daarnaast is een extra democratische waarborg ingebouwd door aanvaarding van het amendement-

Rouvoet (*Kamerstukken II* 2004/05, 29 763, nr. 27), dat vereist dat een wijziging van het Besluit zorgverzekering als het gaat om de verzekerde zorg moet worden voorgehangen bij beide Kamers.

Artikel 11, vierde lid, Zvw laat wel de ruimte dat in het Besluit zorgverzekering kan worden geregeld dat in dit besluit bepaalde vormen van zorg kunnen worden aangewezen die bij ministeriële regeling kunnen worden uitgezonderd. Dit is geregeld voor medisch-specialistische zorg. Daarnaast kan in het Besluit worden bepaald dat de inhoud en omvang van de prestaties van geneeskundige zorg, farmaceutische zorg en hulpmiddelenzorg bij ministeriële regeling verder kunnen worden uitgewerkt.

Huisartsen en verloskundigen

Ingevolge het aanvaarde amendement-Van der Vlies-Smilde (*Kamerstukken II* 2004/05, 29 763, nr. 44) is in artikel 10, eerste lid, onderdelen a en f, van de Zvw geregeld dat geneeskundige zorg in ieder geval de zorg omvat zoals huisartsen en verloskundigen die plegen te bieden en dat verzorging ook kraamzorg dient te omvatten. Dit amendement is aangenomen en de wet is op dat punt gewijzigd. De achtergrond van dit amendement is dat een belangrijke functie van de eerstelijnszorg wordt verankerd in de Zvw. In het amendement is er niet voor gekozen om de term huisartsenzorg te gebruiken, om ruimte te laten voor taakherschikking in de eerstelijnszorg. Omdat onduidelijk was dat onder de term verzorging tevens kraamzorg valt, is dit wel expliciet opgenomen in de wet.

Overheveling AWBZ-zorg

De geneeskundige ggz maakte in 2006 nog onderdeel uit van de AWBZ en niet van de Zvw. Het was de bedoeling dat de onderdelen van dit besluit die daarop betrekking hebben niet per 1 januari 2006, maar per 1 januari 2007 in werking zouden treden. Per 1 januari 2006 vond de financiering al wel plaats uit het Zorgverzekeringsfonds. Het uitstel van de overheveling van 1 januari 2007 naar 1 januari 2008 was gelegen in het feit dat meer tijd nodig was om de dbc-declaratiesystematiek op een verantwoorde manier in te voeren in de ggz. Per 1 januari 2008 is de overheveling van de geneeskundige ggz van de AWBZ naar de Zvw gerealiseerd.

4.5 Verwijzing eerstelijnszorgaanbieder

Ter uitvoering van de motie-Schippers en Smilde (*Kamerstukken II* 2004/05, 29 763, nr. 88), die als doel heeft de rol van de eerstelijnszorgaanbieders in het algemeen en de rol van de huisarts in het bijzonder als poortwachter voor de toegang tot de tweedelijnszorg te waarborgen, is in de I&A-wet het artikel 14 van de Zvw gewijzigd. In de I&A-wet is aan artikel 14 Zvw een nieuw tweede lid toegevoegd op grond waarvan de verplichte verwijzing door (in ieder geval) de huisarts naar zorg zoals medisch specialisten die plegen te bieden, wordt ingevoerd. In het nieuwe tweede lid van artikel 14 Zvw is de toegang tot zorg zoals medisch specialisten die plegen te bieden afhankelijk gesteld van een voorafgaande verwijzing door een in de modelovereenkomst aangewezen zorgaanbieder. Het is aan de zorgverzekeraar om in zijn modelovereenkomst op te nemen om welke groepen verwijzers het gaat, maar in ieder geval zal de huisarts moeten worden aangewezen. Met oog op de vrijheid van de zorgverzekeraar die niet meer dan nodig gezien het Europese recht mag worden beperkt, en anderzijds met de opkomst van nieuwe eerstelijnsberoepsgroepen is geen limitatieve opsomming gegeven van de verwijzer. Het uitgangspunt van de motie dat de positie van de eerstelijnszorgaanbieders moet worden versterkt, is niet expliciet tot uitdrukking gebracht in de wet, omdat de bedrijfsarts (geen eerstelijnszorgaanbieder) ook als verwijzer door de zorgverzekeraar moet kunnen worden aangewezen.

4.6 Doelmatigheid

Zoals gezegd is het uitgangspunt van de Zvw dat de overheid zo veel mogelijk moet terugtreden, maar daarnaast is ervoor gekozen enkele sociale randvoorwaarden in het systeem in te bouwen: het verbod op premiedifferentiatie, een basispakket aan zorg, een acceptatieplicht en de verplichting landelijk te werken. De zorgverzekeraars krijgen uit het Zorgverzekeringsfonds middelen om de risico's die de verplichtingen die de zorgverzekeraars krijgen opgelegd, te verevenen. Het systeem zorgt ervoor dat de verschillen tussen de zorgverzekeraars die zijn ontstaan door verschillen in de risicosamenstelling bij de diverse zorgverzekeraars, zo worden gelijkgetrokken.

Binnen deze randvoorwaarden moet de zorgverzekeraar zijn creativiteit aanwenden om doelmatig te werken. Door doelmatig te werken kan de zorgverzekeraar de nominale premie laag houden, weer nieuwe verzekerden aantrekken en zich een gunstige concurrentiepositie verschaffen. Om ervoor te zorgen dat een zorgverzekeraar ook daadwerkelijk doelmatig zal handelen, krijgt de zorgverzekeraar geen compensatie van de gemaakte kosten, maar krijgt hij een uitbetaling op basis van een inschatting van de risico's op basis van gezondheidskenmerken van de verzekerden. De zorgverzekeraar heeft niet de mogelijkheid te differentiëren in de premie. Om toch doelmatig te kunnen werken zal de zorgverzekeraar andere instrumenten aanwenden. De Zvw laat de mogelijkheid aan de zorgverzekeraar om zijn zorg doelmatig in te kopen: zorg van goede kwaliteit tegen een redelijke prijs. Een andere mogelijkheid om doelmatig te werken, is het behalen van efficiencywinst in het uitvoeren van de zorgverzekering. Denk daarbij aan schaaleffecten of uitbesteding van taken op het punt van administratie en zorginkoop.

Binnen het verplichte basispakket aan zorg dat de zorgverzekeraar moet aanbieden is zo veel mogelijk vrijheid gelaten aan de zorgverzekeraar om doelmatig te kunnen werken. Bij de hulpmiddelenzorg worden om die reden door de minister geen nadere regels meer gesteld met betrekking tot wijziging of herstel van hulpmiddelen en het verstrekken van reservehulpmiddelen. Evenmin worden er regels gesteld voor het heffen van een eigen bijdrage indien door toerekenbare onachtzaamheid of opzet van de verzekerde schade aan het hulpmiddel ontstaat. Bij de geneesmiddelen was in het oude systeem een bepaling opgenomen over de maximale perioden waarover geneesmiddelen voor rekening van de ziekenfondsverzekering mochten worden afgeleverd. Ook deze doelmatigheidsbepaling is in de Zvw een bevoegdheid die is toegekend aan de zorgverzekeraar.

4.7 Privacy

De privacyaspecten die samenhangen met de Zvw zijn uitvoerig onderwerp van bespreking geweest in briefwisselingen en debatten tussen de Tweede Kamer en de minister van VWS. Ook het CBP houdt voortdurend een toeziend oog op de ontwikkelingen. Zorgverzekeraars Nederland (ZN) heeft een nieuwe gedragscode bescherming persoonsgegevens zorgverzekeraars opgesteld, op basis van een met de Nederlands Patiënten Consumenten Federatie (NPCF) gesloten convenant. Een belangrijke bijlage bij de gedragscode vormt het protocol materiële controle. ZN en het CBP hebben overeenstemming bereikt over het feit dat de gedragscode wordt vormgegeven als een addendum op de bestaande Gedragscode Verwerking Persoonsgegevens Financiële Instellingen van de Nederlandse Vereniging van Banken en het Verbond van Verzekeraars. In aanvulling op de genoemde gedragscode bevat dit addendum specifieke gedragsregels voor zorgverzekeraars.

De Zvw regelt in aanvulling op de Wbp de verwerking van persoonsgegevens expliciet. Ten aanzien van het medisch beroepsgeheim, het declaratieverkeer tussen zorgaanbieder en zorgverzekeraar, het gebruik van medische gegevens voor andere doeleinden dan de zorgverzekering en de verevening, zijn de privacyaspecten een voortdurend onderwerp van debat. Van belang is in dit verband de ministeriële regeling met betrekking tot verstrekking van persoonsgegevens door zorgaanbieders aan zorgverzekeraars ingevolge artikel 87 Zvw in relatie tot het BW, de stand van zaken bij de gegevensstromen risicoverevening ingevolge artikel 35 Zvw, de compensatieregeling voor het verplicht eigen risico ingevolge artikel 118a Zvw alsmede de gedragscode van de zorgverzekeraars.

Artikel 87 Zvw

De Zvw regelt de juridische basis voor de verwerking van persoonsgegevens expliciter dan de Ziekenfondswet (ZFW). De belangrijkste wettelijke waarborg in de Zvw met betrekking tot de verwerking van persoonsgegevens is artikel 87. Dit artikel biedt een wettelijke basis voor het gebruik van persoonsgegevens in de uitvoering van de Zvw. Op aandringen van het CBP is in hoofdstuk 7 van de Regeling zorgverzekering op basis van dit artikel, de verwerking van persoonsgegevens door zorgaanbieders aan zorgverzekeraars geregeld. Artikel 7.3 van de Regeling zorgverzekering regelt onder meer dat zorgaanbieders – waaronder huisartsen – die gegevens op hun declaratie melden, die voor de zorgverzekeraars noodzakelijk zijn voor de uitvoering van hun zorgverzekeringen of van de Zvw.

Niet-noodzakelijke gegevens mogen dus niet worden verstrekt. Of een huisarts op zijn declaratie de medische indicatie moet melden, hangt derhalve af van het antwoord op de vraag of het voor de zorgverzekeraar noodzakelijk is om over deze informatie te beschikken. Voor het voorziene reguliere consult behoeft geen diagnose of verrichting op de factuur te worden vermeld. Immers, de vergoeding die een huisarts voor een consult mag vragen, hangt niet af van de gestelde diagnose of de gegeven behandeling. Speciale verrichtingen, waarvoor aparte tarieven bestaan, dienen wel te worden vermeld op de declaratie. Het gebruik van gegevens op de factuur door de huisarts wijkt in het nieuwe zorgstelsel niet af van het systeem zoals dat onder de ziekenfondsverzekering gold. Dat betekent dat uitsluitend speciale verrichtingen, indien daar aparte tarieven voor bestaan, op de factuur vermeld worden. Ook in de situatie onder de ZFW was dat al jaren de praktijk zonder expliciete wettelijke verankering.

Medisch beroepsgeheim

Wat betreft het beroepsgeheim en de daaruit voortvloeiende plicht van de arts om te zwijgen over al hetgeen hij in zijn beroepsbeoefening over zijn patiënt te weten komt, het volgende: deze zwijgplicht geldt, zo bepaalt artikel 7:457 BW, niet voor zover een arts op grond van een wettelijke bepaling gegevens over zijn patiënten moet verstrekken. Artikel 87 Zvw vormt zo'n bepaling. De plicht tot verstrekking is beperkt tot die gegevens die voor zorgverzekeraars noodzakelijk zijn voor de uitvoering van hun zorgverzekeringen (of van de Zvw). Deze materie is ook voor de betreffende beroepsgroepen en -beoefenaren niet nieuw. Zo is in het vademecum van de KNMG expliciet de ontheffing van de zwijgplicht door wettelijke plicht tot gegevensverstrekking opgenomen. Het bepaalde in artikel 87, zesde lid, Zvw biedt overigens de mogelijkheid om bij ministeriële regeling de betreffende gegevens nader te specificeren (bijvoorbeeld teneinde onduidelijkheden over de noodzakelijkheid van verstrekking van bepaalde soorten persoonsgegevens weg te nemen) dan wel aan de verstrekking ervan nadere voorwaarden te verbinden (bijvoorbeeld aan de beveiliging van de gebruikte software indien gegevens elektronisch worden aangeleverd).

De Zvw is niet in strijd met het medisch beroepsgeheim. Het CBP is met de minister van oordeel dat voor een goede uitvoering van de zorgverzekeringswetgeving het gebruik van bepaalde persoonsgegevens noodzakelijk is. Vanzelfsprekend dient dat gebruik met de nodige wettelijke waarborgen te worden omkleed. Het CBP heeft aangegeven dat een ministeriële regeling noodzakelijk is, opdat wet en regeling tezamen een voldoende gespecificeerd kader bieden voor zorgvuldige uitvoering van de wet en de doorbreking van het medisch beroepsgeheim. De bestaande praktijk bij gegevensverstrekking door huisartsen en andere zorgverleners wordt met de Zvw en nadere regelingen voorzien van een wettelijke inkadering, waarmee ook de mogelijkheden zijn toegenomen om nadere voorwaarden aan de gegevensversstrekking te verbinden. Als zorgverleners van mening zijn dat zorgverzekeraars hun vragen meer medische gegevens over patiënten te leveren dan voor de zorgverzekeraars noodzakelijk is voor de uitvoering van de zorgverzekeringen (of van de Zvw) kunnen zij dat bij het CBP onder de aandacht brengen. Het CPB ziet immers, als algemeen toezichthouder op de verwerking van persoonsgegevens, toe op de naleving van artikel 87 Zvw. Ook de NZa kan bij overtredingen optreden, aangezien de NZa erop moet toezien dat de zorgverzekeraars zich aan de bij en krachtens de Zvw gestelde regels houden.

Verbod op gebruik van persoonsgegevens voor andere doeleinden

De zorgverzekeraars die op grond van artikel 87 Zvw medische patiëntgegevens van de zorgaanbieders krijgen aangeleverd, kunnen deze gegevens niet verstrekken aan een andere verzekeraar, die deze dan zou kunnen gebruiken om te kijken of iemand voor een levensverzekering kan worden geaccepteerd. Verstrekking van deze persoonsgegevens aan een andere verzekeraar dan de zorgverzekeraar is derhalve verboden. Verzekeringsartsen hebben hun medisch beroepsgeheim, en overig personeel van de zorgverzekeraars heeft op grond van artikel 87, vijfde lid, Zvw een geheimhoudingsplicht. Ook is het in beginsel niet toegestaan dat de zorgverzekeraar deze gegevens gebruikt bij een acceptatie voor een aanvullende verzekering. Onder zorgverzekeringen wordt in dit verband verstaan: zorgverzekeringen als bedoeld in de Zvw. Artikel 87 Zvw verschaft de zorgverzekeraars dus geen basis om gegevens ten behoeve van aanvullende verzekeringen van de huisartsen te vragen. Hergebruik binnen de zorgverzekeraar is verboden indien dat hergebruik onverenigbaar is met het doel waarvoor de gegevens zijn verkregen (te weten: uitvoering van zorgverzekeringen of de Zvw). Artikel 9 van de WBP bepaalt, in samenhang met artikel 87, vijfde lid, Zvw, dat dit hergebruik van gegevens die op grond van artikel 87 Zvw voor de uitvoering van zorgverzekeringen (of de Zvw) bij de zorgverzekeraar zijn binnengekomen, in beginsel niet is toegestaan. Het is het CBP (en in laatste instantie de rechter) dat hier een oordeel over kan geven. De gedragscode bescherming persoonsgegevens die door ZN is ontwikkeld, het Addendum Zorgverzekeraars, geeft nadere invulling aan het gebruik van door de zorgverzekeraars ontvangen gegevens.

Verevening

Het risicovereveningsstelsel wordt uitgevoerd door het CVZ. Het CVZ keert de vereveningsbijdrage uit aan de zorgverzekeraar op basis van gegevens die een zorgverzekeraar bij hem aanlevert. Voor het bepalen van de bijdragen uit het Zorgverzekeringsfonds, bedoeld in de artikelen 32 t/m 34 Zvw, heeft het CVZ specifieke informatie nodig over de kenmerken van verzekerden. De bevoegdheid tot het opvragen van deze gegevens heeft het CVZ op basis van artikel 88 Zvw. Ingevolge artikel 35, eerste lid, Zvw moet het CVZ ervoor zorgen dat er een administratie ingericht en in stand gehouden wordt, waarin van iedere verzekerde gegevens worden opgenomen ten behoeve van de berekening van de vereveningsbijdrage. Het gaat daarbij om de volgende gegevens van de verzekerde:

a Het burgerservicenummer of bij het ontbreken daarvan, het sociaal-fiscaalnummer.
b De zorgverzekeraar waarbij de zorgverzekering loopt.
c Die persoonsgegevens, waaronder gezondheidsgegevens, die noodzakelijk zijn voor de berekening van de aan de zorgverzekeraars toekomende bijdragen uit het Zorgverzekeringsfonds.

Voorts dienen begin en einde van iedere zorgverzekering bij het CVZ te worden gemeld (artikel 35, tweede lid, Zvw).

Dit betekent niet dat het CVZ per individuele verzekerde op burgerservicenummer alle voor de verevening relevante criteria in zijn administratie mag opslaan. Dit is slechts toegestaan voor zover dat voor de risicoverevening noodzakelijk is (artikel 35, eerste lid, onderdeel c, Zvw). Voor sommige werkzaamheden heeft het CVZ, bijvoorbeeld voor de ex ante toekenning van de vereveningsbijdragen, voldoende aan een opgave van het aantal verzekerden met bepaalde kenmerken per verzekeraar (geaggregeerd niveau). Voor andere werkzaamheden zijn echter gegevens op individueel niveau – aan te leveren op burgerservicenummer – noodzakelijk. Voor geen van de werkzaamheden is het noodzakelijk dat het CVZ dergelijke gegevens op individueel niveau herleidt of kan herleiden tot individuele verzekerden (persoonsniveau). Het CVZ is niet bevoegd om het burgerservicenummer tot individuele personen te herleiden. Voor zover gegevens op individueel niveau (aan de hand van het burgerservicenummer) moeten worden verwerkt, zijn deze opgenomen in de Regeling zorgverzekering, bedoeld in artikel 35, vierde lid, Zvw.

Er is één gegeven waarvan artikel 35 Zvw zelf bepaalt dat het CVZ het moet verwerken, het burgerservicenummer. Verwerking door het CVZ van dit nummer is om drie redenen noodzakelijk: allereerst om te kunnen bepalen welk gewicht moet worden toegekend aan combinaties van verzekerdenkenmerken, indien die op elkaar inwerken. Ten tweede om te voorkomen dat voor één en dezelfde verzekerde meerdere malen een volledige vereveningsbijdrage wordt betaald. En ten derde om te voorkomen dat te hoge vereveningsbijdragen worden uitbetaald. Zo zullen de gegevens omtrent de aard van inkomen op basis van het burgerservicenummer (en binnen de grenzen van de Wet structuur uitvoeringsorganisatie werk en inkomen) door het Uitvoeringsinstituut werknemersverzekeringen (UWV) aan het CVZ worden verstrekt. Door deze gegevens te koppelen aan de burgerservicenummers in de bestanden van zorgverzekeraars, wordt bereikt dat alleen extra vereveningsbedragen worden gegeven voor die verzekerden die daadwerkelijk daarvoor in aanmerking komen. De plicht tot verwerking van het burgerservicenummer is, conform artikel 24, eerste lid, WBP bij wet geregeld, te weten in artikel 35, eerste lid, onderdeel a, van de Zvw. Dat het CVZ het slechts mag gebruiken voor de uitvoering van de Zvw, volgt uit artikel 24, eerste lid, WBP.

De zorgverzekeraars leveren voornamelijk gegevens op geaggregeerd niveau aan bij het CVZ. Uitzonderingen hierop zijn de gegevens die gehanteerd worden voor de compensatie van chronische patiënten (genoemd in het eerste lid), compensatie op basis van het criterium aard van het inkomen (tweede lid) en de gegevens met betrekking tot geboortedatum, geslacht, adres en aard van het inkomen (derde lid). Voor de uitvoering van de risicoverevening is het noodzakelijk dat het CVZ over deze verzekerdengegevens beschikt. Voor de uitvoering van de risicoverevening houdt het CVZ een administratie bij met privacygevoelige informatie. Het CVZ zet 'privacy enhancing technologies' in om te waarborgen dat de privacy van verzekerden wordt beschermd. Iedere verzekerde krijgt op basis van het burgerservicenummer een pseudo-identiteit toegekend.

DBC-informatiesysteem (DIS)

Ziekenhuizen hebben hun werkzaamheden onderverdeeld in diagnosebehandelingcombinaties (dbc's). Er bestaan dbc's waar een unieke prijs voor is berekend en dbc's die zijn ingedeeld in clusters waarvoor dezelfde prijs geldt. Op de declaratie is het niet altijd noodzakelijk alle gezondheidsgegevens van de verzekerde te vermelden. Als het gaat om de risicoverevening is het noodzakelijk dat de dbc's niet op clusterniveau, maar per dbc worden gekoppeld aan de verzekerdengegevens van zorgverzekeraars. Het CBP is van oordeel dat dit in strijd is met de privacywetgeving. Om die reden is besloten een rechtspersoon aan te wijzen, Stichting DIS, waarin vertegenwoordigers van alle zorgaanbieders zitting hebben, die alle individuele verzekerdengegevens van de zorgaanbieders en de zorgverzekeraars op persoonsniveau koppelt. Vervolgens kunnen de gegevens aan het CVZ worden overgelegd, zodanig dat dit niet meer is te herleiden tot persoonsgegevens.

Compensatieregeling verplicht eigen risico

Om verzekerden met onvermijdbare zorgkosten te kunnen compenseren voor het verplicht eigen risico, is het noodzakelijk persoonsgegevens betreffende de gezondheid te verwerken. Op grond van artikel 8, onderdeel c, van de Wbp mogen persoonsgegevens worden verstrekt indien hiermee uitvoering wordt gegeven aan een wettelijke plicht. De zorgverzekeraars verstrekken op grond van artikel 118a, derde lid, Zvw de rekeningnummers van verzekerden die recht hebben op compensatie aan het CAK-BZ. Hiermee geeft de zorgverzekeraar uitvoering aan een wettelijke plicht.

Het enkele feit dat deze persoonsgegevens worden verstrekt, geeft aan dat de verzekerde is ingedeeld in een Farmaceutische Kosten Groep (FKG). Daarmee is er sprake van bijzondere persoonsgegevens betreffende de gezondheid. Voor het verwerken van deze bijzondere persoonsgegevens stelt de Wbp strengere eisen dan voor 'gewone' persoonsgegevens. Bijzondere persoonsgegevens betreffende de gezondheid mogen, behoudens de uitzonderingen genoemd in artikel 21 van de Wbp, niet worden verwerkt.

In dit geval is de verstrekking van de zorgverzekeraar aan het CAK-BZ gerechtvaardigd op grond van artikel 21, eerste lid, onderdeel f, van de Wbp. Dit artikel bepaalt dat het verbod tot verwerking van persoonsgegevens betreffende de gezondheid niet van toepassing is indien de verwerking geschiedt door een bestuursorgaan 'voor zover dat noodzakelijk is voor een goede uitvoering van wettelijke voorschriften (...) die voorzien in aanspraken die afhankelijk zijn van de gezondheidstoestand van de betrokkene'.

De aanspraak op een uitkering als bedoeld in artikel 118a Zvw is afhankelijk van de gezondheidstoestand van de betrokken verzekerden. Het CAK-BZ beschikt niet zelf over deze gegevens. De zorgverzekeraars hebben deze gegevens wel. De verstrekking door de zorgverzekeraars van het burgerservicenummer (of bij het onbreken daarvan het sociaal-fiscaalnummer), rekeningnummers van verzekerden die de afgelopen twee jaar onder een FKG (niet zijnde de FKG 'Hoog cholesterol') vielen, is derhalve noodzakelijk voor de uitvoering van artikel 118a Zvw.

Het amendement van kamerlid Omtzigt c.s. (*Kamerstukken* II 2007/08, 31 094, nr. 21) heeft aan de groep verzekerden die compensatie krijgt, de groep verzekerden die langdurig in een AWBZ-instelling verblijven toegevoegd. Deze groep betaalt een eigen bijdrage op grond van artikel 2 van het Bijdragebesluit zorg. Op grond van artikel 3 van het Bijdragebesluit zorg, zoals dat met ingang van 1 januari 2008 luidt, is de verzekerde deze bijdrage verschuldigd aan het CAK-BZ. Het CAK-BZ stelt de hoogte van deze inkomensafhankelijke eigen bijdrage vast en int deze bijdrage bij de verzekerde. Uit hoofde van die wettelijke taak in het kader van de AWBZ is het CAK-BZ zelf in het bezit van de persoonsgegevens van deze groep verzekerden die langdurig in een AWBZ-instelling verblijven. Ook hier is het de vraag of het CAK-BZ deze persoonsgegevens 'verder mag verwerken'. De gegevens mogen slechts worden verwerkt indien dit verenigbaar is met de doeleinden waarvoor zij zijn verkregen. Toetsing aan artikel 9, tweede lid, Wbp heeft de minister van VWS doen besluiten dat het hergebruik – door het CAK-BZ – niet overenigbaar is met de Zvw in dezen. Overwogen is dat de gevolgen van de beoogde verdere verwerking voor de betrokkene louter positief zijn (artikel 9, tweede lid, onderdeel c, Wbp).

Gedragscode zorgverzekeraars biedt aanvullende bescherming

Ten behoeve van de uitvoering van zorgverzekeringen en de Zvw zijn afspraken gemaakt tussen het College bescherming persoonsgegevens (CBP), de Koninklijke Nederlandsche Maatschappij tot bevordering der Geneeskunst (KNMG), de Nederlandse Patiënten Consumenten Federatie (NPCF), ZN en VWS over het beperkt uitwisselen van persoonsgegevens die voor een ziektekostenverzekeraar noodzakelijk zijn voor de uitvoering van een ziektekostenverzekering, waaronder persoonsgegevens betreffende de gezondheid als bedoeld in de Wbp. Die afspraken zijn neergelegd in het Addendum Zorgverzekeraars bij de bestaande Gedragscode Verwerking Persoonsgegevens Financiële Instellingen.

Het CBP heeft bij besluit van 27 april 2006, *Stcrt.* 2006, 85 een positieve beslissing genomen op het verzoek van ZN, het Verbond van Verzekeraars (VvV) en de Nederlandse Vereniging van Banken (NVB) om te verklaren dat het door ZN opgestelde Addendum Zorgverzekeraars bij de reeds bestaande Gedragscode Verwerking Persoonsgegevens Financiële Instellingen van het VvV en de NVB een juiste uitwerking vormt van de Wbp en andere wettelijke bepalingen betreffende de verwerking van persoonsgegevens.

Het addendum is op 4 februari 2008 verlopen. Het College bescherming persoonsgegevens (CBP) heeft in februari 2008 bekendgemaakt dat het handhavend zal optreden tegen zorgverzekeraars die bij zorgverleners medische patiëntengegevens opvragen om declaraties te controleren.

4.8 'Europe proof' Europese regelgeving

Algemeen

Er zijn twee Europeesrechtelijke aspecten die tijdens de behandeling van het wetsvoorstel continu de aandacht hebben gekregen. Het gaat daarbij om de vraag of een beroep kan worden gedaan op een uitzondering op het Europeesrechtelijke verbod om in een privaat vormgegeven verzekeringsstelsel publieke randvoorwaarden te stellen aan de acceptatie, de premie en de omvang van de dekking (zie paragraaf 4.9). Daarnaast is het de vraag of in het in de Zvw vormgegeven model van risicoverevening, alsmede het behoud van wettelijke reserves door de ziekenfondsen, in strijd komt met de staatssteunregels uit het EG-Verdrag.

Positieve notificatie

Uit het persbericht van de Europese Commissie blijkt het volgende: 'De Europese Commissie heeft er krachtens haar staatssteunregels mee ingestemd dat een fundamentele hervorming van het ziektekostenverzekeringsstelsel in Nederland met staatsmiddelen wordt gefinancierd. Doelstelling van de hervorming is toegang voor alle burgers te garanderen en daarbij de doelmatigheid en betaalbaarheid van de zorgverstrekking te stimuleren. Daartoe zullen de autoriteiten een risicovereveningssysteem tussen zorgverzekeraars opzetten en de transformatie van het systeem ondersteunen door bepaalde zorgverzekeraars startkapitaal te verlenen. De Commissie is van mening dat de steun de concurrentie niet zodanig vervalst dat het algemeen Europees belang wordt geschaad en dat hij derhalve kan worden goedgekeurd.' Of anders gezegd: de Europese Commissie heeft in haar beschikking (uitspraak over de steunmaatregelen N 541-2004 en N 542-2004 bij beschikking nr. 03.V.2005 C (2005) 1329 fin) bepaald dat de maatregelen risicovereveningssysteem en behoud reserves met respectievelijk artikel 86, tweede lid en artikel 87, derde lid, onder c, van het EG-Verdrag verenigbaar zijn.

Risicoverevening

Volgens de Europese Commissie dient de toegekende compensatie uit het Zorgverzekeringsfonds als bedoeld in het stelsel van risicoverevening, te worden aangemerkt als staatsmiddelen in de zin van artikel 87, eerste lid, van het EG-Verdrag. De Commissie komt onder meer tot die conclusie omdat het Zorgverzekeringsfonds een fonds is dat wordt gefinancierd uit krachtens de wetgeving van de Staat verplichte bijdragen die worden beheerd en verdeeld krachtens deze wetgeving. De Nederlandse overheid kwam tot de conclusie dat er geen sprake was van staatssteun, omdat de inrichting van het nieuwe ziektekostenstelsel zou voldoen aan de criteria van het zogenaamde Altmark-arrest (arrest van 24 juli 2003, zaak C-280/00. Altmarkt Trans GmbH, *Jurispr.* 2003, blz. I-7747). In het Altmark-arrest wordt bepaald onder welke voorwaarden maatregelen van de Staat níet als staatssteun worden aangemerkt. De Commissie heeft echter twijfels ten aanzien van de toepassing van een van deze voorwaarden, namelijk de zogenoemde efficiëntievoorwaarde. In tegenstelling tot de ondernemingen in het Altmark-arrest krijgt een zorgverzekeraar risico's gecompenseerd of hij nu efficiënt werkt of niet. Vervolgens dient de vraag te worden beantwoord of de staatssteun verenigbaar kan worden geacht met de Europese gemeenschappelijke markt.

De Commissie heeft de maatregel van risicoverevening rechtstreeks aan artikel 86, tweede lid, van het EG-Verdrag getoetst. Uitgangspunt is dat indien de Staat aan een onderneming, i.c. de zorgverzekeraar, een bijzondere taak heeft toevertrouwd, compensatie de toets der staatssteunregels kan doorstaan als deze compensatie evenredig is aan de kosten van die diensten én de ontwikkeling van het handelsverkeer niet zodanig worden beïnvloed dat dit strijdig is met het belang van de Gemeenschap.

Er kan niet worden gesproken van een zuivere casus waarin sprake is van een onderneming met een publieke taak. Uit jurisprudentie van het Hof van Justitie (arrest van 23 oktober 1997, zaak C-157-94, Commissie/Nederland, *Jurispr.* 1997, p. I-569 en zaak C-179/90, weer genuanceerd met het arrest van 10 december 1991, zaak C-179/90, Porto di Genova SpA, *Jurispr.* 1991, p. I-5889) en de overeenkomst van de voorwaarden die het Nederlandse systeem stelt aan de zorgverzekeraar die vergelijkbaar zijn met het Ierse risicovereveningssysteem (beschikking van de Commissie betreffende Steunmaatregel nr. N 46-2003, Risicovereveningssysteem-Ierland, C (2003), 1322), waarin de Commissie tot de conclusie kwam dat sprake was van een onderneming met het beheer van een dienst van algemeen economisch belang, concludeert de Commissie dat de zorgverzekeraars ondernemingen zijn die met het beheer van economisch belang zijn belast. Het gaat daarbij om de voorwaarden die in de Zvw worden gesteld aan de zorgverzekeraar, zoals de acceptatieplicht, een verbod op premiedifferentiatie, de verplichting een wettelijk omschreven verzekeringspakket in de zorgverzekering op te nemen (goedgekeurd door het CTZ), aan specifiek toezicht zijn onderworpen en tot slot de verplichting hebben landelijk te werken.

Nadat is vastgesteld dat sprake is van diensten van algemeen belang dient nog te worden getoetst of het risicovereveningsmodel noodzakelijk en evenredig is. Het risicovereveningsmodel is volgens de Commissie noodzakelijk om de stabiliteit op de markt te waarborgen en gelijke toegang tot betaalbare zorg te garanderen. De overwegingen hierbij zijn dat het risicovereveningssysteem noodzakelijk is om de premies op een aanvaardbaar niveau te houden. Dit kan, omdat op basis van het risicovereveningssysteem de helft van de totale gezondheidskosten over de zorgverzekeraars wordt verdeeld. De inkomenssolidariteit wordt met dit systeem gewaarborgd, doordat de betalingen uit het Zorgverzekeringsfonds grotendeels gefinancierd worden uit inkomensafhankelijke bijdragen. Voorts moet worden voorkomen dat ondanks de acceptatieplicht via bepaalde markttrucs toch nog de geringste risico's door de zorgverzekeraars worden binnengehaald. De nominale premies bij andere zorgverzekeraars zouden dan weer kunnen gaan stijgen. Daarnaast concludeert de commissie dat de ontwikkeling van het handelsverkeer niet beïnvloedt in een mate die met het belang van de Gemeenschap strijdig is.

Reserves ziekenfondsen

Het behoud van de reserves door voormalige ziekenfondsen, nu zorgverzekeraars, wordt als staatssteun in de zin van artikel 87, eerste lid, van het EG-Verdrag aangemerkt. Ook hier struikelt de Nederlandse regering weer over de efficiëntievoorwaarde als bedoeld in het Altmark-arrest, aangezien niet alle ziekenfondsen efficiënte ondernemingen zijn. Ook hier zijn derhalve de staatssteunregels van toepassing. Dat betekent dat moet worden bekeken of de maatregel verenigbaar is met de gemeenschappelijke markt.

Het behoud van reserves bij de ziekenfondsen heeft als doel het voortbestaan van de ziekenfondsen in het nieuwe zorgstelsel te garanderen. Toetsing van een dergelijke maatregel vindt plaats aan artikel 87, derde lid, onder c, van het EG-Verdrag. Steunmaatregelen zijn op grond hiervan toegestaan indien het de ontwikkeling van economische bedrijvigheid vergemakkelijkt, onder de voorwaarde dat de voorwaarden waaronder het handelsverkeer plaatsvindt niet zodanig veranderen dat het gemeenschappelijk belang wordt geschaad. De Commissie acht dit hier aan de orde. Zij acht het gerechtvaardigd, omdat zij ervan overtuigd is geraakt dat bestaande ziekenfondsen niet kunnen overleven op de markt onder het nieuwe zorgstelsel, waardoor de continuïteit in de dienstverlening ernstig wordt verstoord. De premies zouden de pan uit rijzen en de sociaal zwakkeren, die nu eenmaal geen andere verzekeraar willen kiezen, zouden onverzekerd raken. Het behoud van reserves moet echter evenredig zijn. Met andere woorden: het moet de concurrentie niet ernstig verstoren. Aangezien het gaat om eenmalige en in omvang beperkte staatssteunmiddelen, bestemd voor openbare dienstverlening tot dekking van de bestaande risico's die ten opzichte van de particuliere verzekeraars een solvabiliteitsmarge betreft die vele malen lager is, is voldaan aan het evenredigheidsvereiste. Conclusie is dat ook de reserves van de ziekenfondsen verenigbaar zijn met het EG-Verdrag.

Toepasselijke wet- en regelgeving

- Artikelen 86, 87, eerste lid en derde lid, onder c, EG-verdrag.

4.9 Bolkesteinbrief/Powerplay/'Beste Hans'

In beginsel laat het gemeenschapsrecht de lidstaten vrij in de inrichting en de financiering van hun zorgstelsel. Mogelijke juridische implicaties kunnen slechts liggen in de voorwaarden waaronder dit wordt ingericht. In een privaatrechtelijk stelsel als de Zvw is de Europese schaderichtlijn inzake het schadeverzekeringsbedrijf, de Derde Schaderichtlijn, van toepassing.

Op grond van deze richtlijn is het niet toegestaan om aan privaatrechtelijke verzekeringen wettelijke voorschriften te stellen met betrekking tot de acceptatie voor de verzekering, de dekkingsomvang van die verzekering en de premiestelling. Deze schaderichtlijnen zijn gebaseerd op de bepalingen inzake het vrije verkeer van goederen en diensten uit het EG-verdrag. Uitgangspunt hierbij is dat binnen Europa de ene verzekeraar geen slechtere concurrentiepositie mag krijgen dan de andere, omdat de laatste aan allerlei overheidsvoorschriften wordt gehouden.

In artikel 54 van de Derde Schaderichtlijn is echter een uitzonderingsbepaling opgenomen, op basis waarvan een uitzondering kan worden gemaakt op het verbod om in te grijpen in de voorwaarden waaronder een schadeverzekering op de markt kan worden gebracht. Het gaat hier om de zogenoemde algemeen-belangexceptie. Dit betekent dat met een beroep op het algemeen belang, zoals i.c. bij de Zvw om de inkomens- en risicosolidariteit in een ziektekostenstelsel te waarborgen, de verzekeraars bepaalde verplichtingen kunnen worden opgelegd, zoals een acceptatieplicht en een verbod op premiedifferentiatie. Of anders gezegd, de acceptatieplicht en het verbod op premiedifferentiatie dienen een noodzakelijke en evenredige beperking van de door het Europese recht gewaarborgde vrijheid van de zorgverzekeraars om het verzekeringsbedrijf uit te oefenen.

Bij brief van 25 november 2003 heeft de Commissaris interne markt van de Europese Commissie, de heer Bolkestein, een (persoonlijke) brief gestuurd aan de minister van VWS, waarin hij aangaf dat de beoogde privaatrechtelijke vormgeving van de nieuwe verzekering in Europeesrechtelijke zin wel mogelijk zou zijn wanneer de in dat kader door de overheid te stellen voorschriften niet verder gaan dan strikt noodzakelijk en niet verder ingrijpen in de verzekeringsmarkt dan nodig is. Objectieve noodzakelijkheid en proportionaliteit. In zijn brief legde Bolkestein de mogelijkheid om een beroep te doen op de uitzonderingsbepaling ruimer uit dan de landsadvocaat in haar advies aan de minister van VWS van 4 december 2002, 'Een nieuw stelsel van zorgverzekeringen', waarin zij een beroep op artikel 54 van de Derde Schaderichtlijn niet gerechtvaardigd achtte.

Onduidelijk is overigens wat precies de status was van de brief die Bolkestein stuurde aan de minister: tijdens het rondetafelgesprek op 16 juni 2004 (*Kamerstukken II* 2003/04, 29 689, nr. 3) werd gesteld dat, hoewel de brief volledig bevoegd was gesteld, deze waarschijnlijk niet in het college van commissarissen was geweest. Waarschijnlijk is de brief wel afgestemd met de juridische dienst, de D-G Emploi Sociale Zaken onder wiens verantwoordelijkheid de portefeuille Volkgezondheid valt en de D-G competition in verband met het raakvlak met de perikelen rond de staatssteun. Het gevoelen is dat de persoonlijke opvatting van Bolkestein ook binnen de Europese Commissie breed wordt gedragen.

Uiteindelijke zekerheid over de Europese houdbaarheid van de inbreuk op de Derde Schaderichtlijn kan pas worden verkregen indien het Europese Hof van Justitie zich hierover heeft uitgesproken. Of zoals de minister van VWS stelt tijdens een kamerdebat: 'Met geen enkel stelsel [is] de 100% zekerheid te [...] verkrijgen, omdat het uiteindelijk de Europese rechter is die beslist over de rechtsgeldigheid van een bepaalde regeling. Dan moet er natuurlijk wel eerst iemand zijn die naar de rechter gaat om iets aan te vechten. Tot nu toe heeft hij geen enkele partij in de markt gezien, geen enkele private verzekeraar, die het voorstel zo'n schandelijke aantasting van zijn private rechten vindt, dat hij alvast aankondigt dat hij zich tot de Europese rechter zal wenden.' (*Kamerstukken II* 2004/05, 30 124, nr. 35, p. 32.)

Toepasselijke verdragen en richtlijnen

- EG-Verdrag;
- Artikel 54 Derde Schaderichtlijn.

4.10 Terrorismeregeling

Na 11 september 2001 is aandacht gegeven aan de gevolgen van terroristische aanslagen voor verzekeraars. De vraag is in hoeverre voor dergelijke risico's dekking kan worden geboden zonder het gevaar van insolvabiliteit van de verzekeraar. Na overleg tussen verzekeraars, de toenmalige Pensioen- & Verzekeringskamer (PVK) en de overheid is een oplossing gevonden door waar mogelijk het terrorismerisico in bestaande verzekeringen van de dekking uit te sluiten en in plaats daarvan dit risico onder te brengen bij de Nederlandse Herverzekeringsmaatschappij voor Terrorismeschaden (NHT) met een capaciteit van € 1 miljard per jaar.

Ook zorgverzekeraars kunnen financiële problemen krijgen indien zij ten behoeve van terroristische aanslagen noodzakelijk geworden zorg ongelimiteerd zouden moeten dekken. In artikel 2.3, eerste lid, van het Besluit zorgverzekering (zoals gewijzigd bij het Aanpassingsbesluit Zvw) is geregeld dat bij een terroristische aanslag aangesloten wordt bij de afspraken zoals die in NHT-verband zijn gemaakt. Geregeld is dat indien wegens terrorisme door de NHT wordt ingeschat dat bij alle verzekeraars tezamen meer dan € 1 miljard (het bij de NHT herverzekerde bedrag) wordt geclaimd, de op grond van de zorgverzekering te verzekeren prestaties beperkt worden tot het door de NHT vast te stellen uitkeringspercentage.

Ingevolge artikel 2.3, tweede lid, van het Besluit zorgverzekering is echter geregeld dat het deel van de zorgkosten dat op grond van de NHT-afspraken wordt uitgekeerd, kan worden aangevuld door het beschikbaar stellen van een extra vereveningsbijdrage. De minister van VWS heeft daartoe de bevoegdheid op grond van artikel 33 van de Zvw en het CVZ op basis van artikel 3.16 van het Besluit zorgverzekering. De ratio hierachter is dat het niet verenigbaar is met het sociale karakter van de Zvw dat, in het geval de geclaimde kosten boven de € 1 miljard uitstijgen en bij een terroristische aanslag de zorgkosten gering zijn, de verzekerden toch slechts een deel van hun zorgkosten vergoed krijgen.

In de polissen van onder andere schadeverzekeringen die na 15 augustus 2003 zijn afgesloten, is een clausule opgenomen dat de dekking wordt beperkt indien het totaalbedrag aan claims wegens terroristische handelingen in een kalenderjaar meer dan € 1 miljard bedraagt. De dekking wordt beperkt tot een door de NHT te bepalen, voor alle begunstigden een gelijk percentage van de overeengekomen verzekeringsuitkering.

4.11 Delegatiebevoegdheid en voorhang

Bij amendement van het Tweede Kamerlid Omtzigt is artikel 11 van het oorspronkelijke wetsvoorstel van de Zvw gewijzigd. In het oorspronkelijke voorstel was het mogelijk dat de inhoud en omvang van de zorg ofwel bij AMvB of bij ministeriële regeling kon worden vastgesteld. Omtzigt achtte het ongeclausuleerd overlaten van de bevoegdheid om de inhoud en omvang van de prestaties over te laten aan de minister niet wenselijk. De nadere invulling van de verzekerde prestaties die deel zullen uitmaken van de verzekeringsovereenkomst worden zo veel mogelijk in de AMvB, het Besluit zorgverzekering, geregeld. De Zvw maakt het wel mogelijk dat in het Besluit zorgverzekering voor bepaalde vormen van zorg bij ministeriële regeling nadere regels worden gesteld. De nadere regelgevingsbevoegdheid door de minister betreft de precieze invulling van het geneesmiddelenvergoedingensysteem dat maandelijks wordt uitgebreid met nieuwe geneesmiddelen en de hulpmiddelen. Daarnaast zullen bepaalde vormen van medisch-specialistische zorg die van het pakket worden uitgezonderd, eveneens bij ministeriële regeling worden vastgesteld. De zorgvormen waarbij het deel van de kosten dat voor rekening van de verzekerde blijft, kunnen uitsluitend in het Besluit zorgverzekering worden vastgesteld.

De hoogte van de eigen bijdragen (tezamen met de indexering ervan) mogen daarentegen wel worden vastgesteld in een op het Besluit zorgverzekering berustende ministeriële regeling.

Voorhangprocedure Besluit zorgverzekering

Ingevolge artikel 124 Zvw dienen wijzigingen in het Besluit zorgverzekering die gebaseerd zijn op artikel 11, derde en vierde lid, artikel 18a, vijfde en zesde lid, artikel 20 en artikel 32, tweede lid, Zvw, te worden voorgehangen bij beide Kamers. Een AMvB kan niet eerder worden voorgedragen aan de Koningin dan vier weken nadat het ontwerp van het besluit aan beide Kamers is overgelegd. Deze wettelijke bepaling is geïntroduceerd ten opzichte van het oorspronkelijke wetsvoorstel op basis van het aangenomen amendement-Rouvoet. De overweging hierbij is als volgt: in de Zvw worden alleen de algemene zorgprestaties vastgelegd. Wijzigingen van het pakket, de berekeningswijze van het verplicht eigen risico en de bijdrage voor het vereveningsfonds worden neergelegd in een AMvB. Dit amendement van het lid Omtzigt c.s. (*Kamerstukken II*, 2007–2008, 31 094, nr. 30) waarborgt de parlementaire betrokkenheid bij de vaststelling van de betalingstermijnen en bij het maken van uitzonderingen op het eigen risico, het regelen van partiële betalingen en het beleid van voorkeursaanbieders door verzekeraars. Dit beoogde de Kamer bij de invoeringen van de Zvw ook voor de no claim (amendement-Rouvoet 29 763, nr. 27); dezelfde parlementaire betrokkenheid dient ook geregeld te worden voor het eigen risico.

Toepasselijke wet- en regelgeving

- Artikel 11 en 124 Zvw;
- Amendement-Omtzigt, *Kamerstukken II* 2004/05, 29 763, nr. 40;
- Amendement-Rouvoet, *Kamerstukken II* 2004/05, 29 763, nr. 27. Amendement-Omtzigt (*Kamerstukken II*, 2007-2008, 31 094, nr. 30).

4.12 Administratieve lasten/motie-Schippers

De motie-Schippers (*Kamerstukken II* 2004/05, 29 763, nr. 55) verzocht aan te geven wat de administratieve lasten zijn voor burgers, verzekeraars en de overheid onder het oude duale stelsel van ziekenfondsverzekeringen en particuliere verzekeringen en in het nieuwe stelsel na 1 januari 2006. Volgens de door het kabinet gekozen definitie gaat het bij administratieve lasten om de kosten van burgers en bedrijven om te voldoen aan informatieverplichtingen voortvloeiend uit wet- en regelgeving van de overheid. Het gaat om het verzamelen, bewerken, registreren, bewaren en ter beschikking stellen van informatie.

Administratieve lasten voor zorgaanbieders en verzekeraars worden uitgedrukt in euro's per jaar, voor burgers in uren of minuten tijdsbesteding per jaar. De minister van VWS heeft berekend dat de gemiddelde administratieve lasten voor burgers, uitgedrukt in de jaarlijkse tijdsbesteding, door de invoering van de Zvw per saldo afnemen. Het wegvallen van het in- en uitschrijven voor ziekenfonds en particuliere verzekering door de loongrens in de ZFW zorgt voor een belangrijke verlaging, evenals het verdwijnen van de verplichting om een wijziging van werkgever door te geven aan de zorgverzekeraar. Een verhoging van lasten treedt op doordat in de Zvw alle verzekerden jaarlijks een polis krijgen toegezonden van de verzekeraar en doordat verzekerden deze polis zullen doornemen en archiveren. Per persoon is de tijdsbesteding hiervoor echter beperkt. Voor de voormalig particulier verzekerden (waaronder de verzekerden met een standaardpakketpolis) liggen de administratieve lasten lager. Zij kunnen kiezen voor een naturapolis, waarbij ze in het geheel geen factuur ontvangen, of voor een restitutiepolis; daarin is de 'afhandelingslast' rond facturen lager dan voorheen.

Er zijn eenmalige lasten geweest bij de introductie van de Zvw in 2006 doordat alle verzekerden een verzekeringsovereenkomst moesten afsluiten bij een van de verzekeraars. Verzekeraars wilden dit proces zo soepel mogelijk laten verlopen door verzekerden een aanbod voor te leggen voor de hoofdverzekering en de aanvullende verzekering dat zo veel mogelijk aansluit bij de dekking van hun voormalige verzekering. Deze eenmalige tijdsbesteding (kennisnemen van verandering in verzekering en de aangeboden polis en het accepteren van het aanbod door bijvoorbeeld het ondertekenen en verzenden van de acceptgiro) is door de minister geschat op één uur per verzekerde.

De Wzt zorgde voor een stijging van de administratieve lasten voor burgers. Zij dienden een aanvraag voor de zorgtoeslag in te dienen. De zorgtoeslag moet via een procedure worden aangevraagd via een formulier. De dienst Toeslagen van de Belastingdienst heeft aan zo veel mogelijk huishoudens uit de doelgroep een formulier toegezonden, waarop al zo veel mogelijk gegevens waren ingevuld. Het betrokken huishouden moest vervolgens dit formulier beoordelen, zo nodig aanvullen of wijzigen en vervolgens insturen. Daarnaast heeft een deel van de doelgroep zelf een formulier moeten aanvragen, invullen en insturen, omdat op basis van de gegevens die de Belastingdienst had geen recht zou zijn op een zorgtoeslag. Dit kon evenwel toch het geval zijn. De lasten per huishouden varieerden, maar de gemiddelde last van de eerste aanvraag voor 2006 schatte het kabinet op ruim 25 minuten per huishouden.

De lasten in latere jaren zijn lager uitgevallen doordat de Belastingdienst/ Toeslagen in meer gevallen een compleet ingevuld aanvraagformulier heeft toegezonden en de digitale uitwisseling van formulieren steeds verder zal toenemen.

De administratieve lasten voor zorgverzekeraars (en deels voor zorgaanbieders) zouden volgens het kabinet aanzienlijk afnemen doordat de Zvw veel minder regels bevat dan de ZFW: de reductie bedraagt 80%, ofwel € 384 miljoen. Een deel van deze reductie heeft betrekking op informatie met een gemengde functie (dat wil zeggen dat deze informatie ook noodzakelijk is voor de eigen bedrijfsprocessen), waardoor de werkelijke kostenvermindering lager zouden uitvallen. Ook bij de zorgverzekeraars waren er eenmalige lasten vanwege de inschrijving van verzekerden voor de zorgverzekering. Deze eenmalige lasten waren echter te overzien, omdat verzekeraars voordien ook al elk jaar een voorstel voor de nieuwe premie of polis aan hun verzekerden deden (ziekenfondsen voor de aanvullende verzekering en particuliere verzekeraars voor de particuliere polis).

Tegenover kostenverminderingen door de afschaffing van de Wtz en de Wet MOOZ en integratie van premie- en belastinginning stonden toenames van kosten: ten eerste doordat voor meer verzekerden een procentuele premie moest worden geïnd en ten tweede door de invoering van de zorgtoeslag. De Wzt wordt uitgevoerd door de Belastingdienst/Toeslagen in overeenstemming met de regels van de Algemene wet inkomensafhankelijke regelingen (AWIR). De uitvoeringskosten van deze regeling door de Belastingdienst/Toeslagen bedragen vanaf 2006 jaarlijks € 72,6 miljoen. De uitvoeringskosten voor de overheid nemen in totaal toe met € 66 miljoen.

4.13 Toezicht op afstand

De Zvw gaat uit van een terugtredende overheid en de daarbij behorende eigen verantwoordelijkheid van partijen. Daarom volstaat een toezicht op afstand. Bij deze cultuurverandering krijgt de Nederlandse Zorgautoriteit tot taak de verschillende deelmarkten te stimuleren en zal zij slechts optreden als er publieke belangen daadwerkelijk en aantoonbaar in gevaar komen. De Wet marktordening gezondheidszorg (WMG) die op 1 oktober 2006 in werking is getreden voorziet daarin. De huidige taken van het CTZ, zoals omschreven in de Zvw, gaan over op de Zorgautoriteit.

De Zorgautoriteit houdt toezicht op de verschillende deelmarkten op de zorgverzekeringsmarkt (markt waar zorgverzekeraar en verzekerde contracten hebben gesloten), de zorginkoopmarkten (zorgverzekeraar koopt zorg in bij zorgaanbieder) en de zorgverleningsmarkt (markt waar verzekerde en zorgaanbieder elkaar treffen).

De Zorgautoriteit houdt uitsluitend rechtmatigheidstoezicht en geen doelmatigheidstoezicht, aangezien de markt bepaalt of een zorgverzekeraar al dan niet efficiënt werkt. In de AWBZ houdt de NZa overigens naast rechtmatigheidstoezicht tevens *doelmatigheidstoezicht*.

De Zorgautoriteit ziet primair toe op de zorgverzekeringsmarkt. De Zvw stelt bepaalde verplichtingen aan de zorgverzekeraar, die de sociale randvoorwaarden van het nieuwe verzekeringsstelsel waarborgen. Op de zorgverzekeringsmarkt gaat het daarbij om de acceptatieplicht en het daaraan gekoppelde verbod op premiedifferentiatie. Daarnaast hebben zorgverzekeraars verplichtingen die gaan over de verzekeringstechnische uitvoering van de wet en de verantwoording daarover. Het gaat daarbij om het verplicht eigen risico, het vrijwillig eigen risico, de informatievoorziening, de klachtenafhandeling en het afleggen van verantwoording.

Op de zorginkoopmarkt gaat de NZa na of de zorgverzekeraar zich voldoende inzet om zijn zorgplicht na te komen. De NZa heeft minder bemoeienis op de zorgverleningsmarkt. Het kan daar bijvoorbeeld gaan om een verzoek van de NZa om inzicht te geven in de vraag of de zorgverzekeraar is nagegaan wat de kwaliteit is van de ingekochte naturazorg.

Als aanvulling op het gedragstoezicht van de AFM heeft de NZa een taak in het transparant maken van de verschillende deelmarkten, waarbij de Zorgautoriteit zich richt op de zorgverzekering zelf. Daarbij zal het voornamelijk gaan om het toezicht op de vergelijkbaarheid van de informatie voor consumenten over eigenschappen van producten en diensten.

De NZa ziet toe op de juistheid van de gegevens die door de zorgverzekeraars voor de verevening worden aangeleverd. Wanneer de verzekerdengegevens onjuist zijn of de kosten niet aan de juiste kostencategorieën zijn toegerekend, kan de NZa een boete opleggen.

Alle zorgverzekeraars die de Zvw uitvoeren staan vanaf 1 januari 2006 onder volledig toezicht van DNB conform de Wft.

Toepasselijke wet- en regelgeving

- Wft;
- WMG.

4.14 Afschaffing vrijwillige AWBZ

Tegelijkertijd met de inwerkingtreding van de Zvw wordt de mogelijkheid afgeschaft om vrijwillig een verzekering ingevolge de AWBZ af te sluiten.

Bij de inwerkingtreding van het Besluit uitbreiding en beperking kring verzekerden volksverzekeringen 1999 (KB 746) waren bepaalde personen die in het buitenland wonen (verzekerden met een langlopende Nederlandse socialezekerheidsuitkering of verzekerden die een pensioen ontvangen, de postactieven) niet meer verzekerd ingevolge de AWBZ. Aan KB 746 ligt de doelstelling ten grondslag om strakker vast te houden aan de oorspronkelijke bedoeling van de volksverzekeringen, namelijk dat slechts diegenen die in Nederland wonen verplicht verzekerd zijn. Geregeld werd dat buiten Nederland geen sociale verzekering mogelijk is, tenzij de EU-Sociale zekerheidsverordening nr. 1408/71 of een socialezekerheidsverdrag anders bepaalt. Op ziekenfondsverzekerden die in een EU-land of verdragsland wonen zijn de EU-Verordening of de verdragen van toepassing. Dit gold niet voor niet-ziekenfondsverzekerden, zodat zij geen recht hadden op de zorg zoals deze was geregeld in hun woonland. De particuliere polissen boden doorgaans minder dekking dan de socialeziektekostenverzekering in hun woonland. De wijziging van de kring van verzekerden in de AWBZ heeft veel reacties teweeggebracht, met name bij postactieve uitkeringsgerechtigden, zodat uiteindelijk is besloten om voor bepaalde groepen uitkeringsgerechtigden de mogelijkheid te bieden de verzekering vrijwillig voort te zetten indien de uitkeringsgerechtigde buiten Nederland woont. Dit is geregeld in de artikelen 32a t/m 32c van de AWBZ. In de I&A-wet worden deze bepalingen in de AWBZ weer geschrapt, aangezien met de invoering van de Zvw het onderscheid tussen ziekenfondsverzekering en particuliere verzekering verdwenen is.

De voormalig particulier verzekerden zijn na het sluiten van een zorgverzekering per 1 januari 2006 eveneens 'sociaal verzekerd' en vallen daarmee als zij woonachtig zijn in het buitenland wel onder Verordening 1408/71 en de socialezekerheidsverdragen. Zij hebben dan net als de voormalig ziekenfondsverzekerden wel recht op het woonlandpakket: het recht op geneeskundige zorg of vergoeding van kosten zoals voorzien in de wetgeving over de verzekering voor geneeskundige zorg van hun woonland.

Doordat de vrijwillige AWBZ-verzekering in veel gevallen ruimer was dan het woonlandpakket en verzekerden die niet in een EU-land of verdragsland wonen in het geheel geen recht op AWBZ-zorg meer zouden hebben, is overgangsrecht getroffen. Voor een persoon van wie de vrijwillige AWBZ-verzekering als gevolg van de inwerkingtreding van de Zvw wordt beëindigd, is overgangsrecht getroffen. Het overgangsrecht is alleen van toepassing op de persoon die op de dag voorafgaande aan de dag van inwerkingtreding van deze wet (31 december 2005) op basis van de niet langer op hem van toepassing zijnde regeling van artikel 20, eerste lid, onderdeel b, en derde lid van het Besluit zorgaanspraken AWBZ, al aanspraak had op een vergoeding van de kosten van zorg. Deze persoon behoudt het recht op die vergoeding.

Indien de betrokkene op grond van een internationale regeling aanspraak had op het zogenaamde woonlandpakket, zal de vergoeding in aanvulling hierop worden verleend. Betrokkenen die niet in een EU-land of verdragsland wonen hebben tevens recht op deze vergoedingen, aangezien het overgangsrecht van toepassing is op alle voormalig vrijwillig AWBZ-verzekerden waar ter wereld men ook woont.

De persoon die op de dag voorafgaande aan de inwerkingtreding van de Zvw een vrijwillige AWBZ-verzekering had, blijft aanspraak houden op een vergoeding van de kosten van zorg waarop op die dag aanspraak bestond op grond van artikel 6 van de AWBZ. Het gaat daarbij om verzekerden voor wie de zorgverlening op of voor 31 december 2005 is aangevangen. Ook als het gaat om zorg voor de verzekerde aansluitend aan en in plaats van de zorgverlening die op of voor 31 december 2005 is aangevangen, bestaat recht op AWBZ-zorg. Of anders gezegd, indien de verzekerde aansluitend aan huishoudelijke verzorging wordt opgenomen in een verpleeghuis, zal ook deze vervolgzorg ten laste van de AWBZ worden vergoed, voor zover het woonlandpakket daarin niet voorziet. Dit recht op vergoeding blijft bestaan zolang de zorg wordt verleend. In het Aanpassingsbesluit zorgverzekering zal dit overgangsrecht verder worden uitgewerkt.

Toepasselijke wet- en regelgeving

- I&A-wet;
- Aanpassingsbesluit Zvw.

4.15 Vergunning en melding

De zorgverzekeringen worden uitgevoerd door de zorgverzekeraars die zowel onder de vigeur van de bepalingen van private schadeverzekeraars als de bepalingen uit de Zvw zelf vallen. Alle verzekeraars die in het nieuwe systeem opereren zullen aan zowel de algemene wetgeving inzake het particuliere verzekeringsbedrijf (Wft, Mededingingswet, vergunning DNB) als de specifieke bepalingen van de Zvw moeten voldoen.

De privaatrechtelijke elementen zijn als volgt te omschrijven: een zorgverzekeraar in de zin van de Zvw dient een naamloze vennootschap of een onderlinge waarborgmaatschappij te zijn, die privaatrechtelijke overeenkomsten van een zorgverzekering afsluit. De overschotten die de zorgverzekeraar op zijn bedrijfsvoering heeft mag hij vrij besteden en kan deze bijvoorbeeld aan zijn aandeelhouders uitkeren (met uitzondering van de voormalige ziekenfondsen).

De zorgverzekeraar dient te beschikken over een vergunning van DNB voor het uitoefenen van het schadeverzekeringsbedrijf, branches 1 (ongevallen) en 2 (ziekte). De particuliere ziektekostenverzekeraars, die al langer als particuliere schadeverzekering werkten, beschikten al over deze vergunning.

De ziekenfondsen hadden nog geen vergunning nodig voor de branches 1 en 2, maar kregen van rechtswege een vergunning als zij op 31 december 2005 een toelating ingevolge de ZFW hadden. Dit werd geregeld in de I&A-wet. Een van de eisen waaraan in het kader van de vergunning moest zijn voldaan is dat ongeveer 8% van de schade als solvabiliteitsmarge moet worden aangehouden. Voor de voormalige ziekenfondsen was het daarom voor de vermogensopbouw essentieel dat zij hun opgebouwde wettelijke reserves konden meenemen.

Vanwege het privaatrechtelijke karakter van de Zvw is de minimaal vereiste solvabiliteit van een zorgverzekeraar gebaseerd op de Europese schaderichtlijnen. De Europese schadeverzekeringsrichtlijnen zijn geïmplementeerd in de Wft. Uitgangspunt is dat de zorgverzekeraars de aan te houden reserves niet op hetzelfde niveau hoeven te leggen als de reserves van de particuliere verzekeraars.

Een zorgverzekeraar meldt op basis van artikel 25 Zvw aan de NZa dat hij het voornemen heeft zorgverzekeringen aan te bieden. Dit dient een algemeen belang, namelijk de consumentenbescherming alsmede het tegengaan van fraude met de vereveningsbijdrage. Het is geen toetredingsvoorwaarde tot de zorgverzekeringsmarkt.

Toepasselijke wet- en regelgeving

- I&A-wet;
- Artikel 25 Zvw;
- Wftv.

4.16 Woonlandpakket

De risico's die in de Zvw worden gedekt, zijn risico's die vallen onder het socialezekerheidsstelsel in de zin van artikel 4 van de Verordening (EEG) nr. 1408/71, gewijzigd bij Verordening (EG) nr. 118/97 van 2 december 1996. De Zvw is ingevolge artikel 5 Verordening nr. 1408/71 door de Nederlandse autoriteiten aangemeld als socialeverzekeringswet in de zin van deze verordening bij de Europese Commissie. Dit betekent dat personen die in een verdragsland wonen aanspraak kunnen maken op zorg zoals geregeld bij het socialezekerheidspakket van hun woonland ten laste van Nederland. Dit geldt ook voor personen die in een land wonen buiten de EU/EER waarmee een verdrag is gesloten, waarin een regeling voor de verlening van medische zorg is opgenomen.

In het buitenland wonende personen met recht op een Nederlands pensioen of (langlopende) Nederlandse socialezekerheidsuitkering hebben indien zij niet op grond van de wetgeving van hun woonland voor ziektekosten verzekerd zijn, recht op (vergoeding) van geneeskundige zorg indien zij (nadat zij zich verzekerd zouden hebben) recht op Zvw-prestaties zouden hebben, indien zij in Nederland zouden hebben gewoond.

In het woonland worden dan de verstrekkingen verleend naar het recht van dat woonland, het zogenaamde woonlandpakket voor rekening van Nederland. Daarnaast hebben ook de gezinsleden van deze categorie recht op het woonlandpakket. Hiertoe wordt jaarlijks een bedrag aan het betreffende woonland betaald.

Een tweede categorie verdragsgerechtigden zijn de gezinsleden van mensen die in Nederland werken. Deze werkenden zijn zelf verzekeringsplichtig ingevolge de Zvw en dienen een zorgverzekering te sluiten met een zorgverzekeraar. Hun gezinsleden zijn echter niet verzekeringsplichtig voor de Zvw. In de verordening of een socialezekerheidsverdrag is echter bepaald dat deze mensen toch recht hebben op medische zorg ten laste van het verzekeringsland van de werknemer. Daarbij is van belang te bezien wat de wetgeving van het woonland onder gezinsleden verstaat. In het algemeen gaat het om huwelijkspartners en kinderen tot 18 jaar. Deze twee categorieën worden uitgedrukt als de zogenaamde verdragsgerechtigden.

Daarnaast is een persoon die buiten Nederland in een ander EU/EER- of verdragsland woont maar in Nederland werkt, verzekeringsplichtig voor de Zvw, en daarnaast is op hem de verordening of het verdrag van toepassing. Deze persoon hoeft zich niet zoals de andere verdragsgerechtigden via de hierna omschreven administratieve procedure bij het CVZ te melden, maar kan zich inschrijven met een formulier van een Nederlandse zorgverzekeraar bij de socialeziektekostenverzekeraar in de woonplaats. In het woonland heeft deze verzekerde recht op het woonlandpakket (cure en care) ten laste van Nederland en daarnaast kan hij op basis van de Zvw als sprake is van een restitutiepolis met de mogelijkheid zorg in het buitenland in te roepen, deze zorg declareren bij de zorgverzekeraar in Nederland.

Melding

Het CVZ is belast met de administratie en de bijdragebetaling van in het buitenland wonende personen die niet verzekeringsplichtig zijn ingevolge de Zvw, maar op grond van Verordening 1408/71 of een socialezekerheidsverdrag (waaronder de Overeenkomst betreffende de Europese Economische Ruimte) recht hebben op zorg ten laste van Nederland.

Voor alle verdragsgerechtigden geldt eenzelfde procedure. Zij dienen zich ingevolge artikel 69 Zvw te registreren bij het CVZ. Het CVZ verstrekt een formulier waarmee de verdragsgerechtigden zich kunnen inschrijven bij de in het verdragsland 'relevante' uitvoeringsinstantie. De buitenlandse verzekeringsinstantie verzorgt de zorgverlening aan de verdragsgerechtigden ten laste van Nederland. De melding bij het CVZ is niet vrijblijvend. De verdragsgerechtigden zijn daartoe op grond van artikel 69, eerste lid, Zvw verplicht. Dit moet gebeuren binnen vier maanden na het ontstaan van hun recht uit de verdragen. Deze termijn is gesteld om te voorkomen dat verdragsgerechtigden zich pas melden op het moment dat zij zorg nodig hebben. Ingevolge artikel 69, derde lid, Zvw kan het CVZ een boete opleggen indien zij zich niet op tijd melden. De boete is gelijk aan 130% over de periode gelegen tussen het ontstaan van de verdragsgerechtigheid en de uiteindelijke aanmelding bij het CVZ. De 130% wordt genomen over een bij ministeriële regeling te bepalen gedeelte van de bijdrage, bedoeld in artikel 69, tweede lid, Zvw. Op de boeteoplegging zijn de artikelen 101 t/m 113 Zvw van toepassing.

Bijdrage

Algemeen

Volgens de Zvw zijn de verdragsgerechtigde en eventuele gezinsleden van 18 jaar en ouder (over het algemeen partner en kinderen) een bijdrage verschuldigd aan het CVZ. Deze bijdrage wordt geheven bij degenen van wie het recht op zorg is afgeleid en wordt dus op het pensioen of de uitkering ingehouden. Gezinsleden jonger dan 18 jaar zijn geen bijdrage verschuldigd. Het recht op zorg vloeit niet voort uit de inschrijving, maar vloeit direct voort uit het verdrag. De verdragsgerechtigden zijn vanaf het moment waarop het verdragsrecht op hen van toepassing wordt een bijdrage verschuldigd ingevolge artikel 69, tweede lid, Zvw. De hoogte van de bijdrage en de onderdelen waar deze uit bestaat wordt in de Regeling zorgverzekering bepaald. De bijdrage zal bestaan uit een deel dat gezien kan worden als een bedrag dat in de plaats komt van premie voor een zorgverzekering (rekening houdende met de zogenaamde woonlandfactor) en een deel dat betaald wordt in plaats van de inkomensafhankelijke bijdrage en een deel dat betaald wordt in plaats van de inkomensafhankelijke AWBZ-premie.

Er wordt niet gesproken van een premie omdat deze verdragsgerechtigden niet verzekerd zijn ingevolge de Zvw. Het CVZ is belast met de heffing en de inning van de bijdrage. Indien de verdragsgerechtigde 18 jaar of ouder is heeft hij afhankelijk van zijn inkomen en gezinssituatie recht op een zorgtoeslag. In de ministeriële regeling wordt bepaald welk deel van de bijdrage als premie voor een zorgverzekering wordt beschouwd.

Het CVZ zal voor de desbetreffende personen een formulier dienen af te geven, op grond waarvan de verzekeraar in de woonstaat kan zien dat betrokkene inderdaad recht heeft op prestaties ten laste van Nederland.

Het recht op de prestaties bestaat uitsluitend op grond van het internationale recht. Een verzekeringsplichtige die in het buitenland woont en in Nederland werkt heeft naast de verplichting de zorgverzekering af te sluiten, recht op het zogenaamde woonlandpakket.

Woonlandfactor

De regeling van 25 april 2006, *Stcrt.* 85 wijzigt de Regeling zorgverzekering voor zover die betreft de bijdrage van verdragsgerechtigden.

Hiermee wordt voldaan aan de motie-Schippers (*Kamerstukken II*, 2005/06, 29 689, nr. 52), waarin de minister van VWS is verzocht de bijdrage voor verdragsgerechtigden naar woonland te differentiëren, zodat er geen onevenwichtigheid bestaat in de bijdragen die Nederlanders in de verdragslanden opbrengen en de kosten die voor hen worden gemaakt.

In dezelfde zin heeft de rechtbank 's-Gravenhage op 31 maart 2006 aangaande de verdragsgerechtigdenbijdrage voor AWBZ-zorg vonnis gewezen in kort geding in de zaak met rolnummer KG 06/125 van de stichting Belangenbehartiging Nederlandse Gepensioneerden in het buitenland en enige individuele belanghebbenden tegen de Staat der Nederlanden, zij het dat de rechtbank zijn vonnis toespitst op de kosten van met AWBZ-zorg vergelijkbare zorg in het woonland van verdragsgerechtigden.

In de meeste Europese landen en verdragslanden zit AWBZ-zorg echter niet in een afzonderlijke verzekering. Het is daarom niet mogelijk een afzonderlijk bedrag vast te stellen voor de kosten van AWBZ-zorg in het woonland. Er is slechts één bedrag vast te stellen voor zorg in het woonland, die minder- of meeromvattend kan zijn dan de zorg die in Nederland wordt verleend in het kader van de Zorgverzekeringswet en de AWBZ.

Omdat de kosten voor met AWBZ-zorg vergelijkbare zorg in het woonland niet afzonderlijk kunnen worden bepaald, is besloten om de gehele bijdrage voor verdragsgerechtigden in relatie te brengen met de zorgkosten in het kader van de socialeziektekostenverzekering in het woonland. Daarbij wordt de Nederlandse verhouding tussen inkomensgerelateerde en nominale premies in aanmerking genomen. Het komt erop neer dat wanneer een verdragsgerechtigde woont in een land waar de gemiddelde zorgkosten voor de socialeziektekostenverzekering in het woonland twee derde bedragen van de gemiddelde Nederlandse zorgkosten, zijn verdragsbijdrage twee derde is van datgene wat hij aan premie verschuldigd zou zijn wanneer hij in Nederland had gewoond. Door de relatie met de gehele bijdrage te leggen, wordt de berekening van de bijdrage verdergaand gewijzigd dan de rechter in het vonnis heeft aangegeven. In het algemeen zal dit ertoe leiden dat verdragsgerechtigden een lagere, en soms zelfs aanzienlijk lagere verdragsbijdrage verschuldigd zullen zijn dan het geval was voor deze wijziging van de regelgeving. In enkele gevallen echter zullen betrokkenen een hogere verdragsbijdrage verschuldigd zijn. Dat komt omdat voorheen voorzien was in een korting van 30% op de bijdragecomponent die correspondeert met de in Nederland geldende AWBZ-premie. Ofschoon de rechtsvoorschriften van de betreffende internationale regelingen daartoe niet dwingen werd deze korting toch toegepast, omdat in het aansprakenpakket van sommige landen AWBZ-achtige aanspraken niet zijn opgenomen. Als gevolg van de nieuwe berekeningsmethode van de verdragsbijdrage, die volledig gerelateerd is aan de gemiddelde zorgkosten in het woonland, is er geen aanleiding meer voor deze korting. Het kan voorkomen dat de in aanmerking te nemen kosten in het woonland meer bedragen dan de in aanmerking te nemen kosten in Nederland.

Heffingskorting verdragsgerechtigden

In de brief die de minister van Financiën op 27 oktober 2006 aan de vaste commissie voor Financiën aan de Tweede Kamer der Staten-Generaal heeft gezonden, is op deze vragen ingegaan (*Kamerstukken II* 2006/07, 26 834, nr. 11). De regeling van 11 december 2006, *Stcrt.* 2006, 247) vormt in dat verband het sluitstuk. Met die regeling is artikel 6.3.1, tweede lid, van de Regeling zorgverzekering gewijzigd in die zin dat op praktische wijze bij de berekening van de bijdrage volgens artikel 69 van de Zvw rekening wordt gehouden met de heffingkorting van niet- of weinig verdienende partners.

Beroepszaken

Al sinds de invoering van de Zorgverzekeringswet voert een deel van in het buitenland wonende verdragsgerechtigden procedures waarbij zij de rechtmatigheid van de betaling van de verdragsbijdrage aan de orde stellen. Zowel het principe dat ze de bijdrage moeten betalen (het keuzerecht) als de hoogte van de bijdrage (woonlandfactor) is al voor verschillende rechtscolleges aangevochten.

De rechter heeft telkenmale geoordeeld dat zorg in woonland geen keuzerecht is maar een verplichting, dat de heffing van de bijdrage niet in strijd is met het vrij verkeer van personen noch met het burgerschap van de Europese Unie en dat de regeling waarmee de hoogte van de bijdrage wordt geregeld, niet in strijd is met de algemene beginselen van behoorlijk bestuur.

Rechtsgang bronheffing verdragsgerechtigden

Ingevolge uitspraken van de Afdeling bestuursrechtspraak van de Raad van State is gebleken dat de uitleg die gegeven werd aan artikel 69, vierde lid, van de Zvw niet strookte met de bedoeling van de wetgever. Het was de bedoeling van de wetgever dat het CVZ belast is met het nemen van beschikkingen inzake de heffing en de inning van de zogenaamde verdragsbijdrage. De verdragsbijdrage wordt ingehouden bij de bron, namelijk door het orgaan dat het pensioen uitbetaalt. De Afdeling bestuursrechtspraak oordeelt dat de beschikkingen van de broninhouders zelfstandige beschikkingen zijn, waartegen al naargelang de rechtsvorm van de broninhouder een civiele dan wel bestuursrechtelijke procedure openstaat. Niet alleen de veelheid en diversiteit van broninhouders die bevoegd zijn een beschikking te treffen, maar tevens de diversiteit aan rechters die bevoegd zijn te beslissen en uit een oogpunt van de belasting van de rechterlijke macht, acht de regering het onwenselijk dat verschillende broninhouders beschikken en verschillende rechters zich buigen over dezelfde rechtsvraag.

In de wijziging van artikel 69, vierde en zevende lid, is een eenduidige rechtsgang bewerkstelligd, waarbij het CVZ belast is met het nemen van beschikkingen inzake de heffing en inning van de verdragsbijdrage (*Stb.* 2008, 277). Indien een verdragsgerechtigde het niet eens is met deze beschikking, staat bezwaar open bij het CVZ en beroep bij de sector bestuursrecht van de rechtbank. Ingeval de verdragsgerechtigde hoger beroep wil instellen, is de Centrale Raad van Beroep ingevolge de Beroepswet aangewezen als het bevoegde rechtscollege.

Toepasselijke wet- en regelgeving

- Verordening (EEG) nr. 1408/71, waaronder de Overeenkomst betreffende de Europese Economische Ruimte;
- Verdragen met Bosnië-Herzegovina, Kaapverdische Eilanden, Kroatië, Macedonië, Marokko, Servië-Montenegro, Tunesië en Turkije;
- Artikel 69 en 101 t/m 103 Zvw;
- Regeling zorgverzekering, ingevolge artikel 69, tweede en vijfde lid, Zvw.

5 Juridisch instrumentarium

5.1	Verzekerde prestaties	71
5.2	Subsidies	78
5.3	Begin, einde en opschorting zorgverzekering	79
5.4	Acceptatieplicht	83
5.5	Verzekeringsplicht	83
5.6	Natura- en restitutiepolissen	85
5.7	Collectieve verzekering	87
5.8	Modelovereenkomst	88
5.9	Premie/inkomensafhankelijke bijdrage	89
5.10	Zorgverzekering en zorgpolis	94
5.11	Verplicht eigen risico en vrijwillig eigen risico	96
5.12	Risicoverevening	100
5.13	Rechtsbescherming	111
5.14	Aanvullende verzekering en nietig beding	113
5.15	Negatieve optie	113
5.16	Experiment persoonsgebonden budget	114
5.17	College voor zorgverzekeringen	115
5.18	Nederlandse Zorgautoriteit	117

5.1 Verzekerde prestaties

De omvang van de te verzekeren prestaties als bedoeld in artikel 11 Zvw, komt in grote mate overeen met de aard, inhoud en omvang van het verzekerde pakket ingevolge de ZFW, zoals dat op het moment van inwerkingtreding van de Zvw was vastgesteld.

In het Besluit zorgverzekering is ter uitvoering van artikel 11 van de Zvw de inhoud en omvang van de te verzekeren prestaties waarop de verzekerde krachtens de zorgverzekering recht heeft nader geregeld. Ook is in dit besluit geregeld voor welke vormen van zorg een eigen bijdrage geheven kan worden. In de Regeling zorgverzekering is voor de farmaceutische zorg en de hulpmiddelenzorg een nadere detaillering opgenomen van de zorg en daarnaast is de hoogte van de eigen bijdrage voor de verschillende zorgvormen geregeld.

Geneeskundige zorg

In de artikelen 2.4 en 2.5 Besluit zorgverzekering is de inhoud en omvang van de medisch-specialistische zorg geregeld zoals deze in de zorgverzekering moet worden vastgelegd. Deze zorg omvat zorg zoals huisartsen, medisch specialisten, klinisch psychologen en verloskundigen die plegen te bieden. Met het amendement-Smilde/Van der Vlies (*Kamerstukken* II 2004/05, 29 763, nr. 44) is in artikel 10 van de Zvw geregeld dat de geneeskundige zorg in ieder geval integrale eerstelijnszorg omvat, zoals die door huisartsen en verloskundigen pleegt te geschieden. In artikel 2.4 van het Besluit zorgverzekering is dit nogmaals opgenomen, zodat in een oogopslag kan worden gezien wat onder geneeskundige zorg wordt verstaan. Met andere woorden: het is niet noodzakelijk de huisartsen en verloskundigen hierbij expliciet te vermelden, omdat ook zonder hen alle zorg is omschreven die in de zorgverzekering moet worden opgenomen. Artikel 2.4, eerste lid, onderdelen a tot met c, geven nog enkele verbijzonderingen. Artikel 2.4, eerste lid, onderdelen d t/m f, omvat de geestelijke gezondheidszorg die per 1 januari 2008 uit de AWBZ is overgeheveld naar de Zvw.

Zoals gezegd is met het amendement-Omtzigt geregeld dat nadere regeling van de inhoud en omvang van de prestaties zo veel mogelijk bij AMvB dient te worden geregeld. Wel is gebruikgemaakt van de mogelijkheid om medisch-specialistische zorg te beperken. In artikel 2.1 van de Regeling zorgverzekering is (ingevolge artikel 2.4, tweede lid, van het Besluit zorgverzekering) geregeld welke vormen van medisch-specialistische zorg niet tot de prestaties als bedoeld in de zorgverzekering gerekend hoeven worden. Het gaat om de uitsluitingen zoals die met ingang van 1 januari 2005 geregeld waren in de Regeling medisch-specialistische zorg Ziekenfondswet. Het amendement maakt het ook mogelijk om bij AMvB te bepalen voor welke zorgvormen de hoogte van de eigen bijdrage voor bepaalde zorg bij ministeriële regeling kan worden vastgesteld. Deze mogelijkheid is benut voor het vaststellen van een eigen bijdrage voor psychotherapie, eerstelijnspsychologische zorg, kraamzorg, ziekenvervoer en bepaalde hulpmiddelen.

Bij de behandeling van de begroting van het ministerie van Volksgezondheid, Welzijn en Sport in de Tweede Kamer der Staten-Generaal is een motie van de leden Vietsch en Arib (*Kamerstukken* II 2005/06, 30 300 XVI, nr. 12) aanvaard. In die motie wordt de regering verzocht de eerste ivf-poging in de zorgverzekering op te nemen. Dit is per 1 januari 2007 geschied.

De prenatale screening naar aangeboren afwijkingen voor zwangeren jonger dan 36 jaar die geen medische indicatie hebben, is per 1 januari 2007 uitgesloten van de geneeskundige verzorging als bedoeld in de zorgverzekering.

Geneeskundige geestelijke gezondheidszorg

Per 1 januari 2008 is de geneeskundige geestelijke gezondheidszorg overgeheveld van de AWBZ naar de Zvw. Deze zorg omvat de geneeskundige geestelijke gezondheidszorg gedurende het eerste jaar van verblijf alsmede de zorg die niet gepaard gaat met verblijf of die geen psychoanalytische behandeling is, ten hoogste vijfentwintig zittingen dan wel, indien sprake is van persoonlijkheidsstoornissen of de verzekerde jonger is dan 18 jaar, ten hoogste vijftig zittingen psychotherapie. De zorg kan meer zittingen psychotherapie omvatten indien die voor de verzekerde noodzakelijk zijn blijkens de normen die door de desbetreffende beroepsgroepen zijn aanvaard.

In artikel 2.2 Regeling zorgverzekering is de eigen bijdrage voor psychotherapie geregeld. In het tweede lid is, net zoals bij de AWBZ, geregeld dat de verzekerde de bijdrage niet verschuldigd is indien hij reeds de hoge intramurale AWBZ-bijdrage verschuldigd is.

Met ingang van 1 januari 2008 zijn de prestaties van de Zvw uitgebreid met acht zittingen eerstelijnspsychologische zorg. Voor deze zorg geldt op grond van artikel 2.3 van de Regeling zorgverzekering een eigen bijdrage van € 10 per zitting.

Dyslexie

Per 1 januari 2009 worden de diagnose en behandeling van ernstige dyslexie als te verzekeren prestatie geregeld.

Paramedische zorg

In artikel 2.6 van het Besluit zorgverzekering is de inhoud en omvang van de paramedische zorg vastgelegd. Deze komt overeen met de inhoud en omvang zoals die onder de ziekenfondsverzekering geregeld was. Paramedische zorg omvat fysiotherapie, oefentherapie, logopedie, ergotherapie en dieetadvisering, zoals respectievelijk fysiotherapeuten en oefentherapeuten, logopedisten, ergotherapeuten en diëtisten die plegen te bieden. Logopedie dient een geneeskundig doel en er dient van de behandeling herstel of verbetering van de spraakfunctie of het spraakvermogen te worden verwacht. Ergotherapie moet als doel hebben om de zelfzorg of de zelfredzaamheid van de verzekerde te bevorderen en te herstellen, tot een maximum van tien behanduren per jaar. Dieetadvisering omvat voorlichting met een medisch doel over voeding en eetgewoonten, tot een maximum van vier behanduren per jaar. Fysiotherapie en oefentherapie omvatten zorg zoals fysiotherapeuten en oefentherapeuten die plegen te bieden ter behandeling van de in de bijlage bij het Besluit aangegeven aandoeningen. Daarbij kan een maximale behandeltermijn gelden die per aandoening kan verschillen. Voor de verzekerden van 18 jaar en ouder bevat de zorg niet de eerste negen behandelingen. De lijst van chronische aandoeningen en de daarbij behorende maximale behandeltermijnen, waarbij langdurige fysiotherapie of oefentherapie nodig kan zijn, is in een bijlage bij het besluit opgenomen. Voor verzekerden tot 18 jaar gelden ruimere vergoedingsmogelijkheden.

Mondzorg

Mondzorg omvat voor alle verzekerden de zogenoemde bijzondere tandheelkunde verleend zoals tandartsen die plegen te bieden. De zorgverzekeraar bepaalt wie de zorg verleent, het kan daarbij gaan om de tandarts, kaakchirurgen, orthodontisten, tandprothetici, mondhygiënisten en tandtechnici. Voor bijzondere tandheelkunde kan een eigen bijdrage verschuldigd zijn. Kinderen tot 22 jaar hebben naast de bijzondere tandheelkunde recht op een in artikel 2.7, vierde lid, Besluit zorgverzekering limitatief opgesomde lijst van mondzorg. In artikel 2.4 van de Regeling zorgverzekering zijn de eigen bijdragen voor mondzorg geregeld. Het gaat om dezelfde eigen bijdragen als bij de ziekenfondsverzekering. Het eerste lid regelt de eigen bijdragen voor de bijzondere tandheelkunde. Het tweede lid regelt de eigen bijdrage voor de volledige gebitsprothese die in het kader van de bijzondere tandheelkunde wordt geleverd. Het derde lid regelt de eigen bijdrage voor de 'gewone' volledige gebitsprothese.

Farmaceutische zorg

In artikel 2.8 Besluit zorgverzekering is de farmaceutische zorg omschreven. Farmaceutische zorg omvat geneesmiddelen en dieetpreparaten die aan de verzekerde worden afgeleverd, voor zover zij zijn aangewezen door de zorgverzekeraar. Hierbij geldt het zogenaamde geneesmiddelenvergoedingssysteem. Op basis van dit systeem worden geneesmiddelen ingedeeld in groepen van onderling vervangbare geneesmiddelen, waarbij per groep een vergoedingslimiet wordt vastgesteld. Indien wordt gekozen voor een geneesmiddel met een prijs hoger dan de vergoedingslimiet, moet de verzekerde het verschil zelf bijbetalen.

De minister wijst de geregistreerde geneesmiddelen die in het pakket zitten aan. Hij heeft daarbij de bevoegdheid om bepaalde indicatiegebieden aan te wijzen. De geneesmiddelenvergoedingssysteem (gvs)-criteria en de aanvraagprocedure voor de fabrikanten worden bij ministeriële regeling geregeld. De zorgverzekeraar neemt een beslissing over de middelen die hij in de zorgpolis opneemt, onder de voorwaarde dat van elke werkzame stof ten minste één middel wordt aangewezen. Indien dit medisch niet verantwoord is voor de verzekerde heeft deze ook recht op een geneesmiddel dat is aangewezen door de minister en kan de zorgverzekeraar dit geneesmiddel niet uitsluiten.

In de Regeling zorgverzekering zijn de bepalingen die betrekking hebben op de indeling van geneesmiddelen in groepen van onderling vervangbare geneesmiddelen, de berekening van de vergoedingslimiet en de berekening van de eigen bijdrage opgenomen. Op bijlage 1 bij de Regeling zorgverzekering staan de door de minister aangewezen geregistreerde geneesmiddelen. In onderdeel A van bijlage 1 staan de geneesmiddelen met een vergoedingslimiet en in onderdeel B van bijlage 1 staan de geneesmiddelen zonder vergoedingslimiet. De zorgverzekeraar wijst uit deze lijsten de geneesmiddelen aan, waarbij van elke werkzame stof ten minste één middel wordt aangewezen.

In artikel 2.5, eerste lid, van de Regeling zorgverzekering is geregeld dat de aangewezen geregistreerde middelen staan vermeld op bijlage 1 van deze regeling. Deze bijlage bestaat uit een onderdeel A waarop de geneesmiddelen met een vergoedingslimiet staan en uit een onderdeel B met middelen zonder vergoedingslimiet. Het tweede lid is de basis voor bijlage 2, waarin, net als bij de ziekenfondsverzekering, indicatievoorwaarden voor bepaalde categorieën van geneesmiddelen staan waaraan de verzekerde moet voldoen wil recht op dat middel voor rekening van de zorgverzekering bestaan.

Het derde lid geeft de basis voor het stellen van indicatievoorwaarden in bijlage 2 voor polymere, oligomere, monomere en modulaire dieetpreparaten. Paragraaf 2 van de Regeling zorgverzekering bevat de regels voor indeling van de geneesmiddelen in groepen van onderling vervangbare geneesmiddelen en voor de berekening van de vergoedingslimieten en eigen bijdrage voor geneesmiddelen. In paragraaf 3 is de aanvraagprocedure voor aanwijzing geregistreerde geneesmiddelen vastgelegd. Artikel 2.50 van de Regeling zorgverzekering regelt de aanvraagprocedure voor registratiehouders om te vragen om een geneesmiddel bij ministeriële regeling aan te wijzen.

Het regelen van de aanvraagprocedure houdt verband met Richtlijn 89/105/EEG van de Raad van de Europese Gemeenschappen van 21 december 1988 betreffende de doorzichtigheid van maatregelen ter regeling van de prijsstelling van geneesmiddelen voor menselijk gebruik en de opneming daarvan in de nationale stelsels van gezondheidszorg (*PbEG* 1989 L 40/8). Het negende lid van artikel 2.50 van de Regeling zorgverzekering regelt voorts dat, indien het gaat om een geneesmiddel met dezelfde werkzame bestanddelen, van dezelfde sterkte en in dezelfde farmaceutische vorm als een geregistreerd geneesmiddel dat al in het aansprakenpakket zit, de aanvraagprocedure niet van toepassing is. Het gaat hier om parallel geïmporteerde en generieke geneesmiddelen. Voor deze middelen wordt ambtshalve dezelfde vergoedingslimiet vastgesteld als voor het identieke middel waarvoor al een vergoedingslimiet is vastgesteld.

Hulpmiddelenzorg

In het Besluit zorgverzekering is bepaald dat de omvang van de hulpmiddelenzorg door de minister aangewezen functionerende hulpmiddelen en verbandmiddelen omvat. Het gaat daarbij om een zeer gedetailleerde omschrijving van hulpmiddelen die tot de verzekerde prestaties gerekend worden. Op termijn is het de bedoeling dat een meer globale omschrijving tot stand komt, waarbij het de bedoeling is dat wordt uitgegaan van de mogelijkheden die er zijn om de aandoening of handicap te corrigeren. In sommige gevallen wordt daarbij expliciet geregeld in welke gevallen de verzekerde recht heeft op die zorg. De kosten van normaal gebruik komen ten laste van de verzekerde. Voorts is bepaald voor welke hulpmiddelen door de minister een eigen bijdrage kan worden vastgesteld. In artikel 2.6 van de Regeling zorgverzekering zijn op grond van artikel 2.9 van het Besluit zorgverzekering de soorten hulpmiddelen aangewezen die onder de te verzekeren Zvw-prestaties vallen.

De minister heeft de Tweede Kamer laten weten dat hij de te verzekeren prestatie van een aantal hulpmiddelen anders wil omschrijven, waarbij de zorgverzekeraar in zijn polis een grotere vrijheid krijgt om het geschikte hulpmiddel te gaan vergoeden.

Verblijf

Ingevolge artikel 2.10 van het Besluit zorgverzekering omvat het verblijf gedurende een ononderbroken periode van ten hoogste 365 dagen, dat medisch noodzakelijk is in verband met geneeskundige zorg. Dit verblijf kan gepaard gaan met verpleging, verzorging of paramedische zorg. Aangezien de AWBZ ook recht kent op verpleging en verblijf dient de grens tussen de aanspraken op grond van de Zvw en de AWBZ te worden afgebakend. De afbakening vindt plaats volgens het criterium dat de verzekerde zorg krachtens de Zvw is gericht op herstel of genezing. Hiermee is rekening gehouden in de omschrijving van de prestaties in het Besluit zorgverzekering.

Verpleging

Naast de verpleging die gegeven wordt tijdens het verblijf, omvat verpleging tevens verpleging zoals verpleegkundigen die plegen te bieden, zonder dat die zorg gepaard gaat met verblijf en die noodzakelijk is in verband met medisch-specialistische zorg. Dit is geregeld in artikel 2.11 van het Besluit zorgverzekering.

Verzorging

In artikel 2.12 van het Besluit zorgverzekering is geregeld dat naast de verzorging die bij het verblijf gegeven wordt, verzorging tevens omvat verzorging zoals kraamverzorgenden die plegen te bieden aan moeder en kind in verband met een bevalling, gedurende ten hoogste tien dagen, te rekenen vanaf de dag van de bevalling. In artikel 2.37 van de Regeling zorgverzekering is de eigen bijdrage geregeld voor verzorging zoals kraamverzorgenden die plegen te bieden, zoals die voor de ziekenfondsverzekering geregeld waren. De verzekerde betaalt voor de verzorging thuis een bedrag per uur. Indien er sprake is van verblijf in een instelling zonder dat verblijf medisch noodzakelijk is, betaalt zowel de moeder als het kind een bedrag per dag, dat vermeerderd wordt met het bedrag waarmee het tarief het tweede bedrag dat in het tweede lid genoemd wordt te boven gaat.

Vervoer

In de artikelen 2.13 t/m 2.16 Besluit zorgverzekering is de inhoud en omvang van het vervoer geregeld. Het gaat daarbij om het vervoer per ambulance gemaximeerd tot tweehonderd kilometer al dan niet over de landsgrenzen (naar aanleiding van de uitspraak van het Hof van Justitie van de EG in de zaken Müller/Fauré en Van Riet C-385-99). Met toestemming van de zorgverzekeraar geldt het maximumaantal kilometers niet. In beginsel kan slechts in een aantal situaties gebruik worden gemaakt van de auto of het openbaar vervoer (en soms met een ander vervoermiddel bijvoorbeeld een helikopter) met hetzelfde maximumaantal kilometers en de exceptie hierop ingeval de zorgverzekeraar toestemming geeft.

In artikel 2.38 van de Regeling zorgverzekering is de eigenbijdrageregeling voor het ziekenvervoer geregeld. Dit komt overeen met die welke voor de ziekenfondsverzekering gold. Anders dan bij de ziekenfondsverzekering geldt de maximale bijdrage niet meer voor de verzekerde en zijn medeverzekerden tezamen, maar voor elke individuele verzekerde. Daarbij is uitgegaan van hetzelfde maximale bedrag. De situatie dat meer mensen in een gezin in dezelfde periode gebruikmaken zodanig dat het gezin door het individualiseren van het maximum in een moeilijke financiële positie komt, zal nauwelijks voorkomen. Om de beoogde financiële opbrengst te halen, is afgezien van verlaging van het maximum.

Anders dan bij de ziekenfondsverzekering is niet meer bepaald dat gereden moet worden volgens de kortst gebruikelijke route. Een dergelijke doelmatigheidsvoorwaarde is bij de Zvw aan de zorgverzekeraar en wordt niet meer bij wettelijk voorschrift bepaald.

Preventie

De minister van VWS heeft het voornemen uitgesproken om vier vormen van preventie/gezondheidsbevordering op te nemen in het te verzekeren pakket. Het gaat daarbij om evidence based doelmatige preventie, begeleiding en behandeling bij het stoppen met roken, voorkomen van depressie, stimuleren tot meer bewegen, de zogenaamde beweegkuur, zelfmanagement bij chronische ziekte.

Buiten de dekking houden van bepaalde zorgvormen

Op basis van artikel 11, vijfde lid, Zvw kan een zorgverzekeraar modelovereenkomsten aanbieden waarin bepaalde om ethische of levensbeschouwelijke redenen controversiële prestaties buiten de dekking van de zorgverzekering blijven. Het gaat om de zogenaamde pro-lifepolissen. Dit is een uitvoering van het aanvaarde amendement-Rouvoet/Van der Vlies, *Kamerstukken* II 2004/05, 29 763, nr. 57. Met dit amendement is beoogd een polis op te nemen die uitgaat van de 'beschermwaardigheid van het menselijke leven'. De zorgverzekeraars kunnen de modelovereenkomsten beperken met de prestaties abortus provocatus, uitgezonderd de vitale indicatie, opzettelijk levensbeëindigend handelen, kunstmatige voortplantingstechnieken, waarbij embryo's in vitro tot stand worden gebracht en/of waarbij geslachtscellen van anderen dan de partner worden gebracht, geslachtsveranderende ingrepen, genetisch onderzoek waarbij het doden van een ongeboren vrucht aan de orde kan zijn. De pro-lifepolissen kennen dezelfde premiegrondslag als polissen met een volledige dekking (artikel 17, derde lid, Zvw).

Opheffing particuliere verzekering

Artikel 119 Zvw regelt dat een ziektekostenverzekering (partieel) vervalt vanaf het moment waarop en voor zover deze zaken dekken die aan de dekking van de zorgverzekering worden toegevoegd.

Toepasselijke wet- en regelgeving

- Artikel 11, 17, derde lid, 119, Zvw;
- Hoofdstuk 2, paragraaf 1, Besluit zorgverzekering;
- § 1.4 Regeling zorgverzekering.

5.2 Subsidies

Het CVZ is belast met het verstrekken van subsidies zoals deze zijn bepaald bij ministeriële regeling. De subsidies komen ten laste van het Zorgverzekeringsfonds. In artikel 68 Zvw is het doel van subsidies beperkt tot één doel. Het moet gaan om een tijdelijke subsidie voor zorg ten aanzien waarvan het voornemen bestaat deze op te nemen in de te verzekeren prestatie. In de Regeling zorgverzekering zijn in hoofdstuk 6 de subsidies opgenomen die uit het Zorgverzekeringsfonds per 1 januari 2006 worden gefinancierd. Het CVZ kan richtlijnen uitvaardigen.

Bestaande subsidies met een ander doel vallen derhalve niet meer onder de Zvw. In de I&A-wet is overgangsrecht opgenomen op basis waarvan bestaande subsidies kunnen worden afgebouwd.

Toelating tijdelijke innovaties tot het verzekerde pakket

In de motie-Schippers/Agema (*Kamerstukken II*, 2006/07, 30 800 XVI, nr. 92) over de tijdelijke toelating van innovaties tot het zorgverzekeringspakket verzocht de Tweede Kamer om een voorstel voor een regeling van tijdelijke toelating tot het pakket van veelbelovende innovaties onder de voorwaarde dat gedurende de periode van de tijdelijke toelating de therapeutische meerwaarde en kosteneffectiviteit van de innovatie worden aangetoond.
De minister van VWS heeft op 13 november 2007 (*Kamerstukken II*, 2007-

2008, 31200XVI, nr. 72) de Tweede Kamer bericht geen uitvoering te geven aan deze motie. De bestaande publieke en private regelingen geven voldoende ruimte om aan de wens van de Tweede Kamer tegemoet te komen. Wel zullen de bestaande publieke regelingen beter benut moeten worden, waarbij voor de drie uitvoerende organisaties (CVZ, ZonMw en NZa) een rol is weggelegd. Dat leidt tot de aanbeveling om één loket in te richten, dat in de zomer van 2008 van start zal gaan.

Nadat ervaringen met het loket zijn geïnventariseerd, zal de minister besluiten of naast de al bestaande regelingen een aanvullende regeling getroffen moet worden voor veelbelovende zorginnovaties.

Toepasselijke wet- en regelgeving

- I&A-wet;
- Artikel 68 Zvw;
- Hoofdstuk 6, Regeling zorgverzekering.

5.3 Begin, einde en opschorting zorgverzekering

Eenieder die op grond van de Zvw verzekeringsplichtig wordt, dient met ingang van de dag waarop die plicht ontstaat een zorgverzekering te hebben. Op grond van artikel 5, vijfde lid, Zvw kan aan de verzekeringsplicht worden voldaan door er binnen vier maanden na het ontstaan van deze plicht voor te zorgen dat men een zorgverzekering heeft. De verzekering werkt dan terug tot en met de dag waarop de verzekeringsplicht ontstond.

Aan verzekeringsplichtigen die te laat een zorgverzekering sluiten kan het CVZ een boete opleggen. Voor de hoogte van de boete geldt dat die boete gelijk is aan 130% over de periode gelegen tussen het ontstaan van de verzekeringsplicht en de uiteindelijke aanmelding bij het CVZ. Op grond van artikel 4 Zvw dient het burgerservicenummer bij het verzoek tot het sluiten van een verzekering aan de zorgverzekeraar te worden medegedeeld. De zorgverzekeraar vraagt hierom en neemt het burgerservicenummer in zijn administratie op (artikel 85 Zvw). Op grond van artikel 2:10 BW bewaart hij dit zeven jaar, samen met de verlopen zorgpolis, in zijn administratie.

Ingevolge artikel 85, tweede lid, Zvw verifieert de zorgverzekeraar of het burgerservicenummer behoort tot de overige persoonsgegevens van de verzekerde.

Opzegging zorgverzekering

De zorgverzekering kan door de verzekerde worden opgezegd aan het einde van ieder kalenderjaar ingevolge artikel 7, eerste lid, Zvw. Een zorgverzekering kan ingevolge artikel 940, vierde lid, van het BW worden opgezegd door de verzekerde indien er een verslechtering wordt doorgevoerd. Voor de opzegging van de zorgverzekering geldt dat de verzekeringnemer na een aangekondigde premieverhoging altijd gedurende ten minste een maand de gelegenheid heeft de verzekering op te zeggen. Met het amendement van de leden Omtzigt en Schippers (*Kamerstukken II*, 2006/2007, 30 668, nr. 11) in het wetsvoorstel tot wijziging van de Zvw in verband met stroomlijning van de bepalingen inzake opzegging van de zorgverzekering bij wijziging van de grondslag van de premie is ingevolge artikel 17, zevende lid, is gewaarborgd dat de opzegtermijn van de verzekering de facto wordt verlengd tot minstens zes weken per jaar. Al op 15 november (i.p.v. voorheen 1 december moeten de polisvoorwaarden voor het jaar beschikbaar zijn, zodat mensen nog voor de feestdagen kunnen overwegen of zij van een zorgverzekering willen veranderen. Ingevolge artikel 5, aanhef en onder b, Zvw is een voorziening getroffen die beoogt te waarborgen dat de verzekeringsplichtige na de opzegging wegens wijziging van de voorwaarden altijd toch minmaal een maand beschikbaar houdt om zich te oriënteren op een nieuwe zorgverzekering en deze aan te gaan. Mits de verzekeringsplichtige de nieuwe verzekering sluit binnen een maand nadat de eerdere zorgverzekering is geëindigd, werkt deze zorgverzekering terug tot het einde van de vorige zorgverzekering. Met het amendement-Kant (*Kamerstukken II*, 2006/2007, 30 668, nr. 14) is bereikt dat niet alleen opzegging vanwege de wijziging in de polisvoorwaarden kan plaatsvinden, maar dat ook een opzegging nodig is als de premie niet wijzigt.

Artikel 7, derde lid, Zvw regelt een afwijking van artikel 940, vierde lid, BW. Dit betreft de beperking in het verzekerde pakket. Een zorgverzekering kan niet worden opgezegd wegens een door de wetgever opgelegde pakketverslechtering. De ratio hierachter is dat een dergelijke pakketverslechtering door alle zorgverzekeraars moet worden doorgevoerd, zodat er geen reden is om ten nadele van de verzekeraar de verzekerde een extra opzegmogelijkheid te verschaffen.

Geen opzegging zorgverzekering mogelijk bij premieschuld

Met de Wet verzwaren incassoregime premie en andere maatregelen zorgverzekering, *Stb.* 2007, 540, is per 14 december 2007 een nieuw artikel 8a in de Zvw opgenomen waarin is geregeld dat de verzekeringnemer met premieschuld de zorgverzekering tijdelijk niet mag opzeggen. De reden voor deze wetswijziging is dat door het tijdelijk onmogelijk maken van opzegging van de zorgverzekering wordt voorkomen dat wanbetalers van de ene naar de andere zorgverzekeraar overstappen met achterlating van onbetaalde premievorderingen.

Royement

De zorgverzekeraar kan een verzekerde royeren indien deze fraudeert of de premie niet betaalt. De termijn waarop dat gebeurt, bepaalt de zorgverzekeraar in de modelovereenkomst. Bij fraude mag de zorgverzekering onmiddellijk na constatering hiervan worden opgezgd. Bij wanbetaling geldt als ondergrens hetgeen in artikel 7.17.1.10 BW is geregeld. De zorgverzekeraar moet op grond van dat artikel, nadat hij heeft geconstateerd dat de premie niet op de premievervaldag binnen is, eerst de verzekerde aanmanen om alsnog binnen veertien dagen te betalen. De zorgverzekeraar dient op deze aanmaning te vermelden wat de rechtsgevolgen zijn van het uitblijven van de betaling binnen deze termijn. De zorgverzekeraar kan de zorgverzekering beëindigen of hij kan de zorgverzekering schorsen of de dekking schorsen. Een premieachterstand van één maand kan al een reden zijn voor een zorgverzekeraar om een verzekerde te royeren. Iemand die geroyeerd is heeft vanwege de beginselen van de Zvw de acceptatieplicht als bedoeld in artikel 3 Zvw, meteen toegang tot een andere zorgverzekeraar.

Artikel 7:934 regelt dat (de dekking van) een verzekering pas wegens het niet-betalen van de premie mag worden opgeschort of beëindigd indien aan de volgende voorwaarden is voldaan:
a De dag waarop de premie betaald had moeten worden, is verstreken.
b De verzekeraar heeft na die dag de verzekeringnemer aangemaand om de premie te voldoen.
c In de aanmaning wordt een termijn van ten minste veertien dagen gegeven om alsnog te betalen.
d In de aanmaning staat dat opschorting of beëindiging het gevolg is als binnen de onder c bedoelde termijn niet alsnog is betaald.
e En de onder c bedoelde termijn is verstreken.

Artikel 7:934 BW geldt uitsluitend voor het niet-betalen van vervolgpremies. In artikel 8, derde lid, Zvw is geregeld dat artikel 7:934 BW ook geldt indien een eerste premietermijn niet wordt gehaald.

In het Protocol incassotraject wanbetalers Zorgverzekeringswet is echter tussen zorgverzekeraars afgesproken om eerst een incassotraject van anderhalf jaar te volgen alvorens tot royement van de verzekeringnemer wordt overgegaan.
 De zorgverzekeraars zullen via een vereveningsbijdrage gedeeltelijke financieel worden gecompenseerd voor de door de het incassotraject gederfde premie-inkomsten. Gederfde inkomsten ter grootte van zes maandpremies worden als een normaal bedrijfsrisico beschouwd en vallen dan ook buiten deze compensatie.

Beëindiging van rechtswege

Indien de zorgverzekeraar ten gevolge van een wijziging of intrekking van zijn vergunning tot uitoefening van het schadeverzekeringsbedrijf, geen zorgverzekeringen meer mag aanbieden, eindigt de zorgverzekering van rechtswege. De zorgverzekering eindigt tevens van rechtswege indien de verzekerde naar een andere provincie verhuist waar zijn zorgverzekeraar niet werkt dan wel waar zijn zorgverzekeraar wel werkt, maar waarin niet de zorgverzekeringsvariant wordt aangeboden die de verzekerde in zijn eerdere woonprovincie had. Daarnaast eindigt de zorgverzekering van rechtswege indien de verzekerde overlijdt of hij niet meer verzekeringsplichtig is. Dit is geregeld in artikel 6, eerste lid, van de Zvw.

Opschorting van de zorgverzekering gedurende detentie

In artikel 24 Zvw is bepaald dat de rechten en plichten uit de zorgverzekering van rechtswege zijn opgeschort gedurende de periode waarover de minister van Justitie in het kader van de uitvoering van een rechterlijke uitspraak verantwoordelijk is voor de verstrekking van geneeskundige zorg aan een verzekerde.

Verder is in dat artikel opgenomen dat de verzekeringnemer of de verzekerde de zorgverzekeraar aanvang en einde van de periode van de detentie meldt.

Voor personen ten aanzien van wie de tenuitvoerlegging van een vrijheidsstraf of vrijheidsbenemende maatregel in een inrichting plaatsvindt, berust de verantwoordelijkheid van de verzorging, waaronder de medische verzorging, bij de minister van Justitie. Dit is geregeld in de Penitentiaire beginselenwet (artikel 42), de Beginselenwet justitiële jeugdinrichtingen (artikel 47) en de Beginselenwet verpleging ter beschikking gestelden (artikel 41).

Naast het feit dat de verantwoordelijkheid van de (medische) verzorging voor gedetineerden bij de minister van Justitie is neergelegd, is verder relevant dat gedetineerde verzekerden over het algemeen in de praktijk geen gebruik kunnen maken van de rechten uit de zorgverzekering aangezien zij niet de vrijheid hebben om naar de zorgaanbieders te gaan die onder een zorgverzekering vallen. Daarom is in de Zvw geregeld dat de zorgverzekering gedurende de periode van detentie van rechtswege is opgeschort. Omdat de zorgverzekering van rechtswege is opgeschort, draagt de verzekeraar gedurende deze periode ook geen financieel risico ten aanzien van deze verzekerde. Het opschorten van de rechten en plichten uit de zorgverzekering geldt niet voor personen die niet (langer) in een justitiële inrichting verblijven maar wier sanctie extramuraal ten uitvoer wordt gelegd volgend op of ter vervanging van detentie in inrichtingen.

De verzekerde zelf, of de verzekeringnemer voor hem, moet de dag van aanvang van de periode van detentie aan de zorgverzekeraar melden. De zorgverzekeraar weet dan dat de zorgverzekering is opgeschort. De verzekerde gedetineerde is dan geen premie voor de zorgverzekering verschuldigd. Overigens heeft hij dan geen recht op zorgtoeslag zo is in de Wzt geregeld (artikel 1, eerste lid onder c). Na melding van de dag van einde van detentie in een inrichting 'herleeft' de zorgverzekering en zal de verzekerde weer premie moeten betalen. Voordeel van het 'slapend houden' van de zorgverzekering is dat de verzekerde na einde detentie geen nieuwe zorgverzekering hoeft te sluiten.

5.4 Acceptatieplicht

Om de toegankelijkheid tot de zorg zeker te stellen, heeft de zorgverzekeraar de verplichting iedere verzekerde die in zijn werkgebied woont te accepteren. Artikel 29 van de Zvw bepaalt dat het werkgebied van de zorgverzekeraar Nederland is. De zorgverzekeraar kan zijn werkgebied tot één of meer gehele provincies van Nederland beperken, zolang bij hem minder dan 850.000 verzekerden op basis van een zorgverzekering verzekerd zijn. Voor de bepaling van het aantal verzekerden wordt uitgegaan van het gemiddelde aantal verzekerden in het tweede jaar voorafgaande aan het jaar waarvoor de vaststelling van het aantal verzekerden geschiedt.

De zorgverzekeraar is verplicht met iedere verzekeringsplichtige die in het buitenland woont op zijn verzoek een zorgverzekering af te sluiten.

De verzekerde mag slechts een keuze maken uit de verschillende varianten die een zorgverzekeraar aanbiedt in de provincie waar hij woont. Indien in een andere provincie nog andere varianten worden aangeboden, kan deze verzekerde daar dus niet uit kiezen. Een verzekerde die in het buitenland woont, heeft in tegenstelling tot de in Nederland wonende verzekerde wel de keuze uit alle verzekeringsvarianten van de zorgverzekering die de zorgverzekering in Nederland aanbiedt.

De zorgverzekeraar dient iedere verzekeringsplichtige te accepteren. Hij mag daarbij geen onderscheid maken in leeftijd, geslacht of gezondheidskenmerken. Anders gezegd: hij mag de verzekerden niet selecteren op gezonde risico's. Dit is een van belangrijkste pijlers onder het nieuwe zorgstelsel dat de toegankelijkheid van de zorg voor eenieder moet waarborgen.

In een aantal gevallen is de zorgverzekeraar niet verplicht de verzekerde te accepteren. Dit is het geval indien een eerdere zorgverzekering binnen een periode van vijf jaar, gelegen onmiddellijk voorafgaande aan het verzoek tot het sluiten van de verzekering heeft opgezegd of ontbonden wegens opzettelijke misleiding door de verzekeringnemer of verzekerde of het niet betalen van de premie. Dit is geregeld in artikel 3, vierde lid Zvw.

5.5 Verzekeringsplicht

In artikel 2, eerste lid, van de Zvw is geregeld dat degene die ingevolge de AWBZ en de daarop gebaseerde regelgeving van rechtswege verzekerd is, verplicht is zich krachtens een zorgverzekering te (laten) verzekeren. De kring van verzekerden AWBZ betreft onder meer degene die geen ingezetene is, doch terzake van in Nederland in dienstbetrekking verrichte arbeid aan de loonbelasting is onderworpen. Voorts wordt op grond van internationale regelgeving de Nederlandse wetgeving van toepassing verklaard op degene die anders dan in dienstbetrekking zijn beroepswerkzaamheden in Nederland uitoefent.

Degene die ingevolge de artikelen 5 en 5b AWBZ en het daarop gebaseerde Besluit uitbreiding en beperking kring verzekerden volksverzekeringen 1999 (KB 746) van rechtswege verzekerd is, is verplicht zich krachtens een zorgverzekering te (laten) verzekeren. Dit is geregeld in artikel 2 van de Zvw. Militairen in werkelijke dienst en gemoedsbezwaarden hoeven zich niet ingevolge de Zvw te verzekeren. Personen die door de Sociale verzekeringsbank wegens gemoedsbezwaren van de AWBZ-verplichtingen zijn vrijgesteld, zijn wel AWBZ-verzekerd omdat de AWBZ een verzekering van rechtswege is.

De zorgverzekeraar dient te kunnen vaststellen dat iemand die een zorgverzekering wenst af te sluiten, verzekeringsplichtig is ingevolge de Zvw. Het Uitvoeringsinstituut werknemersverzekeringen (UWV) en de Belastingdienst dienen als gegevensbronnen om vast te stellen of iemand verzekeringsplichtig is. De polisadministratie van het UWV zal geen informatie bevatten over de vraag wie er wel en wie er niet verzekerd zijn ingevolge de Zvw. Deze polisadministratie zal – ten behoeve van de inning van de inkomensafhankelijke bijdrage – alleen informatie bevatten over de vraag of werknemers en uitkeringsgerechtigden verzekeringsplichtig zijn. Ingevolge artikel 4.2 van het Besluit zorgverzekering worden aan de zorgverzekeraar door de Belastingdienst de gegevens verstrekt dat een niet-ingezetene aan de loonbelasting is onderworpen op basis waarvan zijn verzekeringsplicht kan worden vastgesteld.

Alle gegevensuitwisselingen vinden plaats met gebruik van het burgerservicenummer, tot het gebruik waarvan de zorgverzekeraar zowel bevoegd als gehouden is. De gegevensuitwisseling met de Belastingdienst vindt plaats met behulp van de infrastructuur die al gedurende geruime tijd gebruikt wordt voor het gegevensverkeer tussen de zorgsector en het socialezekerheidsdomein. Het CVZ kan ingevolge artikel 92, tweede lid, van de Zvw regels stellen omtrent het gebruik van deze infrastructuur.

Om ervoor te zorgen dat zo veel mogelijk verzekeringsplichtigen die geen verzekering hebben gesloten, alsnog een zorgverzekering gaan sluiten, is een wetswijziging in voorbereiding om actieve opsporing van onverzekerden mogelijk te maken met een daarbij aangescherpt boetesysteem. Hiermee wordt uitvoering gegeven aan de door de Tweede Kamer aangenomen motie van de kamerleden Omtzigt en Heerts, waarin is gevraagd om een plan van aanpak waarin wordt gerealiseerd dat alle mensen zonder zorgverzekering via bestandskoppeling individueel benaderd worden om zich te gaan verzekeren. Beoogd wordt het wetsvoorstel op 1 januari 2010 in werking te laten treden.

5.6 Natura- en restitutiepolissen

Krachtens de zorgverzekering kan de zorgverzekeraar de zorgaanbieder voor de verleende, verzekerde zorg direct zelf betalen (natura), of hij kan de verzekerde de kosten vergoeden die deze ten gevolge van het betalen van de rekening van de zorgaanbieder heeft gemaakt (restitutie). Er kunnen verschillende varianten van een natura- of restitutiepolis worden aangeboden, waarin de keuzemogelijkheden voor de verzekerde verschillen.

Er zijn naturaverzekeringen op basis waarvan de verzekerde slechts bij een beperkt aantal zorgaanbieders terechtkan of bij bijvoorbeeld alle ziekenhuizen in een provincie. Ook als het gaat om de restitutieverzekering kan de zorgverzekeraar bepalen dat er volledige keuzevrijheid bestaat in het zorgaanbod of dat slechts bij bepaalde door de zorgaanbieder gecontracteerde zorgaanbieders, de zorg kan worden afgenomen. Naar de mate waarin minder keuzevrijheid voor de verzekerde bestaat, zal over het algemeen de premie lager zijn. Indien sprake is van een naturaverzekering heeft de zorgverzekeraar een zorgplicht die bestaat uit een resultaatsverbintenis. Als sprake is van een restitutieverzekering dient de zorgverzekeraar ingevolge artikel 11 Zvw activiteiten te verrichten op het verkrijgen van de verzekerde prestaties. Dit is een inspanningsverbintenis.

Bij zowel een natura- als restitutieverzekering dient de zorgverzekeraar te weten of de gedeclareerde zorg op grond van de zorgverzekering is verzekerd en of met de zorgaanbieder (indien vereist volgens de zorgverzekering) een contract is gesloten, of de gecontracteerde prijs is gedeclareerd. Indien de zorg van een niet-gecontracteerde aanbieder is betrokken, dient de declaratie in verhouding te zijn tot de door de overige zorgaanbieders voor gelijksoortige activiteiten berekende bedragen (artikel 11 Zvw). Indien de verzekerde voor de behandeling voorafgaande toestemming nodig had, moet worden bezien of deze is gegeven.

Een verzekeringsplichtige heeft de vrije keuze tussen zorgverzekeringen op grond waarvan hij naar iedere zorgaanbieder mag (restitutiepolis met vrije keuze) en zorgverzekeringen op grond waarvan hij zijn zorg bij door zijn zorgverzekeraar gecontracteerde zorgaanbieders dient te betrekken (naturapolis of restitutiepolis met achterliggende zorgcontracten). Gesproken wordt ook wel van gecontracteerde zorgpolissen.

Een zorgverzekeraar met een gecontracteerde zorgpolis dient ervoor te zorgen dat hij van iedere vorm van te verzekeren zorg zo veel zorgaanbieders heeft gecontracteerd, dat zijn op die polis verzekerde klanten tijdig en binnen redelijke afstand bij een zorgaanbieder terechtkunnen. Dit betekent in de praktijk dat een zorgverzekeraar voor iedere vorm van zorg in de woon- en aangrenzende provincies van zijn verzekerden een aanzienlijk aantal zorgaanbieders zal contracteren. Beperkt een verzekeraar zich namelijk tot contracteren van slechts één of enkele zorgaanbieders, dan loopt hij te veel het risico dat zijn verzekerden daar niet tijdig terechtkunnen, bijvoorbeeld doordat verzekerden van andere zorgverzekeraars al een flink beroep op de capaciteit van die zorgaanbieder blijken te doen. De verzekerde op een ge-

gecontracteerde zorgpolis heeft daarom altijd de keuze uit meerdere zorgaanbieders.

Een verzekerde heeft (ingevolge artikel 13 Zvw) de mogelijkheid om, in het geval zijn zorgverzekering slechts gecontracteerde zorg aanbiedt, toch naar een niet-gecontracteerde zorgaanbieder te gaan. Hij krijgt dan een vergoeding van de kosten. Wel zal hij veelal een deel van de kosten zelf moeten betalen. De zorgverzekeraar geeft in de zorgpolis aan hoe hij de vergoeding berekent. De vergoeding mag niet zodanig laag zijn dat feitelijk een hinderpaal ontstaat voor het inroepen van zorg bij een niet-gecontracteerde zorgaanbieder. Daarmee zou immers een niet-gerechtvaardige belemmering van het vrije verkeer van diensten kunnen ontstaan (Müller-Fauré/Van Riet HvJ, 13 mei 2003, C-385/99, r.o. 107).

Gaat de verzekerde in een spoedeisende situatie naar een niet-gecontracteerde zorgaanbieder (of wordt hij daar gebracht), dan is volledige vergoeding aangewezen, aangezien er in zo'n geval geen tijd is voor een afweging, leidende tot een bewuste keuze tussen wel en niet-gecontracteerde zorg.

Indien een verzekerde zorg nodig heeft die zo specifiek is (bijvoorbeeld omdat hij een zeer zeldzame aandoening heeft), dat slechts een zeer beperkt aantal zorgaanbieders deze aanbiedt, en mocht bovendien blijken dat zijn zorgverzekeraar deze aanbieders onverhoopt niet heeft gecontracteerd, dan kan de verzekerde van zijn verzekeraar vergen óf alsnog een contract te sluiten (waarbij er voor de verzekeraar doorgaans weinig reden zal zijn om af te wijken van een verzoek van de verzekerde om juist die aanbieder te contracteren, waar hij naar toe wil) óf de rekening volledig te vergoeden.

Oplegging contracteerplicht door minister

Artikel 12 van de Zvw geeft de minister van VWS de bevoegdheid om zorg aan te wijzen waarvoor contracteerplicht wordt opgelegd. Bij AMvB kunnen ingevolge artikel 12, eerste lid, Zvw vormen van zorg worden aangewezen waarvoor de zorgverzekeraar zorgcontracten moet sluiten. De verplichting tot zorgcontractering is slechts toegestaan indien dit op grond van het algemeen belang gerechtvaardigd kan worden. Dat volgt uit de toepasselijkheid van de Europese schadeverzekeringsrichtlijnen.

De minister heeft tevens de bevoegdheid vormen van zorg bij AMvB aan te wijzen waarvoor de zorgverzekeraar desgevraagd met alle instellingen in zijn werkgebied contracten moet sluiten, de zogenaamde contracteerplicht ingevolge artikel 12, tweede lid, Zvw.

In het derde lid van artikel 12 Zvw is de zogenaamde omgekeerde contracteerplicht geregeld. Dat wil zeggen, de plicht van de instelling die voor bij AMvB aan te wijzen vormen van zorg waarvoor de contracteerplicht geldt, een contract met een zorgverzekeraar heeft gesloten, op verzoek van een andere zorgverzekeraar een gelijke overeenkomst te sluiten.

5.7 Collectieve verzekering

Op basis van het amendement-Schippers (*Kamerstukken II*, 2004/05, 29 763, nr. 36) is het oorspronkelijke voorgestelde wetsartikel 18 Zvw (ook wel bekend als 'etalageartikel') gewijzigd. In het oorspronkelijke wetsvoorstel bestond een beperkte ruimte voor collectieve contracten. Er waren te weinig prikkels voor de zorgverzekeraars dergelijke contracten aan te bieden, aangezien een zorgverzekeraar die bij een bepaalde modelovereenkomst een collectiviteit aanbood, deze verplicht was aan te bieden aan alle collectiviteiten van dezelfde omvang. Een extra doelmatige inkoop van zorg voor een bepaalde doelgroep, bijvoorbeeld een werkgever of een patiëntenvereniging als een diabetesvereniging, kon zich niet vertalen in een specifieke korting, omdat deze aan alle collectiviteiten met eenzelfde omvang moest worden gegeven. Het nieuwe artikel 18 maakt het mogelijk bepaalde modelovereenkomsten slechts aan te bieden aan bepaalde collectiviteiten.

Iedere verzekeringsplichtige heeft echter recht op een verzekering volgens iedere modelovereenkomst (artikel 3 Zvw), dus ook indien een modelovereenkomst speciaal is gericht op een bepaalde collectiviteit. Deze individuele verzekeringsplichtige heeft echter niet het recht op de collectiviteitskorting omdat hij geen deel uitmaakt van de collectiviteit. Daarnaast was het op grond van het oude artikel 18 niet mogelijk de werkgever een geldelijk voordeel te verstrekken, ook niet indien de werkgever bepaalde werkzaamheden van de zorgverzekeraar voor zijn rekening zou nemen. Er bestond derhalve ook geen prikkel voor de werkgever om over collectieve contracten te gaan onderhandelen.

De zorgverzekeraar kan met een werkgever overeenkomen dat de zorgverzekeraar een geldelijk voordeel verstrekt indien diens werknemers (en ex-werknemers, uitsluitend indien de werkgever rechtspersoonlijkheid bezit) of hun gezinsleden zich verzekeren op basis van een in die overeenkomst aan te wijzen modelovereenkomst. Werkgevers kunnen tezamen met kortingen voor hun werknemers kortingen voor hun gezinsleden bedingen.

Het is mogelijk een premiepercentage af te spreken dat stijgt met een uitbreiding van het aantal deelnemers van de collectiviteit. De collectiviteitskorting kan worden verdeeld tussen werkgever en werknemers. Om de premiedifferentiatie tussen de individuele polissen en polissen van collectiviteiten te beperken, wordt de totale premiekorting gemaximeerd op 10% van de premiegrondslag bij het afsluiten van het collectieve contract. Collectieve contracten kunnen tevens voor andere collectiviteiten dan werknemers worden afgesproken. Daarbij dient sprake te zijn van een rechtspersoon die de belangen behartigt met betrekking tot de zorgverzekering voor natuurlijke personen. Het kan daarbij gaan om bijvoorbeeld patiëntenverenigingen.

De zorgverzekeraar kan de voordelen behalen met het sluiten van een collectieve verzekering op onder meer een besparing op de kosten van administratie, de zorginkoop of een goed preventiebeleid. Een verzekeraar mag de hoogte van de korting mede laten afhangen van de looptijd van het contract. Het is dus de zorgverzekeraar die, in overleg met de werkgever of rechtspersoon, bepaalt of een collectief contract tot stand komt, omdat hij bepaalt tot welk percentage hij bereid is korting te geven op de premie voor zijn modelpolis.

5.8 Modelovereenkomst

Een modelovereenkomst is een model van een zorgverzekering waarin een overzicht wordt gegeven van de rechten en plichten die de verzekeringnemer, de verzekerde en de zorgverzekeraar jegens elkaar zullen hebben indien een overeenkomst volgens het betreffende model wordt gesloten (artikel 1, onderdeel i, Zvw). Uit deze definitie van de modelovereenkomst vloeit voort welke zaken in de modelovereenkomst moeten worden opgenomen. In artikel 17, zesde lid, en artikel 19, derde lid, Zvw is, vanwege de helderheid, expliciet opgenomen dat het daarin bepaalde in de modelovereenkomst opgenomen moeten worden. Dat zijn de volgende zaken:
– Bepalingen over het begin en einde van de verzekering.
– Wat het te verzekeren risico en de te verzekeren prestaties zijn.
– Welke vormen van zorg de verzekerde van de gecontracteerde zorgaanbieders moet betrekken.
– Hoe de kostenvergoeding wordt vastgesteld indien hij de zorg niet van een gecontracteerde zorgaanbieder betrekt.
– Voor welke vormen van zorg hij een verwijzing of een toestemming vooraf moet hebben.
– De premiegrondslag.
– De voorwaarden voor het verplicht eigen risico.
– Of, en zo ja welke, staffels voor het vrijwillig eigen risico worden aangeboden en wat de bijbehorende premiekortingen zijn.
– Of de mogelijkheid bestaat om een collectiviteitskorting te bedingen.
– Wederzijdse administratieve verplichtingen.

De zorgverzekeraar dient iedere door hem aangeboden variant van de zorgverzekering in een afzonderlijke modelovereenkomst neer te leggen. Varianten die slechts wat betreft de staffels vrijwillig eigen risico en de daarbij behorende premiekortingen van elkaar afwijken of die slechts van elkaar afwijken omdat in geval van deelnemerschap aan een collectiviteit een premiekorting geldt en anders niet, mogen in één modelovereenkomst worden neergelegd. De zorgverzekeraar werkt in beginsel landelijk, maar het staat hem vrij om in iedere provincie een andere set van zorgverzekeringsvarianten aan te bieden.

De verzekerde moet kunnen kiezen uit alle varianten van modelovereenkomsten die de zorgverzekeraar aanbiedt (artikel 3 Zvw). De zorgverzekeraars dienen hun modelovereenkomsten (en iedere wijziging daarvan) ingevolge artikel 25 van de Zvw voor te leggen aan de NZa. De NZa kan bekijken of een verzekering, afgesloten volgens de voorgelegde modellen, een zorgverzekering zal opleveren. Indien geen sprake is van een zorgverzekering ontvangt de zorgverzekeraar geen vereveningsbijdrage van het CVZ en is de zorgverzekeraar schadeplichtig jegens de verzekerde die dacht een zorgverzekering te hebben afgesloten.

De NZa heeft in samenspraak met ZN, VWS en het CVZ heeft een toetsingskader ontwikkeld op basis waarvan de modelovereenkomst wordt getoetst. Het gaat daarbij om het 'Toetsingskader modelovereenkomsten', dat door de NZa is opgesteld en het 'Toetsingskader te verzekeren prestaties', dat door het CVZ is ontwikkeld. Op basis daarvan wordt bezien of de modelovereenkomst voldoet aan de in de Zvw gestelde eisen. Deze modelovereenkomst moet tevens voldoen aan de bepalingen over de algemene voorwaarden uit boek 6 (artikelen 231 e.v.) BW.

In een overleg tussen ZN, NZa, CVZ en VWS worden jaarlijks twee voorbeeldmodelovereenkomsten in de zin van de Zvw ontwikkeld, één voor zorg op basis van natura en één voor zorg op basis van restitutie. Daarmee heeft de zorgverzekeraar ook een goede basis om een combinatiepolis te redigeren. De modelovereenkomsten zijn een handreiking aan de zorgverzekeraars om inzicht te geven in de wijze waarop functiegericht omschreven prestaties in een polis geconcretiseerd kunnen worden. De voorbeeldmodelovereenkomsten zijn op basis van de genoemde toetsingskaders goedgekeurd door de NZa. Dit betekent dat de opgenomen bepalingen voldoen aan de zorg waarop een verzekerde op grond van de Zvw aanspraak kan maken. Deze modellen zijn opgesteld om ervoor te zorgen dat de goedkeurings-/voorleggingsprocedure door de NZa zo snel en goed mogelijk kan worden afgehandeld.

5.9 Premie/inkomensafhankelijke bijdrage

De premie voor de nieuwe zorgverzekering bestaat uit twee delen. Voor de zorgverzekering betaalt iedereen die ouder is dan 18 jaar een nominale premie aan de zorgverzekeraar. De hoogte van die premie is afhankelijk van de gekozen zorgverzekering en verzekeraar. Gemiddeld zal de premie naar verwachting in 2008 circa € 1057 per jaar zijn. Daarnaast is (tot een jaarinkomen van € 31.231) een inkomensafhankelijke bijdrage verschuldigd. Deze bijdrage wordt ingehouden over loon of uitkering. De bijdrage wordt vergoed door de werkgever. Over die vergoeding is belasting verschuldigd. Bij de berekening van veel uitkeringen (AOW, WW, WAO en bijstand) is met de inkomensafhankelijke bijdrage rekening gehouden.

Nominale premie

De verzekerde is een nominale premie verschuldigd ingevolge artikel 17 Zvw. Door de premie zo laag mogelijk te houden kan de zorgverzekeraar zich een sterke concurrentiepositie verschaffen ten opzichte van andere zorgverzekeraars. De gemiddelde nominale premie is in 2008 € 1057 per jaar. Premie is verschuldigd vanaf de eerste dag van de kalendermaand volgend op de maand waarin de verzekerde 18 jaar wordt. In afwijking van artikel 7.17.1.1

BW is de verzekerde tot de eerst dag van de kalendermaand volgende op de kalendermaand waarin hij de leeftijd van 18 jaar heeft bereikt geen premie verschuldigd.

Er bestaat een verbod op premiedifferentiatie. Dit betekent dat de zorgverzekeraar alle verzekerden die eenzelfde polis hebben afgesloten dezelfde premies in rekening moet brengen. De ratio hierachter is dat een van de pijlers van het nieuwe zorgstelsel, risicosolidariteit, niet via een differentiatie in de premie (voor gezonde verzekerden een lagere premie dan ongezonde verzekerden) weer ongedaan kan worden gemaakt.

Een zorgverzekering kan worden aangeboden met een bepaalde combinatie van natura- en restitutieprestaties, met naar keuze van de verzekerde een eigen risico en eventueel een collectiviteitskorting. Al deze factoren kunnen van belang zijn voor de hoogte van de premie. Er kan een korting worden doorberekend in de premie voor het eigen risico of de collectiviteit. De wijze van berekenen van de kortingen kan van invloed zijn op de hoogte van de premie. Om die reden dient ingevolge artikel 17, zesde lid, Zvw de wijze waarop de zorgverzekeraar de verschuldigde premie van de premiegrondslag afleidt in de modelovereenkomst te worden weergegeven.

De inkomensafhankelijke bijdrage

De verzekeringsplichtige is, naast de premie die hij aan de zorgverzekeraar verschuldigd is, ingevolge artikel 41 Zvw een inkomensafhankelijke bijdrage verschuldigd. De verhouding tussen de inkomensafhankelijke bijdrage en de nominale premie is vastgelegd in de wet; beide bedragen 50% van de macropremielast. De ene helft bestaat louter uit de inkomensafhankelijke bijdrage. De andere helft uit de nominale premies, de rijksbijdrage ter vervanging van premies voor verzekerden tot 18 jaar en de eigen betalingen. Van het nominale deel wordt afgetrokken de compensatie voor chronisch zieken. In 2006 en 2007 hebben de zorgverzekeraars hun nominale premies lager vastgesteld dan beoogd, zodat de macropremielast in 2006 49% bedroeg en in 2007 afgerond 50%. Voor 2008 is de inkomensafhankelijke bijdrage zo vastgesteld dat deze naar verwachting weer 50% van de macropremielast van 2008 dekt.

Deze bijdrage bedraagt een percentage over het zogenaamde bijdrage-inkomen. Het wordt in zijn algemeenheid gevormd door het inkomen uit tegenwoordige en vroegere arbeid. De bijdrage wordt ten hoogste geheven over een bij de Regeling zorgverzekering vast te stellen bedrag. Het bedrag zal jaarlijks worden bijgesteld aan de hand van het indexcijfer van de lonen.

Er is een maximumbedrag waarover de bijdrage wordt berekend. Dit bedrag is voor 2008 vastgesteld op maximaal € 31.231. Als er naast loon uit dienstbetrekking ook inkomsten zijn uit een van de andere inkomensbronnen, dan wordt bij het opleggen van een eventuele aanslag rekening gehouden met de bijdrage die al op het loon is ingehouden. Op die manier is het bedrag dat is ingehouden op het loon plus het bedrag van de opgelegde aanslag samen nooit meer dan de maximaal verschuldigde bijdrage.

De Belastingdienst zal de inkomensafhankelijke bijdrage heffen en invorderen. De werkgever houdt de inkomensafhankelijke bijdrage in op het loon. Als sprake is van een pensioen, dan houdt de pensioenuitkerende instantie wel de inkomensafhankelijke bijdrage in, maar hoeft deze de bijdrage alleen te vergoeden als dat in het reglement is geregeld. Een zelfstandig ondernemer moet de inkomensafhankelijke bijdrage zelf betalen. Hij ontvangt daartoe een aanslag van de Belastingdienst.

De polisadministratie van het UWV zal geen informatie bevatten over de vraag wie er wel en wie er niet verzekerd zijn ingevolge de Zvw. Deze polisadministratie zal – ten behoeve van de inning van de inkomensafhankelijke bijdrage – alleen informatie bevatten over de vraag of werknemers en uitkeringsgerechtigden verzekeringsplichtig zijn. Het burgerservicenummer wordt gebruikt bij de gegevensuitwisseling en betaling van de inkomensafhankelijke bijdragen. De heffing en invordering van deze bijdragen geschiedt met overeenkomstige toepassing van de regels voor heffing en invordering van de loon- of inkomstenbelasting (artikelen 48, 49 en 51 Zvw). In dat kader is het gebruik van het burgerservicenummer geregeld.

Deze inkomensafhankelijke bijdrage wordt ingehouden op het loon of de uitkering. De bijdrage wordt berekend over het zogenoemde bijdrage-inkomen. Het bijdrage-inkomen is het totaal van wat de verzekeringsplichtige ontvangt aan belastbaar loon (hiervan is sprake bij werken in loondienst, ontvangers van een uitkering, een pensioen of een lijfrente-uitkering waarop loonheffing wordt ingehouden), belastbare winst uit onderneming, belastbaar resultaat uit overige werkzaamheden (onder meer freelancers vallen onder deze groep) en belastbare periodieke verstrekkingen (het gaat dan om alimentatie of een lijfrente-uitkering waarop geen loonheffing wordt ingehouden).

Het bijdrage-inkomen is dus het totaalbedrag dat wordt ontvangen door de verzekerde aan belastbaar loon, belastbare winst uit onderneming, belastbaar resultaat uit overige werkzaamheden en belastbare periodieke uitkeringen en verstrekkingen. Een werkgever is verplicht om de inkomensafhankelijke bijdrage volledig aan de verzekerde te vergoeden. Dit zal automatisch gebeuren.

Ambtshalve teruggave te veel ingehouden inkomensafhankelijke bijdrage

Ingevolge artikel 50 Zvw is voorts geregeld dat de belastinginspecteur ambtshalve vaststelt dat sprake is van een teruggave van ingehouden inkomensafhankelijke bijdrage indien in totaal over meer dan het maximumbijdrage-inkomen is ingehouden (bijvoorbeeld omdat de verzekeringsplichtige twee werkgevers heeft).

Hoogte percentage inkomensafhankelijke bijdrage

De inkomensafhankelijke bijdrage bedraagt een percentage van het bijdrageinkomen. Zoals gezegd is een werkgever verplicht om de inkomensafhankelijke bijdrage volledig aan de verzekerde te vergoeden.

Voor mensen die de inkomensafhankelijke bijdrage niet vergoed krijgen omdat zij geen werkgever hebben of omdat er bij hun (sociale) uitkering geen rekening mee wordt gehouden, is de inkomensafhankelijke bijdrage verlaagd.

Over inkomen waarover mensen geen vergoeding ontvangen is de bijdrage lager vastgesteld, namelijk op 5,1%. Deze versoepeling geldt bijvoorbeeld voor ouderen met een aanvullend pensioen, mensen met prepensioen en zelfstandigen.

Over inkomen waarvoor wel een vergoeding wordt ontvangen is de bijdrage vastgesteld op 7,2%.

Bij de inkomensafhankelijke bijdrage gaat het om de vraag over welke inkomensbestanddelen verzekeringsplichtigen 7,2% aan inkomensafhankelijke bijdrage verschuldigd zijn en over welke inkomensbestanddelen 5,1%.

DGA's

De inkomenscategorieën waarvoor de lage inkomensafhankelijke bijdrage, zoals geregeld in artikel 5.2 van de Regeling zorgverzekering geldt, is in de afgelopen jaren uitgebreid. De directeuren-grootaandeelhouders (DGA's) vielen onder de hoge inkomensafhankelijke bijdrage. Zelfstandige ondernemers zonder BV vallen onder de lage inkomensafhankelijke bijdrage. Het kabinet heeft besloten de DGA eveneens onder het verlaagde tarief van de inkomensafhankelijke bijdrage te brengen, omdat zij kenmerken vertonen van zelfstandig ondernemers. Voor het jaar 2007 was een tijdelijke maatregel genomen ter compensatie van de hogere inkomensafhankelijke bijdrage, omdat het onuitvoerbaar was dit reeds in 2007 binnen het kader van de Zvw te organiseren.

Beroepsvoetballers en beroepswielrenners

De Stichting Contractspelersfonds KNVB (CFK) is het uitvoeringsorgaan van de overbruggingsregeling voor de beroepsvoetballers en beroepswielrenners in Nederland. Doel van deze regeling is om deze beroepssporters financieel te steunen in de overbrugging van de periode tussen het einde van de sportcarrière en het begin van een tweede loopbaan. Over de uitkering die het CFK verstrekt was bij de inwerkingtreding van de Zvw de hoge inkomensafhankelijke bijdrage verschuldigd. Dit is met terugwerkende kracht tot 1 januari 2006 gewijzigd in de lage inkomensafhankelijke bijdrage omdat de overbruggingsregeling vergelijkbaar is met een pensioenregeling of een regeling voor vervroegde uittreding.

Zeevarenden

De reikwijdte van de regeling was beperkt tot schepelingen als bedoeld in artikel 396 van het Wetboek van Koophandel, dat wil zeggen personen, niet zijnde kapiteins, die een arbeidsovereenkomst met een zeewerkgever hebben aangegaan. Een aantal zeevarenden was ten onrechte niet meegenomen. Met terugwerkende kracht zijn de volgende groepen onder het lage bijdragepercentage gebracht. Het gaat om de verzekerde kapiteins van Nederlandse zeeschepen en schippers van Nederlandse zeevissersschepen; de verzekerde zeevissers die niet op arbeidsovereenkomst, maar op maatschapsovereenkomst hun arbeid op een Nederlands zeevissersschip verrichten; de op grond van EG-verordening 1408/71 of een bilateraal socialezekerheidsverdrag in Nederland verzekerde zeelieden die aan boord van niet-Nederlandse schepen hun arbeid verrichten en op wie het Verdrag van Seattle van toepassing is.

AOW

Als de verzekerde een uitkering heeft, dan zal afhankelijk van de aard van de uitkering de uitkerende instantie al dan niet een vergoeding betalen. Bij de vaststelling van de hoogte van de AOW-uitkering (door de minister van SZW) wordt er rekening mee gehouden dat een inkomensafhankelijke bijdrage voor de zorgverzekering is verschuldigd.

Over de AOW-uitkering is een inkomensafhankelijke bijdrage verschuldigd van 7,1%. In de hoogte van de bruto AOW-uitkering wordt hier rekening mee gehouden. De AOW-uitkering is gekoppeld aan het nettominimumloon en in dat traject wordt rekening gehouden met de inkomensafhankelijke bijdrage, de zogenaamde netto-nettokoppeling. Over de overige inkomsten die 65-plussers uit niet-tegenwoordige arbeid hebben, geldt een bijdrage van 5,1%.

Alimentatie

Mensen die al voor de inwerkingtreding van de Zvw alimentatie ontvingen, zijn geen inkomensafhankelijke bijdrage verschuldigd over de ontvangen alimentatie omdat voor deze groep het nultarief van toepassing is. (Uiteraard voor zover zij voldoen aan de criteria voor het nultarief.)

Bijdrage inkomen

Inkomen uit tegenwoordige arbeid of uit een uitkering

De werkgever of uitkeringsinstantie houdt de inkomensafhankelijke bijdrage in op het loon en krijgt in de meeste gevallen een vergoeding voor deze bijdrage. Een verzekerde heeft ingevolge artikel 46 Zvw recht op een volledige vergoeding van de inkomensafhankelijke bijdrage door de inhoudingsplichtige. De vergoeding van de bijdrage wordt als belastbaar loon aangemerkt. Over de vergoeding van de bijdrage is de verzekerde dus loonbelasting verschuldigd. De door de werkgever of uitkeringsinstantie ingehouden bijdrage verlaagt het nettoloon. De werkgever of uitkeringsinstantie draagt de ingehouden bijdrage af aan de Belastingdienst. In het geval een verzekerde meerdere werkgevers heeft, zal elke werkgever de bijdrage op dezelfde manier afdragen aan de Belastingdienst. Het is mogelijk dat er dan uiteindelijk in totaal een hoger bedrag aan bijdrage wordt afgedragen dan het maximaal verschuldigde bedrag. Op verzoek zal de te veel betaalde bijdrage door de Belastingdienst worden teruggegeven. Dat zal gebeuren via een afzonderlijke beschikking. Het teveel aan betaalde bijdrage wordt pas na afloop van het kalenderjaar teruggegeven.

Pensioen of lijfrente-uitkeringen waarop loonbelasting wordt ingehouden

De uitkeringsinstanties die pensioenen en lijfrente uitkeren, zijn meestal niet verplicht om de bijdrage te vergoeden. Wel houden zij de bijdrage in op de uitkering en dragen zij deze af aan de Belastingdienst.

Belastbare winst uit onderneming

Over de winst uit onderneming moet een inkomensafhankelijke bijdrage worden betaald. De bijdrage wordt niet vergoed. De Belastingdienst legt een aanslag Zvw op. De aanslag kan worden voorafgegaan door een voorlopige aanslag.

Belastbaar resultaat uit overige werkzaamheden

Over het resultaat uit overige werkzaamheden is de inkomensafhankelijke bijdrage verschuldigd. De bijdrage wordt niet vergoed. Tot het inkomen uit 'resultaat uit overige werkzaamheden' wordt niet gerekend het bedrag dat op grond van de zogenoemde terbeschikkingsregelingen als inkomen aangemerkt wordt. De Belastingdienst legt een aanslag op.

Belastbare periodieke uitkeringen en verstrekkingen

Onder deze categorie vallen onder meer lijfrente-uitkeringen en alimentatie. De bijdrage wordt niet vergoed. De Belastingdienst legt een aanslag op. De aanslag kan worden voorafgegaan door een voorlopige aanslag.

5.10 Zorgverzekering en zorgpolis

Zorgverzekering

De inhoud en omvang van de zorg is geregeld in het Besluit zorgverzekering. De zorgverzekeraar en de verzekerden hebben geen bevoegdheid om andere of uitgebreidere zorgvormen in de zorgverzekering op te nemen (artikel 1, onderdeel d, Zvw). Uit de artikelen 10 en 11 Zvw vloeit voort dat ook geen bevoegdheid bestaat om beperktere afspraken te maken (behoudens de zogenaamde pro-lifepolissen). Ook de indicatiegebieden die de aard, inhoud en omvang van de prestaties raken, kunnen niet nader worden bepaald in de overeenkomst tussen zorgverzekeraar en verzekerde. De verzekerde en de zorgverzekeraar kunnen wel onderling afspraken maken over de voorwaarden waaronder de inhoud en omvang van de zorg wordt verstrekt. Het gaat uitsluitend om voorwaarden die van procedurele en administratieve aard zijn, zoals verwijzingsvoorschriften en melding- en toestemmingsvoorwaarden. Ook kunnen aanvullende voorwaarden worden gesteld die erop zijn gericht de verschuldigde nominale premie tijdig binnen te krijgen, zoals premiebetaling vooraf. Het opnemen van beroepsgroepen wordt overgelaten aan hetgeen de zorgverzekeraar en de verzekerde daarover in de zorgovereenkomst afspreken. De zorgverzekeraar en de verzekerde bepalen voor welke zorg, welke zorgaanbieder zij willen inschakelen. Er kunnen allerlei beroepsbeoefenaren en instellingen ingeschakeld worden, die niet beperkt hoeven te worden tot beroepsbeoefenaren waarop de registratie- en titelbescherming van de Wet BIG betrekking heeft. Slechts als het gaat om voorbehouden handelingen dient in de zorgovereenkomst wel rekening te worden gehouden met de criteria uit de Wet BIG.

In de zorgverzekering wordt omschreven aan welke hoedanigheid, bekwaamheid of geschiktheid een zorgverlenende persoon of instelling moet voldoen, wil diens zorg voor rekening van de zorgverzekering komen. In de zorgverzekering wordt afgesproken of de premiekorting voor een vrijwillig eigen risico van het aantal kalenderjaren waarvoor een vrijwillig eigen risico geldt kan afhangen. Ook is geregeld aan wie de verzekerde de bijdrage betaalt voor de bij wettelijk voorschrift geregelde bijdragen in de zorgovereenkomst.

Zorgpolis

Nadat de zorgverzekering tot stand is gekomen dient de zorgverzekeraar de verzekeringnemer zo spoedig mogelijk een zogenaamde zorgpolis af te geven. In aansluiting op artikel 7.17.1.8, eerste lid, BW is in artikel 9, eerste lid, onderdeel h, Zvw geregeld dat de zorgpolis een akte is, waarin de tussen een verzekeringnemer en de zorgverzekeraar afgesloten zorgverzekering is vastgelegd.

Uit de zorgpolis (een schriftelijk stuk) blijkt wat de rechten en plichten van de zorgverzekeraar zijn en wie de verzekeringnemer en, indien dit een ander dan de verzekeringnemer is, de verzekerden zijn. Alle elementen waarop de verzekerde uit hoofde van zijn zorgverzekeringsovereenkomst recht heeft, leest hij in zijn zorgpolis. In de zorgpolis staan de wettelijke voorschriften en de overeengekomen voorschriften. Onder zorgpolis wordt ook begrepen de akte die naar één of meer bijbehorende documenten verwijst, zoals algemene voorwaarden, een reglement of mantelpolis bij een collectieve verzekering. Indien in de zorgovereenkomst is bepaald dat de zorg slechts bij bepaalde zorgaanbieders kan worden betrokken, maakt een lijst van zorgaanbieders waar de verzekerde terechtkan tevens deel uit van de zorgverzekeringsovereenkomst. Als het gaat om zeer lange lijsten is de zorgverzekeraar, gelet op de redelijkheid en billijkheid waarmee overeenkomsten moeten worden uitgevoerd (artikelen 6:2 en 6:248 BW), niet gehouden dit als onderdeel met de zorgpolis mee te sturen. Hij kan bijvoorbeeld ook verwijzen naar zijn website.

5.11 Verplicht eigen risico en vrijwillig eigen risico

Afschaffing no-claimteruggaveregeling

In de Zvw was een zogenaamde no-claimteruggaveregeling ingevoerd. Verzekerden die slechts beperkt gebruikmaken van de zorg konden een beroep doen op deze no-claimteruggaveregeling met een maximum van € 255 per kalenderjaar. Deze no-claimteruggaveregeling, die al onder de ziekenfondsverzekering in het leven was geroepen, beoogde de eigen verantwoordelijkheid van de verzekerde te vergroten. Door de verzekerde een bedrag in het vooruitzicht te stellen, wordt verwacht dat de verzekerden een meer afgewogen gebruik gaan maken van de gezondheidszorg.

Indien de waarde van de verzekerde prestaties die in een kalenderjaar ten behoeve van een verzekerde zijn verstrekt lager is dan € 255, heeft de verzekerde jegens de zorgverzekeraar recht op een bedrag (de no-claimteruggave) dat gelijk is aan het verschil tussen de waarde van de verstrekte verzekerde prestaties en € 255. De verzekerde krijgt via no-claimteruggaveregeling op deze wijze een deel van de betaalde premie terug bij beperkt zorggebruik omdat de no-claimwaarde als opslag op de premie is verrekend.

Per 1 januari 2008 is de no-claimteruggaveregeling vervangen door een verplicht eigen risico. Deze wijziging van het systeem van eigen betalingen was een uitvoering van het door kabinet-Balkenende IV afgesproken voorstel in het Coalitieakkoord tot het ongedaan maken van het financiële nadeel dat chronisch zieken en gehandicapten hebben omdat zij geen keus hebben in hun zorgconsumptie.

De redenen van het kabinet om de no-claimteruggaveregeling af te schaffen zijn als volgt: de remmende werking van de no-claimteruggaveregeling op het zorggebruik was beperkt. De verzekerde zag namelijk pas achteraf het gevolg van zijn gebruik van medische voorzieningen. Ook de positieve prikkel die de no-claimteruggave gaf in plaats van een negatieve prikkel die in het algemeen van een eigen betalingen uitgaat, draagt bij tot een geringere werking. Daarnaast betekent de no-claimteruggave dat verzekerden die vanwege hun gezondheidssituatie naar verwachting nooit recht zullen krijgen op een no-claimteruggave, via hun nominale premie wel een bijdrage leveren aan de teruggaven die gezonde verzekerden ontvingen. Bovendien bleek de samenloop van de no-claimteruggaveregeling met het vrijwillige eigen risico lastiger uit te voeren dan de samenloop van een verplicht en vrijwillig eigen risico.

Verplicht eigen risico

Per 1 januari 2008 is een verplicht eigen risico ingevoerd voor verzekerden van achttien jaar en ouder. Dit is geregeld in een nieuw artikel, artikel 18a Zvw.

Bevoegdheid zorgverzekeraar kwijtschelden verplicht eigen risico

Het is de bedoeling van de wetgever dat per 1 januari 2009 de zorgverzekeraar (een deel van) het jaarlijks verplichte eigen risico van een verzekerde voor zijn rekening kan nemen als de verzekerde deelneemt aan een gezondheidsbevorderend programma, ter ondersteuning van de behandeling van diabetes, depressie, hartfalen en/of overgewicht. De eisen waaraan het gezondheidsbevorderende programma en de wijze van deelname aan dat programma moeten voldoen, stelt de verzekeraar vast.

Vrijwillig eigen risico

De zorgverzekeraar heeft daarnaast het recht een eigen risico aan de verzekerde aan te bieden in de modelovereenkomst. Hij heeft daarbij de keuze uit de volgende staffels: € 100, € 200, € 300, € 400 en € 500. De zorgverzekeraar dient in ieder geval een modelovereenkomst aan te bieden waarin géén eigen risico is opgenomen.

Het amendement-Omtzigt (*Kamerstukken II* 2004/05, 29 763, nr. 39) heeft een wijziging van Zvw bewerkstelligd. Een zorgverzekeraar mag de premiekorting voor een eigen risico laten afhangen van het aantal kalenderjaren waarvoor een vrijwilig eigen risico geldt. De extra korting voor het aantal jaren eigen risico gaat lopen vanaf het jaar waarvoor men een eigen risico heeft gekozen. In geval van overstap van de ene naar de andere verzekeraar of een overstap naar een andere zorgverzekering bij dezelfde zorgverzekeraar, mag de nieuwe verzekeraar het aantal bij de vorige verzekeraar opgebouwde jaren laten meetellen mits hij dit in de modelovereenkomst aangeeft. Het aantal verzekerde jaren mag ook meetellen als de verzekerde bij dezelfde zorgverzekeraar voor een andere variant van de zorgverzekering, dus een nieuwe zorgverzekering, kiest. De korting op de grondslag van de premie mag daarnaast afhangen van de hoogte van het gekozen eigen risico. Dit is geregeld in artikel 19, derde en vierde lid, van de Zvw.

Wachttijd bij overstap naar lager eigen risico

In artikel 19 Zvw biedt de zorgverzekeraar de mogelijkheid in de modelovereenkomst te bepalen dat bij de overstap naar een lager eigen risico een wachttijd moet gelden. Verzekerden die in de toekomst verwachten meer zorg nodig te zullen hebben, zullen willen overstappen op een zorgverzekering met een lager eigen risico. De door de verzekeraar bepaalde wachttijd mag niet langer zijn dan een jaar en geldt voor alle verzekeringsvarianten die de zorgverzekeraar aanbiedt.

Volgorde verplicht eigen risico/vrijwillig eigen risico

De kosten van zorg die door de zorgverzekeraar zowel ten laste van het verplicht eigen risico als het vrijwillig eigen risico kunnen worden gebracht, komen eerst ten laste van het verplicht eigen risico. Dit is een verplichte volgorde zoals blijkt uit artikel 23, derde lid, Zvw. Slechts voor zover een verzekerde het totale bedrag van het verplichte eigen risico aan zorg heeft geconsumeerd, worden de kosten van zorg in rekening gebracht van een eventueel vrijwillig eigen risico. Alleen als het om kosten gaat die nooit ten laste worden gebracht van het verplichte eigen risico, maar wel van het vrijwillige eigen risico, zoals het consult van de huisarts, wordt hiervan afgeweken. Deze kosten komen wel direct ten laste van het vrijwillige eigen risico, ongeacht of het verplichte eigen risico reeds is verbruikt. Ook kan hier, net als in het systeem met een no-claimteruggave, dus niet aan de zorgverzekeraar zelf worden overgelaten op welke vorm van eigen risico de zorgkosten eerst worden verhaald.

(Zorg)kosten die niet bepalend zijn voor het verplicht eigen risico/vrijwillig eigen risico

De huisartsenzorg (zowel het inschrijftarief als het consulttarief), de verloskundige zorg, kraamzorg en tandheelkundige zorg voor verzekerden tot en met 21 jaar worden niet ten laste van het verplichte eigen risico gebracht.

De huisarts of een instelling die huisartsenzorg verleent, mag voor iedere patiënt die zich bij hem inschrijft en jaarlijks een bedrag in rekening brengen voor zijn/haar beschikbaarheid, ter hoogte van een op basis van de WMG vast te stellen beschikbaarheidstarief. Zorgverzekeraars kunnen daarnaast met de huisarts extra vergoedingen overeenkomen indien zij extra werkzaamheden verrichten. Dit kan nodig zijn indien het patiëntenbestand zodanig afwijkt van het gemiddelde dat een hogere vergoeding noodzakelijk is. Deze bedragen worden versleuteld over het patiëntenbestand aan de verzekerden in rekening gebracht. Dit zou verzekerden met een vrijwillig eigen risico ertoe kunnen bewegen zich pas bij een huisarts in te schrijven op het moment waarop zij zorg nodig hebben. Daarom is besloten dat het beschikbaarheidstarief en deze extra vergoedingen niet ten laste van het vrijwillig eigen risico van de verzekerden zullen worden gebracht. Behoudens het beschikbaarheidstarief en de versleutelde extra kosten die een huisarts in zijn praktijk ten laste van de zorgverzekering mag brengen, komen de overige kosten van zorg zoals huisartsen die plegen te bieden wel ten laste van het vrijwillig eigen risico. Zorgverzekeraars hebben echter de mogelijkheid om in hun zorgpolissen op te nemen dat ook het consulttarief buiten het vrijwillig eigen risico valt.

Compensatieregeling verplicht eigen risico

In het Coalitieakkoord is vastgelegd dat bij de invoering van een verplicht eigen risico de groep verzekerden met 'meerjarige onvermijdbare zorgkosten', gecompenseerd worden voor dit systeem van eigen betalingen, aangezien deze groepen gezien hun gezondheid te maken hebben met zorgkosten die zij niet kunnen vermijden. Dit is geregeld in artikel 118a Zvw. In artikel 3a.1 Besluit zorgverzekering is geregeld dat deze groep bestaat uit verzekerden die de twee jaren voorafgaande aan het jaar waarop de uitkering betrekking heeft, in bepaalde Farmaceutische Kosten Groepen (FKG's, niet zijnde de FKG 'Hoog cholesterol') zijn ingedeeld. Om welke FKG's het gaat is vastgelegd in de Regeling zorgverzekering. Ook verzekerden die op 1 juli van het jaar waarop de uitkering betrekking heeft, zonder onderbreking langer dan een halfjaar in een AWBZ-instelling verblijven komen in aanmerking voor deze compensatie.

Het Centraal Administratie Kantoor Bijzondere Zorgkosten BV stelt op basis van de gegevens die zorgverzekeraars hen verstrekken vast welke verzekerden in aanmerking komen voor deze compensatie.

De verzekerde heeft recht op een jaarlijkse uitkering ter hoogte van het bedrag, genoemd in artikel 18a, eerste lid, Zvw, verminderd met het geraamde gemiddelde bedrag dat een verzekerde die geen recht heeft op deze compensatie naar verwachting ingevolge artikel 18a Zvw betaalt.

Uitbreiding compensatieregeling in 2009

De minister van VWS heeft voorgesteld dat verzekerden die in 2006 en 2007 hoge ziekenhuiskosten of hoge kosten voor medisch-specialistische zorg hadden, vanaf 2009 ook compensatie krijgen voor het verplicht eigen risico. Dit voorstel is op 23 mei 2008 voorgehangen bij de beide Kamers der Staten-Generaal.

Amendement-Van der Vlies

In het amendement wordt voorgesteld dat een percentage van de zorgkosten dat meetelt voor het verplicht eigen risico wordt vastgesteld bij AMvB (amendement-Van der Vlies c.s., *Kamerstukken II*, 2007/08, 31 094, nr. 34). De ratio van het amendement is dat het verplichte eigen risico na één keer ziekenhuisbezoek of na één keer medicijngebruik het bedrag van het verplicht eigen risico al 'vol' is, waarmee de remmende werking zou zijn uitgewerkt. De minister heeft dit onderzocht, maar verwacht niet dat het 'gedragseffect' tot een verminderd zorggebruik zal optreden. Het kabinet heeft besloten dat het percentage van de zorgkosten dat meetelt voor het verplicht eigen risico bij AMvB (Besluit zorgverzekering) per 1 januari 2009 moet worden vastgesteld op 100, ter uitwerking van artikel 18a Zvw dat met het amendement-Van der Vlies per 1 januari 2009 in werking treedt. Dit conceptbesluit is voorgehangen op 23 mei 2008.

> **Toepasselijke wet- en regelgeving**
>
> - Artikelen 18a, t/m 23 en 118a Zvw;
> - Artikelen 2.17 t/m 2.19 en 3a Besluit zorgverzekering;
> - Artikelen 7.4a en 8.3 Regeling zorgverzekering.

5.12 Risicoverevening

Algemeen: circa € 16 miljard

De zorgverzekeraar heeft een acceptatieplicht en moet derhalve iedere verzekeringsplichtige accepteren ongeacht zijn gezondheidsrisico. Daarnaast mag hij geen premiedifferentiatie toepassen, dient de dekking in de zorgverzekering uit een wettelijk omschreven pakket te bestaan en bestaat de verplichting voor de zorgverzekeraar om landelijk te werken.

Bij deze marktregulering past geen systeem waarin verzekeraars premies in rekening brengen die met het individuele risicoprofiel van de verzekerden samenhangen (equivalentiebeginsel). Aangezien de nominale premie voor iedere polis gelijk moet zijn, zijn de zorgverzekeraars met een ongezonde verzekerdenpopulatie, bij afwezigheid van dit equivalentiebeginsel gedwongen aan al hun verzekerden een hogere nominale premie te vragen dan hun concurrent met een relatief gezonde populatie. Zorgverzekeraars met een ongezonde verzekerdenpopulatie hebben in dat geval een veel slechtere concurrentiepositie.

Om een gelijke concurrentiepositie tussen zorgverzekeraars toch mogelijk te maken, is in de Zvw een stelsel van risicoverevening geïntroduceerd. De zorgverzekeraars ontvangen van het CVZ een compensatie uit het Zorgverzekeringsfonds die de verschillende risicoprofielen moet neutraliseren. De zorgverzekeraar komt slechts in aanmerking voor risicoverevening voor zover hij zorgverzekeringen aanbiedt in de zin van de artikelen 10 en 11 van de Zvw. Om de prikkel tot doelmatig handelen bij de zorgverzekeraars te bewerkstelligen is gekozen voor een systeem van ex ante risicoverevening en een aantal ex post correctiemechanismen. Naast het neutraliseren van de verschillende risicoprofielen heeft het risicovereveningssysteem de functie de zorgverzekeraars te compenseren voor 50% van de te verwachten kosten. Het gaat daarbij om een totaalbedrag van ongeveer € 16 miljard. De verzekerden betalen een premie die de overige 50% van de verwachte kosten dekt.

Risicoverevening

In de Zvw zijn in de artikelen 32 t/m 36 de uitgangspunten van het risicovereveningssysteem neergelegd. De verdere invulling van het risicovereveningssysteem, zoals de gehanteerde verdeelcriteria, is vastgelegd in hoofdstuk 3 van het Besluit zorgverzekering. Bij ministeriële regeling worden vervolgens de details verder uitgewerkt.

Op basis van artikel 32, vierde lid, van de Zvw dient de minister jaarlijks per 1 oktober vast te stellen wat de hoogte is van het totale bedrag dat uit het Zorgverzekeringsfonds aan de zorgverzekeraars moet worden uitgekeerd en welke gewichten daarbij worden gehanteerd. De zorgverzekeraars hebben op deze wijze tijdig inzicht in de bijdrage die zij kunnen verwachten en kunnen onder meer op basis daarvan hun premie vaststellen. Het totale bedrag dat verdeeld wordt is afgeleid van de meest actuele raming van de zorguitgaven en verschilt per jaar. Het jaarlijks vaststellen van de gewichten van de verdeelcriteria is noodzakelijk omdat, bijvoorbeeld door veranderingen in de bekostigingssystematiek van het zorgaanbod of door veranderingen in behandelmethoden, de verdeling van kosten over verschillende groepen verzekerden van jaar op jaar kan veranderen. Met deze veranderende kostenpatronen kan bij een jaarlijkse aanpassing rekening worden gehouden.

In artikel 3.1 van de Regeling zorgverzekering is geregeld welke middelen voor bijdragen aan zorgverzekeraars ter dekking van de kosten van prestaties in het kader van de Zvw in het jaar 2008 ten laste van het Zorgverzekeringsfonds beschikbaar zijn. Daarnaast dient de minister de vast te stellen bijdragen gebaseerd op de verzekerdenaantallen of verzekerdenkenmerken statistisch te onderbouwen. Verder worden nadere regels omtrent de berekening van de bijdragen gesteld en wordt geregeld hoe de door het CVZ aan de zorgverzekeraars toegekende bijdragen aan de zorgverzekeraars worden betaald. Het CVZ kent een zorgverzekeraar ingevolge artikel 32, eerste lid, van de Zvw voor ieder kalenderjaar dat hij zorgverzekeringen aanbiedt en uitvoert een bijdrage toe. De € 16.831,7 miljoen die in 2008 beschikbaar is gesteld, zal over de zorgverzekeraars worden verdeeld volgens transparante en objectieve criteria. Deze criteria worden niet gebaseerd op de verschillen in kosten tussen zorgverzekeraars, maar op basis van het risicoprofiel van een bepaalde zorgverzekeraar. Van tevoren wordt ingeschat wat de risico's zijn van de verzekerden op basis van kenmerken die samenhangen met de gezondheidstoestand. Het gaat daarbij om de kenmerken leeftijd en geslacht, waarna vervolgens herschikkingen plaatsvinden op basis van de verdeelkenmerken als Farmaceutische Kosten Groepen, diagnosekostengroepen, regio, SES, aard van het inkomen en eenpersoonshuishouden. Voor het bepalen van de bijdragen uit het Zorgverzekeringsfonds, bedoeld in de artikelen 32 t/m 34 van de Zvw, heeft het CVZ specifieke informatie nodig over de kenmerken van verzekerden. Het CVZ kan deze gegevens vragen op grond van het eerste lid van artikel 88 van de Zvw. Het CVZ stelt jaarlijks vóór 15 oktober beleidsregels vast waarin wordt aangegeven op welke wijze uitvoering wordt gegeven aan de in de Regeling zorgverzekering vastgestelde regels met betrekking tot de aan de zorgverzekeraars uit te keren bijdragen. Deze beleidsregels moeten door de minister van VWS worden goedgekeurd.

In 2008 treedt een schadelastverschuiving op van de zorgverzekeraars naar de verzekerden vanaf 18 jaar. Dit houdt verband met de invoering van een verplicht eigen risico in de Zvw. Op basis van een normatieve berekening is de te verwachten schadelast gedifferentieerd naar kenmerken van de verzekerde. Differentiatie vindt plaats op basis van de criteria leeftijd en geslacht, aard van het inkomen en regio.

Criteria ex ante risicovereveningssysteem 2008

Het ex ante risicovereveningssysteem in 2008 bestaat, in tegenstelling tot voorgaande jaren, uit twee risicovereveningsmodellen. Eén model voor de kosten van ziekenhuisverpleging variabele en specialistische hulp en de kosten van overige prestaties en één model voor de kosten van geneeskundige geestelijke gezondheidszorg (dit in verband met de overheveling van de geneeskundige geestelijke gezondheidszorg naar de Zvw).

Het vereveningsmodel voor de kosten van ziekenhuisverpleging variabele en specialistische hulp en de kosten van overige prestaties bestaat uit de criteria leeftijd/geslacht, Farmaceutische Kosten Groepen, diagnosekostengroepen, aard van het inkomen, SES en een regiocriterium. Het vereveningsmodel heeft betrekking op de variabele kosten van ziekenhuisverpleging, de vaste kosten van ziekenhuisverpleging, de kosten van specialistische hulp en de kosten van overige prestaties. Uit het model vloeit de ex ante vereveningsbijdrage aan zorgverzekeraars voort. Van de hoogte en de wijze van vaststellen van deze vereveningsbijdrage worden zorgverzekeraars ieder jaar vóór 15 oktober door het CVZ in kennis gesteld. De criteria kunnen als volgt worden omschreven:
- Leeftijd en geslacht: deze worden in samenhang gezien, omdat het kostenpatroon naar leeftijd tussen mannen en vrouwen verschilt. Dit hangt onder meer samen met de kosten van zwangerschap en geboorten bij vrouwen tussen de 20 en 40 jaar.
- Farmaceutische Kosten Groepen (FKG): dit is een gezondheidscriterium gebaseerd op geneesmiddelengebruik in het verleden. Het compenseert verzekeraars voor hoge kosten van chronisch zieken. In 2008 wordt gewerkt met in totaal 20 FKG's, waarbij verzekerden in principe in meer FKG's kunnen worden ingedeeld.
- Diagnosekostengroepen (DKG): dit is een gezondheidscriterium gebaseerd op ziekenhuisopname in het verleden. Ook dit criterium compenseert verzekeraars voor hoge kosten van chronisch zieken. In 2008 is sprake van dertien clusters van aandoeningengroepen.
- Aard van het inkomen: op basis van verschillende onderzoeken is gebleken dat de sociaal-economische achtergrond van verzekerden op individueel niveau, gedefinieerd in het model als 'aard van het inkomen', een noodzakelijk onderdeel is van het model om voorspelbaar verlies op grote groepen verzekerden te voorkomen. Dit betekent dat het vereveningsmodel compenseert voor hogere kosten van arbeidsongeschikten, bijstandsgerechtigden en WW'ers en met lagere kosten van zelfstandigen.

Bij het criterium 'aard van het inkomen' worden vijf categorieën onderscheiden, waarvoor uit statistisch onderzoek is gebleken dat er sprake is van

een verschillend kostenniveau en waarvoor de Werkgroep onderzoek risicoverevening het noodzakelijk achtte deze mee te nemen om voorspelbaar verlies op grote groepen verzekerden te voorkomen. Het gaat om:
- arbeidsongeschikte verzekerden;
- bijstandsgerechtigde verzekerden;
- overige uitkeringsgerechtigden;
- zelfstandigen;
- verzekerden in loondienst, in de VUT of met pensioen, dan wel zonder eigen inkomstenbron (de referentiegroep).

Binnen elk van deze categorieën wordt een nader onderscheid gemaakt op basis van leeftijd van de verzekerde. In de beleidsregels van het CVZ zal worden aangegeven hoe om te gaan met samenloop van verschillende categorieën aard van het inkomen (bijvoorbeeld een verzekerde met zowel een WW- als een WAO-uitkering, of een verzekerde die zowel in loondienst is als een zelfstandig inkomen geniet).

Sociaal-economische status (SES)

Per 1 januari 2008 is in het vereveningsmodel een nieuw vereveningscriterium opgenomen, namelijk de SES, aangezien uit literatuurstudie is gebleken dat er een duidelijke relatie is tussen gezondheid en sociaal-economische status. Dit criterium gaat uit van het gemiddelde inkomen per adres.

Regiocriterium

Het regiocriterium compenseert voor sociaal-economische omstandigheden, voor zover niet meegenomen in het afzonderlijke vereveningscriterium SES en zorgaanbodgerelateerde factoren (zoals stedelijkheid, percentage allochtonen, sterftegraden, nabijheid van ziekenhuizen), die samenhangen met de woonlocatie en die voor een zorgverzekeraar niet beïnvloedbaar zijn.

Het vereveningsmodel voor de geneeskundige geestelijke gezondheidszorg bestaat uit zes vereveningscriteria. Het betreft leeftijd en geslacht, aard van het inkomen, SES, ggz-regiocriterium, Farmaceutische Kosten Groepen (FKG's) psychische aandoeningen en eenpersoonsadres.

Ggz-regio

Gekozen is voor een specifiek regio-criterium voor de geneeskundige ggz. In dit criterium is rekening gehouden met verschillen in ggz-aanbod, sociaal-economische omstandigheden en resterende geestelijke gezondheidsverschillen.

FKG psychische aandoeningen

Voor het vereveningsmodel voor de geneeskundige ggz wordt alleen gebruikgemaakt van de FKG psychische aandoeningen.

Eenpersoonsadres

Het criterium 'eenpersoonsadres' wordt alleen gebruikt in het vereveningsmodel voor de geestelijke ggz. Het staat vast dat alleenstaanden relatief vaker gebruikmaken van geneeskundige ggz dan personen die deel uitmaken van een huishouden bestaande uit twee of meer personen.

Bijzonderheden in 2006

Aandachtspunt is dat 2006 voor de risicoverevening gold als een bijzonder invoeringsjaar. Drie elementen waren in 2006 van belang, die leiden tot een afwijking van de structurele situatie voor gegevensstromen.

Ten eerste het eenmalig niet gebruiken van historische gegevens voor de ex post vaststelling van de normatieve bedragen in de risicoverevening 2006. Zorgverzekeraars die in 2005 niet werkzaam zijn onder de ZFW zouden anders in mindere mate in staat zijn adequate gegevens te leveren dan voormalige ziekenfondsen. In de toelichting op het eerste lid wordt hierop ingegaan.

Ten tweede geldt dat de risicoverevening, wat betreft het criterium DKG's, in principe uitgaat van dbc-declaraties. Echter, omdat ziekenhuizen pas per 1 januari 2005 zijn overgestapt op dbc's, zal bij de ex ante toekenning van de vereveningsbijdrage 2006, wat betreft het criterium DKG's, uitgegaan worden van diagnose-informatie uit de Landelijke Medische Registratie, in combinatie met informatie over nevenverrichtingen op basis van de administratie van verzekeraars.

Ten derde zal voor de operationalisering van het criterium aard van het inkomen voor de risicoverevening 2006 nog geen gebruik kunnen worden gemaakt van koppelingen via het burgerservicenummer (bsn).

Ex post aspecten risicoverevening

Verzekerdennacalculatie

In de eerste plaats wordt achteraf de bijdrage aan zorgverzekeraars gecorrigeerd voor verschillen tussen geraamde en gerealiseerde verzekerdenaantallen. De bijdrage uit het Zorgverzekeringsfonds vindt in principe vooraf plaats op basis van geraamde aantallen verzekerden, onderverdeeld naar de verschillende relevante kenmerken van verzekerden. Om te voorkomen dat een zorgverzekeraar die in een bepaald jaar veel extra klanten krijgt door deze toestroom pas gecompenseerd wordt via de vereveningsbijdrage voor een later jaar, is in de Zvw geregeld dat alle bijdragen achteraf worden herberekend, rekening houdend met de werkelijke verzekerdenaantallen per zorgverzekeraar en hun kenmerken.

Artikel 3.14, tweede lid, van het Besluit zorgverzekering geeft het CVZ de bevoegdheid om een alternatieve basis te gebruiken bij de vaststelling van de ex ante vereveningsbijdrage zoals het toepassen van historische gegevens tot 'onredelijke en niet-beoogde uitkomsten leidt'. Hierbij valt te denken aan de situatie van zorgverzekeraars met een snelgroeiend verzekerdenbestand. In een dergelijke situatie is het denkbaar dat de historische verzekerdenpopulatie die betrokken is bij de vaststelling van de vereveningsbijdrage, bijvoorbeeld op het punt van prevalenties van FKG's en DKG's, niet representatief is voor het actuele verzekerdenbestand. In dit geval kan het CVZ van een alternatieve basis uitgaan om bijvoorbeeld liquiditeitsproblemen bij een zorgverzekeraar te voorkomen. Het is uitdrukkelijk niet de bedoeling van artikel 3.14 dat het CVZ de bevoegdheid krijgt alle ministeriële bepalingen te negeren en de middelen in het Zorgverzekeringsfonds naar eigen inzicht te verdelen.

Uitgavenkader nacalculatie

In geval van een kernexplosie of natuurramp of andere buitengewone gebeurtenissen die niet tot het normale bedrijfsrisico van zorgverzekeraars kunnen worden gerekend, worden achteraf de bijdragen aan zorgverzekeraars aangepast aan het uiteindelijke kostenbeeld. De hoogte en verdeling van deze extra middelen, die verstrekt worden op grond van artikel 33 van de Zvw, worden niet in dit besluit vastgelegd maar in een ministeriële regeling.

Tijdelijke ex post compensatiemechanismen

Bij inwerkingtreding van de Zvw is de kwaliteit van de relaties tussen kosten en kenmerken van de voormalig particuliere en publiekrechtelijke verzekerden nog niet optimaal. Het is dan ook nog niet goed mogelijk om bij de ex ante normering het niveau van betrouwbaarheid te halen dat bereikt is bij de risicoverevening in de ZFW. Het risicovereveningssysteem zoals dat onder de ZFW gold, kan niet integraal worden vertaald naar een risicovereveningssysteem dat voor een bredere groep verzekerden geldt, te weten verzekerden die waren ondergebracht bij particuliere ziektekostenverzekeraars en de uitvoeringsorganen van de publiekrechtelijke ziektekostenregelingen voor ambtenaren. Om dit tekortschieten van de ex ante normering op te vangen, zijn (ex post) methoden toegepast, waarbij de verdeling van middelen over de zorgverzekeraars achteraf wordt aangepast aan de hand van kostenrealisaties.

De noodzaak voor tijdelijke ex post compensatiemechanismen drukt temeer doordat de invoering van de Zvw gekoppeld is aan een breder traject van invoering van marktwerking binnen de gezondheidszorg. Hierbij wordt ook de bekostiging van het zorgaanbod gewijzigd. Dit krijgt onder andere vorm in de invoering van dbc's, waarbij de vergoeding die ziekenhuizen en medisch specialisten ontvangen voor verleende zorg beter dan in de huidige bekostigingssystematiek aansluit bij de onderliggende kosten. Door de dbc-invoering nemen de kosten bij bijvoorbeeld jongere verzekerden (die relatief intensieve zorg ontvangen) toe en bij oudere verzekerden af. In de gewichten van de gehanteerde criteria wordt, vanwege onvoldoende informatie vooraf over de precieze omvang van dergelijke verschuivingen, maar beperkt rekening gehouden.

Per 1 januari 2005 is gestart met invoering van volledige dbc-financiering, waarbij fasegewijs verdere aanpassingen in de bekostiging en financiering van ziekenhuiszorg en medisch-specialistische hulp plaatsvindt. Hierbij valt te denken aan verbreding van de set van dbc's waarvoor vrije prijsvorming mogelijk is, en de overschakeling voor het deel van de zorg gefinancierd middels dbc's met vaste prijzen van de huidige functiegerichte ziekenhuisbudgetten naar ziekenhuisbudgetten op basis van dbc's. Door de veranderingen die ook nog in de eerste jaren na de inwerkingtreding van de Zvw op het punt van onder andere bekostiging van ziekenhuiszorg en specialistische hulp plaatsvinden, kost het tijd om de normering op orde te krijgen in termen van de nieuwe bekostiging. Ook dit vergt ex post compensatiemechanismen. Deze compensaties zijn volgens de minister in principe alleen tijdelijk noodzakelijk en zullen worden afgebouwd zodra betere informatie beschikbaar komt om de ex ante normering aan te passen aan de kostenpatronen van alle verzekerden in termen van de nieuwe bekostiging van het zorgaanbod.

Hogekostencompensatie, generieke verevening en nacalculatie

Binnen de ex post compensatiemechanismen kunnen de volgende vormen worden onderscheiden:
- Hogekostencompensatie: waarbij kosten voor een verzekerde boven een drempelbedrag voor een bepaald percentage onderling worden verevend dan wel verrekend met het Zorgverzekeringsfonds. De hogekostencompensatie beoogt tegemoet te komen aan kostenverschillen tussen zorgverzekeraars als gevolg van een ongelijke verdeling van extreem hoge schades over zorgverzekeraars. Hierbij geldt dat als geprobeerd wordt de individuele gevallen vooraf op te sporen en te compenseren, de complexiteit van het systeem van risicoverevening toeneemt.
- Generieke verevening: bijstelling van het (normatieve) deelbedrag op basis van het verschil per zorgverzekeraar tussen kosten en het (normatieve) deelbedrag in relatie met de verschillen tussen de kosten en het deelbedrag bij andere zorgverzekeraars, per onderscheiden categorie van prestaties. Generieke verevening wordt gebruikt om mogelijke onvolkomenheden in de verdelende werking van het model te corrigeren.
- Nacalculatie: bijstelling van het (normatieve) deelbedrag op basis van het verschil per zorgverzekeraar tussen kosten en het (normatieve) deelbedrag per onderscheiden categorie van prestaties. Nacalculatie wordt gebruikt om de hoogte van het financiële risico te koppelen aan de mogelijkheden die zorgverzekeraars hebben om de hoogte van de feitelijke kosten te beïnvloeden.

Afbouw ex post compensatiemechanismen

Het streven is van genoemde ex post compensatiemechanismen om na inwerkingtreding van de Zvw de generieke verevening met de grootste voorrang af te bouwen. Op grond van het derde lid in artikel 34 van de Zvw dient generieke verevening uiterlijk in 2011 te zijn afgebouwd. De verwachting is dat afbouw van compensatiemechanismen het snelst kan plaatsvinden voor 'kosten van overige prestaties'. Wat betreft de 'kosten van curatieve geestelijke gezondheidszorg', waarvoor helemaal nieuw gestart wordt met risicoverevening, is een langer overgangstraject voorzien. Het afbouwtraject op het punt van 'vaste kosten van ziekenhuisverpleging' en 'variabele kosten van ziekenhuisverpleging' zal sterk afhangen van het tempo van verdere veranderingen in de financiering en bekostiging van ziekenhuiszorg. Dit omdat voortdurende aanpassingen in de bekostiging van het aanbod gevolgen kunnen hebben voor de schadelastverdeling over groepen consumenten.

Per 1 januari 2008 is een eerste stap gezet in de afbouw van de inzet van ex post compensatiemechanismen. Voor de kosten van overige prestaties geldt alleen hogekostenverevening (hkv).hkvDe drempel voor hkv is verhoogd is van € 12.500 naar € 20.000, de generieke verevening vervalt en het nacalculatiepercentage is vastgesteld op 50%. Voor de variabele kosten van ziekenhuisverpleging geldt een bandbreedteregeling. Deze bandbreedte is vastgesteld op € 40.

Concrete uitwerking ex post mechanismen 2008

De kwaliteit van de gegevens die gebruikt worden voor de risicoverevening is door de toevoeging van particulier en publiekrechtelijk verzekerden minder goed dan de afgelopen jaren in de ZFW gebruikelijk was. Daarnaast compliceert de overstap op dbc-financiering in 2005 de normering in 2006. Zoals gezegd wordt vanwege deze onzekerheden gekozen om, met als basis de hoogte van de ex post compensatiemechanismen in de ZFW in 2005, de nacalculatie voor de kosten van overige prestaties, variabele kosten van ziekenhuisverpleging en kosten van specialistische hulp zo vorm te geven dat enerzijds een vangnet met een nominale bandbreedte ontstaat en anderzijds voldoende prikkels tot doelmatigheid overblijven. Dit betekent:
– Hogekostenverevening: waarbij kosten met betrekking tot het deelbedrag variabele kosten van ziekenhuisverpleging en kosten van specialistische hulp en het deelbedrag overige prestaties boven € 20.000 voor 90% worden verevend.
– Nacalculatie: 35% voor het deelbedrag 'variabele kosten van ziekenhuisverpleging en kosten van specialistische hulp' en 100% voor het deelbedrag 'vaste kosten van ziekenhuisverpleging' en de kosten van geneeskundige ggz. De zorgverzekeraar loopt dus geen risico met betrekking tot de vaste kosten van ziekenhuisverpleging en geneeskundige ggz.
– Specifieke bandbreedte voor variabele kosten: het gaat hier om additionele compensatiemechanismen met betrekking tot het deelbedrag 'variabele kosten van ziekenhuisverpleging en kosten van specialistische hulp'. 90% van het nettoresultaat van dit deelbedrag dat buiten de bandbreedte van plus of minus € 20 per premieplichtige verzekerde valt, wordt nagecalculeerd.

Daarbij is aangegeven dat het voor zowel de uitvoering als voor het onderhoud van het risicovereveningssysteem noodzakelijk is dat het CVZ een aantal gezondheidsgegevens op individueel niveau aan elkaar kan koppelen.

Omschrijving gegevensstromen voor de risicoverevening

In het kader van de risicoverevening in de Zvw zijn persoonsgegevens om twee redenen nodig. Enerzijds voor onderzoek naar de ontwikkeling en de verbetering van het vereveningsmodel en anderzijds voor de uitvoering van de risicoverevening door het CVZ.

Gegevens voor de ontwikkeling en verbetering van de risicoverevening

Jaarlijks voert de minister een onderzoeksprogramma uit met als doel de verdere ontwikkeling en verbetering van het vereveningsmodel. Voor dit onderzoek zijn persoonsgegevens noodzakelijk. De basis voor deze onderzoeken zijn gegevensbestanden die door alle zorgverzekeraars worden geleverd. Deze bestanden worden door verzekeraars rechtstreeks geleverd aan Vektis, het informatiecentrum voor de zorgverzekeringsbranche. Vektis levert vervolgens de benodigde gecontroleerde bestanden aan de onderzoeksbureaus die het onderzoeksprogramma uitvoeren. De onderzoeksbureaus verrijken deze bestanden met gegevens over het aantal FKG's, het aantal DKG's en informatie over uitkeringsgerechtigden in verband met het criterium aard van het inkomen die uit andere bronnen komen.

Basisgegevens voor de uitvoering van de risicoverevening

Voor het bepalen van de vereveningsbijdragen uit het Zorgverzekeringsfonds heeft het CVZ specifieke informatie nodig over de verzekerdenkenmerken. Voor het functioneren van het vereveningssysteem in de Zvw vraagt het CVZ aan verzekeraars dezelfde gegevens als voorheen aan ziekenfondsen voor de uitvoering van de verstrekkingenbudgettering in de ZFW. De verzekeraars leveren hoofdzakelijk gegevens op geaggregeerd niveau (en dus geen privacygevoelige gegevens) aan bij het CVZ. De enige uitzonderingen op de geaggregeerde gegevens zijn de levering van farmaciegegevens en de levering van zogenoemde GAR-gegevens ('gender-address-region'). Het CVZ heeft de farmaciebestanden nodig voor het bepalen van het aantal verzekerden voor wie een zorgverzekeraar op basis van het FKG-criterium compensatie ontvangt. Het CVZ heeft de GAR-bestanden nodig om inzicht te krijgen in de verzekerdenportefeuilles per verzekeraar. De GAR-bestanden betreffen dus geen medische gegevens maar bevatten verzekerdengegevens waarbij het burgerservicenummer ontbreekt en er geen sprake is van volledige N(aam) A(dres) en W(oonplaats)-gegevens. Daarom worden deze bestanden door het CBP niet gezien als bestanden met privacygevoelige informatie.

Gegevens voor directe compensatie zorgverzekeraars voor chronische patiënten

Om vanaf het eerste jaar verzekeraars te compenseren voor hoge kosten van overstappende chronische patiënten, dient het CVZ voor drie verdeelcriteria een administratie op persoonsniveau te voeren. Het betreft de criteria FKG's, DKG's en aard van het inkomen. Hoewel het om privacyredenen de voorkeur verdient om zo min mogelijk met persoonsgegevens te werken, is hier – juist om een adequate compensatie voor kosten van chronische ziekte mogelijk te maken – bij het bepalen van de FKG's en DKG's toch voor gekozen. Het CVZ gaat met behulp van het burgerservicenummer controleren of de desbetreffende persoon nog steeds bij dezelfde verzekeraar is verzekerd of dat de verzekerde inmiddels naar een andere verzekeraar is overgestapt. In dit laatste geval gaat de extra compensatie behorende bij de drie verdeelcriteria direct over naar de nieuwe verzekeraar.

Gegevens voor controle op dubbele inschrijving

Naast de administratie met FKG's, DKG's en aard van het inkomen op persoonsniveau zal het CVZ een administratie voeren waarmee het CVZ kan controleren of verzekerden niet dubbel staan ingeschreven. Het gaat hier om een administratie met per verzekerde de gegevens: burgerservicenummer, code verzekeraar, ingangs- en einddatum verzekering.

Gegevens voor vaststellen criterium aard van het inkomen

De administraties van de zorgverzekeraars in de Zvw bevatten geen gegevens die bruikbaar zijn voor het verdeelcriterium aard van het inkomen. Voor de operationalisering van dit criterium worden externe bronnen gehanteerd. De gegevens worden verkregen uit de uitkeringsadministratie (polisadministratie) van het UWV en de Belastingdienst. Door het UWV en de Belastingdienst zullen de benodigde gegevens inclusief burgerservicenummer aan het CVZ worden geleverd. Omdat het CVZ aan ieder burgerservicenummer een verzekeraar kan koppelen, is het voor het CVZ mogelijk om per verzekeraar het verdeelcriterium aard van het inkomen vast te stellen.

Gegevens voor vaststellen criterium DKG

Ook voor het vaststellen van het verdeelkenmerk DKG's op basis van dbc-informatie zijn persoonsgegevens noodzakelijk. Deze persoonsgegevens zijn nodig om een koppeling te kunnen maken tussen enerzijds de gegevens van de verzekeraar en anderzijds de dbc-informatie van de aanbieders die wordt verzameld in het dbc-Informatie Systeem (DIS). Het DIS is dus een externe bron die gebruikt wordt voor de risicoverevening.

Zorgverzekeringsfonds

Gunsten Zorgverzekeringsfonds De financiering van de vereveningsbijdrage vindt plaats uit het Zorgverzekeringsfonds. Dit Zorgverzekeringsfonds wordt in hoofdzaak gefinancierd uit de inkomensafhankelijke bijdragen. Daarnaast wordt het fonds onder meer gevuld met een rijksbijdrage voor de verzekerden onder de 18 jaar die geen premie verschuldigd zijn, buitengewone kosten veroorzaakt door oorlog en terrorisme, en betaalde belastingen van gemoedsbezwaarden. De inkomensafhankelijke bijdragen zijn inkomensgerelateerd, zodat de hogere inkomensgroepen de lagere steunen. De inkomensafhankelijke bijdragen worden gestort in het Zorgverzekeringsfonds en worden gebruikt om de zorgverzekeraars te compenseren in de te verwachten kosten. Aangezien de zorgverzekeraars niet de werkelijke kosten vergoed krijgen, dienen de zorgverzekeraars doelmatig te werken. De overige opbrengsten ontvangen de zorgverzekeraars namelijk via de te heffen nominale premies. Indien zij niet doelmatig werken, zullen zij genoodzaakt zijn hun nominale premies te verhogen, waardoor de concurrentiepositie verslechtert. De verzekerden kunnen immers jaarlijks van zorgverzekeraar wisselen. Het CVZ heeft als taak de vereveningsbijdrage uit het Zorgverzekeringsfonds toe te kennen aan de zorgverzekeraars. De zorgverzekeraar verstrekt aan de hand van het burgerservicenummer de voor de risicoverevening noodzakelijke persoonsgegevens aan het CVZ (artikel 85, derde lid, Zvw, juncto artikel 35 Zvw).

Academische component Per 1 januari 2008 verstrekt de minister van VWS ingevolge art. 123a Zvw subsidie uit het Zorgverzekeringsfonds voor de bekostiging van de topreferente zorg en de aan wetenschappelijk onderzoek gekoppelde innovatie en ontwikkelingen in academische ziekenhuizen. De minister heeft de taak tot subsidiëring gekregen, zodat een voldoende aanbod van deze zorg is gegarandeerd. De verstrekking vindt plaats op basis van de Kaderwet VWS-subsidies.

Beleidsregels CVZ

Het CVZ heeft beleidsregels vastgesteld waarin de regelgeving op het terrein van de risicoverevening nader wordt geconcretiseerd. Deze beleidsregels zijn vastgelegd in de Regeling beleidsregels vereveningsbijdrage zorgverzekering 2008 van 27 september 2007, *Stcrt.* 2007, 199, gelet op de artikelen 32, 33 en 34 van de Zvw, hoofdstuk 3 van het Besluit zorgverzekering en hoofdstuk 3 van de Regeling zorgverzekering. Het CVZ informeert op basis hiervan de verzekeraars over de hoogte van de vereveningsbijdragen die zij – uitgaande van hun huidige verzekerdenpopulatie – kunnen verwachten uit het Zorgverzekeringsfonds.

Toepasselijke wet- en regelgeving

- Paragraaf 4.2, artikelen 32 t/m 36, 123a Zvw;
- Hoofdstuk 3, artikelen 3.1 t/m 3.17 Besluit zorgverzekering;
- Hoofdstuk 3, artikelen 3.1 t/m 3.17 Regeling zorgverzekering;
- Regeling beleidsregels vereveningsbijdrage zorgverzekering 2008 van 27 september 2007, *Stcrt.* 2007, 199.

5.13 Rechtsbescherming

Zorgverzekering

Aangezien sprake is van een privaatrechtelijke verzekering zijn op geschillen tussen een verzekerde en de zorgverzekeraar de regels van het burgerlijk recht van toepassing. In het geval van een geschil kan de verzekerde zich, afhankelijk van de hoogte van zijn vordering, wenden tot de kantonrechter of de rechtbank. Na een eventueel hoger beroep kan hij zijn zaak in cassatie voorleggen aan de Hoge Raad. Daarnaast is in de Zvw een laagdrempelige voorziening in het leven geroepen op basis waarvan de verzekerde het geschil kan voorleggen aan een onafhankelijke instantie.

De zorgverzekeraars hebben ingevolge artikel 114 Zvw de verplichting om zorg te dragen dat de verzekerde hiertoe de mogelijkheid krijgt. Ter uitvoering van het amendement-Smilde en Bakker (*Kamerstukken II*, 2004/05, 29 763, nr. 65) is bepaald in artikel 114, tweede lid, Zvw dat een onafhankelijke instantie een geschil slechts in behandeling neemt nadat de verzekeringnemer of de verzekerde de zorgverzekeraar heeft verzocht zijn beslissing te heroverwegen en deze niet binnen redelijke termijn of niet naar tevredenheid van de verzekeringnemer of verzekerde heeft gereageerd. Het dient te gaan om een geschil dat betrekking heeft op de zorg bedoeld in artikel 11 Zvw, dan wel de vergoeding van deze zorg.

Voorts is ter uitvoering van dit amendement een derde en vierde lid aan artikel 114 Zvw toegevoegd, dat bepaalt dat de onafhankelijke geschillencommissie de verplichting heeft advies aan het CVZ te vragen. Het CVZ zendt zijn advies binnen vier weken na ontvangst van de adviesaanvraag aan de onafhankelijke instantie.

De zorgverzekeraars hebben de mogelijkheid om griffierecht te heffen. Zij zijn daartoe niet verplicht. Dit is met name bedoeld om de gebruikers van zo'n eenvoudig toegankelijke voorziening te prikkelen tot een zorgvuldig gebruik van die mogelijkheid. Door de invoering van een beperkt remgeld wordt voorkomen dat al te lichtvaardig gebruik van deze voorziening wordt gemaakt.

Stichting Klachten en Geschillen Zorgverzekering

Zoals gezegd dienen ingevolge artikel 114 Zvw zorgverzekeraars een onafhankelijke instantie in het leven te roepen die geschillen over de uitvoering van de zorgverzekering kan afdoen. Met het oog op de onafhankelijkheid van de geschillencommissie zijn haar activiteiten ondergebracht in een aparte stichting. Voor een adequate behartiging van de belangen van verzekerden en patiënten is het van belang dat ook patiënten- en consumentenorganisaties in deze stichting zijn vertegenwoordigd. In 2006 is door Zorgverzekeraars Nederland en de Nederlandse Patiënten Consumenten Federatie de Stichting Klachten en Geschillen Zorgverzekeringen (SKGZ) ingesteld. Het bestuur van de SKGZ bestaat daarom uit vertegenwoordigers van beide partijen.

Indien het geschil betrekking heeft op de zorg, bedoeld in artikel 11 Zvw, dan wel de vergoeding van die zorg, vraagt de SKGZ advies aan het CVZ. De verzekerde of de zorgverzekeraar kunnen echter niet worden afgehouden van de burgerlijke rechter.

Ook voor de aanvullende verzekering kan de verzekerde per 1 januari 2008 bij de SKGZ een geschil aanhangig maken.

Daarnaast is besloten dat deze stichting niet alleen geschillen zal behandelen, maar ook klachten van verzekerden (bijvoorbeeld bejegeningskwesties). Ten behoeve van deze klachtbehandeling zal de bestaande Ombudsman Zorgverzekeringen in de stichting worden ondergebracht.

Sinds 1996 bemiddelt de Ombudsman bij klachten van verzekerden. Sinds 2006 gebeurt dat onder leiding van de SKGZ, www.skgz.nl.

Boete bij te laat verzekeren

Tegen boetebeschikkingen van het CVZ wegens te laat verzekeren (artikel 96 Zvw) staat, nadat de bezwaarfase is doorlopen, de in de Awb neergelegde weg beroep bij de rechtbank open, waarna hoger beroep openstaat bij de Centrale Raad van Beroep.

Aanwijzingen door de NZa

Tegen door de NZa gegeven aanwijzingen aan zorgverzekeraars voor aan hen opgelegde lasten onder dwangsom of voor aan hen opgelegde boeten staat, nadat de bezwaarfase is doorlopen, ingevolge artikel 105 WMG beroep open bij het College van beroep voor het bedrijfsleven. Voor beroep tegen boetebesluiten is de rechtbank Rotterdam bevoegd en voor hoger beroep het CBB.

> **Toepasselijke wet- en regelgeving**
>
> - Artikel 11 juncto 114, 115 Zvw;
> - WMG;

- Wetboek van Burgerlijke Rechtsvordering (Rv).

5.14 Aanvullende verzekering en nietig beding

Naast het wettelijke omschreven pakket van de Zvw en de AWBZ kan de zorgverzekeraar een zogenaamde aanvullende verzekering afsluiten waarin zorgvormen zijn opgenomen waarvan de regering vindt dat deze voor rekening en verantwoordelijkheid van de verzekerde zelf kunnen komen. De zorgverzekeraar bepaalt zelf de omvang van dit 'aanvullende' pakket en de polisvoorwaarden. De zorgverzekeraar heeft dan ook zelf de bevoegdheid om te bepalen of hij een potentiële verzekerde accepteert of niet en de verzekerde heeft niet de verplichting een dergelijke aanvullende verzekering af te sluiten.

De wetgever heeft zich in beperkte mate, op verzoek van de Tweede Kamer, met de voorwaarden van opzegging van een aanvullende verzekering ingelaten (amendement-Heemskerk, *Kamerstukken II*, 2004/05, 29 763, nr. 61). Een beding dat de zorgverzekeraar in de voorwaarden van de aanvullende verzekering opneemt waaruit blijkt dat deze aanvullende verzekering wordt opgezegd bij overstap naar een andere zorgverzekeraar, is nietig. De ratio achter deze bepaling is dat verzekerden die een belang hebben bij deze aanvullende verzekering, geen andere zorgverzekeraar zullen kiezen als het gaat om de zorgverzekering. Voor een aanvullende verzekering bij een andere verzekeraar geldt immers geen acceptatieplicht, waardoor zij dan geen aanvullende verzekering meer kunnen afsluiten indien een andere verzekeraar het risico ongunstig inschat. De keuzevrijheid van de verzekerde om jaarlijks van zorgverzekeraar te switchen zou bij de mogelijkheid tot opzegging bij wijziging van verzekeraar, illusoir worden. Artikel 120 Zvw bepaalt dat een dergelijk beding nietig is.

Tot slot is van belang dat voor de activiteiten die de zorgverzekeraar uitvoert ingevolge de Zvw en de aanvullende verzekeringen, hij ingevolge artikel 25b van de Nederlandse Mededingingswet een gescheiden boekhouding dient te voeren. Dit vloeit voort uit de Transparantierichtlijn, die is geïmplementeerd in dit wetsartikel. In de overgangssituatie naar het nieuwe stelsel dienden de zorgverzekeraars echter hun verzekerden vóór 16 december 2005 een aanbod te doen voor een aanvullende verzekering dat zo veel mogelijk overeenkwam met hun huidige verzekeringsarrangement.

5.15 Negatieve optie

In de overgangsperiode tot inwerkingtreding van de Zvw is een afwijkende regeling getroffen ten aanzien van de verzekeringsplicht. Hiertoe is besloten om te voorkomen dat personen in de overgang naar het nieuwe stelsel onverzekerd zouden raken. In overleg met het ministerie van SZW en gemeenten is daarnaast gekeken naar oplossingen voor degenen die ondanks de automatische verzekering nog steeds onverzekerd zouden zijn, de groep onverzekerden. Met het oog op deze groep is een departementale werkgroep Onverzekerden ingesteld. De werkgroep zal op basis van informatie van koepelorganisaties en andere betrokken instanties in het veld niet alleen de problematiek van de onverzekerden in kaart brengen, maar ook oplossingen aandragen. Bovendien bekijkt de werkgroep hoe monitoring van het aantal onverzekerden kan plaatsvinden.

Verzekeraars moesten hun verzekerden vóór 16 december 2005 een aanbod voor een zorgverzekering doen. Om te voorkomen dat personen die niet op dit aanbod reageren niet verzekerd zijn, is in de I&A-wet de bepaling opgenomen dat deze personen toch van rechtswege een zorgverzekeringsovereenkomst hebben met ingang van 1 januari 2006. In de I&A-wet is geregeld dat personen die een aanbod voor een zorgverzekering hebben ontvangen en daar vóór 1 januari 2006 niet op hebben gereageerd, een zorgverzekering volgens dat aanbod krijgen, als zouden zij het aanbod hebben aanvaard (in afwijking dus van artikel 217 van boek 6 BW, waarin aanvaarding van de overeenkomst zou moeten plaatsvinden).

De verzekerde kon de overeenkomst vervolgens tot 1 maart 2006 schriftelijk ontbinden. Ook indien de verzekerde het aanbod impliciet heeft aanvaard, bijvoorbeeld door het ondertekenen van een acceptgiro of machtiging, kon hij de zorgverzekering tot 1 maart 2006 ontbinden. De ontbinding werkte, in afwijking van artikel 6:217 BW terug tot en met 1 januari 2006. De verzekerde had vervolgens nog steeds de wettelijke verplichting een zorgverzekering af te sluiten en had daartoe tot 1 mei 2006 de tijd. De zorgverzekering werkt terug tot 1 januari 2006. De terugwerkende kracht van de ontbinding leidde ertoe dat de verzekeringnemer en de zorgverzekeraar de over en weer verrichte prestaties als onverschuldigd betaald ongedaan dienen te maken. Geregeld is dat de vordering die de eerste verzekeraar wegens onverschuldigde betaling op de voormalige verzekerde had, zou overgaan in een vordering van de eerste verzekeraar naar de tweede verzekeraar. De eerste zorgverzekeraar diende de premies aan de verzekeringnemer terug te betalen, waarna deze bij de nieuwe zorgverzekeraar de bij de nieuwe zorgverzekering behorende premies, ook over de maanden januari en februari, betaalde.

5.16 Experiment persoonsgebonden budget

In artikel 14a Zvw is bepaald dat bij wijze van experiment vormen van zorg bij AMvB kunnen worden aangewezen waarvoor de zorgverzekeraar op verzoek van de verzekerde een persoonsgebonden budget (pgb) kan verstrekken. Het amendement-Schippers (*Kamerstukken II*, 2004/05, 30 124, nr. 18) biedt de mogelijkheid ingevolge de Zvw om te experimenteren met een pgb. Het pgb is vooral bedoeld voor langdurige behandelingen van chronisch zieken, onder wie patiënten die op geestelijke gezondheidszorg zijn aangewezen. Artikel 14a Zvw trad per 1 januari 2007 in werking en zal met ingang van

1 januari 2010 weer vervallen. Bij besluit van 26 september 2007, *Stb.* 2006, 464 zijn twee vormen van zorg aangewezen waarvoor de zorgverzekeraar desgevraagd een pgb kan verstrekken.

Het gaat om hulpmiddelenzorg bestaande uit de op grond van artikel 2.9 Besluit zorgverzekering omschreven hulpmiddelen voor zover deze zijn aangewezen ter compensatie van een ernstige visuele beperking. Dit pgb kan per 1 januari 2007 worden aangevraagd.

Daarnaast is voor de geneeskundige zorg die gericht is op herstel van een psychiatrische aandoening, tenzij deze zorg wordt verleend ten tijde van het verblijf als bedoeld in artikel 2.10 Besluit zorgverzekering, per 1 januari 2008 geregeld.

5.17 College voor zorgverzekeringen

In het kader van de Zvw wordt een instantie aangewezen die is belast met het dagelijks beheer van de uitvoering van de zorgverzekering. Deze beheerstaak is in paragraaf 6.2 van de Zvw opgedragen aan het CVZ. In deze paragraaf worden de taken en bevoegdheden nader omschreven. De taken voor het CVZ komen in het nieuwe zorgstelsel in hoofdzaak neer op pakketbeheer, uitvoering van de vereveningsregeling, registratie van verzekeraars die de Zvw uitvoeren, beheer van het Zorgverzekeringsfonds, het onderhouden van de administratieve en financiële relaties met andere staten die voortvloeien uit de toepassing van EU/EER-verdragen en andere bilaterale socialezekerheidsverdragen en de gemoedsbezwaarden, verstrekking van subsidies en het beheer van de uitgaven ten behoeve van de gesubsidieerde zorg, informatievoorziening aan zorgverzekeraars en advisering in geschillen.

In de voorgaande paragrafen is bij de verschillende onderwerpen de taak van het CVZ al uitvoerig besproken. Kort samengevat komt het op het volgende neer.

Uitvoering van de vereveningsregeling

Het CVZ kent ingevolge artikel 32 Zvw de vereveningsbijdrage toe aan de zorgverzekeraars. Het CVZ stelt beleidsregels vast waarin wordt aangegeven op welke wijze uitvoering wordt gegeven aan de uitvoering van de Regeling zorgverzekering als het gaat om de vereveningsregels. Ingevolge artikel 40 van de Zvw beheert en administreert het CVZ het Zorgverzekeringsfonds.

Pakketbeheer

Assessmentfase

Op basis van artikel 64 Zvw bevordert het CVZ de eenduidige uitleg van de aard, inhoud en omvang van de prestaties en kan met het oog hierop de zorgverzekeraars richtlijnen geven. Ingevolge artikel 66 Zvw zal het CVZ jaarlijks een advies over het pakket uitbrengen aan de minister. In dit pakketadvies geeft het CVZ aan wat in het pakket zit, het 'duiden' van de zorginterventies op basis van het criterium stand van de wetenschap en praktijk en kan vervolgens adviseren of de inhoud van het pakket veranderd zou moeten worden. Getoetst wordt aan de vier pakketprincipes: noodzakelijkheid, effectiviteit, kosteneffectiviteit en uitvoerbaarheid. Kosteneffectiveit is een criterium dat uitgebreid is besproken. Dit wordt in navolging van adviezen van de Raad voor de volksgezondheid en zorg (Rvz) in de rapporten Zinnige en duurzame zorg en Rechtvaardige en duurzame zorg, de zogenaamde assessmentfase genoemd.

Appraisalfase: Adviescommissie Pakket

Ingevolge een nieuw ingevoegd artikel 59a in de Zvw is per 1 april 2008 de Adviescommissie Pakket door de minister van VWS benoemd. Deze commissie beoordeelt de principeadviezen van het CVZ als pakketbeheerder. Deze Adviescommissie Pakket bestaat uit maximaal negen leden, waaronder drie leden van het bestuur van het CVZ, die op basis van deskundigheid die nodig is voor de uitoefening van de taken van de commissie en op grond van de maatschappelijke kennis en ervaring worden benoemd. De Rvz adviseert om in deze fase, de zogenaamde appraisalfase mogelijke strijdigheid van het principeadvies uit de assessmentfase te toetsen aan strijdigheid met rechtvaardigheid en solidariteit.

Motie-Wiegman – meewegen maatschappelijke opbrengsten

In de kamerbreed gesteunde motie van 9 april 2008 van het Christen Uniekamerlid Wiegman-van Meppelen Scheppink (*Kamerstukken II*, 31200-XVI, nr. 130) is de regering verzocht het criterium kosteneffectiviteit verder uit te werken en bij de besluiten over het verzekerde pakket ook zo veel mogelijk de indirecte kosten en individuele en maatschappelijke opbrengsten toetsbaar mee te wegen. Op basis van deze motie zullen indirecte kosten en de maatschappelijke baten bij pakketbeslissingen door de minister worden meegenomen.

Overige taken

Ingevolge artikel 65 Zvw zorgt het CVZ voor de informatievoorziening aan zorgverzekeraars, zorgaanbieders en burgers over de aard, inhoud en omvang van het te verzekeren pakket. Ingevolge artikel 67 Zvw bevordert het CVZ de afstemming van de uitvoering van en tussen de zorgverzekering en de AWBZ en de relatie van de socialeziektekostenverzekeringen met de uitvoering van het beleid op andere terreinen van de volksgezondheid en de sociale zekerheid. Het CVZ heeft ingevolge artikel 68 Zvw als taak het verstrekken van subsidies en het beheer van de uitgaven ten behoeve van de gesubsidieerde zorg. Het CVZ onderhoudt de administratieve en financiële relaties met andere staten die voortvloeien uit de toepassing van EU/EER-verdragen en andere bilaterale socialezekerheidsverdragen. Ingevolge artikel

69 Zvw draagt het CVZ zorg voor de administratieve afwikkeling van in het buitenland wonende personen en hun gezinsleden die zich bij het CVZ melden en die met toepassing van de EG-Verordening en de EER recht hebben op de vergoeding van de kosten van zorg zoals voorzien in de wetgeving over de verzekering voor zorg van hun woonland. Het CVZ draagt tevens zorg voor de heffing en inning van de bijdrage die ingevolge artikel 69, tweede lid Zvw is verschuldigd. Ingevolge artikel 70 Zvw heeft het CVZ de taak zorg te dragen voor de financiële afwikkeling van de zorgkosten van gemoedsbezwaarden.

Boete

Het CVZ legt ingevolge artikel 96 Zvw de verzekerde een boete op indien de verzekerde er niet voor heeft gezorgd dat de zorgverzekering binnen vier maanden na het ontstaan van de verzekeringsplicht is ingegaan.

Advisering in geschillen

Ter uitvoering van het amendement-Smilde en Bakker (*Kamerstukken II*, 2004/ 05, 29 763, nr. 65) is in artikel 114 Zvw bepaald dat de onafhankelijke geschillencommissie die door de zorgverzekeraars werd ingesteld, de verplichting heeft advies aan het CVZ te vragen alvorens zij een uitspraak doet. Het CVZ zendt zijn advies binnen vier weken na ontvangst van de adviesaanvraag aan de onafhankelijke instantie.

Toepasselijke regelgeving

- Artikel 32 t/m 35, 40, 58 t/m 76, 96, 114 Zvw;
- Besluit zorgverzekering.

5.18 Nederlandse Zorgautoriteit

Per 1 oktober 2006 zijn het College van toezicht op de zorgverzekeringen (CTZ) en het College tarieven gezondheidszorg (CTG) opgegaan in de Nederlandse Zorgautoriteit, zoals omschreven in de WMG. De hierna beschreven taken van het CTZ zijn naar de Zorgautoriteit overgeheveld.

Aanmelding en afmelding zorgverzekeraar

Ingevolge de artikelen 25 en 30 Zvw dient een zorgverzekeraar het voornemen om zorgverzekeringen aan te bieden en de zorgverzekeraar die geen zorgverzekeringen wenst aan te bieden, zich te melden bij de NZa.

Modelovereenkomsten

De NZa stelt een toetsingskader vast en beoordeelt of de modelovereenkomsten die de zorgverzekeraars aan de NZa ingevolge artikel 25 Zvw dienen te overleggen, zijn aan te merken als een zorgverzekering als bedoeld in de Zvw.

Rechtmatige uitvoering

De NZa houdt toezicht op de uitvoering van de Zvw door de zorgverzekeraars voor zover dit toezicht niet door DNB wordt uitgeoefend. Aangezien de zorgverzekeraars in het nieuwe zorgstelsel zelf binnen de gereguleerde markt verantwoordelijk zijn voor de doelmatige uitvoering van de zorgverzekering, houdt de NZa daar geen toezicht op. De NZa houdt ingevolge artikel 77 juncto 80 Zvw uitsluitend toezicht op een rechtmatige uitvoering van de Zvw en rapporteert daarover aan de minister. Het gaat bij het rechtmatigheidstoezicht om de uitvoering van de Zvw door de zorgverzekeraars.

De NZa is voorts belast met het toezicht op de rechtmatige afrekening van bijdrage, bedoeld in de artikelen 32 t/m 34 Zvw, wanneer een zorgverzekeraar is opgehouden zorgverzekeringen uit te voeren. De NZa houdt verder toezicht op de opgaven van de aantallen en kenmerken van verzekerden met het oog op een adequate uitvoering van de vereveningsbijdrage uit het Zorgverzekeringsfonds door het CVZ. Ten slotte kan de NZa regels stellen met betrekking tot de administratie van de zorgverzekeraars en ten aanzien van de controle door de zorgverzekeraars en de inhoud en inrichting van het accountantsverslag, bedoeld in artikel 38 Zvw en het aan dat verslag ten grondslag liggende onderzoek.

Aanvullende taak

De NZa maakt ingevolge artikel 83 Zvw voor verzekeringsplichtigen van de zorgverzekeringsmarkt informatie openbaar met betrekking tot de inhoud van de modelovereenkomsten, de wijze van de dienstverlening aan verzekerden, tenzij daarin reeds voldoende door anderen is voorzien.

Handhaving

De NZa kan uit hoofde van zijn toezichthoudende taak aanwijzingen geven, een last onder dwangsom uitvaardigen of een boete opleggen aan de zorgverzekeraars in geval van in de WMG nader omschreven overtredingen.

Tariefregulering en bevordering van marktwerking

Naast het toezicht op de zorgverzekeraars heeft de NZa tot taak het tariferen van door zorgaanbieders te leveren zorgprestaties en het bevorderen van marktwerking op de zorgmarkten.

Toepasselijke regelgeving

- Artikel 25, 77 t/m 85, 94 e.v. Zvw.

6 Wet op de zorgtoeslag

6.1	Doel Wet op de zorgtoeslag	121
6.2	AWIR	122
6.3	Zorgtoeslag	122
6.4	Drempelinkomen/toetsingsinkomen	123
6.5	Berekeningssystematiek in gevallen waarin de verzekerde een niet-verzekerde partner heeft	124
6.6	Berekeningssystematiek van de zorgtoeslag van de verdragsverzekerden	125
6.7	Proefberekening zorgtoeslag	125
6.8	Toeslagpartner	126
6.9	Geen recht op zorgtoeslag	127
6.10	Verzekeringsplichtige nalatig met afsluiten verzekering	127
6.11	Steenrode envelop – aanvraagprocedure zorgtoeslag	127
6.12	Financieel beslag € 2,1 miljard	128
6.13	Administratieve lasten	128
6.14	Monitoring	129

6.1 Doel Wet op de zorgtoeslag

Het wetsvoorstel Regels inzake de aanspraak op een financiële tegemoetkoming in de premie van een zorgverzekering vanwege een laag inkomen, het Wetsvoorstel op de zorgtoeslag, is tegelijkertijd met het wetsvoorstel Zvw op 17 september 2004 door de Koningin aangeboden aan de Tweede Kamer en op 14 juni 2005 door de Eerste Kamer aanvaard. Een wet van slechts acht artikelen met een financiële impact van ongeveer € 2 miljard.

De toegankelijkheid van de zorg wordt niet alleen bewerkstelligd door een acceptatieplicht, een verbod op premiedifferentiatie en een risicovereveningssysteem, waardoor de risicoselectie voor de zorgverzekeraar bijna niet mogelijk is, maar ook door een waarborg van de financiële toegankelijkheid. Met de introductie van de zorgtoeslag wordt de inkomenssolidariteit verder doorgetrokken. De verzekerde was immers al een inkomensafhankelijke bijdrage verschuldigd. Met de zorgtoeslag wordt een belangrijke relatie gelegd tussen draagkracht en de berekende premielast. Zo krijgt de inkomenssolidariteit een duidelijk herkenbare plaats. Maatgevend voor de premielasten zijn niet de feitelijke, door de burger betaalde premies, maar het gemiddelde van de premies voor de basisverzekering zoals die zich in de markt voordoen. De doelstelling van de Wzt is dus dat niemand een groter deel van zijn inkomen betaalt aan de gemiddelde Zvw-premie dan wat als aanvaardbaar wordt berekend. De lasten die daar boven uitstijgen komen in aanmerking voor compensatie via de zorgtoeslag. De zorgtoeslag is gebaseerd op de Wzt. De wet- en regelgeving wordt jaarlijks aangepast aan gewijzigde omstandigheden.

6.2 AWIR

De Wzt geeft aanspraak op een financiële bijdrage van het Rijk waarbij de hoogte van die financiële bijdrage afhankelijk is van draagkracht. De Wzt is daarom een inkomensafhankelijke regeling waarop het wetsvoorstel Algemene wet inkomensafhankelijke regelingen (AWIR) van toepassing is. In de AWIR worden begrippen gehanteerd als tegemoetkoming, partner of toetsingsinkomen en deze begrippen zijn daarom tevens op de Wzt van toepassing.

Op grond van de AWIR zal de zorgtoeslag jaarlijks in twaalf termijnen worden uitbetaald, te beginnen in de maand december voorafgaande aan het berekeningsjaar. Indien de verzekerde kiest voor een zorgverzekering ingevolge welke de premie per maand verschuldigd is, zal dat in de praktijk betekenen dat de betaling van de zorgtoeslag eerder plaatsvindt dan de betaling van de premie aan de zorgverzekeraar.

6.3 Zorgtoeslag

In artikel 1, tweede lid, Wzt is bepaald dat de hoogte van de zorgtoeslag afhankelijk is van de draagkracht van de verzekerde. Een verzekerde komt in aanmerking voor een zorgtoeslag indien de voor hem geldende genormeerde kosten voor een zorgverzekeringsovereenkomst (normpremie) minder bedragen dan de geraamde gemiddelde premiekosten (standaardpremie). De normpremie is de aan de hand van het drempelinkomen en het toetsingsinkomen van de verzekerde berekende premie voor een zorgverzekering in het berekeningsjaar. De normpremie bedraagt een percentage van het drempelinkomen in het berekeningsjaar, vermeerderd met een percentage van het toetsingsinkomen van de verzekerde in dat jaar voor zover dat toetsingsinkomen het drempelinkomen te boven gaat. Voor een verzekerde met een partner wordt daarbij het gezamenlijke toetsingsinkomen in aanmerking genomen. Ingevolge artikel 2 Wzt is de zorgtoeslag gelijk aan het verschil tussen de standaardpremie en de normpremie. Als gevolg van artikel 4 Wzt dient de minister ieder jaar vóór 1 december de standaardpremie vast te stellen. Voor 2008 bedraagt deze € 1200 per jaar. De standaardpremie wordt bij ministeriële regeling op uiterlijk 16 december vastgesteld. De hoogte van de standaardpremie is de geraamde gemiddelde nominale premie die de verzekerden naar verwachting in het berekeningsjaar voor een zorgverzekering moeten betalen, verhoogd met het geraamde gemiddelde bedrag dat een verzekerde naar verwachting in het daaropvolgende jaar betaalt ingevolge artikel 18a van de Zorgverzekeringswet (verplicht eigen risico). Uitgegaan wordt van het gemiddelde bedrag van de nominale premies voor een zorgverzekering, die voor het een bepaald jaar door het Centraal Planbureau is geraamd en is opgenomen in de Macro Economische Verkenningen. De definitieve hoogte van de zorgtoeslag die mensen maximaal kunnen krijgen ter compensatie van de hogere nominale premie, is voor 2008 vastgesteld. Alleenstaanden kunnen tot een toetsingsinkomen van circa € 29.000 maximaal € 46 per maand aan zorgtoeslag ontvangen. Twee personen kunnen per maand een maximale zorgtoeslag van circa € 122 krijgen als hun (gezamenlijke) toetsingsinkomen niet hoger is dan circa € 47.520. De verzekerde ontvangt geen zorgtoeslag als de zorgtoeslag op jaarbasis minder dan € 24 zou zijn. Per maand wordt beoordeeld of een verzekerde aanspraak heeft op een zorgtoeslag. De vaststelling van de zorgtoeslag vindt op basis van de AWIR plaats per berekeningsjaar. In de loop van het berekeningsjaar kunnen veranderingen in de gezinssamenstelling optreden, zodat maandelijks dient te worden beoordeeld in hoeverre aanspraak op de zorgtoeslag bestaat.

Zorgverzekeraars kunnen verzekerden vragen er in toe te stemmen de zorgtoeslag waar zij eventueel recht op hebben rechtstreeks door de Belastingdienst/Toeslagen aan de zorgverzekeraar te laten overmaken.

6.4 Drempelinkomen/toetsingsinkomen

Het drempelinkomen wordt in artikel 1, onderdeel e, van de Wzt gedefinieerd als 108% van het twaalfvoud van het in artikel 8, eerste lid, onderdeel a, van de Wet minimumloon en minimumvakantiebijslag bedoelde bedrag per maand, verminderd met het werknemersaandeel in de premie ingevolge artikel 3.2.3.1, tweede lid, van de Wet financiering sociale verzekeringen (Wfsv) en vermeerderd met de vergoeding ingevolge artikel 46, eerste lid, van de Zvw over dat loon.

Het toetsingsinkomen is omschreven in artikel 8 van de AWIR. Dit artikel bepaalt dat het toetsingsinkomen (behoudens enige bijzonderheden) is:
a indien over het berekeningsjaar een aanslag inkomstenbelasting is of wordt vastgesteld: *het verzamelinkomen*, zoals dat in die aanslag is opgenomen;

b of indien over het berekeningsjaar geen aanslag inkomstenbelasting is of wordt vastgesteld: *het belastbare loon*, zoals dat blijkt uit de op het berekeningsjaar betrekking hebbende jaaropgaven.

De normpremie bedraagt ingevolge artikel 2, tweede lid, van de Wzt een percentage van het drempelinkomen in het berekeningsjaar, vermeerderd met een percentage van het toetsingsinkomen van de verzekerde in dat jaar voor zover dat toetsingsinkomen het drempelinkomen te boven gaat. Voor een verzekerde met een partner wordt daarbij het gezamenlijke toetsingsinkomen in aanmerking genomen.

Bij brief van 13 april 2005 (*Kamerstukken II*, 2004/05, 29 763, nr. 72) heeft het kabinet een nader besluit genomen over de percentages die voor de bepaling van de zorgtoeslag gelden. Besloten is om ten opzichte van het oorspronkelijke wetsvoorstel Wzt de normpremie voor een zorgverzekering voor verzekerden met een partner vast te stellen op 5% van het drempelinkomen, vermeerderd met 5% van het toetsingsinkomen voor zover dat boven het drempelinkomen uitgaat (was resp. 6,5% en 4%). Voor verzekerden zonder partner bedraagt de normpremie 3,5% van het drempelinkomen, vermeerderd met 5% van het toetsingsinkomen voor zover dat boven het drempelinkomen uitgaat (was resp. 4% en 4%). In het totale compensatiepakket komt hierdoor een zwaarder accent op de zorgtoeslag te liggen en een minder groot accent op fiscale compensatie. Met de nieuwe percentages voor de zorgtoeslag wordt recht gedaan aan de draagkracht van huishoudens en een beter herkenbare compensatie voor zorgkosten bereikt. Tevens zijn hierdoor met de nieuwe percentages volgens het kabinet de negatieve inkomenseffecten voor minimumloners tussen 18 en 23 jaar en voor Wajong-gerechtigden tussen 18 en 23 jaar tot een aanvaardbaar niveau gereduceerd.

De genormeerde kosten voor een zorgverzekering voor een verzekerde met een partner zijn dus vastgesteld op 5% van het drempelinkomen, vermeerderd met 5% van het toetsingsinkomen dat boven het drempelinkomen uitgaat en voor een verzekerde zonder partner 3,5% van het drempelinkomen, vermeerderd met 5% van het toetsingsinkomen.

De percentages die voor de berekening van de zorgtoeslag gelden, worden jaarlijks betrokken bij het budgettaire beeld in het inkomensbeleid en zijn daarom bij AMvB vastgelegd. In de Miljoenennota wordt het uiteindelijke koopkrachtbeeld voorgesteld, waarbij de percentages voor het drempelinkomen en het toetsingsinkomen zijn vastgesteld.

6.5 Berekeningssystematiek in gevallen waarin de verzekerde een niet-verzekerde partner heeft

In artikel 2, vierde lid, Wzt is de berekeningssystematiek opgenomen die van toepassing is op de gevallen waarin een verzekerde een niet-verzekerde partner heeft. Een partner kan bijvoorbeeld niet verzekerd zijn omdat hij vanwege werkzaamheden buiten Nederland is onderworpen aan de wettelijke regeling van het land waar hij werkt. Ook gedetineerden, militairen in actieve dienst en gemoedsbezwaarden zijn uitgezonderd van de verzekeringsplicht. Daarnaast kan het voorkomen dat de partner wel verzekeringsplichtig is in de zin van de Zvw, maar geen verzekerde in de zin van de Wtz, namelijk indien hij jonger is dan 18 jaar.

De verzekerde met een niet-verzekerde partner is in een gelijke positie gebracht met een verzekerde wiens partner wel verzekerde is in de berekeningsmethode. Een verzekerde met een niet-verzekerde partner heeft aanspraak op de helft van het bedrag dat hem zou toekomen indien zowel de verzekerde als zijn partner verzekerd zouden zijn geweest. Per saldo is het bedrag aan zorgtoeslag dat in die situatie wordt toegekend, afgestemd op een verzekerde persoon, waarbij voor de draagkracht rekening wordt gehouden met de partnersituatie.

6.6 Berekeningssystematiek van de zorgtoeslag van de verdragsverzekerden

De zorgtoeslag van de verdragsverzekerden, bedoeld in artikel 69 Zvw, wordt berekend door de zorgtoeslag voor iemand die in Nederland woont te vermenigvuldigen met een zogenoemde 'woonlandfactor'. Dat is logisch, nu ook de nominale component van de bijdrage die deze personen voor hun verdragsaanspraken betalen, met die factor wordt vermenigvuldigd.

6.7 Proefberekening zorgtoeslag

Het toetsingsinkomen kan worden berekend via het stappenplan van de Belastingdienst/Toeslagen of via de Proefberekening Zorgtoeslag op de website van de Belastingdienst/Toeslagen, www.toeslagen.nl. Ook kan de rekenhulp worden gebruikt die in de toelichting bij het aanvraagformulier zit.

Het toetsingsinkomen wordt via een aantal stappen berekend:
– Stap 1: wat is het verzamelinkomen of belastbare loon van de verzekerde? Gekeken wordt naar de aangifte inkomstenbelasting. Het verzamelinkomen van de meest recente (voorlopige) aanslag inkomstenbelasting dient te worden gebruikt. Hierbij moeten worden opgeteld eventuele buitenlandse inkomsten die in Nederland niet belastbaar zijn, of inkomen dat op grond van internationale regelingen is vrijgesteld, zoals van een internationale organisatie. Indien geen aangifte inkomstenbelasting is gedaan, dient het belastbare bedrag dat op de laatste jaaropgaaf van loon, uitkering of pensioen van de verzekerde is berekend, als uitgangspunt te worden genomen. De berekening van het belastbare loon kan als volgt. Het belastbare loon (of uitkering of pensioen) per maand over het laatste loonstrookje maal twaalf, inclusief het vakantiegeld en een eventuele dertiende maand alsmede eventuele buitenlandse inkomsten die in Nederland niet

belastbaar zijn, of inkomen dat op grond van internationale regelingen is vrijgesteld, zoals van een internationale organisatie.
- Stap 2: hoeveel verwacht de verzekerde meer of minder te verdienen in het kalenderjaar waarvoor de zorgtoeslag wordt aangevraagd? Bij het eindbedrag van stap 1 moet worden opgeteld hoeveel inkomen de verzekerde meer verwacht over dat jaar. Bijvoorbeeld een loonsverhoging of een extraatje. Indien het inkomen in dat jaar minder wordt, dient het bedrag dat de verzekerde minder krijgt te worden verrekend. Ook het toetsingsinkomen van de toeslagpartner is van belang.

6.8 Toeslagpartner

De toeslagpartner is de partner voor de toeslagregeling. De verzekerde met een echtgenoot of met een geregistreerd partnerschap heeft een toeslagpartner. Met het hulpmiddel 'Wie is mijn toeslagpartner?' kan via de site van de Belastingdienst/Toeslagen worden bepaald wie de toeslagpartner is. De AWIR bepaalt wie als toeslagpartner wordt aangemerkt en is tevens van toepassing op de Wzt. Ingevolge artikel 3 van de AWIR is partner van de aanvrager van de zorgtoeslag degene die hierna als eerste wordt genoemd:
1 De niet-duurzaam gescheiden levende echtgenoot of geregistreerde partner.
2 Degene die op hetzelfde woonadres als de belanghebbende staat ingeschreven in de gemeentelijke basisadministratie persoonsgegevens en:
   a voor de toepassing van de Wet inkomstenbelasting 2001 (Wet IB 2001) voor het berekeningsjaar kiest voor kwalificatie als partner van de belanghebbende;
   b ten overstaan van een notaris een samenlevingscontract heeft gesloten met de belanghebbende;
   c uit wiens relatie met de belanghebbende een kind is geboren;
   d een kind van de belanghebbende heeft erkend dan wel van wie een kind door de belanghebbende is erkend;
   e in een aan het berekeningsjaar voorafgaand kalenderjaar partner van de belanghebbende was;
   f voor de toepassing van een pensioenregeling als partner van de belanghebbende is aangemeld; of
   g samen met de belanghebbende een woning bewoont die voor hen een eigen woning is in de zin van artikel 3.111 van de Wet IB 2001 en aansprakelijk is of medeaansprakelijk is voor een schuld waarbij die woning als onderpand dient.
3 De meerderjarige die in het berekeningsjaar gedurende meer dan zes maanden onafgebroken een gezamenlijke huishouding voert met de meerderjarige belanghebbende en gedurende die tijd op hetzelfde woonadres als de belanghebbende staat ingeschreven in de gemeentelijke basisadministratie persoonsgegevens, met uitzondering van:
   a de bloed- of aanverwant in de rechte lijn van de belanghebbende;

b de bloed- of aanverwant in de tweede graad van de zijlijn van de belanghebbende gedurende de periode dat de belanghebbende op hetzelfde woonadres als zijn ouder staat ingeschreven in de gemeentelijke basisadministratie persoonsgegevens.

6.9 Geen recht op zorgtoeslag

Geen recht op zorgtoeslag hebben:
- Gedetineerden. Immers, de minister van Justitie is verantwoordelijk voor de geneeskundige zorg aan gedetineerden. In artikel 24, eerste lid, van de Zvw is bepaald dat de rechten en plichten van een gedetineerde gedurende zijn detentie van rechtswege zijn opgeschort. In die periode betaalt hij evenmin premie voor de zorgverzekering aan de zorgverzekeraar. De gedetineerde heeft in die periode dan ook geen recht op een zorgtoeslag (artikel 1, eerste lid, onderdeel c, Wzt).
- Verzekerden tot 18 jaar, want zij zijn geen nominale premie verschuldigd voor de zorgverzekering en hebben om die reden ook geen recht op een zorgtoeslag.
- Verzekerden met een zorgverzekering wier partner niet aan de verzekeringsplicht van artikel 2 Zvw heeft voldaan en degenen met verdragsaanspraken wier partner in strijd met artikel 69 van de Zorgverzekeringswet niet voor de verdragsaanspraken is gemeld, hebben geen recht hebben op de zorgtoeslag.

6.10 Verzekeringsplichtige nalatig met afsluiten verzekering

Volgens artikel 1, eerste lid, onderdeel c, Wzt wordt voor de zorgtoeslag als verzekerde aangemerkt degene wiens risico van behoefte aan geneeskundige zorg door een zorgverzekering wordt gedekt. Er bestaat dus geen recht op een zorgtoeslag voor de verzekeringsplichtige die niet feitelijk verzekerd is. In artikel 2, vijfde lid, Wzt is geregeld dat ook geen aanspraak bestaat op een zorgtoeslag als de partner van een verzekerde verzekeringsplichtig is op grond van artikel 2 van de Zvw, maar hij nalatig is met het afsluiten van een verzekering. Omdat de zorgtoeslag een inkomensafhankelijke tegemoetkoming op gezinsniveau is, heeft de wel verzekerde partner evenmin recht op een zorgtoeslag. In die situatie dienen beide partners te voldoen aan het afsluiten van een zorgtoeslag.

6.11 Steenrode envelop - aanvraagprocedure zorgtoeslag

De verzekerde krijgt de zorgtoeslag niet automatisch. Hij dient daartoe eenmalig een aanvraagformulier in te vullen en in te sturen naar de Belastingdienst/Toeslagen. Daarna krijgt de verzekerde de toeslag elk jaar vanzelf. Aan het einde van ieder kalenderjaar krijgt de verzekerde dan ook automatisch de voorschotbeschikking voor het volgende kalenderjaar, zodat de verzekerde die niet ieder jaar opnieuw hoeft aan te vragen. In 2005 is door de Belastingdienst/Toeslagen aan alle verzekerden het zogenoemde steenrode formulier gestuurd van wie de Belastingdienst/Toeslagen heeft geschat, op basis van de bekend zijnde inkomensgegevens, dat zij in aanmerking komen voor een zorgtoeslag.

In de jaren daarna dient de verzekerde zelf een aanvraag in te dienen bij de Belastingdienst indien hij op basis van het belastbaar loon en het belastbare bedrag van eventuele uitkering of pensioen denkt in aanmerking te komen voor een zorgtoeslag. Blijkt de schatting in de loop van het jaar te hoog of te laag, dan dient een nieuwe aanvraag voor de zorgtoeslag te worden ingediend bij de Belastingdienst/Toeslagen. De verzekerde kan een schatting maken van zijn toetsingsinkomen met de Proefberekening Zorgtoeslag of met de rekenhulp in de toelichting bij het aanvraagformulier. Als de inkomensgegevens nog niet zijn ingevuld, moet de verzekerde zelf een schatting van het toetsingsinkomen maken. Indien het formulier wordt teruggestuurd vóór 1 november van het kalenderjaar ontvangt de verzekerde vanaf eind december een zorgtoeslag. De zorgtoeslag wordt aan de verzekerde als voorschot berekend. Het voorschot wordt in termijnen gestort op de rekening van de verzekerde in termijnen. Een maandelijkse bijdrage, die de verzekerde krijgt voordat de premie moet worden betaald. Na afloop van het het kalenderjaar volgt de definitieve berekening. Daarnaast wordt aan de hand van de persoonlijke situatie door de Belastingdienst/Toeslagen bekeken of iemand in aanmerking komt voor de zorgtoeslag. De zorgtoeslag moet worden aangevraagd voor de verzekerde en voor zijn toeslagpartner tezamen. Voor de hoogte van de zorgtoeslag is namelijk zowel het eigen inkomen van belang als dat van de toeslagpartner. Op het aanvraagformulier moeten dus ook de gegevens van de toeslagpartner worden vermeld.

6.12 Financieel beslag € 2,1 miljard

Op basis van de huidige gegevens en de hoogte van de geraamde premie komen ongeveer 6,1 miljoen huishoudens, waarvan 3,6 miljoen eenpersoonshuishoudens, in aanmerking voor de zorgtoeslag. Bij deze aantallen leidt de regeling tot een budgettair beslag van ongeveer € 2,1 miljard.

6.13 Administratieve lasten

Voor burgers

De Wzt zorgt voor een stijging van de administratieve lasten voor burgers. De aanvraagprocedure is evenwel laagdrempelig en het formulier wordt in begrijpelijke taal gesteld en toegelicht. De dienst Toeslagen van de Belastingdienst heeft in het jaar 2005 aan zo veel mogelijk huishoudens uit de doelgroep een formulier toegezonden (steenrode envelop), waarop al zo veel mogelijk gegevens waren ingevuld. In de jaren na 2005 dient de verzekerde, indien hij denkt in aanmerking te komen voor een zorgtoeslag, zelf de zorgtoeslag aan te vragen. Het betrokken huishouden moet dit formulier beoordelen, zo nodig aanvullen of wijzigen en vervolgens insturen. Daarnaast zal een deel van de doelgroep zelf een formulier moeten aanvragen, invullen en insturen. De lasten zullen dus tussen huishoudens zeer uiteenlopen, maar de gemiddelde last van de eerste aanvraag voor 2006 werd geschat op ruim 25 minuten per huishouden. De lasten in latere jaren zijn lager doordat de Belastingdienst/Toeslagen in meer gevallen een compleet ingevuld aanvraagformulier kan toezenden en er meer digitale uitwisseling van formulieren kan zijn. Voor een deel kan de zorgtoeslag automatisch toegekend worden. Wat de gemiddelde tijdsbesteding structureel zal zijn, is niet duidelijk.

Voor de overheid

De Belastingdienst/Toeslagen is belast met de uitvoering van de Wzt in overeenstemming met de regels van de AWIR. Daartoe zijn zevenhonderd personeelsleden aangetrokken die dit moeten gaan uitvoeren. De uitvoeringskosten van deze regeling die worden gemaakt door de Belastingdienst/Toeslagen bedragen vanaf 2006 jaarlijks € 72,6 miljoen.

Door uit te gaan van een standaardpremie en genormeerde premiekosten en niet van de werkelijke premies en ziektekosten, wordt een bijdrage geleverd aan het beperken van de administratieve lasten. Om vast te stellen of degene die de zorgtoeslag aanvraagt daar ook recht op heeft, controleert de Belastingdienst/Toeslagen onder meer of de aanvrager van de zorgtoeslag een zorgverzekering heeft afgesloten.

6.14 Monitoring

De uitvoering van de Wzt en de effecten daarvan worden gemonitord en zo nodig vindt bijsturing plaats. Dit om ervoor te waken dat iemand een groter deel van zijn inkomen uitgeeft aan de gemiddelde premie dan wat het kabinet aanvaardbaar acht.

Ingevolge artikel 6 op de Wzt zendt de minister van VWS binnen vier jaar na 1 januari 2006 en vervolgens telkens na vier jaar de Staten-Generaal een verslag over de doeltreffendheid en de effecten van deze wet in de praktijk, in het bijzonder van de in of krachtens deze wet vastgelegde percentages ter bepaling van de normpremie.

7 Overige wet- en regelgeving

Wet Beroepen in de gezondheidszorg/Kwaliteitswet zorginstellingen	131
Wet financiering sociale verzekeringen (*Stb.* 2005, 36)	131
Wet structuur uitvoeringsorganisatie werk en inkomen (Suwi)	132
Wetsvoorstel publieke gezondheid (*Kamerstukken II*, 31316)	132

Wet Beroepen in de gezondheidszorg/Kwaliteitswet zorginstellingen

De zorgaanbieder moet verantwoorde zorg leveren en voldoen aan de eisen van de Wet Beroepen in de gezondheidszorg (Wet BIG)/Kwaliteitswet zorginstellingen. In de Wet BIG is bepaald dat voorbehouden handelingen alleen door bepaalde beroepsbeoefenaren mogen worden verricht. Andere handelingen mogen op grond van die wet door iedereen worden verricht, mits deze handelingen niet direct op het lichaam ingrijpen en mits de hulpverlener zich onthoudt van handelingen die onnodige gezondheidsschade kunnen toebrengen.

Wet financiering sociale verzekeringen (*Stb.* 2005, 36)

Met de invoering van de Wet financiering sociale verzekeringen (Wfsv) is geregeld dat de premie van de werknemersverzekeringen net als de volksverzekeringen vanaf 1 januari 2006 door de Belastingdienst wordt geheven. Voor de Zvw is dat bij de Invoeringswet Wfsv (eveneens vanaf 1 januari 2006) geregeld. Voor de heffing van de inkomensafhankelijke bijdrage Zvw is aangesloten bij de heffingssystematiek van de Wfsv. De door de Belastingdienst geïnde bijdrage wordt gestort in het Zorgverzekeringsfonds.

Wet structuur uitvoeringsorganisatie werk en inkomen (Suwi)

Artikel 33b, tweede lid, van de Suwi bepaalt op welke wijze de zorgverzekeraar zijn polisadministratie moet inrichten.

Wetsvoorstel publieke gezondheid (*Kamerstukken II*, 31316)

In het wetsvoorstel publieke gezondheid dat samenhang brengt in de infectieziektenbestrijding, worden internationale afspraken op het gebied van infectieziektenbestrijding verankerd.

Ook krijgt de minister van VWS meer bevoegdheden om bij landelijke infectieziektencrises de regie te voeren. Op dit moment zijn de verantwoordelijkheden en bevoegdheden op het terrein van de infectieziektenbestrijding nog geregeld in drie afzonderlijke wetten: de Wet Collectieve Preventie Volksgezondheid (WCPV), de Infectieziektewet en de Quarantainewet.

Literatuur

Boeken

Beschrijving van het risicovereveningssysteem van de Zvw, Ministerie van VWS, 2007.
Brochure CVZ, *Wonen in het buitenland. Wat betekent dat voor uw ziektekostenverzekering?*, 2005.
Brochure VWS, *Financiële gevolgen van de nieuwe zorgverzekering*, 2005.
Brochure VWS, *Uw ziektekostenverzekering als u in het buitenland woont*, 2005.
College voor zorgverzekeringen (CVZ), *Het CVZ baant de weg naar '2006'*, pub.nr. 05/04, Diemen 2004.
CVZ, *Beoordeling stand van de wetenschap en praktijk*, 2007, 254.
College voor zorgverzekeringen, *Tijdelijke toelating van veelbelovende innovaties tot het pakket*, pub.nr. 07/253.
College voor zorgverzekeringen, *Pakketbeheer in de praktijk*, pub.nr. 06, 245.
Exter, A. den. De Europese kwetsbaarheid van de Zorgverzekeringswet, NJB, afl. 2005/02.
Feunekes, R. en Moolen, F.H.E. van der, *Verzekeringsrecht*, Boom Juridische Uitgevers, Den Haag 2002.
Groot, G.R.J. de, De zorgverzekeraar: spin in het web, *Tijdschrift voor Gezondheidsrecht*, nr. 1-2005, pag. 40-60.
Meulemans, E.W.M. en Sijmons, J.G., Het overeenkomstenstelsel onder de nieuwe Zorgverzekeringswet, *Tijdschrift voor Gezondheidsrecht*, nr. 1-2005, p. 61-79.
Most, J.M. van der, De Zorgverzekeringswet en de zelfverzekerde burger, *Tijdschrift voor Gezondheidsrecht*, nr. 1-2005, p. 17-39.
Most, J.M. van der, Pels Rijcken & Droogleever Fortuijn, 2007. De zorg of het geld, Natura en restitutie in de zorgverzekering.
Nza, *MonitorZorgverzekeringsmarkt. De balans*, 2007.
Raad voor de volksgezondheid en zorg, *Zicht op zinnige en duurzame zorg*, 2006.
Raad voor de volksgezondheid en zorg, *Rechtvaardige en duurzame zorg*, 2007.
Raad voor de volksgezondheid en zorg, *Schaal en zorg*, 2008.
Schooneveld, E. van, De Zorgverzekeringswet en de Wet op de zorgtoeslag in vogelvlucht, *Tijdschrift voor Gezondheidsrecht*, nr. 1-2005, p. 3-16.
Veen, E.B. van der en Hamilton, G.J.A., De Zorgverzekeringswet in Europees(rechtelijk) perspectief, *Tijdschrift voor Gezondheidsrecht*, nr. 1-2005, p. 80-97.

Websites

www.dbc-onderhoud.nl
www.cvz.nl
www.nza.nl
www.toeslagen.nl

Kamerstukken

Herziening zorgstelsel, *Kamerstukken II,* 29 689.
Wetsvoorstel houdende regeling van een sociale verzekering voor geneeskundige zorg ten behoeve van de gehele bevolking, *Kamerstukken I en II* 2004/05, 29 763.
Wetsvoorstel houdende regels inzake de aanspraak op een financiële tegemoetkoming in de premie van een zorgverzekering vanwege een laag inkomen, *Kamerstukken I en II,* 29 762.
Wetsvoorstel marktordening gezondheidszorg, *Kamerstukken I en II,* 30 186.
Wetsvoorstel toelating zorginstellingen, *Kamerstukken I en II,* 27 659.
Wetsvoorstel tot vaststelling van titel 7.17 (verzekering) en titel 7.18 (lijfrente) van het nieuwe Burgerlijk Wetboek, *Kamerstukken I en II,* 19 529 en *Kamerstukken I en II,* 30 137.
Wetvoorstel invoerings- en aanpassingswet Zorgverzekeringswet, *Kamerstukken I en II,* 30 124.
Wijziging van de Zorgverzekeringswet en de Wet op de zorgtoeslag houdende vervanging van de no-claimteruggave door een verplicht eigen risico, *Kamerstukkken* 31 094.
Wijziging van de Zvw en andere wetten met het oog op het verzwaren van het incassoregime en andere maatregelen om de werking van het met die wet en de Wet op de zorgtoeslag in het leven geroepen stelsel te optimaliseren (verzwaren incassoregime premie en andere maatregelen zorgverzekering), *Kamerstukken* 30 918.
Wijziging van de Zvw in verband met de rechtsgang bij inhouding van de bijdrage van verdragsgerechtigden, *Kamerstukken* 31 377.
Wijziging van de Zvw in verband met de stroomlijning van de bepalingen inzake opzegging van de zorgverzekering bij wijziging van de grondslag van de premie, *Kamerstukken* 30 668.
Wijziging van diverse wetten op of in verband met het terrein van VWS, teneinde wetstechnische gebreken te herstellen en andere wijzigingen van ondergeschikte aard aan te brengen (Reparatiewet VWS 2006), *Kamerstukken* 30 831.

Bijlage 1 Zorgverzekeringswet

Wet van 16 juni 2005, *Stb.* 2005, 358, houdende regeling van een sociale verzekering voor geneeskundige zorg ten behoeve van de gehele bevolking, zoals deze wet laatstelijk is gewijzigd bij wet van 12 juni 2008, *Stb.* 2008, 271 (Zorgverzekeringswet).

Hoofdstuk 1. Algemene bepaling

Artikel 1

In deze wet en de daarop berustende bepalingen wordt verstaan onder:
a verzekeraar: een verzekeringsonderneming als bedoeld in de eerste richtlijn schadeverzekering;
b zorgverzekeraar: een verzekeraar, voor zover deze zorgverzekeringen aanbiedt of uitvoert;
c verzekeringnemer: een persoon die met een zorgverzekeraar een zorgverzekering heeft gesloten;
d zorgverzekering: een tussen een zorgverzekeraar en een verzekeringnemer ten behoeve van een verzekeringsplichtige gesloten schadeverzekering, die voldoet aan hetgeen daarover bij of krachtens deze wet is geregeld, en waarvan de verzekerde prestaties het bij of krachtens deze wet geregelde niet te boven gaan;
e verzekeringsplichtige: degene die op grond van artikel 2 verplicht is zich krachtens een zorgverzekering te verzekeren of te laten verzekeren;
f verzekerde: degene wiens risico van behoefte aan zorg of overige diensten, als bedoeld in artikel 10, door een zorgverzekering wordt gedekt;
g verplicht eigen risico: een bedrag aan kosten van zorg of overige diensten als bedoeld bij of krachtens artikel 11, dat voor rekening van de verzekerde blijft;
h vrijwillig eigen risico: een door de verzekeringnemer met de zorgverzekeraar als onderdeel van de zorgverzekering overeengekomen bedrag aan kosten van zorg of overige diensten als bedoeld bij of krachtens artikel 11, dat de verzekerde voor zijn rekening zal nemen;

i zorgpolis: de akte waarin de tussen een verzekeringnemer en een zorgverzekeraar gesloten zorgverzekering is vastgelegd;

j modelovereenkomst: model van een zorgverzekering, waarin een overzicht wordt gegeven van de rechten en plichten die de verzekeringnemer, de verzekerde en de zorgverzekeraar jegens elkaar zullen hebben indien een overeenkomst volgens het desbetreffende model wordt gesloten;

k sociaal-fiscaalnummer: het nummer, bedoeld in artikel 2, derde lid, onderdeel j, van de Algemene wet inzake rijksbelastingen;

l inhoudingsplichtige: de inhoudingsplichtige in de zin van de Wet op de loonbelasting 1964 dan wel in de zin van de Wet financiering sociale verzekeringen;

m instelling:
1°. een instelling in de zin van de Wet toelating zorginstellingen;
2°. een in het buitenland gevestigde rechtspersoon die in het desbetreffende land zorg verleent in het kader van het in dat land bestaande socialezekerheidsstelsel, dan wel zich richt op het verlenen van zorg aan specifieke groepen van publieke functionarissen;

n Onze Minister: Onze Minister van Volksgezondheid, Welzijn en Sport;

o zorgautoriteit: de Nederlandse Zorgautoriteit, bedoeld in de Wet marktordening gezondheidszorg;

p College zorgverzekeringen: het College voor zorgverzekeringen, genoemd in artikel 58, eerste lid;

q Zorgverzekeringsfonds: het fonds, genoemd in artikel 39;

r eerste richtlijn schadeverzekering: richtlijn nr. 73/239/EEG van de Raad van de Europese Gemeenschappen van 24 juli 1973 tot coördinatie van de wettelijke en bestuursrechtelijke bepalingen betreffende de toegang tot het directe verzekeringsbedrijf, met uitzondering van de levensverzekeringsbranche en de uitoefening daarvan (PbEG L 228);

s generieke verevening: bijstelling van het deelbedrag op basis van het verschil per zorgverzekeraar tussen de kosten en het deelbedrag in relatie met de verschillen tussen de kosten en het deelbedrag bij andere zorgverzekeraars, per onderscheiden categorie van prestaties;

t loontijdvak: het loontijdvak, bedoeld in artikel 25, eerste en vierde lid, van de Wet op de loonbelasting 1964;

u burgerservicenummer: het burgerservicenummer, bedoeld in artikel 1, onderdeel b, van de Wet algemene bepalingen burgerservicenummer;

u bijdragebetalingstijdvak: het kalenderjaar;

v Centraal Administratiekantoor: het Centraal Administratiekantoor Bijzondere Ziektekosten B.V.

Hoofdstuk 2. De plicht tot het sluiten van een zorgverzekering

Paragraaf 2.1. De verzekeringsplicht

Artikel 2

1 Degene die ingevolge de Algemene Wet Bijzondere Ziektekosten en de daarop gebaseerde regelgeving van rechtswege verzekerd is, is verplicht zich krachtens een zorgverzekering te verzekeren of te laten verzekeren tegen het in artikel 10 bedoelde risico.
2 In afwijking van het eerste lid is niet verzekeringsplichtig:
  a de militaire ambtenaar in werkelijke dienst als bedoeld in artikel 1, eerste lid, onderdeel a juncto onderdeel b, van de Militaire ambtenarenwet 1931, alsmede de militair aan wie buitengewoon verlof met behoud van militaire inkomsten is verleend;
  b de natuurlijke persoon die op grond van artikel 64, eerste lid, van de Wet financiering sociale verzekeringen is ontheven van de verplichtingen, opgelegd op grond van de Algemene Wet Bijzondere Ziektekosten.
3 Degene die het gezag over een minderjarige, jonger dan achttien jaar, uitoefent, een curator, een bewindvoerder of een mentor als bedoeld in de titels 16, 19 of 20 van Boek 1 van het Burgerlijk Wetboek, zorgt ervoor dat de minderjarige verzekeringsplichtige, dan wel de onder curatele, bewind of mentorschap gestelde verzekeringsplichtige krachtens een zorgverzekering verzekerd is.

Paragraaf 2.2. De acceptatieplicht

Artikel 3

1 Een zorgverzekeraar is verplicht met of ten behoeve van iedere verzekeringsplichtige die in zijn werkgebied woont alsmede met of ten behoeve van iedere verzekeringsplichtige die in het buitenland woont, desgevraagd een zorgverzekering te sluiten.
2 Indien een zorgverzekeraar in een provincie verschillende varianten van de zorgverzekering aanbiedt, kan voor iedere in die provincie wonende verzekeringsplichtige uit alle varianten worden gekozen.
3 De zorgverzekeraar stelt alle varianten van de zorgverzekering die hij in een provincie aanbiedt, in de vorm van modelovereenkomsten ter beschikking aan personen die overwegen ten behoeve van een in die provincie wonende verzekeringsplichtige een zorgverzekering met die verzekeraar te sluiten, alsmede, indien de zorgverzekeraar varianten toevoegt of wijzigt, aan de verzekeringnemers die ten behoeve van een in die provincie wonende verzekeringsplichtige een zorgverzekering met hem hebben gesloten.
4 In afwijking van het eerste lid is een zorgverzekeraar niet verplicht een zorgverzekering te sluiten met of ten behoeve van een verzekeringsplichtige wiens eerdere zorgverzekering hij of de verzekeringnemer binnen een

periode van vijf jaar, gelegen onmiddellijk voorafgaande aan het verzoek tot het sluiten van de verzekering, heeft opgezegd of ontbonden wegens:
a opzettelijke misleiding door de verzekeringnemer of de verzekerde, of
b het niet betalen van de premie, bedoeld in artikel 17, vijfde lid.
5 In afwijking van het tweede lid kan ten behoeve van een in het buitenland wonende verzekeringsplichtige worden gekozen tussen alle varianten van de zorgverzekering die een zorgverzekeraar in Nederland aanbiedt.
6 In afwijking van het derde lid worden degene die ten behoeve van een in het buitenland wonende verzekeringsplichtige een zorgverzekering wenst te sluiten alle modelovereenkomsten die de zorgverzekeraar in Nederland hanteert ter beschikking gesteld, en worden, indien eenmaal een zorgverzekering is gesloten, de verzekeringnemer alle toegevoegde of gewijzigde varianten die die zorgverzekeraar aanbiedt ter beschikking gesteld.

Artikel 4

1 Degene die een zorgverzekering wenst te sluiten, vermeldt bij het verzoek daartoe het burgerservicenummer of, bij het ontbreken daarvan, het sociaal-fiscaalnummer van de te verzekeren persoon.
2 De zorgverzekeraar stelt, voor zover dat redelijkerwijs nodig is voor de uitvoering van de zorgverzekering en van deze wet, de identiteit van de te verzekeren persoon vast.
3 De in het tweede lid bedoelde vaststelling geschiedt aan de hand van documenten als bedoeld in artikel 1 van de Wet op de identificatieplicht, die de verzekeringnemer of de te verzekeren persoon hem desgevraagd ter inzage geeft.
4 De zorgverzekeraar neemt aard en nummer van de in het derde lid bedoelde documenten in zijn administratie op.
5 De zorgverzekeraar verlangt van de vreemdeling, bedoeld in de Vreemdelingenwet 2000, voor wie hem wordt verzocht een zorgverzekering te sluiten, een kopie van het document of de schriftelijke verklaring, bedoeld in artikel 9, eerste lid, van die wet, dat wordt aangemerkt als een bescheid als bedoeld in artikel 4:3, tweede lid, van de Algemene wet bestuursrecht

Paragraaf 2.3. Begin en einde van de zorgverzekering

Artikel 5

1 De zorgverzekering gaat in op de dag waarop de zorgverzekeraar het verzoek, bedoeld in artikel 3, eerste lid, en, indien het tweede of vijfde lid van dat artikel van toepassing is, de aanduiding van de variant waar de verzekeringnemer voor kiest, heeft ontvangen.
2 Indien de zorgverzekeraar op basis van het in het eerste lid bedoelde verzoek niet vast kan stellen of hij verplicht is voor de te verzekeren persoon een zorgverzekering te sluiten, en hij de persoon die de verzekering wenst te sluiten in verband daarmee uitnodigt de voor deze vaststelling noodzakelijke gegevens te verschaffen, gaat de zorgverzekering, in

afwijking van het eerste lid, in op de dag waarop laatstbedoelde persoon aan dit verzoek heeft voldaan.

3 De zorgverzekeraar verstrekt degene die het verzoek, bedoeld in het eerste lid, doet en, indien dit een ander is dan degene ten behoeve van wiens verzekering het verzoek is gedaan, laatstbedoelde persoon onverwijld:
   a een bewijs van het verzoek, bedoeld in het eerste lid, waarop de datum van ontvangst is vermeld;
   b een bewijs van de ontvangst van gegevens, bedoeld in het tweede lid, waarop de datum van de ontvangst is vermeld.

4 Indien degene ten behoeve van wie de zorgverzekering wordt gesloten op de dag waarop de zorgverzekeraar het verzoek, bedoeld in het eerste lid, ontvangt reeds op grond van een zorgverzekering verzekerd is, en de verzekeringnemer aangeeft de zorgverzekering te willen laten ingaan op een door hem aangegeven, latere dag dan de dag, bedoeld in het eerste of tweede lid, gaat de verzekering op die latere dag in.

5 De zorgverzekering werkt, zo nodig in afwijking van artikel 925, eerste lid, van Boek 7 van het Burgerlijk Wetboek, terug:
   a indien zij ingaat binnen vier maanden nadat de verzekeringsplicht is ontstaan, tot en met de dag waarop die plicht ontstond;
   b indien zij ingaat binnen een maand nadat een eerdere zorgverzekering met ingang van 1 januari van een kalenderjaar of wegens wijziging van de voorwaarden met toepassing van artikel 940, vierde lid, van Boek 7 van het Burgerlijk Wetboek is geëindigd door opzegging, tot en met de dag na die waarop de eerdere zorgverzekering is geëindigd.

Artikel 6

1 De zorgverzekering eindigt van rechtswege met ingang van de dag volgende op de dag waarop:
   a de verzekeraar ten gevolge van wijziging of intrekking van zijn vergunning tot uitoefening van het schadeverzekeringsbedrijf, geen zorgverzekeringen meer mag aanbieden;
   b de verzekerde ten gevolge van wijziging van het werkgebied buiten het werkgebied van de zorgverzekeraar komt te wonen;
   c de verzekerde overlijdt;
   d de verzekeringsplicht van de verzekerde eindigt.

2 De zorgverzekering eindigt van rechtswege met ingang van de eerste dag van de tweede maand volgende op de dag waarop de verzekerde, zonder dat zijn verzekeringsplicht eindigt, ten gevolge van verhuizing komt te wonen buiten een provincie waarin zijn zorgverzekeraar de ten behoeve van hem gesloten variant van de zorgverzekering aanbiedt of uitvoert.

3 De zorgverzekeraar stelt de verzekeringnemer uiterlijk twee maanden voordat een zorgverzekering op grond van het eerste lid, onderdeel a of b, eindigt, van dit einde op de hoogte, onder vermelding van de reden daarvan en de datum waarop de verzekering eindigt.

4 De verzekeringnemer stelt de zorgverzekeraar onverwijld op de hoogte van alle feiten en omstandigheden over de verzekerde die op grond van het

eerste lid, onderdeel c of d, dan wel het tweede lid tot het einde van de zorgverzekering hebben geleid of kunnen leiden.
5 Indien de zorgverzekeraar op grond van de in het vierde lid bedoelde gegevens tot de conclusie komt dat de zorgverzekering zal eindigen of geëindigd is, deelt hij dit, onder vermelding van de reden daarvan en de datum waarop de verzekering eindigt of geëindigd is, onverwijld aan de verzekeringnemer mede.

Artikel 7

1 De verzekeringnemer kan de zorgverzekering uiterlijk 31 december van ieder jaar met ingang van 1 januari van het volgende kalenderjaar opzeggen.
2 De verzekeringnemer die een ander dan zichzelf heeft verzekerd, kan de zorgverzekering opzeggen indien de verzekerde krachtens een andere zorgverzekering verzekerd wordt.
3 In afwijking van artikel 940, vierde lid, van Boek 7 van het Burgerlijk Wetboek kan de verzekeringnemer niet opzeggen indien een wijziging in de verzekerde prestaties ten nadele van de verzekeringnemer of de verzekerde rechtstreeks voortvloeit uit een wijziging van de bij of krachtens de artikelen 11 tot en met 14a gestelde regels (*Stb.* 2008, 271).
4 De opzegging, bedoeld in het tweede lid, gaat in op de eerste dag van de tweede kalendermaand volgende op de dag waarop de verzekeringnemer heeft opgezegd.
5 In afwijking van het vierde lid gaat een opzegging, bedoeld in het tweede lid, in met ingang van de dag waarop de verzekerde krachtens de andere zorgverzekering verzekerd wordt, indien die opzegging voorafgaande aan laatstbedoelde dag door de zorgverzekeraar is ontvangen.

Artikel 8

1 Aan een opzegging of ontbinding van de zorgverzekering wegens het niet betalen van de verschuldigde premie, wordt geen terugwerkende kracht verleend, noch wordt daaraan een verplichting verbonden tot ongedaanmaking of vergoeding van hetgeen partijen reeds ter nakoming van de zorgverzekering jegens elkaar hebben verricht.
2 Een zorgverzekeraar mag de zorgverzekering gedurende de periode, bedoeld in artikel 24, niet opzeggen of ontbinden.
3 Artikel 934 van Boek 7 van het Burgerlijk Wetboek is tevens van toepassing met betrekking tot de eerste premie die een verzekeringnemer voor een zorgverzekering verschuldigd is.

Artikel 8a

1 Nadat de zorgverzekeraar de verzekeringnemer heeft aangemaand tot betaling van een of meer vervallen termijnen van de verschuldigde premie, kan de verzekeringnemer gedurende de tijd dat de verschuldigde premie

en incassokosten niet zijn voldaan, de zorgverzekering niet opzeggen, tenzij de zorgverzekeraar de dekking van de zorgverzekering heeft geschorst.
2 Het eerste lid lijdt uitzondering indien de zorgverzekeraar de verzekeringnemer binnen twee weken te kennen geeft de opzegging te bevestigen.

Artikel 9

1 De zorgverzekeraar verstrekt de verzekeringnemer en, indien deze een ander is dan de verzekeringnemer, de verzekerde zo spoedig mogelijk na het sluiten van de zorgverzekering en vervolgens voorafgaande aan ieder kalenderjaar een zorgpolis.
2 Indien de zorgverzekering eindigt, verstrekt de zorgverzekeraar de verzekeringnemer en, indien deze een ander is dan de verzekeringnemer, de verzekerde een bewijs van het einde van de zorgverzekering, waarop worden aangetekend:
   a naam, adres, woonplaats en burgerservicenummer of, bij het ontbreken daarvan, het sociaal-fiscaalnummer van de verzekerde;
   b naam, adres en woonplaats van de verzekeringnemer;
   c naam, adres en woonplaats van de zorgverzekeraar;
   d de dag waarop de zorgverzekering eindigt;
   e of voor de verzekerde op die dag een vrijwillig eigen risico gold en zo ja, met welke ingangsdatum, voor welk bedrag en met welke in verband daarmee verleende korting.
3 Indien de zorgverzekering eindigt om de in artikel 6, eerste lid, onderdeel d, genoemde reden, wordt dat op het in het tweede lid bedoelde bewijs aangetekend.

Hoofdstuk 3. De inhoud van de zorgverzekering

Paragraaf 3.1. Het te verzekeren risico

Artikel 10

Het krachtens de zorgverzekering te verzekeren risico is de behoefte aan:
a geneeskundige zorg, waaronder de integrale eerstelijnszorg zoals die door huisartsen en verloskundigen pleegt te geschieden;
b mondzorg;
c farmaceutische zorg;
d hulpmiddelenzorg;
e verpleging;
f verzorging, waaronder de kraamzorg;
g verblijf in verband met geneeskundige zorg;
h vervoer in verband met het ontvangen van zorg of diensten als bedoeld in de onderdelen a tot en met g, dan wel in verband met een aanspraak op grond van de Algemene Wet Bijzondere Ziektekosten.

Paragraaf 3.2. De te verzekeren prestaties

Artikel 11

1 De zorgverzekeraar heeft jegens zijn verzekerden een zorgplicht die zodanig wordt vormgegeven, dat de verzekerde bij wie het verzekerde risico zich voordoet, krachtens de zorgverzekering recht heeft op prestaties bestaande uit:
   a de zorg of de overige diensten waaraan hij behoefte heeft, of
   b vergoeding van de kosten van deze zorg of overige diensten alsmede, desgevraagd, activiteiten gericht op het verkrijgen van deze zorg of diensten.
2 In de zorgverzekering kunnen combinaties van verzekerde prestaties als bedoeld in het eerste lid, onderdeel a of b, worden opgenomen.
3 Bij algemene maatregel van bestuur worden de inhoud en omvang van de in het eerste lid bedoelde prestaties nader geregeld en kan voor bij die maatregel aan te wijzen vormen van zorg of overige diensten worden bepaald dat een deel van de kosten voor rekening van de verzekerde komt.
4 In de algemene maatregel van bestuur kan worden bepaald dat bij ministeriële regeling:
   a vormen van zorg of overige diensten kunnen worden uitgezonderd van de in het eerste lid bedoelde of in de maatregel nader omschreven prestaties;
   b de inhoud en omvang van de prestaties bestaande uit zorg als bedoeld in artikel 10, onderdelen a, c en d, nader wordt geregeld;
   c nadere regels kunnen worden gesteld over het deel van de kosten dat voor rekening van de verzekerde komt.
5 Een zorgverzekeraar kan modelovereenkomsten aanbieden waarin, in geringe afwijking van het bepaalde bij of krachtens het eerste en derde lid, bepaalde om ethische of levensbeschouwelijke redenen controversiële prestaties buiten de dekking van de zorgverzekering blijven.

Artikel 12

1 Bij algemene maatregel van bestuur kunnen ter bescherming van het algemeen belang vormen van zorg of overige diensten worden aangewezen die de zorgverzekeraar slechts verstrekt of vergoedt indien tussen hem en de aanbieder van de desbetreffende zorg of dienst een overeenkomst over de te leveren zorg of dienst en de daarvoor in rekening te brengen prijs is gesloten, dan wel indien de aanbieder bij hem in dienst is.
2 Bij deze algemene maatregel van bestuur kunnen tevens vormen van zorg of overige diensten worden aangewezen waarvoor de zorgverzekeraar met iedere instelling die binnen zijn werkgebied is gelegen of waarvan zijn verzekerden naar verwachting regelmatig gebruik zullen maken, op haar verzoek een overeenkomst als bedoeld in het eerste lid sluit.
3 Een instelling als bedoeld in artikel 1, onderdeel m, onder 1°, die voor een in het tweede lid bedoelde vorm van zorg of dienst een overeenkomst met

een zorgverzekeraar heeft gesloten, is verplicht desgevraagd met een andere zorgverzekeraar een gelijke overeenkomst te sluiten.
4 Het tweede en het derde lid gelden niet indien de zorgverzekeraar respectievelijk instelling ernstige bezwaren heeft tegen het sluiten van een overeenkomst met de instelling respectievelijk zorgverzekeraar die om die overeenkomst vraagt.

Artikel 13

1 Indien een verzekerde krachtens zijn zorgverzekering een bepaalde vorm van zorg of een andere dienst dient te betrekken van een aanbieder met wie zijn zorgverzekeraar een overeenkomst over deze zorg of dienst en de daarvoor in rekening te brengen prijs heeft gesloten of van een aanbieder die bij zijn zorgverzekeraar in dienst is, en hij deze zorg of andere dienst desalniettemin betrekt van een andere aanbieder, heeft hij recht op een door de zorgverzekeraar te bepalen vergoeding van de voor deze zorg of dienst gemaakte kosten.
2 De zorgverzekeraar neemt de wijze waarop hij de vergoeding berekent in de modelovereenkomst op.
3 Indien bij of krachtens de algemene maatregel van bestuur, bedoeld in artikel 11, is bepaald dat een deel van de kosten van een bepaalde vorm van zorg of van een bepaalde andere dienst voor rekening van de verzekerde komt, verwerkt de zorgverzekeraar dit in de wijze waarop hij de vergoeding voor de desbetreffende vorm van zorg of dienst berekent.
4 De wijze waarop de vergoeding wordt berekend is voor alle verzekerden, bedoeld in het eerste lid, die in een zelfde situatie een zelfde vorm van zorg of dienst behoeven, gelijk.
5 Indien een overeenkomst tussen een zorgverzekeraar en een aanbieder als bedoeld in het eerste lid wordt beëindigd, houdt een verzekerde die op het moment van beëindiging van de overeenkomst zorg ontvangt van deze aanbieder, recht op zorgverlening door die aanbieder voor rekening van deze zorgverzekeraar.

Artikel 14

1 De vraag of een verzekerde behoefte heeft aan een bepaalde vorm van zorg of een bepaalde andere dienst, wordt slechts op basis van zorginhoudelijke criteria beantwoord.
2 De zorgverzekeraar neemt in zijn modelovereenkomst op dat geneeskundige zorg zoals medisch-specialisten die plegen te bieden, met uitzondering van acute zorg, slechts toegankelijk is na verwijzing door in die overeenkomst aangewezen categorieën zorgaanbieders, waaronder in ieder geval de huisarts.
3 De vraag of een jeugdige als bedoeld in de Wet op de jeugdzorg wegens een psychiatrische aandoening behoefte heeft aan een bepaalde vorm van zorg of een andere dienst, wordt met overeenkomstige toepassing van de bij en krachtens artikel 9b, vierde en vijfde lid, van de Algemene Wet Bijzondere

Ziektekosten gestelde regels, beantwoord door een stichting als bedoeld in de Wet op de jeugdzorg respectievelijk een arts of andere behandelaar van de jeugdige.
4 In de regels, bedoeld in het derde lid, kunnen voor de in dat lid bedoelde indicatie afzonderlijke regels worden gesteld en kunnen vormen van zorg of andere diensten worden aangewezen waarvoor het derde lid niet geldt.
5 Voor zover een verzekerde ingevolge zijn zorgverzekering toestemming behoeft van de zorgverzekeraar dan wel een verwijzing of een recept van een deskundige is vereist voor het verkrijgen van de verzekerde prestaties, en de verzekerde in het bezit is van deze toestemming, deze verwijzing of dit recept, geldt die toestemming, die verwijzing of dat recept als titel voor het verkrijgen van de verzekerde prestaties gedurende de periode waarvoor de toestemming is verleend of de verwijzing of het recept geldig is, en verlangt een nieuwe zorgverzekeraar niet nogmaals dat toestemming wordt gevraagd of dat een verwijzing of recept wordt overgelegd.

Artikel 14a

1 Bij algemene maatregel van bestuur worden bij wijze van experiment vormen van zorg of overige diensten aangewezen waarvoor de zorgverzekeraar desgevraagd aan de verzekerde een persoonsgebonden budget verstrekt.
2 De zorgverzekeraar verstrekt het budget slechts indien op door hem in de modelovereenkomst te bepalen wijze aannemelijk is gemaakt dat de verzekerde behoefte heeft aan de desbetreffende vorm van zorg of dienst.
3 Het persoonsgebonden budget wordt verstrekt in de vorm van een voorschot ter hoogte van:
   a indien de verzekerde krachtens zijn zorgverzekering de zorg of andere dienst waarvoor het budget wordt verstrekt in principe dient te betrekken van een door zijn zorgverzekeraar gecontracteerde of in dienst genomen zorgaanbieder: de vergoeding, bedoeld in artikel 13;
   b in andere gevallen: een bedrag dat gelijk is aan de kosten die in de Nederlandse marktomstandigheden in redelijkheid voor de desbetreffende vorm van zorg of andere dienst passend zijn te achten, verminderd met, indien voor deze zorg of andere dienst van toepassing, het bedrag dat op grond van artikel 11, derde lid, voor rekening van de verzekerde komt.
4 Bij of krachtens algemene maatregel van bestuur kunnen regels worden gesteld over:
   a de termijnen waarin het budget aan de verzekerde wordt betaald;
   b de wijze waarop de verzekerde zich jegens de zorgverzekeraar over het gebruik van het budget verantwoordt.
5 Dit artikel vervalt met ingang van 1 januari 2010.

Artikel 15

1 De artikelen 941, eerste lid, en 957 van Boek 7 van het Burgerlijk Wetboek zijn niet van toepassing.
2 Zo nodig in afwijking van artikel 952 van Boek 7 van het Burgerlijk Wetboek is de zorgverzekeraar niet bevoegd een verzekerde prestatie geheel of gedeeltelijk te weigeren indien het intreden van het verzekerde risico aan de verzekerde is te wijten.

Paragraaf 3.3. De premie

Artikel 16

1 Krachtens de zorgverzekering is de verzekeringnemer premie verschuldigd.
2 In afwijking van artikel 925 van Boek 7 van het Burgerlijk Wetboek en van het eerste lid is voor een verzekerde tot de eerste dag van de kalendermaand volgende op de kalendermaand waarin hij de leeftijd van achttien jaar heeft bereikt, geen premie verschuldigd.

Artikel 17

1 De zorgverzekeraar stelt voor iedere variant van de zorgverzekering die hij aanbiedt, de grondslag van de premie en de bij die variant behorende premiekorting of premiekortingen vast en neemt deze in de modelovereenkomst op.
2 De grondslag van de premie is gelijk voor varianten die wat betreft de te verzekeren prestaties als bedoeld in artikel 11, eerste lid, of de keuzemogelijkheden tussen aanbieders van zorg of van overige diensten als bedoeld in dat lid, niet van elkaar verschillen.
3 Indien de zorgverzekeraar gebruik maakt van zijn bevoegdheid, bedoeld in artikel 11, vijfde lid, is de grondslag van de premie gelijk aan de grondslag die hij heeft of zou hebben vastgesteld voor een modelovereenkomst met volledige dekking.
4 De grondslag van de premie is de premie indien geen premiekorting als bedoeld in artikel 18, vierde lid, of artikel 19 geldt of zou gelden.
5 De verschuldigde premie is gelijk aan de grondslag van de premie behorende bij de variant van de zorgverzekering die de verzekeringnemer gekozen heeft, verminderd met de premiekortingen, bedoeld in de artikelen 18, vierde lid, of 19, indien deze van toepassing zijn.
6 De zorgverzekeraar geeft de wijze waarop de verschuldigde premie van de grondslag van de premie wordt afgeleid in de modelovereenkomst weer, en neemt de wijze waarop de door de verzekeringnemer verschuldigde premie van de grondslag van de premie is afgeleid in de zorgpolis op.
7 Een wijziging in de grondslag van de premie treedt niet eerder in werking dan zes weken na de dag waarop deze aan de verzekeringnemer is medegedeeld.

Artikel 18

1 De zorgverzekeraar kan met een werkgever overeenkomen dat hij een geldelijk voordeel verstrekt indien diens werknemers, voormalige werknemers of hun gezinsleden verzekerd worden op basis van een in die overeenkomst aan te wijzen modelovereenkomst.
2 Het voordeel bedraagt, per persoon die op basis van de desbetreffende modelovereenkomst verzekerd wordt, niet meer dan 10% van de grondslag van de bij die modelovereenkomst behorende premie.
3 In de overeenkomst, bedoeld in het eerste lid, wordt ten minste bepaald:
   a de hoogte van het voordeel, waarbij die hoogte mag variëren al naar gelang het aantal volgens de desbetreffende modelovereenkomst verzekerde personen;
   b de verdeling van het voordeel over de werkgever en de volgens de desbetreffende modelovereenkomst verzekerde personen.
4 Indien het voordeel of een deel daarvan aan de verzekeringnemer wordt verstrekt, geschiedt dit in de vorm van een korting op de grondslag van de premie.
5 Het eerste tot en met vierde lid zijn tevens van toepassing ten aanzien van een rechtspersoon, niet zijnde een werkgever, met betrekking tot de verzekering van natuurlijke personen wier belangen die rechtspersoon behartigt.
6 Bij algemene maatregel van bestuur kunnen, om te voorkomen dat afbreuk wordt gedaan aan het sociale karakter van de verzekering, nadere en zo nodig afwijkende regels worden gesteld.

Paragraaf 3.4. Het eigen risico

Artikel 18a

1 Iedere verzekerde van achttien jaar of ouder heeft een verplicht eigen risico van € 150 per kalenderjaar.
2 Bij algemene maatregel van bestuur kan worden bepaald dat bedragen als bedoeld in artikel 11, derde of vierde lid, ten laste van het verplicht of vrijwillig eigen risico komen, in welk geval het resterende bedrag van de kosten van de zorg of overige diensten niet ten laste van het verplicht eigen risico komt.
3 Het bedrag, genoemd in het eerste lid, wordt jaarlijks geïndexeerd overeenkomstig het verschil in geraamde uitgaven voor de zorg en overige diensten, bedoeld in artikel 11, tussen het kalenderjaar waarop het verplicht eigen risico betrekking zal hebben en vergelijkbare geraamde uitgaven voor het jaar voorafgaand aan dat kalenderjaar.
4 Indien het geïndexeerde bedrag naar beneden afgerond € 5 of een veelvoud daarvan verschilt van het in het eerste lid genoemde bedrag, wordt dit bedrag bij ministeriële regeling gewijzigd, waarna het in die regeling genoemde bedrag in de plaats treedt van het in het eerste lid genoemde bedrag.

5 Rekeningen voor kosten van zorg of overige diensten worden slechts op het verplicht eigen risico in mindering gebracht, indien deze door de zorgverzekeraar zijn ontvangen voor een bij algemene maatregel van bestuur te bepalen dag van het kalenderjaar volgend op het kalenderjaar waarop het verplicht eigen risico betrekking heeft.
6 Bij algemene maatregel van bestuur wordt bepaald op welke wijze het verplicht eigen risico in mindering wordt gebracht.

Met ingang van 1 januari 2009 komt artikel 18a van de Zorgverzekeringswet te luiden:

Artikel 18a

1 Iedere verzekerde van achttien jaar of ouder heeft een verplicht eigen risico van € 150 per kalenderjaar.
2 Het bedrag, genoemd in het eerste lid, wordt jaarlijks geïndexeerd overeenkomstig het verschil in geraamde uitgaven voor de zorg en overige diensten, bedoeld in artikel 11, tussen het kalenderjaar waarop het verplicht eigen risico betrekking zal hebben en vergelijkbare uitgaven voor het jaar voorafgaand aan dat kalenderjaar.
3 Indien het geïndexeerde bedrag naar beneden afgerond € 5 of een veelvoud daarvan verschilt van het in het eerste lid genoemde bedrag, wordt dit bedrag bij ministeriële regeling gewijzigd, waarna het in die regeling genoemde bedrag in de plaats treedt van het in het eerste lid genoemde bedrag.
4 Rekeningen voor kosten van zorg of overige diensten worden slechts op het verplicht eigen risico in mindering gebracht, indien deze door de zorgverzekeraar zijn ontvangen voor een bij algemene maatregel van bestuur te bepalen dag van het kalenderjaar volgend op het kalenderjaar waarop het verplicht eigen risico betrekking heeft.
5 Bij algemene maatregel van bestuur wordt bepaald op welke wijze het verplicht eigen risico in mindering wordt gebracht.

Artikel 19

1 De zorgverzekeraar biedt van iedere zorgverzekering met een bepaalde combinatie van te verzekeren prestaties als bedoeld in artikel 11, eerste lid, een variant zonder vrijwillig eigen risico aan.
2 De zorgverzekeraar kan voor de verzekering van een persoon van achttien jaar of ouder varianten van de zorgverzekering aanbieden met een vrijwillig eigen risico van € 100, € 200, € 300, € 400 of € 500 per kalenderjaar, waartegenover hij een korting op de grondslag van de premie verleent.
3 De korting mag afhangen van:
   a de omvang van het voor de verzekerde gekozen vrijwillig eigen risico;
   b het aantal kalenderjaren waarvoor een vrijwillig eigen risico voor de verzekerde gegolden heeft.

4 De zorgverzekeraar neemt in zijn modelovereenkomst op welke premiekorting bij welk vrijwillig eigen risico voor welk aantal kalenderjaren geldt.
5 Indien de zorgverzekeraar een of meer van de door hem aangeboden vrijwillige eigen risico's laat vervallen, geeft de zorgverzekeraar de verzekeringnemers die een zorgverzekering met zo'n vrijwillig eigen risico hebben afgesloten, de mogelijkheid om te kiezen voor een zorgverzekering met een lager of zonder vrijwillig eigen risico.

Artikel 20

1 Bij algemene maatregel van bestuur kunnen vormen van zorg of overige diensten worden aangewezen waarvan de kosten geheel of gedeeltelijk buiten het verplicht eigen risico vallen of waarvan de zorgverzekeraar, onder bij die maatregel te bepalen voorwaarden, kan bepalen dat de kosten geheel of gedeeltelijk buiten het verplicht eigen risico vallen.
2 De zorgverzekeraar kan vormen van zorg of overige diensten aanwijzen waarvan de kosten niet onder het vrijwillig eigen risico vallen, met dien verstande dat bij algemene maatregel van bestuur vormen van zorg of overige diensten kunnen worden aangewezen waarvan de kosten geheel of gedeeltelijk buiten het vrijwillig eigen risico vallen.

Artikel 21

1 Indien een zorgverzekering niet op 1 januari van een kalenderjaar ingaat of eindigt, is het in dat kalenderjaar voor die overeenkomst geldende bedrag van het verplicht eigen risico en indien dat van toepassing is, vrijwillig eigen risico gelijk aan het voor het gehele kalenderjaar geldende bedrag, vermenigvuldigd met een breuk waarvan de teller gelijk is aan het aantal dagen in dat kalenderjaar waarover de zorgverzekering zal lopen of heeft gelopen, en de noemer aan het aantal dagen in het desbetreffende kalenderjaar.
2 In afwijking van het eerste lid wordt het in het kalenderjaar geldende bedrag van het vrijwillig eigen risico indien dat gedurende het kalenderjaar wijzigt en de verzekeringnemer onmiddellijk voorafgaande aan die wijziging reeds een zorgverzekering met de zorgverzekeraar had gesloten, als volgt berekend:
   a ieder bedrag aan vrijwillig eigen risico dat in het desbetreffende kalenderjaar heeft gegolden of zal gelden, wordt vermenigvuldigd met het aantal in dat jaar gelegen dagen waarvoor dat risico gold of zal gelden;
   b de op grond van onderdeel a berekende bedragen worden bij elkaar opgeteld;
   c het op grond van onderdeel b berekende bedrag wordt gedeeld door het aantal dagen in het kalenderjaar.
3 Het op grond van het eerste of tweede lid berekende bedrag wordt afgerond op hele euro's.

Paragraaf 3.5 [Vervallen per 01-01-2008]

Artikel 22 [Vervallen per 01-01-2008]

Paragraaf 3.6. Overige bepalingen

Artikel 23

1 Kosten van zorg of een andere dienst worden toegerekend aan het kalenderjaar waarin de zorg of dienst is genoten, met dien verstande dat de kosten van zorg of een andere dienst die in twee achtereenvolgende kalenderjaren is genoten en door de zorgaanbieder of andere dienstverlener in één bedrag in rekening zijn gebracht, worden toegerekend aan het kalenderjaar waarin de zorg of dienst is aangevangen.
2 Bedragen als bedoeld in artikel 11, derde of vierde lid, die voor rekening van de verzekerde komen, of kosten als bedoeld in artikel 13, eerste lid, voor zover zij voor rekening van de verzekerde blijven, worden met uitzondering van de bedragen, bedoeld in artikel 18a, tweede lid, bij beantwoording van de vraag of een voor zijn verzekering geldend verplicht of vrijwillig eigen risico wordt overschreden, buiten aanmerking gelaten.
3 Een zorgverzekeraar brengt kosten van zorg of overige diensten die zowel ten laste van het verplicht als het vrijwillig eigen risico kunnen komen, eerst ten laste van het verplicht eigen risico.

Artikel 24

1 De rechten en plichten uit de zorgverzekering zijn van rechtswege opgeschort gedurende de periode waarover Onze Minister van Justitie in het kader van de uitvoering van een rechterlijke uitspraak verantwoordelijk is voor de verstrekking van geneeskundige zorg aan een verzekerde.
2 De verzekeringnemer of de verzekerde meldt de zorgverzekeraar de dag waarop de periode, bedoeld in het eerste lid, aanvangt en eindigt.

Hoofdstuk 4. De zorgverzekeraars

Paragraaf 4.1. De aanmelding, de statuten en het werkgebied

Artikel 25

1 Een verzekeraar meldt het voornemen zorgverzekeringen aan te bieden en uit te voeren schriftelijk aan de zorgautoriteit, onder vermelding van de dag met ingang waarvan hij zorgverzekeringen zal aanbieden.
2 De verzekeraar voegt bij de melding alle modelovereenkomsten volgens welke hij zorgverzekeringen wenst aan te bieden.

3 Een zorgverzekeraar legt wijzigingen in zijn modelovereenkomsten of nieuwe modelovereenkomsten voordat deze ingaan aan de zorgautoriteit over.

Artikel 26

1 De zorgautoriteit tekent de datum van ontvangst aan op het geschrift waarmee de melding, bedoeld in artikel 25, eerste lid, is gedaan, alsmede op de modelovereenkomsten of wijzigingen daarvan, bedoeld in artikel 25, tweede en derde lid.
2 De zorgautoriteit zendt de verzekeraar onverwijld een bewijs van ontvangst, waarin die datum is vermeld.
3 De zorgautoriteit zendt het College zorgverzekeringen onverwijld een afschrift van de melding, de modelovereenkomsten of de wijzigingen in de modelovereenkomsten, onder vermelding van de datum van ontvangst ervan.
4 De zorgautoriteit zendt de beheerder van het register van zorgverzekeraars, bedoeld in artikel 14 van de Wet gebruik burgerservicenummer in de zorg, onverwijld een afschrift van de melding onder vermelding van de datum van ontvangst ervan.

Artikel 27

Een verzekeraar die ten onrechte een verzekering als zorgverzekering aanbiedt of uitvoert, is gehouden de schade die een verzekeringsplichtige of degene die hem heeft verzekerd dientengevolge lijdt, te vergoeden.

Artikel 28

1 De statuten van een zorgverzekeraar:
   a voorzien in toezicht op het beleid van het bestuur en op de algemene gang van zaken in de rechtspersoon en de daarmee verbonden onderneming;
   b bieden waarborgen voor een redelijke mate van invloed van de verzekerden op het beleid; en
   c sluiten iedere verplichting van de verzekeringnemers, verzekerden, gewezen verzekeringnemers of gewezen verzekerden tot het doen van een bijdrage in tekorten van de rechtspersoon uit.
2 Bij algemene maatregel van bestuur kunnen regels worden gesteld over de mate van invloed die verzekerden ten minste op het beleid van een zorgverzekeraar dienen te hebben.

Artikel 29

1 Het werkgebied van een zorgverzekeraar is Nederland.
2 In afwijking van het eerste lid kan een zorgverzekeraar zijn werkgebied tot een of meer gehele provincies van Nederland beperken zolang bij hem

minder dan 850 000 verzekerden op basis van een zorgverzekering verzekerd zijn.
3 Voor de bepaling van het aantal verzekerden, bedoeld in het tweede lid, wordt uitgegaan van het gemiddelde aantal verzekerden in het tweede jaar voorafgaande aan het jaar waarvoor de bepaling geschiedt.
4 Bij ministeriële regeling kunnen regels worden gesteld over de wijze waarop het aantal verzekerden wordt bepaald indien de zorgverzekeraar in het tweede of eerste jaar voorafgaande aan het jaar waarvoor de bepaling geschiedt, rechtsopvolger is geweest van, gefuseerd is met, of afgesplitst is van een andere zorgverzekeraar dan wel indien deze verzekeraar zorgverzekeringen van een andere zorgverzekeraar heeft overgenomen.

Artikel 30

1 Een zorgverzekeraar die geen zorgverzekeringen meer wenst aan te bieden of uit te voeren, meldt het voornemen hiertoe schriftelijk aan de zorgautoriteit, onder vermelding van de dag met ingang waarvan hij geen zorgverzekeringen meer zal uitvoeren.
2 Artikel 26 is van overeenkomstige toepassing.

Artikel 31

1 Indien jegens een zorgverzekeraar of een voormalige zorgverzekeraar de noodregeling is uitgesproken krachtens afdeling 3.5.5 van de Wet op het financieel toezicht of een voormalige zorgverzekeraar failliet is verklaard, voldoet het College zorgverzekeringen aan de verzekerden jegens die zorgverzekeraar of voormalige zorgverzekeraar bestaande vorderingen ter zake van een recht op vergoeding als bedoeld in artikel 11, eerste lid, onderdeel b, of artikel 13.
2 De vorderingen, bedoeld in het eerste lid, gaan bij wijze van subrogatie op het College zorgverzekeringen over voor zover dat college deze heeft voldaan.
3 Het Rijk is tegenover het College zorgverzekeringen aansprakelijk voor de betalingen, bedoeld in het eerste lid.

Paragraaf 4.2. De vereveningsbijdrage

Artikel 32

1 Het College zorgverzekeringen kent een zorgverzekeraar die voldaan heeft aan zijn verplichtingen, bedoeld in artikel 25, voor ieder kalenderjaar waarin hij zorgverzekeringen aanbiedt en uitvoert een bijdrage toe.
2 Bij algemene maatregel van bestuur worden regels omtrent de berekening van de bijdragen gesteld.
3 De regels, bedoeld in het tweede lid, bepalen ten minste dat de hoogte van de bijdrage wordt berekend op basis van bij die maatregel te bepalen, voor

alle zorgverzekeraars gelijke criteria, waaronder in ieder geval het aantal verzekerden bij een zorgverzekeraar en een aantal verzekerdenkenmerken.
4 Bij ministeriële regeling:
  a wordt voor 1 oktober van ieder jaar bepaald welk bedrag in totaal voor het daaropvolgende kalenderjaar aan de zorgverzekeraars kan worden toegekend;
  b kan worden bepaald dat in aanvulling op de criteria, bedoeld in het derde lid, voor de berekening van de hoogte van de bijdragen eenmalig rekening wordt gehouden met een bij die regeling te bepalen, voor alle zorgverzekeraars gelijk criterium;
  c wordt statistisch onderbouwd aan elk criterium als bedoeld in het derde lid of aan een criterium als bedoeld in onderdeel b een bijdrage gekoppeld;
  d worden nadere regels omtrent de berekening van de bijdragen gesteld en wordt geregeld hoe de op grond van het eerste lid toegekende bijdragen door het College zorgverzekeringen worden betaald.
5 Het College zorgverzekeringen stelt jaarlijks voor 15 oktober beleidsregels vast waarin wordt aangegeven op welke wijze toepassing wordt gegeven aan de in het vierde lid bedoelde regels.
6 De toekenning, bedoeld in het eerste lid, geschiedt voor 1 november van het jaar voorafgaande aan het jaar waarvoor de bijdrage wordt gegeven.
7 De beleidsregels, bedoeld in het vijfde lid, behoeven de goedkeuring van Onze Minister.

Artikel 33

1 Bij ministeriële regeling kunnen, ingeval van een kernexplosie of natuurramp, of andere buitengewone gebeurtenissen die niet tot het normale bedrijfsrisico van zorgverzekeraars kunnen worden gerekend, na aanvang van het kalenderjaar middelen voor bijdragen aan een of meer zorgverzekeraars beschikbaar worden gesteld.
2 Het College zorgverzekeringen kent de bijdragen aan de bij de ministeriële regeling aangewezen zorgverzekeraars toe.
3 Bij ministeriële regeling worden regels omtrent de berekening van de bijdragen gesteld en wordt geregeld hoe de toegekende bijdragen door het College zorgverzekeringen worden betaald.
4 Artikel 32, vijfde en zevende lid, zijn, met uitzondering van de in het vijfde lid genoemde datum, van overeenkomstige toepassing.

Artikel 34

1 Uiterlijk in het tweede jaar volgende op het kalenderjaar waarvoor de bijdragen, bedoeld in artikel 32 en 33, zijn toegekend, stelt het College zorgverzekeringen de bijdrage vast.
2 De vaststelling van een bijdrage als bedoeld in artikel 32, houdt in ieder geval in een herberekening van de bijdrage op basis van het werkelijke aantal verzekerden dat de zorgverzekeraar in het desbetreffende jaar had

en de werkelijke verdeling van de verzekerdenkenmerken als bedoeld in artikel 32, derde lid, over die verzekerden, voor zover de daartoe benodigde gegevens tijdig bij het College zorgverzekeringen zijn aangeleverd.
3 Bij of krachtens algemene maatregel van bestuur worden nadere regels omtrent de berekening van de bijdragen gesteld, met dien verstande dat generieke verevening slechts tot en met 31 december 2010 mogelijk is.
4 Het College zorgverzekeringen stelt beleidsregels op waarin wordt aangegeven op welke wijze toepassing wordt gegeven aan de in het derde lid bedoelde regels en op welke wijze een vergoeding voor rentekosten wordt verleend respectievelijk in rekening wordt gebracht.
5 Indien de vastgestelde bijdrage hoger is dan de toegekende bijdrage betaalt het College zorgverzekeringen de zorgverzekeraar of diens rechtsopvolger het verschil, vermeerderd met de rentekosten, en indien de vastgestelde bijdrage lager is dan de toegekende bijdrage vordert het College zorgverzekeringen het verschil, vermeerderd met de rentekosten, van de zorgverzekeraar of diens rechtsopvolger terug.
6 Het College zorgverzekeringen is bevoegd het bedrag dat na toepassing van het eerste en vijfde lid aan de zorgverzekeraar dient te worden betaald respectievelijk van de zorgverzekeraar dient te worden teruggevorderd, te verrekenen met een toekenning van een bijdrage als bedoeld in artikel 32 of 33 over een later jaar.

Artikel 35

1 Het College zorgverzekeringen draagt zorg voor het inrichten en in stand houden van een administratie, waarin van iedere verzekerde wordt opgenomen:
   a het burgerservicenummer of, bij het ontbreken daarvan, het sociaal-fiscaalnummer;
   b de zorgverzekeraar waarbij de verzekerde verzekerd is;
   c de persoonsgegevens, waaronder persoonsgegevens betreffende de gezondheid als bedoeld in de Wet bescherming persoonsgegevens, die noodzakelijk zijn voor de berekening van aan de zorgverzekeraar toekomende bijdragen als bedoeld in de artikelen 32 tot en met 34.
2 De zorgverzekeraar meldt het College zorgverzekeringen, onder vermelding van de ingangsdatum ervan, iedere door hem gesloten zorgverzekering, alsmede, indien de zorgverzekering is geëindigd, de datum waarop deze eindigde.
3 Indien het College zorgverzekeringen constateert dat een verzekerde bij twee of meer zorgverzekeraars verzekerd is, stelt hij de betrokken zorgverzekeraars daarvan, onder vermelding van de namen van alle zorgverzekeraars waarbij de verzekerde verzekerd is, terstond op de hoogte.
4 Bij ministeriële regeling kunnen:
   a regels worden gesteld over de in de administratie van het College zorgverzekeringen op te nemen persoonsgegevens als bedoeld in het eerste lid, onderdeel c;

b regels worden gesteld over de inrichting van de administratie van het College zorgverzekeringen, bedoeld in het eerste lid.

Artikel 36

Op rechten of verplichtingen die voortvloeien uit hetgeen in deze paragraaf geregeld is, is titel 4.2 van de Algemene wet bestuursrecht niet van toepassing.

Paragraaf 4.3. De verslaglegging

Artikel 37

1 De zorgverzekeraar zendt binnen zes maanden na afloop van het boekjaar twee exemplaren van zijn jaarrekening en van zijn jaarverslag aan de zorgautoriteit.
2 Een zorgverzekeraar die artikel 403 van Boek 2 van het Burgerlijk Wetboek toepast, zendt de jaarrekening, het jaarverslag en de geconsolideerde jaarrekening onverwijld na de neerlegging van het jaarverslag en de geconsolideerde jaarrekening ten kantore van het handelsregister, in tweevoud aan de zorgautoriteit.
3 De zorgverzekeraar voegt bij de stukken, bedoeld in het eerste of tweede lid, twee afschriften van de accountantsverklaring die hij op grond van het Burgerlijk Wetboek of de Wet op het financieel toezicht over deze stukken dient te laten opstellen.
4 De zorgautoriteit zendt het College zorgverzekeringen onverwijld één exemplaar van de in het eerste tot en met derde lid bedoelde stukken.

Artikel 38

1 De zorgverzekeraar zendt voor 1 juli aan de zorgautoriteit in tweevoud een uitvoeringsverslag waarin hij:
   a rapporteert over de uitvoering van deze wet in het voorafgaande kalenderjaar, en
   b een overzicht geeft van zijn voornemens met betrekking tot de uitvoering van deze wet in het lopende kalenderjaar en het daaropvolgende kalenderjaar.
2 Bij ministeriële regeling kunnen nadere voorschriften worden gesteld omtrent de inhoud van het uitvoeringsverslag.
3 De voorschriften, bedoeld in het tweede lid, kunnen in het bijzonder betrekking hebben op naleving van een in de regeling aan te wijzen gedragscode.
4 De zorgverzekeraar voegt bij het uitvoeringsverslag twee exemplaren van een verslag met bevindingen van een accountant als bedoeld in artikel 393 van Boek 2 van het Burgerlijk Wetboek over de vraag of:
   a het uitvoeringsverslag overeenkomstig de daarvoor geldende regels is opgesteld;

b de uitvoering is geschied overeenkomstig de verplichtingen die bij of krachtens deze wet in het voorafgaande kalenderjaar op de zorgverzekeraar rustten.
5 Artikel 37, vierde lid, is van overeenkomstige toepassing.

Hoofdstuk 5. Het zorgverzekeringsfonds, de inkomensafhankelijke bijdrage, de rijksbijdragen en de belasting van gemoedsbezwaarden

Paragraaf 5.1. Het Zorgverzekeringsfonds

Artikel 39

1 Er is een Zorgverzekeringsfonds.
2 Ten gunste van het Zorgverzekeringsfonds komen:
  a de inkomensafhankelijke bijdragen, bedoeld in paragraaf 5.2, alsmede de daarmee verband houdende bestuurlijke boeten en renten;
  b de rijksbijdrage, bedoeld in artikel 54;
  c een rijksbijdrage als bedoeld in de artikelen 55 of 56;
  d een bedrag van iedere rekening, bedoeld in artikel 70, gelijk aan:
    1°. jaarlijks: de helft van de bijdragevervangende belastingen die degenen wier bijdragevervangende belastingen op die rekening werden gestort, over het voorafgaande kalenderjaar gezamenlijk verschuldigd waren, of zoveel minder als het saldo bedraagt;
    2°. voor iedere tot een huishouding als bedoeld in artikel 70, tweede lid, behorende gemoedsbezwaarde die alsnog verzekeringsplichtig wordt dan wel overlijdt: het saldo van de rekening gedeeld door het aantal tot de huishouding behorende gemoedsbezwaarden;
    3°. indien de rekening met toepassing van artikel 70, zevende lid, wordt opgeheven: het saldo van de rekening;
  e aan het College zorgverzekeringen betaalde bedragen ter gehele of gedeeltelijke voldoening van vorderingen als bedoeld in artikel 31, tweede lid;
  f de bijdragen en boeten, bedoeld in artikel 69;
  g de inkomsten die in verband met deze wet voortvloeien uit internationale overeenkomsten;
  h de door de zorgautoriteit van verzekeraars op grond van artikel 83 van de Wet marktordening gezondheidszorg geïnde dwangsommen, de ingevorderde boeten als bedoeld in de artikelen 86 tot en met 89 van die wet, alsmede de ingevorderde boeten als bedoeld in artikel 96 van deze wet, nadat deze zijn verminderd met de in het zesde lid van dat artikel bedoelde vergoeding.
3 Ten laste van het Zorgverzekeringsfonds komen:
  a de bijdragen, bedoeld in de artikelen 32, 33 en 34;
  b subsidies als bedoeld in artikel 68, inclusief vergoedingen als bedoeld in het tweede lid van dat artikel;

    c door het College zorgverzekeringen voldane vorderingen als bedoeld in artikel 31, eerste lid;
    d uitgaven in verband met molest als bedoeld in artikel 55, inclusief vergoedingen als bedoeld in het derde lid van dat artikel;
    e de uitgaven die in verband met deze wet voortvloeien uit internationale overeenkomsten;
    f uitkeringen als bedoeld in artikel 118a en de met de uitvoering van dat artikel gepaard gaande beheerskosten van het Centraal Administratiekantoor;
    g subsidies als bedoeld in artikel 123a.
4 Uit het Zorgverzekeringsfonds kunnen, volgens bij ministeriële regeling te stellen regels, middelen worden gebruikt voor het vormen en in stand houden van een voor de doelstelling van het fonds noodzakelijke reserve.

Artikel 40

1 Het College zorgverzekeringen beheert en administreert afzonderlijk het Zorgverzekeringsfonds.
2 Het College zorgverzekeringen houdt de financiële middelen die deel uitmaken van het Zorgverzekeringsfonds, in rekening-courant bij Onze Minister van Financiën.
3 Het College zorgverzekeringen kan, voor de uitvoering van zijn wettelijke taken, beschikken over de financiële middelen die hij in rekening-courant bij Onze Minister van Financiën aanhoudt.
4 In afwijking van het tweede lid kan het College zorgverzekeringen een deel van de in dat lid bedoelde financiële middelen buiten de in dat lid bedoelde rekening-courant houden.
5 Onze Minister stelt in overeenstemming met Onze Minister van Financiën, na overleg met het College zorgverzekeringen, de omvang van het in het vierde lid bedoelde deel van de financiële middelen vast.
6 Bij een tekort aan financiële middelen maakt het College zorgverzekeringen uitsluitend gebruik van de kredietfaciliteiten die door Onze Minister van Financiën worden verleend.
7 Onze Minister van Financiën informeert dagelijks het College zorgverzekeringen ten aanzien van de rekening-courant, in elk geval met betrekking tot:
    a de slotstanden per dag;
    b alle dagelijks geboekte mutaties of transacties in de rekening-courant.
8 Het College zorgverzekeringen informeert Onze Minister van Financiën ten aanzien van de rekening-courant in elk geval met betrekking tot de prognoses van de saldi van de rekening-courant.
9 Onze Minister van Financiën brengt voor het beheer van de rekening-courant geen kosten in rekening.
10 Onze Minister stelt in overeenstemming met Onze Minister van Financiën, na overleg met het College zorgverzekeringen, regels omtrent de rente die over de saldi van de in het tweede lid bedoelde rekening-courant wordt vergoed onderscheidenlijk in rekening wordt gebracht.

11 Onze Minister kan in overeenstemming met Onze Minister van Financiën, na overleg met het College zorgverzekeringen, regels stellen omtrent het tweede, zevende en achtste lid.

Paragraaf 5.2. De inkomensafhankelijke bijdrage

Artikel 41

De verzekeringsplichtige is een inkomensafhankelijke bijdrage verschuldigd.

Artikel 42

De inkomensafhankelijke bijdrage over een jaar wordt geheven over het bijdrage-inkomen van dat jaar.

Artikel 43

1 Het bijdrage-inkomen van een jaar is het gezamenlijke bedrag van hetgeen door de verzekeringsplichtige in dat jaar is genoten aan:
   a belastbaar loon overeenkomstig de wettelijke bepalingen van de loonbelasting, verminderd met de ingevolge artikel 46 genoten vergoeding en met uitzondering van loon als bedoeld in artikel 31, eerste lid, onderdelen b tot en met h, van de Wet op de loonbelasting 1964 waarover de belasting op grond van artikel 27a, eerste lid, van die wet is verschuldigd door de inhoudingsplichtige en het hierdoor voor de werknemer in de zin van die wet ontstane voordeel, en vermeerderd met loon, bepaald volgens de regels van artikel 3.82 van de Wet inkomstenbelasting 2001;
   b belastbare winst uit onderneming, bepaald volgens de regels van afdeling 3.2 van de Wet inkomstenbelasting 2001;
   c belastbaar resultaat uit overige werkzaamheden, bepaald volgens de regels van afdeling 3.4 van de Wet inkomstenbelasting 2001, met uitzondering van de in de artikelen 3.91 en 3.92 van de Wet inkomstenbelasting 2001 bedoelde werkzaamheden;
   d belastbare periodieke uitkeringen en verstrekkingen, bepaald volgens de regels van afdeling 3.5 van de Wet inkomstenbelasting 2001.
2 Het bijdrage-inkomen wordt ten minste op nihil gesteld en wordt tot geen hoger bedrag in aanmerking genomen dan het bij regeling van Onze Minister, in overeenstemming met Onze Minister van Sociale Zaken en Werkgelegenheid en Onze Minister van Financiën, vastgestelde bedrag.
3 Bij de berekening van het bijdrage-inkomen blijft het van dezelfde inhoudingsplichtige ontvangen loon als bedoeld in het eerste lid, onderdeel a, buiten aanmerking voor zover dat meer bedraagt dan een bij regeling van Onze Minister in overeenstemming met Onze Minister van Financiën en Onze Minister van Sociale Zaken en Werkgelegenheid, vastgesteld be-

drag vermenigvuldigd met het aantal loontijdvakken van het bijdragebetalingstijdvak.

4 In de gevallen, bedoeld in artikel 26b, eerste volzin, van de Wet op de loonbelasting 1964 en artikel 19 Wet financiering sociale verzekeringen, blijven het tweede en het derde lid buiten toepassing bij de berekening van het als bijdrage-inkomen in aanmerking te nemen loon dat van de inhoudingsplichtige is genoten.

Artikel 44

1 Het bedrag, bedoeld in artikel 43, tweede lid, wordt jaarlijks bij beschikking van Onze Minister, in overeenstemming met Onze Minister van Sociale Zaken en Werkgelegenheid en Onze Minister van Financiën, herzien, waarbij met inachtneming van het bij en krachtens het tweede lid bepaalde, het laatstelijk vastgestelde bedrag wordt verhoogd of verlaagd overeenkomstig het procentuele verschil tussen het indexcijfer der lonen op 31 juli daaraan voorafgaande en het indexcijfer, dat bij de laatste herziening is gehanteerd.

2 Onder indexcijfer der lonen wordt verstaan het indexcijfer van de CAO-lonen per maand inclusief bijzondere uitkeringen, sector particuliere bedrijven, zoals dat op basis van het jaar 2000 wordt berekend door het Centraal Bureau voor de Statistiek naar de stand op de laatste werkdag van elke kalendermaand en voor de eerste maal, al dan niet voorlopig, wordt gepubliceerd in het Statistisch Bulletin van het Centraal Bureau voor de Statistiek.

3 Het in het tweede lid genoemde jaartal kan bij regeling van Onze Minister worden gewijzigd.

4 Bij de eerstvolgende herziening nadat een in het derde lid bedoelde regeling is getroffen, wordt, in afwijking van het eerste lid, het procentuele verschil gehanteerd tussen het indexcijfer der lonen op 31 juli daaraan voorafgaande en het indexcijfer dat bij de laatste herziening zou zijn gehanteerd, ware de indexcijferreeks reeds op het gewijzigde jaartal gebaseerd.

5 Indien daartoe een bijzondere aanleiding bestaat, kan bij algemene maatregel van bestuur van de in het eerste en tweede lid aangegeven aanpassingsmethode worden afgeweken.

6 Indien een wijziging ingaat op een ander tijdstip dan 1 januari, vindt de vaststelling plaats in overeenstemming met Onze Minister van Financiën en kunnen daarbij regels worden gesteld omtrent de wijze van berekening van de bijdrage over het gehele kalenderjaar.

Artikel 45

1 De inkomensafhankelijke bijdrage bedraagt een percentage van het bijdrage-inkomen.

2 Het in het eerste lid bedoelde bijdragepercentage wordt bij regeling van Onze Minister, in overeenstemming met Onze Minister van Sociale Zaken en Werkgelegenheid en Onze Minister van Financiën, vastgesteld.
3 Voor daarbij aan te geven bestanddelen van het bijdrage-inkomen kan een afwijkend bijdragepercentage worden vastgesteld.
4 De bijdragepercentages worden zodanig vastgesteld, dat de som van de inkomensafhankelijke bijdragen gelijk is aan 50% van de som van bij ministeriële regeling te bepalen, ten gunste van het Zorgverzekeringsfonds of van de zorgverzekeraars komende inkomsten.
5 Na afloop van het kalenderjaar vastgestelde verschillen tussen de bedragen van de inkomsten die in de ministeriële regeling, bedoeld in het vierde lid, in aanmerking waren genomen en de werkelijke bedragen van die inkomsten, worden verrekend bij de vaststelling van het bijdragepercentage in een volgend jaar.
6 Indien een wijziging van het bijdragepercentage ingaat op een ander tijdstip dan 1 januari, vindt de vaststelling plaats in overeenstemming met Onze Minister van Financiën en kunnen daarbij regels worden gesteld omtrent de wijze van berekening van de bijdrage over het gehele kalenderjaar.

Artikel 46

1 Een verzekeringsplichtige die bij regeling van Onze Minister aan te wijzen loon overeenkomstig de wettelijke bepalingen van de loonbelasting geniet, heeft recht op een volledige vergoeding door de inhoudingsplichtige van de inkomensafhankelijke bijdrage over dit deel van het bijdrage-inkomen.
2 Voor de toepassing van het eerste lid is artikel 43, tweede lid, van overeenkomstige toepassing.

Artikel 47

Bij regeling van Onze Minister, in overeenstemming met Onze Minister van Financiën en Onze Minister van Sociale Zaken en Werkgelegenheid, kunnen nadere regels worden gesteld met betrekking tot deze paragraaf.

Paragraaf 5.3. De heffing en invordering van de inkomensafhankelijke bijdrage

Artikel 48

De rijksbelastingdienst heft de inkomensafhankelijke bijdrage.

Artikel 49

1 Voor zover het bijdrage-inkomen bestaat uit loon als bedoeld in artikel 43, eerste lid, onderdeel a, dat van een inhoudingsplichtige wordt genoten, wordt de inkomensafhankelijke bijdrage bij wijze van inhouding geheven

met overeenkomstige toepassing van de voor de heffing van de loonbelasting geldende regels.
2 Voor zover het bijdrage-inkomen bestaat uit andere dan de in het eerste lid bedoelde bestanddelen, wordt de inkomensafhankelijke bijdrage bij wege van aanslag geheven met overeenkomstige toepassing van de voor de heffing van de inkomstenbelasting geldende regels, met uitzondering van artikel 3.154 van de Wet inkomstenbelasting 2001.
3 Bij de vaststelling van de ingevolge het tweede lid op te leggen aanslag over een jaar wordt als bijdrage-inkomen ten hoogste in aanmerking genomen een bedrag gelijk aan het bijdrage-inkomen dat op grond van artikel 43, tweede lid, ten hoogste in aanmerking wordt genomen, verminderd met het bijdrage-inkomen dat ingevolge het eerste lid ten aanzien van de verzekeringsplichtige over het jaar reeds in aanmerking is genomen.

Artikel 50

1 Indien over het bijdrage-inkomen inkomensafhankelijke bijdrage is ingehouden over een hoger bijdrage-inkomen dan het bedrag, bedoeld in artikel 43, tweede lid, stelt de inspecteur, bedoeld in de Wet financiering sociale verzekeringen, bij voor bezwaar vatbare beschikking het bedrag van de teveel betaalde bijdrage vast.
2 Indien het bijdrage-inkomen waarover inkomensafhankelijke bijdrage is ingehouden van verschillende inhoudingsplichtigen is ontvangen, wordt het bedrag van de teveel ingehouden bijdrage als bedoeld in het eerste lid naar evenredigheid toegerekend aan de door deze inhoudingsplichtigen ingehouden bijdrage.
3 In afwijking in zoverre van de vorige leden wordt het bedrag van teveel ingehouden bijdrage voor zover mogelijk toegerekend aan de inkomensafhankelijke bijdrage over het bijdrage-inkomen waarop artikel 46, eerste lid, niet van toepassing is.
4 Bij regeling van Onze Minister, in overeenstemming met Onze Minister van Financiën, kunnen nadere en zo nodig afwijkende regels worden gesteld.
5 In afwijking van de artikelen 25b, 27f, 27j, derde lid, en 29i van de Algemene wet inzake rijksbelastingen verleent de inspecteur een teruggave van een ingehouden bedrag aan inkomensafhankelijke bijdrage over loon als bedoeld in artikel 46, eerste lid, aan de inhoudingsplichtige.

Artikel 51

1 De rijksbelastingdienst vordert de inkomensafhankelijke bijdrage in.
2 Bij de invordering van de bijdrage zijn, naar gelang artikel 49, eerste lid, dan wel tweede lid van toepassing is, de regels geldende voor de invordering van de loonbelasting, met uitzondering van artikel 38, eerste lid, onderdeel a, van de Invorderingswet 1990, onderscheidenlijk de inkomstenbelasting van overeenkomstige toepassing.

Artikel 52

Bij regeling van Onze Minister en Onze Minister van Financiën worden regels gesteld met betrekking tot de afdracht van de inkomensafhankelijke bijdragen alsmede van de daarmee verband houdende bestuurlijke boeten en renten door de rijksbelastingdienst aan het Zorgverzekeringsfonds.

Artikel 53

Bij regeling van Onze Minister, in overeenstemming met Onze Minister van Financiën en Onze Minister van Sociale Zaken en Werkgelegenheid, kunnen nadere regels worden gesteld met betrekking tot deze paragraaf.

Paragraaf 5.4. De rijksbijdragen aan het Zorgverzekeringsfonds

Artikel 54

1 Onze Minister verleent jaarlijks aan het Zorgverzekeringsfonds een bijdrage in de financiering van de zorgverzekering voor verzekerden jonger dan achttien jaar.
2 De bijdrage is gelijk aan het bedrag dat daarvoor in de wet tot vaststelling van de begroting van zijn ministerie voor dat jaar is toegestaan.
3 De bijdrage wordt betaald in gelijke maandelijkse delen.

Artikel 55

1 Onze Minister kan, in overeenstemming met Onze Minister van Financiën, een bijdrage aan het Zorgverzekeringsfonds verlenen ter gehele of gedeeltelijke betaling van zorg of overige diensten als bedoeld in artikel 10, in geval de behoefte aan die zorg of diensten is veroorzaakt door of ontstaan uit gewapend conflict, burgeroorlog, opstand, binnenlandse onlusten, oproer, muiterij of terrorisme.
2 Bij ministeriële regeling wordt bepaald:
   a welke vormen van zorg of overige diensten voor welk gedeelte met de bijdrage worden betaald;
   b ten behoeve van welke personen de bijdrage wordt betaald;
   c onder welke voorwaarden en op welke wijze deze zorg of overige diensten door het College zorgverzekeringen worden betaald.
3 In een regeling als bedoeld in het tweede lid kan worden bepaald dat zorgverzekeraars het College zorgverzekeringen bijstand verlenen bij het uitvoeren van de ministeriële regeling, bedoeld in het tweede lid, en welke vergoeding daar voor de zorgverzekeraars tegenover staat.

Artikel 56

Indien de situatie, bedoeld in artikel 31, eerste lid, zich heeft voorgedaan, verstrekt Onze Minister een bijdrage aan het Zorgverzekeringsfonds ter hoogte van het verschil tussen het bedrag aan voldane vorderingen, als bedoeld in artikel 31, eerste lid, en het bedrag dat het College zorgverzekeringen ter zake van de vorderingen, bedoeld in artikel 31, tweede lid, heeft ontvangen.

Paragraaf 5.5. De bijdragevervangende belasting gemoedsbezwaarden

Artikel 57

1 Van de persoon die op grond van artikel 2, tweede lid, onderdeel b, niet verzekeringsplichtig is, wordt met overeenkomstige toepassing van hoofdstuk 5 van de Wet financiering sociale verzekeringen en artikel 58 van die wet belasting geheven, tot het bedrag van de inkomensafhankelijke bijdrage, bedoeld in artikel 43, tweede lid, dat de persoon verschuldigd zou zijn als ware hij verzekeringsplichtig.
2 Indien de in het eerste lid bedoelde belasting wordt geheven over op grond van artikel 46, eerste lid, aangewezen loon, is artikel 46 van overeenkomstige toepassing.
3 De rijksbelastingdienst stort de belasting, bedoeld in het eerste lid, op de rekening, bedoeld in artikel 70, eerste dan wel tweede lid.

Hoofdstuk 6. Het college zorgverzekeringen

Paragraaf 6.1. Algemene bepalingen

Artikel 58

1 Er is een College voor zorgverzekeringen, dat rechtspersoonlijkheid bezit.
2 Het College zorgverzekeringen is gevestigd in een door Onze Minister te bepalen plaats.
3 Het College zorgverzekeringen is belast met de taken die hem bij of krachtens wet of internationale overeenkomst zijn opgedragen.
4 Het College zorgverzekeringen wordt in en buiten rechte vertegenwoordigd door de voorzitter.

Artikel 59

1 Het College zorgverzekeringen bestaat uit ten hoogste drie leden, onder wie de voorzitter.
2 Onze Minister benoemt, schorst en ontslaat de voorzitter en de overige leden.
3 Benoeming vindt plaats op grond van de deskundigheid die nodig is voor de uitoefening van de taken van het College zorgverzekeringen alsmede op grond van maatschappelijke kennis en ervaring.
4 De leden worden benoemd voor ten hoogste vier jaar. Herbenoeming kan twee maal en telkens voor ten hoogste vier jaar plaatsvinden.

5 Het lidmaatschap van het College zorgverzekeringen is onverenigbaar met het lidmaatschap van de zorgautoriteit of van het bestuur van De Nederlandsche Bank N.V.
6 Bij ministeriële regeling kunnen andere functies of werkzaamheden dan die, genoemd in het vijfde lid, worden aangewezen, die niet verenigbaar zijn met het lidmaatschap van het College zorgverzekeringen.
7 Het lidmaatschap eindigt tussentijds door overlijden, ontslag op eigen verzoek of ontslag om zwaarwichtige redenen door Onze Minister.
8 Van een besluit tot benoeming, schorsing of ontslag wordt mededeling gedaan in de *Staatscourant*.
9 Onze Minister stelt de bezoldiging en de regels ten aanzien van de rechtspositie van de leden van het College zorgverzekeringen vast.

Artikel 59a

1 Het College zorgverzekeringen heeft een commissie die rapporten of signalen als bedoeld in artikel 66 voorbereidt.
2 De commissie bestaat uit een oneven aantal van ten hoogste negen leden, waaronder de leden van het College zorgverzekeringen.
3 Artikel 59, tweede, derde, vierde, zevende en achtste lid, zijn op de leden van de commissie die niet tevens leden van het College zorgverzekeringen zijn, van overeenkomstige toepassing, met dien verstande dat hun benoeming plaatsvindt op grond van de deskundigheid die nodig is voor de uitoefening van de taken van de commissie en op grond van maatschappelijke kennis en ervaring.
4 Bij ministeriële regeling worden de vergoeding van reis- en verblijfkosten en verdere vergoedingen aan de leden van de commissie die niet tevens leden van het College zorgverzekeringen zijn, vastgesteld.

Artikel 60

1 Het College zorgverzekeringen stelt een bestuursreglement vast.
2 Vergaderingen van het College zorgverzekeringen zijn niet openbaar, behoudens voor zover in het bestuursreglement anders is bepaald.
3 In het bestuursreglement legt het College zorgverzekeringen in ieder geval vast hoe hij voldoet aan de verplichting ingevolge artikel 3:2 van de Algemene wet bestuursrecht.
4 Het bestuursreglement behoeft de goedkeuring van Onze Minister.

Artikel 61

1 Op de rechtspositie van het personeel van het College zorgverzekeringen zijn de regels die gelden voor ambtenaren die zijn aangesteld bij ministeries van toepassing, met dien verstande dat waar in deze regels een bevoegdheid is toegekend aan een andere minister dan Onze Minister van Binnenlandse Zaken en Koninkrijksrelaties, deze bevoegdheid wordt uitgeoefend door het College zorgverzekeringen.

2 Bij algemene maatregel van bestuur kan worden afgeweken van de in het eerste lid bedoelde regels.

Artikel 62

Onze Minister kan beleidsregels vaststellen met betrekking tot de werkwijze en de uitoefening van de taken van het College zorgverzekeringen.

Artikel 63

1 Een besluit van het College zorgverzekeringen kan bij koninklijk besluit worden vernietigd.
2 Van een besluit tot vernietiging wordt mededeling gedaan door plaatsing in de *Staatscourant*.

Paragraaf 6.2. Taken en bevoegdheden

Artikel 64

1 Het College zorgverzekeringen bevordert de eenduidige uitleg van de aard, inhoud en omvang van de prestaties, bedoeld in artikel 11.
2 Het College zorgverzekeringen kan de zorgverzekeraars met het oog hierop richtlijnen geven.

Artikel 65

Het College zorgverzekeringen geeft aan zorgverzekeraars, aan zorgaanbieders en aan burgers voorlichting over de aard, inhoud en omvang van de prestaties, bedoeld in artikel 11.

Artikel 66

1 Het College zorgverzekeringen rapporteert Onze Minister desgevraagd over voorgenomen beleid inzake aard, inhoud en omvang van de prestaties, bedoeld in artikel 11.
2 Het College zorgverzekeringen signaleert gevraagd en ongevraagd aan Onze Minister feitelijke ontwikkelingen die aanleiding kunnen geven tot wijzigingen van de aard, inhoud en omvang van de prestaties, bedoeld in artikel 11.

Artikel 67

Het College zorgverzekeringen bevordert de afstemming van de uitvoering:
a van en tussen de zorgverzekering en de algemene verzekering bijzondere ziektekosten, en

b van deze verzekeringen met de uitvoering van het beleid op andere terreinen van de volksgezondheid en op andere terreinen van sociale zekerheid.

Artikel 68

1 Bij ministeriële regeling kan worden bepaald dat het College zorgverzekeringen overeenkomstig in die regeling gestelde regels tijdelijk subsidies verstrekt voor zorg of andere diensten, ten aanzien waarvan het voornemen bestaat deze te doen opnemen in de te verzekeren prestaties.
2 In een regeling als bedoeld in het eerste lid kan worden bepaald dat zorgverzekeraars het College zorgverzekeringen bijstand verlenen bij de verstrekking van subsidies behorende tot een in die regeling genoemde categorie, en welke vergoeding zij daarvoor ontvangen.
3 Onze Minister kan jaarlijks voor een categorie van subsidies het subsidieplafond voor het komende jaar bekendmaken.
4 In een regeling als bedoeld in het eerste lid kan aan het College zorgverzekeringen worden opgedragen nadere regels te stellen.
5 Nadere regels als bedoeld in het vierde lid behoeven de goedkeuring van Onze Minister.
6 Goedkeuring kan slechts worden onthouden wegens strijd met het recht of het belang van de volksgezondheid.

Artikel 69

1 In het buitenland wonende personen die met toepassing van een Verordening van de Raad van de Europese Gemeenschappen dan wel toepassing van zodanige verordening krachtens de overeenkomst betreffende de Europese Economische Ruimte of een verdrag inzake sociale zekerheid in geval van behoefte aan zorg recht hebben op zorg of vergoeding van de kosten daarvan, zoals voorzien in de wetgeving over de verzekering voor zorg van hun woonland, melden zich, tenzij zij op grond van deze wet verzekeringsplichtig zijn, bij het College zorgverzekeringen aan.
2 De in het eerste lid bedoelde personen zijn een bij ministeriële regeling te bepalen bijdrage verschuldigd, die voor een bij die regeling te bepalen gedeelte, voor de toepassing van de Wet op de zorgtoeslag als premie voor een zorgverzekering wordt beschouwd.
3 Indien de melding niet is geschied binnen vier maanden nadat het recht, bedoeld in het eerste lid, is ontstaan, legt het College zorgverzekeringen degene die de melding had moeten doen een boete op, die gelijk is aan 130% van een bij ministeriële regeling te bepalen gedeelte van de bijdrage, bedoeld in het tweede lid, over een periode gelijk aan de periode gelegen tussen de dag waarop het recht ontstond en de dag waarop de melding is geschied, maar met een maximum van vijf jaren.
4 Het College zorgverzekeringen is belast met de administratie, voortvloeiend uit het eerste lid en de daar genoemde internationale regels, alsmede

met het nemen van beschikkingen over de heffing en de inning van de bijdrage, bedoeld in het tweede lid.
5 Indien tegen een door het College zorgverzekeringen op grond van dit artikel genomen beschikking bezwaar wordt gemaakt:
   a kan dat college, in afwijking van artikel 7:3 van de Algemene wet bestuursrecht, van het horen van een belanghebbende afzien, tenzij deze binnen een door het college gestelde, redelijke termijn verklaart dat hij gebruik wil maken van het recht te worden gehoord;
   b beslist dat college, in afwijking van artikel 7:10, eerste lid, van de Algemene wet bestuursrecht, binnen dertien weken na ontvangst van het bezwaarschrift.
6 Het College zorgverzekeringen gebruikt voor de uitvoering van dit artikel het burgerservicenummer of, bij ontbreken daarvan, het sociaal-fiscaalnummer van de in het eerste lid bedoelde personen.
7 Bij ministeriële regeling:
   a kan worden bepaald dat organen die pensioen of rente verschuldigd zijn in opdracht van het College zorgverzekeringen werkzaamheden verrichten ter voorbereiding of uitvoering van beschikkingen als bedoeld in het vierde lid, waarbij kan worden bepaald dat die organen de bijdragen, bedoeld in het tweede lid, op het pensioen of de rente inhouden en aan het Zorgverzekeringsfonds afdragen;
   b kunnen regels worden gesteld over de wijze waarop het College zorgverzekeringen zijn taak, bedoeld in het vierde lid, uitoefent of de organen, bedoeld in onderdeel a, de in dat onderdeel bedoelde werkzaamheden uitvoeren.

Artikel 70

1 Het College zorgverzekeringen opent voor iedere gemoedsbezwaarde, bedoeld in artikel 2, tweede lid, onderdeel b, een rekening, waarop de geheven bijdragevervangende belasting, bedoeld in artikel 57, eerste lid, wordt gestort.
2 In afwijking van het eerste lid opent of houdt het College zorgverzekeringen één rekening in stand indien twee of meer gemoedsbezwaarden als bedoeld in artikel 2, tweede lid, onderdeel b, een gezamenlijke huishouding voeren, en worden op die rekening de belastingen van ieder van deze gemoedsbezwaarden gestort.
3 Tot de rekening is geen ander begunstigd dan het College zorgverzekeringen.
4 Het saldo wordt door het College zorgverzekeringen gebruikt voor het doen van:
   a uitkeringen ter vergoeding van kosten van zorg of overige diensten als bedoeld in artikel 11, voor zover deze zijn verleend aan een gemoedsbezwaarde voor wie de rekening in stand wordt gehouden, of aan een tot zijn huishouding behorend kind, jonger dan achttien jaar;
   b uitkeringen als bedoeld in artikel 39, tweede lid, onderdeel d.

5 Uitkeringen als bedoeld in het vierde lid, onderdeel a, worden slechts op verzoek van een gemoedsbezwaarde voor wie de rekening in stand wordt gehouden, gedaan.
6 De kosten van zorg of overige diensten worden niet vergoed voor zover deze voor een verzekerde op grond van de regels, gesteld bij of krachtens de algemene maatregel van bestuur, bedoeld in artikel 11, derde of vierde lid, voor eigen rekening blijven.
7 Het College zorgverzekeringen heft een rekening op indien alle gemoedsbezwaarden voor wie de rekening in stand werd gehouden, verzekeringsplichtig zijn geworden dan wel zijn overleden.
8 Indien een gemoedsbezwaarde een gezamenlijke huishouding is gaan vormen met een andere gemoedsbezwaarde, heft het College zorgverzekeringen een van de twee rekeningen op, onder overmaking van het saldo naar de overblijvende rekening.
9 Het College zorgverzekeringen zorgt per gemoedsbezwaarde of huishouding, bedoeld in het tweede lid, voor een ordentelijke administratie van de stortingen op en de uitkeringen ten laste van de rekening.
10 Bij ministeriële regeling kunnen ter zake van het bepaalde in het eerste tot en met negende lid nadere regels en uitvoeringsregels worden gegeven.
11 Het College zorgverzekeringen is bevoegd de werkzaamheden, bedoeld bij of krachtens het eerste tot en met tiende lid, onder vergoeding van de daarmee gepaard gaande kosten, uit te besteden aan een of meer zorgverzekeraars.
12 [vervallen door vernummering.]
13 Het College zorgverzekeringen gebruikt voor de uitvoering van dit artikel het burgerservicenummer of, bij ontbreken daarvan, het sociaal-fiscaalnummer van de gemoedsbezwaarde.

Paragraaf 6.3. Planning, verslaglegging en financiering

Artikel 71

1 Het College zorgverzekeringen zendt jaarlijks voor 1 oktober aan Onze Minister een jaarplan voor het volgende kalenderjaar.
2 Het jaarplan omvat:
   a een werkprogramma met een beschrijving van de activiteiten die het College zorgverzekeringen voornemens is ter uitvoering van zijn taken te verrichten,
   b een begroting van de beheerskosten voor de uitvoering van de voorgenomen activiteiten, en
   c een meerjarenraming voor de vier kalenderjaren volgend op het begrotingsjaar.

Artikel 72

1 Onze Minister stelt jaarlijks voor 1 december het budget voor de beheerskosten van het College zorgverzekeringen voor het volgende kalenderjaar vast.
2 Onze Minister kan besluiten het budget voor de beheerskosten van het College zorgverzekeringen te wijzigen.
3 Indien gedurende het jaar aanmerkelijke verschillen ontstaan of dreigen te ontstaan tussen de werkelijke en de begrote baten en lasten, doet het College zorgverzekeringen daarvan onverwijld mededeling aan Onze Minister, onder vermelding van de oorzaak van de verschillen.
4 Het College zorgverzekeringen gaat met betrekking tot de beheerskosten geen verplichtingen aan en doet geen uitgaven die leiden tot overschrijding van het vastgestelde budget voor de beheerskosten.
5 Indien het budget voor de beheerskosten niet is vastgesteld voor 1 januari van het kalenderjaar waarop de begroting betrekking heeft, is het College zorgverzekeringen bevoegd, teneinde zijn activiteiten gaande te houden, te beschikken over ten hoogste een derde gedeelte van het budget dat laatstelijk voor hem voor een geheel jaar is vastgesteld.
6 Onze Minister kan besluiten dat het College zorgverzekeringen in een geval als bedoeld in het vijfde lid, kan beschikken over meer dan een derde gedeelte van het budget dat laatstelijk voor hem voor een geheel jaar is vastgesteld.
7 Het door Onze Minister vastgestelde budget voor de beheerskosten van het College zorgverzekeringen wordt gedekt uit 's Rijks kas.

Artikel 73

1 Het College zorgverzekeringen zendt jaarlijks voor 15 maart aan Onze Minister een jaarverantwoording over het afgelopen kalenderjaar, alsmede het verslag van bevindingen, bedoeld in het zesde lid.
2 De jaarverantwoording omvat:
 a een jaarrekening, en
 b een jaarverslag omtrent het door het College zorgverzekeringen gevoerde beleid, de doeltreffendheid van dat beleid, de bedrijfsvoering en de uitvoering van het werkprogramma in het afgelopen kalenderjaar.
3 Het College zorgverzekeringen legt in zijn jaarrekening, die zoveel mogelijk met overeenkomstige toepassing van titel 9 van Boek 2 van het Burgerlijk Wetboek wordt ingericht, rekening en verantwoording af over zijn beheerskosten en over de rechtmatigheid en doelmatigheid van het beheer in het afgelopen kalenderjaar.
4 De jaarrekening gaat vergezeld van een verklaring omtrent de getrouwheid, afgegeven door een accountant als bedoeld in artikel 393 van Boek 2 van het Burgerlijk Wetboek, die bereid is Onze Minister desgevraagd inzicht te geven in zijn controlewerkzaamheden.
5 De verklaring heeft mede betrekking op de rechtmatige verkrijging en besteding van de middelen door het College zorgverzekeringen.

6 De accountant voegt bij de verklaring een verslag van zijn bevindingen over de vraag of het beheer en de organisatie voldoen aan eisen van rechtmatigheid, ordelijkheid, controleerbaarheid en doelmatigheid.

Artikel 74

1 Het College zorgverzekeringen zendt jaarlijks voor 15 maart aan Onze Minister met betrekking tot het Zorgverzekeringsfonds een jaarrekening over het afgelopen kalenderjaar, alsmede het verslag van bevindingen, bedoeld in het vijfde lid.
2 Het College zorgverzekeringen legt in de jaarrekening, die zoveel mogelijk met overeenkomstige toepassing van titel 9 van Boek 2 van het Burgerlijk Wetboek wordt ingericht, rekening en verantwoording af over de baten en lasten van het Zorgverzekeringsfonds en de toestand van dat fonds per 31 december, alsmede over de rechtmatigheid en doelmatigheid van het beheer van dat fonds in het afgelopen kalenderjaar.
3 De jaarrekening gaat vergezeld van een verklaring omtrent de getrouwheid, afgegeven door een accountant als bedoeld in artikel 393 van Boek 2 van het Burgerlijk Wetboek, die bereid is Onze Minister desgevraagd inzicht te geven in zijn controlewerkzaamheden.
4 De verklaring heeft mede betrekking op de rechtmatige verkrijging en besteding van de middelen van het Zorgverzekeringsfonds.
5 De accountant voegt bij de verklaring een verslag van zijn bevindingen over de vraag of het beheer en de organisatie voldoen aan eisen van rechtmatigheid, ordelijkheid, controleerbaarheid en doelmatigheid.

Artikel 75

1 De onderdelen «werkprogramma» en «begroting» van het jaarplan, bedoeld in artikel 71, het onderdeel «jaarrekening» van de jaarverantwoording, bedoeld in artikel 73, en de jaarrekening, bedoeld in artikel 74, behoeven de goedkeuring van Onze Minister.
2 Het eerste lid geldt niet voor wijzigingen in een goedgekeurde begroting, mits:
   a de totale omvang van de begroting geen wijziging ondergaat, en
   b de wijziging per groep van kostensoorten en baten, gerekend over het desbetreffende begrotingsjaar, een bedrag van 5 procent van het in artikel 72 bedoelde budget niet te boven gaat.
3 Bij ministeriële regeling kunnen regels worden gesteld over de inhoud en de inrichting van:
   a het jaarplan, bedoeld in artikel 71;
   b de jaarverantwoording, bedoeld in artikel 73;
   c de jaarrekening, bedoeld in artikel 74;
   d de verklaringen, bedoeld in de artikelen 73, vierde lid, en 74, derde lid, de verslagen van bevindingen, bedoeld in artikel 73, zesde lid, en 74, vijfde lid, alsmede het aan die verklaringen en verslagen ten grondslag liggende onderzoek.

4 Bij ministeriële regeling worden regels gesteld over de wijze waarop en de voorwaarden waaronder het budget, bedoeld in artikel 72, wordt vastgesteld.

Artikel 76

1 Na de goedkeuring, bedoeld in artikel 75, eerste lid, stelt het College zorgverzekeringen het jaarplan, de jaarverantwoording en de jaarrekening van het Zorgverzekeringsfonds algemeen verkrijgbaar.
2 Onze Minister brengt zijn oordeel over het functioneren van het College zorgverzekeringen ter kennis van beide Kamers der Staten-Generaal.

Hoofdstuk 7. [Vervallen per 01-10-2006]

Paragraaf 7.1 [Vervallen per 01-10-2006]

Artikel 77 [Vervallen per 01-10-2006]

Artikel 78 [Vervallen per 01-10-2006]

Artikel 79 [Vervallen per 01-10-2006]

Paragraaf 7.2 [Vervallen per 01-10-2006]

Artikel 80 [Vervallen per 01-10-2006]

Artikel 81 [Vervallen per 01-10-2006]

Artikel 82 [Vervallen per 01-10-2006]

Artikel 83 [Vervallen per 01-10-2006]

Artikel 84 [Vervallen per 01-10-2006]

Paragraaf 7.3 [Vervallen per 01-10-2006]

Artikel 85 [Vervallen per 01-10-2006]

Hoofdstuk 8. Gegevensverstrekking

Artikel 86

1 De zorgverzekeraar neemt het burgerservicenummer of, bij het ontbreken daarvan, het sociaal-fiscaalnummer van zijn verzekerden en, gedurende

zeven jaren na het einde van de verzekering, van zijn gewezen verzekerden met het oog op de uitvoering van de zorgverzekering en van deze wet in zijn administratie op.

2 De zorgverzekeraar stelt bij de eerste opname in zijn administratie en vervolgens indien daartoe aanleiding is het burgerservicenummer van de verzekerde vast met overeenkomstige toepassing van artikel 7 van de Wet gebruik burgerservicenummer in de zorg. Bij het ontbreken van het burgerservicenummer verifieert de zorgverzekeraar het sociaal-fiscaalnummer van de verzekerde indien daartoe aanleiding is.

3 De zorgverzekeraar gebruikt het burgerservicenummer of, bij het ontbreken daarvan, het sociaal-fiscaalnummer van de verzekerde met het doel te waarborgen dat de in het kader van de verzekering van zorg te verwerken persoonsgegevens op die verzekerde betrekking hebben.

4 Bij gegevensuitwisseling tussen de zorgverzekeraars en de stichtingen, bedoeld in artikel 14, derde lid, alsmede tussen de zorgverzekeraars en de in de artikelen 88 en 89 genoemde personen en instanties wordt, voor zover die stichtingen, personen en instanties tot gebruik van dat nummer bevoegd zijn, het burgerservicenummer of, bij het ontbreken daarvan, het sociaal-fiscaalnummer gebruikt.

5 Het vierde lid is van overeenkomstige toepassing op de gegevensuitwisseling tussen de zorgverzekeraars en de zorgaanbieders, indicatieorganen en zorgverzekeraars in de zin van de Wet gebruik burgerservicenummer in de zorg die niet in de artikelen 88 en 89 zijn genoemd.

6 Bij algemene maatregel van bestuur kunnen nadere regels worden gesteld met betrekking tot het eerste en tweede lid.

7 Bij ministeriële regeling kan worden bepaald aan welke beveiligingseisen de gegevensverwerking, bedoeld in het eerste, vierde en vijfde lid, voldoet.

8 Bij of krachtens algemene maatregel van bestuur kunnen regels gesteld worden over de bij de gegevensuitwisseling, bedoeld in het vierde en vijfde lid, te verwerken feiten of gegevens met betrekking tot verzekerden van wie het vaststellen van het burgerservicenummer of het sociaal-fiscaalnummer onmogelijk blijkt of een onevenredige inspanning kost. Bij of krachtens die maatregel kan worden bepaald aan welke beveiligingseisen de verwerking van die feiten of gegevens voldoet.

9 Bij algemene maatregel van bestuur kunnen vormen van zorg of andere diensten als bedoeld in artikel 11, alsmede categorieën van zorgverzekeraars, van stichtingen als bedoeld in artikel 14, derde lid, en van in de artikelen 88 en 89 genoemde personen en instanties worden uitgezonderd van de toepassing van het bepaalde bij of krachtens het eerste tot en met het achtste lid.

Artikel 87

1 Een zorgaanbieder die aan een verzekerde zorg of andere diensten, bedoeld in artikel 11, heeft verleend, en die de kosten daarvan krachtens een door hem met de zorgverzekeraar gesloten overeenkomst rechtstreeks bij die zorgverzekeraar in rekening brengt, verstrekt die zorgverzekeraar of

een door die zorgverzekeraar aangewezen persoon de persoonsgegevens van de verzekerde, waaronder persoonsgegevens betreffende de gezondheid als bedoeld in de Wet bescherming persoonsgegevens, die noodzakelijk zijn voor de uitvoering van de zorgverzekering of van deze wet, dan wel stelt hem deze gegevens voor dit doel voor inzage of het nemen van afschrift ter beschikking.

2 Een zorgaanbieder die aan een verzekerde zorg of andere diensten, bedoeld in artikel 11, heeft verleend en die de kosten daarvan bij de verzekerde in rekening brengt, verstrekt hem de persoonsgegevens, waaronder persoonsgegevens betreffende zijn gezondheid als bedoeld in de Wet bescherming persoonsgegevens, die voor zijn zorgverzekeraar noodzakelijk zijn voor de uitvoering van de zorgverzekering of van deze wet.

3 De zorgaanbieder, bedoeld in het eerste of tweede lid, verstrekt een door Onze Minister aangewezen persoon kosteloos bij ministeriële regeling omschreven, voor de uitvoering van deze wet noodzakelijke persoonsgegevens, waaronder persoonsgegevens betreffende de gezondheid als bedoeld in de Wet bescherming persoonsgegevens.

4 Personen werkzaam ten behoeve van een zorgaanbieder als bedoeld in het eerste of tweede lid, verstrekken die zorgaanbieder de persoonsgegevens die hij nodig heeft om te kunnen voldoen aan zijn verplichtingen bedoeld in het eerste, tweede en derde lid.

5 Personen werkzaam bij de zorgverzekeraar, bij een door de zorgverzekeraar aangewezen persoon als bedoeld in het eerste lid, of bij de door Onze Minister aangewezen persoon als bedoeld in het derde lid, voor wie niet reeds uit hoofde van ambt of beroep een geheimhoudingplicht geldt, zijn verplicht tot geheimhouding van de gegevens als bedoeld in het eerste, tweede of derde lid, behoudens voor zover enig wettelijk voorschrift hen mededeling toestaat.

6 Bij ministeriële regeling kan worden bepaald:
   a tot welke gegevens de verplichting, bedoeld in het eerste of tweede lid, zich in ieder geval uitstrekt;
   b op welke wijze gegevens, bedoeld in het eerste of tweede lid, worden verwerkt;
   c volgens welke technische standaarden gegevensverwerking plaatsvindt;
   d aan welke beveiligingseisen gegevensverwerking voldoet;
   e in welke gevallen gegevens, bedoeld in het eerste of tweede lid, verder worden verwerkt met het oog op de uitvoering van de zorgverzekering of een aanvullende ziektekostenverzekering, voor zover deze gegevens niet worden gebruikt voor het beoordelen en accepteren van een aspirant-verzekerde voor een aanvullende verzekering en bovendien noodzakelijk zijn voor:
      1°. de betaling aan een zorgaanbieder of de vergoeding van zorgkosten aan een verzekerde;
      2°. de vaststelling van eigen bijdragen of nog openstaand verplicht of vrijwillig eigen risico;
      3°. het uitoefenen van het verhaalsrecht; of
      4°. het verrichten van controle of fraudeonderzoek.

Artikel 88

1 Eenieder verstrekt op verzoek aan de zorgverzekeraars, het College zorgverzekeringen, de zorgautoriteit, Onze Minister, de rijksbelastingdienst, het Uitvoeringsinstituut werknemersverzekeringen, de Sociale verzekeringsbank, het College van burgemeester en wethouders, of aan een daartoe door of vanwege een van deze zorgverzekeraars of instanties aangewezen persoon kosteloos alle inlichtingen en gegevens, waaronder persoonsgegevens als bedoeld in de Wet bescherming persoonsgegevens, die noodzakelijk zijn voor de uitvoering van de zorgverzekeringen of van deze wet.
2 De in het eerste lid bedoelde gegevens en inlichtingen worden op verzoek verstrekt in schriftelijke vorm of in een andere vorm die redelijkerwijs kan worden verlangd, binnen een termijn die schriftelijk wordt gesteld bij het in het eerste lid bedoelde verzoek.
3 Een ieder geeft op verzoek van een rechtspersoon als bedoeld in het eerste lid, inzage in alle bescheiden en andere gegevensdragers, stelt deze op verzoek ter beschikking voor het nemen van afschrift en verleent de terzake verlangde medewerking, voor zover dit noodzakelijk is voor de uitvoering van deze wet door de desbetreffende zorgverzekeraars of instanties.
4 Bij ministeriële regeling kunnen nadere regels worden gesteld met betrekking tot het eerste, tweede of derde lid.

Artikel 89

1 De in artikel 88, eerste lid, bedoelde zorgverzekeraars en instanties zijn bevoegd uit eigen beweging en verplicht op verzoek binnen een bij dat verzoek genoemde termijn, uit de onder hun verantwoordelijkheid gevoerde administratie, aan elkaar, aan een daartoe door of vanwege hen aangewezen persoon of aan een door Onze Minister aangewezen persoon, kosteloos, de gegevens, waaronder persoonsgegevens als bedoeld in de Wet bescherming persoonsgegevens, te verstrekken die noodzakelijk zijn voor de uitvoering van de zorgverzekeringen of van deze wet.
2 Een zorgverzekeraar verleent op verzoek van het College zorgverzekeringen dan wel van de zorgautoriteit aan door het desbetreffende bestuursorgaan aangewezen personen inzage in alle bescheiden en andere gegevensdragers, stelt deze op verzoek ter beschikking voor het nemen van afschrift en verleent de terzake verlangde medewerking, voor zover het desbetreffende bestuursorgaan dit nodig acht voor de uitoefening van zijn taak.
3 Alle ambtenaren tot afgifte van uittreksels uit registers van burgerlijke stand bevoegd, zijn verplicht aan een in artikel 88, eerste lid, bedoelde zorgverzekeraar of instantie de door deze gevraagde uittreksels uit de registers kosteloos toe te zenden.
4 Griffiers van colleges, geheel of ten dele met rechtspraak belast, verstrekken op verzoek, kosteloos, aan een zorgverzekeraar, aan het College zorg-

verzekeringen of aan de zorgautoriteit alle gegevens, inlichtingen en uittreksels uit of afschriften van uitspraken, registers en andere stukken, die noodzakelijk zijn voor de uitvoering van deze wet door de zorgverzekeraar of het desbetreffende bestuursorgaan.
5 Bij algemene maatregel van bestuur worden nadere regels gesteld over de verstrekking van gegevens door de rijksbelastingdienst aan de zorgverzekeraars.
6 Bij ministeriële regeling kunnen nadere regels worden gesteld met betrekking tot het eerste of tweede lid.

Artikel 90

1 De zorgautoriteit, onderscheidenlijk het College zorgverzekeringen kan na overleg met het College zorgverzekeringen, onderscheidenlijk de zorgautoriteit bij regeling bepalen welke gegevens en inlichtingen regelmatig door de zorgverzekeraars moeten worden verstrekt.
2 De regels kunnen mede omvatten het tijdstip en de wijze waarop de gegevens en inlichtingen moeten worden verstrekt, alsmede dat een accountant als bedoeld in artikel 393 van Boek 2 van het Burgerlijk Wetboek de juistheid van de verstrekte gegevens en inlichtingen bevestigt.
3 Bij ministeriële regeling kan worden bepaald welke statistische gegevens de zorgverzekeraars verzamelen betreffende vormen van zorg en andere diensten.

Artikel 91

1 Het College zorgverzekeringen en de zorgautoriteit verstrekken Onze Minister uit eigen beweging inlichtingen over ontwikkelingen die ertoe leiden of kunnen leiden dat ten behoeve van verzekerden niet vrij kan worden gekozen tussen zorgverzekeraars en de door hen aangeboden varianten van de zorgverzekering of die een rechtmatige en volledige uitvoering van zorgverzekeringen jegens de verzekeringnemers of verzekerden in gevaar kunnen brengen.
2 Het College zorgverzekeringen en de zorgautoriteit verstrekken desgevraagd aan Onze Minister, of aan het College bouw of het College sanering, bedoeld in de Wet toelating zorginstellingen, de voor de uitoefening van hun taak benodigde inlichtingen en gegevens.
3 Het College zorgverzekeringen en de zorgautoriteit verlenen aan door Onze Minister of door een bestuursorgaan, bedoeld in het tweede lid, aangewezen personen toegang tot en inzage in zakelijke gegevens en bescheiden, voor zover dat voor de vervulling van hun taak redelijkerwijs nodig is.

Artikel 92

1 Een zorgverzekeraar maakt voor de verstrekking of ontvangst van gegevens aan of van personen, aan te wijzen door het College zorgverzekeringen, gebruik van een elektronische infrastructuur.
2 Het College zorgverzekeringen kan met betrekking tot het eerste lid regels stellen over:
   a de aard en omvang van de gegevens en de voorschriften waaraan de verstrekking of ontvangst ten minste moet voldoen;
   b de wijze waarop de verstrekking of ontvangst van gegevens plaatsvindt, waaronder begrepen de aansluiting van zorgverzekeraars op de infrastructuur;
   c de wijze waarop het gebruik van de infrastructuur wordt georganiseerd en beheerd, waaronder begrepen de inrichting en instandhouding van een gemeenschappelijke database;
   d de financiering van het gebruik van de infrastructuur en de wijze waarop de kosten ervan worden verdeeld.

Artikel 93

1 Het is eenieder die uit hoofde van de toepassing van deze wet of van krachtens deze wet genomen besluiten enige taak vervult of heeft vervuld, verboden van vertrouwelijke gegevens of inlichtingen die ingevolge deze wet dan wel ingevolge afdeling 5.2 van de Algemene wet bestuursrecht zijn verstrekt of verkregen of van De Nederlandsche Bank N.V. of de Stichting Autoriteit Financiële Markten zijn ontvangen, verder of anders gebruik te maken of daaraan verder of anders bekendheid te geven dan voor de uitvoering van zijn taak of bij of krachtens deze wet wordt geëist.
2 In afwijking van het eerste lid kunnen de zorgautoriteit en het College zorgverzekeringen met gebruikmaking van vertrouwelijke gegevens of inlichtingen verkregen bij de uitvoering van hun taken op grond van deze wet, mededelingen doen, indien deze niet kunnen worden herleid tot afzonderlijke personen of ondernemingen.
3 In afwijking van het eerste lid en in overeenstemming met artikel 1:89 van de Wet op het financieel toezicht zijn de zorgautoriteit, het College zorgverzekeringen, De Nederlandsche Bank N.V. en de Stichting Autoriteit Financiële Markten, voor zover dat voor hun taakuitoefening noodzakelijk is, bevoegd aan elkaar en aan Onze Minister vertrouwelijke gegevens of inlichtingen omtrent afzonderlijke verzekeraars te verschaffen.
4 Het eerste lid laat, ten aanzien van degene op wie dat lid van toepassing is, onverlet:
   a de toepasselijkheid van de bepalingen van het Wetboek van Strafvordering welke betrekking hebben op het als getuige of deskundige in strafzaken afleggen van een verklaring omtrent gegevens of inlichtingen verkregen bij de vervulling van de ingevolge deze wet opgedragen taak;
   b de toepasselijkheid van de bepalingen van het Wetboek van Burgerlijke Rechtsvordering en van artikel 66 van de Faillissementswet welke be-

trekking hebben op het als getuige of als partij in een comparitie van partijen dan wel als deskundige in burgerlijke zaken afleggen van een verklaring omtrent gegevens of inlichtingen verkregen bij de vervulling van zijn ingevolge deze wet opgedragen taak, voor zover het gaat om gegevens of inlichtingen omtrent een verzekeraar die in staat van faillissement is verklaard of op grond van een rechterlijke uitspraak is ontbonden;

c de bevoegdheden van de Algemene Rekenkamer ingevolge artikel 91 van de Comptabiliteitswet 2001, voor zover deze niet bij artikel 121 zijn beperkt.

5 Het vierde lid, onderdeel b, geldt niet voor gegevens of inlichtingen die betrekking hebben op verzekeraars die betrokken zijn of zijn geweest bij een poging de desbetreffende verzekeraar in staat te stellen zijn bedrijf voort te zetten.

6 De Algemene Rekenkamer is bij het doen van mededelingen als bedoeld in artikel 91, elfde tot en met veertiende lid, van de Comptabiliteitswet 2001, verplicht tot geheimhouding, voor zover het betreft gegevens en inlichtingen die haar ingevolge het vierde lid, onderdeel c, bekend zijn geworden.

Hoofdstuk 9. Handhaving

Paragraaf 9.1. Aanwijzingen aan verzekeraars

Artikel 94 [Vervallen per 01-10-2006]

Paragraaf 9.2. Lasten onder dwangsom

Artikel 95 [Vervallen per 01-10-2006]

Paragraaf 9.3. Bestuurlijke boeten

Artikel 96

1 Indien de zorgverzekering niet binnen vier maanden na het ontstaan van de verzekeringsplicht is ingegaan of indien een verzekeringsplichtige niet met ingang van de dag volgende op de dag waarop een zorgverzekering is geëindigd op grond van een andere zorgverzekering verzekerd is, legt het College zorgverzekeringen de verzekerde een bestuurlijke boete op.

2 In afwijking van het eerste lid:
  a wordt geen boete opgelegd indien de verzekerde op de eerste dag van de kalendermaand, volgende op de maand waarop de zorgverzekering ingaat, jonger dan achttien jaar was;
  b wordt de boete indien artikel 2, derde lid, van toepassing is, opgelegd aan de curator, de bewindvoerder of de mentor.

3 De hoogte van de boete is gelijk aan 130% van de premie, bedoeld in artikel 17, vijfde lid, over een periode gelijk aan de periode gelegen tussen de dag waarop de verzekeringsplicht ontstond en de dag waarop de zorgverzekering inging, dan wel gelegen tussen de dag waarop de zorgverzekering eindigde en de dag waarop een nieuwe zorgverzekering inging.
4 Indien de periode, bedoeld in het derde lid, langer is dan vijf jaren, wordt zij op vijf jaren gesteld.
5 De voorbereiding en de uitvoering van boetebeschikkingen wordt namens het College zorgverzekeringen door de zorgverzekeraars verricht.
6 De zorgverzekeraars hebben als vergoeding voor hun werkzaamheden, bedoeld in het vijfde lid, recht op een door het College zorgverzekeringen te bepalen percentage van de door hen ingevorderde boeten.
7 De zorgverzekeraars dragen de ingevorderde boeten onder aftrek van de vergoeding, bedoeld in het zesde lid, af aan het Zorgverzekeringsfonds.

Artikel 97 [Vervallen per 01-10-2006]

Artikel 98 [Vervallen per 01-10-2006]

Artikel 99 [Vervallen per 01-10-2006]

Artikel 100 [Vervallen per 01-10-2006]

Artikel 101

1 In de artikelen 102 tot en met 112 wordt verstaan onder:
   a overtreding: een gedraging of het nalaten van een gedraging, die onderscheidenlijk dat kan leiden tot een oplegging van een bestuurlijke boete als bedoeld in artikel 69 of 96;
   b overtreder: degene die de overtreding pleegt of medepleegt.
2 Artikel 51 van het Wetboek van Strafrecht is van overeenkomstige toepassing.

Artikel 102

1 Degene die wordt verhoord met het oog op het opleggen van een bestuurlijke boete, is niet verplicht ten behoeve daarvan verklaringen omtrent de overtreding af te leggen.
2 De betrokkene wordt hierop gewezen alvorens hem mondeling wordt gevraagd verklaringen af te leggen, en in ieder geval wanneer hij in de gelegenheid wordt gesteld over het voornemen tot oplegging van de bestuurlijke boete zijn zienswijze naar voren te brengen.

Artikel 103

1 Het College zorgverzekeringen maakt van de overtreding een rapport op.
2 Het rapport is gedagtekend en vermeldt:

a de naam van de overtreder;
  b de overtreding alsmede het overtreden voorschrift;
  c zo nodig een aanduiding van de plaats waar en het tijdstip waarop de overtreding is geconstateerd.

Artikel 104

1 Het College zorgverzekeringen stelt de overtreder desgevraagd in de gelegenheid de gegevens waarop het opleggen van de bestuurlijke boete, dan wel het voornemen daartoe, berust, in te zien en daarvan afschriften te vervaardigen.
2 Voor zover blijkt dat de verdediging van de overtreder dit redelijkerwijs vergt, draagt het College zorgverzekeringen er zoveel mogelijk zorg voor dat deze gegevens aan de overtreder worden medegedeeld in een voor deze begrijpelijke taal.

Artikel 105

1 In afwijking van afdeling 4.1.2 van de Algemene wet bestuursrecht wordt de overtreder steeds in de gelegenheid gesteld zijn zienswijze over het voornemen tot het opleggen van een bestuurlijke boete naar voren te brengen.
2 Bij de uitnodiging tot het naar voren brengen van zijn zienswijze wordt het rapport, bedoeld in artikel 103, aan de overtreder toegezonden of uitgereikt.
3 Het College zorgverzekeringen zorgt voor bijstand door een tolk, indien blijkt dat de verdediging van de overtreder dit redelijkerwijs vergt.
4 De overtreder ontvangt een schriftelijke mededeling indien het College zorgverzekeringen, nadat de overtreder zijn zienswijze naar voren heeft gebracht, heeft beslist dat voor de overtreding geen bestuurlijke boete zal worden opgelegd.

Artikel 106

1 Het College zorgverzekeringen legt geen bestuurlijke boete op:
  a voor zover de overtreding niet aan de overtreder kan worden verweten;
  b voor zover voor de overtreding een rechtvaardigingsgrond bestond;
  c indien aan de overtreder wegens dezelfde overtreding reeds eerder een bestuurlijke boete is opgelegd, dan wel een kennisgeving als bedoeld in artikel 105, vierde lid, is bekendgemaakt.

Artikel 107

1 Het College zorgverzekeringen legt geen bestuurlijke boete op indien de overtreder is overleden.
2 Een bestuurlijke boete vervalt indien zij op het tijdstip van het overlijden van de overtreder niet onherroepelijk is.

3 Een onherroepelijke bestuurlijke boete vervalt voor zover zij op het in het tweede lid bedoelde tijdstip nog niet is betaald.

Artikel 108

1 Indien de overtreder aannemelijk maakt dat een bestuurlijke boete, berekend op grond van artikel 69 of artikel 96, derde en vierde lid, wegens bijzondere omstandigheden te hoog is, legt het College zorgverzekeringen een lagere bestuurlijke boete op.
2 Artikel 1, tweede lid, van het Wetboek van Strafrecht is van overeenkomstige toepassing.

Artikel 109

Mandaat tot het opleggen van een bestuurlijke boete wordt niet verleend aan degene die van de overtreding een rapport of proces-verbaal heeft opgemaakt.

Artikel 110

Het College zorgverzekeringen beslist omtrent het opleggen van de bestuurlijke boete binnen dertien weken na de dagtekening van het rapport.

Artikel 111

De beschikking tot oplegging van een bestuurlijke boete vermeldt:
a de naam van de overtreder;
b de overtreding alsmede het overtreden voorschrift;
c zo nodig een aanduiding van de plaats waar en het tijdstip waarop de overtreding is geconstateerd;
d het bedrag van de boete;
e de termijn waarbinnen de boete betaald moet worden.

Artikel 112

1 De bevoegdheid tot het opleggen van een bestuurlijke boete vervalt vijf jaren nadat de overtreding heeft plaatsgevonden.
2 Indien tegen de bestuurlijke boete bezwaar wordt gemaakt of beroep wordt ingesteld, wordt de vervaltermijn opgeschort tot onherroepelijk op het bezwaar of beroep is beslist.

Artikel 113

1 Een boete wordt betaald binnen zes weken na inwerkingtreding van de beschikking waarbij de boete is opgelegd.

2 De boete wordt vermeerderd met de wettelijke rente, te rekenen vanaf de dag waarop sedert de bekendmaking van de beschikking zes weken zijn verstreken.
3 Indien niet is betaald binnen de in het eerste lid genoemde termijn, wordt degene aan wie de boete is opgelegd schriftelijk bevolen binnen twee weken het bedrag van de boete, verhoogd met de kosten van de aanmaning, alsnog te betalen.
4 Bij gebreke van betaling binnen de in het derde lid genoemde termijn, kan het College zorgverzekeringen de verschuldigde boete, verhoogd met de kosten van de aanmaning en van de invordering, bij dwangbevel invorderen.
5 Het dwangbevel wordt op kosten van degene die de boete verschuldigd is, bij deurwaardersexploot betekend en levert een executoriale titel op in de zin van het Tweede Boek van het Wetboek van Burgerlijke Rechtsvordering.
6 Gedurende zes weken na de dag van betekening staat verzet tegen het dwangbevel open door dagvaarding van het College zorgverzekeringen.
7 Het verzet schorst de tenuitvoerlegging niet, tenzij de voorzieningenrechter van de rechtbank in kort geding desgevraagd anders beslist.
8 Het verzet kan niet worden gegrond op de stelling dat de boete ten onrechte of voor een te hoog bedrag is vastgesteld.
9 De bevoegdheid tot invordering vervalt twee jaar nadat de beschikking inzake oplegging van de boete onherroepelijk is geworden.

Hoofdstuk 10. Rechtsbescherming

Artikel 114

1 De zorgverzekeraar zorgt ervoor dat zijn verzekeringnemers en verzekerden geschillen over de uitvoering van de zorgverzekering kunnen voorleggen aan een onafhankelijke instantie.
2 De onafhankelijke instantie neemt een geschil slechts in behandeling nadat de verzekeringnemer of de verzekerde de zorgverzekeraar heeft verzocht zijn beslissing te heroverwegen, en deze niet binnen redelijke termijn of niet naar tevredenheid van de verzekeringnemer of verzekerde heeft gereageerd.
3 De onafhankelijke instantie vraagt advies aan het College zorgverzekeringen indien het geschil betrekking heeft op de zorg of de overige diensten, bedoeld in artikel 11, dan wel de vergoeding van die zorg of diensten.
4 Het College zorgverzekeringen zendt zijn advies binnen vier weken na ontvangst van de adviesaanvraag aan de onafhankelijke instantie.

Artikel 115 [Vervallen per 01-10-2006]

Artikel 116

1 Tegen een op grond van deze wet genomen besluit van Onze Minister of van het College zorgverzekeringen kan een belanghebbende beroep instellen bij de Afdeling bestuursrechtspraak van de Raad van State.
2 Het eerste lid geldt niet:
   a voor een beschikking als bedoeld in artikel 69, 70 of 96;
   b voor een beschikking, genomen jegens een persoon die behoort tot het personeel van het College zorgverzekeringen.

Artikel 117

1 Indien beroep is ingesteld tegen een bestuurlijke boete is, in afwijking van de artikelen 8:27 en 8:28 van de Algemene wet bestuursrecht, de partij aan wie de bestuurlijke boete is opgelegd, niet verplicht omtrent de overtreding verklaringen af te leggen.
2 Voor de rechtbank deze partij ondervraagt, deelt zij haar mede dat zij niet verplicht is tot antwoorden.
3 Indien de rechtbank een beschikking tot het opleggen van een bestuurlijke boete vernietigt, neemt zij een beslissing omtrent het opleggen van de boete en bepaalt zij dat haar uitspraak in zoverre in de plaats treedt van de vernietigde beschikking.

Hoofdstuk 11. Overige bepalingen

Artikel 118

1 Een verzekerde die voor rekening van zijn zorgverzekering bij ministeriële regeling aan te wijzen zorg of andere diensten als bedoeld in artikel 11 wenst te genieten, verstrekt aan de persoon of instelling die die zorg of dienst verleent ter inzage een identiteitsbewijs als bedoeld in artikel 1, eerste lid, van de Wet op de identificatieplicht, of een ander bij ministeriële regeling aan te wijzen document waarmee zijn identiteit kan worden vastgesteld.
2 Indien het identiteitsbewijs niet onmiddellijk ter inzage kan worden verstrekt, kan de persoon of instelling toestaan dat uiterlijk binnen een termijn van veertien dagen aan deze verplichting wordt voldaan.
3 De persoon of instelling stelt aan de hand van het ter inzage verstrekte document de identiteit vast van degene aan wie de in het eerste lid bedoelde zorg of dienst wordt verleend, en neemt het met inachtneming van artikel 7 van de Wet gebruik burgerservicenummer in de zorg vastgestelde burgerservicenummer van de verzekerde in zijn administratie op.
4 [Dit lid is nog niet in werking getreden.]

Artikel 118a

1 Verzekerden van achttien jaar of ouder:
  a met meerjarige, onvermijdbare zorgkosten; of
  b die in een instelling als bedoeld in de Algemene Wet Bijzondere Ziektekosten verblijven;
  c hebben, indien zij behoren tot bij of krachtens algemene maatregel van bestuur aan te wijzen groepen, jegens het Centraal Administratiekantoor voor het einde van het kalenderjaar recht op een jaarlijkse uitkering ter hoogte van het bedrag genoemd in artikel 18a, eerste lid, verminderd met het geraamde gemiddelde bedrag dat een verzekerde die geen recht heeft op de in dit lid bedoelde uitkering naar verwachting in dat kalenderjaar ingevolge artikel 18a betaalt.
2 Het Centraal Administratiekantoor neemt het sociaal-fiscaalnummer van de personen, bedoeld in het eerste lid, met het oog op de uitvoering van dit artikel in zijn administratie op.
3 Zorgverzekeraars verstrekken aan het Centraal Administratiekantoor de persoonsgegevens van de personen bedoeld in het eerste lid, waaronder persoonsgegevens betreffende de gezondheid als bedoeld in de Wet bescherming persoonsgegevens, die noodzakelijk zijn ter uitvoering van het eerste lid.
4 Bij ministeriële regeling kan worden bepaald:
  a tot welke gegevens de verplichting, bedoeld in het derde lid, zich uitstrekt;
  b op welke wijze gegevens, bedoeld in het derde lid, worden verwerkt;
  c volgens welke technische standaarden gegevensverwerking plaatsvindt;
  d aan welke beveiligingseisen gegevensverwerking voldoet;
  e in welke gevallen gegevens, bedoeld in het derde lid, verder worden verwerkt met het oog op de uitvoering van het uitkeren van het bedrag, bedoeld in het eerste lid.

Artikel 119

1 Een overeenkomst met betrekking tot de verzekering van geneeskundige zorg of de kosten daarvan, gesloten voor een verzekerde met of ten behoeve van wie tevens een zorgverzekering is gesloten, vervalt met ingang van de dag waarop de bij en krachtens artikel 11 te verzekeren prestaties worden uitgebreid, voor zover aan de overeenkomst rechten kunnen worden ontleend, gelijkwaardig aan die, welke vanaf dat moment uit de zorgverzekering voortvloeien.
2 De premie die voor de op grond van het eerste lid geheel of gedeeltelijk vervallen overeenkomst is vooruitbetaald, wordt door de verzekeraar al naar gelang van het vervallen gedeelte der overeenkomst terugbetaald, onder aftrek van ten hoogste 25% van het terug te betalen bedrag.

Artikel 120

Een beding van een verzekeraar die een ziektekostenverzekering ter aanvulling van de zorgverzekering aanbiedt, inhoudende dat de ziektekostenverzekering eindigt of door de verzekeraar mag worden opgezegd indien met of ten behoeve van de verzekerde een zorgverzekering met een andere zorgverzekeraar wordt gesloten, is nietig.

Artikel 121

De bevoegdheden die artikel 91 van de Comptabiliteitswet 2001 de Algemene Rekenkamer verschaft ten aanzien van rechtspersonen als bedoeld in het eerste lid, onderdeel d, van dat artikel, gelden niet ten aanzien van de wijze waarop zorgverzekeraars de opbrengst van bij of krachtens deze wet ingestelde heffingen aanwenden.

Artikel 122

Een zorgverzekeraar wordt, voor zover deze niet kan worden aangemerkt als onderneming in de zin van artikel 81 van het Verdrag tot oprichting van de Europese Gemeenschap, voor de toepassing van de Mededingingswet aangemerkt als onderneming in de zin van artikel 1 van die wet.

Artikel 123

Bij algemene maatregel van bestuur kunnen, zo nodig in afwijking van deze wet, tijdelijke voorzieningen worden getroffen voor het geval het College zorgverzekeringen of de zorgautoriteit zijn uit de wet voortvloeiende verplichtingen niet naar behoren nakomt.

Artikel 123a

Onze Minister draagt door het verstrekken van subsidies bij aan een voldoende aanbod van topreferente zorg, innovatie en ontwikkeling van zorg in academische ziekenhuizen of in een daarmee gelijk te stellen ziekenhuis.

Hoofdstuk 12. Slotbepalingen

Artikel 124

De voordracht voor een krachtens de artikelen 11, derde of vierde lid, 18a, vijfde en zesde lid, 20 en 32, tweede lid, vast te stellen algemene maatregel van bestuur wordt niet eerder gedaan dan vier weken nadat het ontwerp aan beide kamers der Staten-Generaal is overgelegd.

Artikel 125

Onze Minister zendt binnen vijf jaar na de inwerkingtreding van deze wet aan de Staten-Generaal een verslag over de doeltreffendheid en de effecten van deze wet in de praktijk.

Artikel 126

Voor de uitvoering van deze wet kunnen bij algemene maatregel van bestuur nadere regels worden gesteld.

Artikel 127

De artikelen van deze wet treden in werking op een bij Koninklijk Besluit te bepalen tijdstip, dat voor de verschillende artikelen of onderdelen daarvan verschillend kan worden vastgesteld.

Artikel 128

Deze wet wordt aangehaald als: Zorgverzekeringswet.

Bijlage 2 Besluit zorgverzekering

Besluit van 28 juni 2005, *Stb.* 2005, 398, houdende vaststelling van een algemene maatregel van bestuur als bedoeld in de artikelen 11, derde en vierde lid, 18a, zesde lid, 20, 22, vijfde lid, 32, tweede en derde lid 34, derde lid en 89, vijfde lid van de Zorgverzekeringswet (Besluit zorgverzekering), zoals dit besluit laatstelijk is gewijzigd bij besluit van 12 december 2007, *Stb.* 2007, 542

Hoofdstuk 1. Definities en algemene bepalingen

Artikel 1

In dit besluit en de daarop berustende bepalingen wordt verstaan onder:
a wet: de Zorgverzekeringswet;
b verblijf: verblijf gedurende het etmaal;
c eigen bijdrage: een eigen bijdrage als bedoeld in artikel 11, derde lid van de wet;
d geregistreerd geneesmiddel: een geneesmiddel waarvoor een handelsvergunning is verleend krachtens de Geneesmiddelenwet dan wel krachtens de verordening, bedoeld in artikel 1, eerste lid, onder fff, van die wet;
e beschikbare middelen: het bedrag dat in totaal voor het daaropvolgende kalenderjaar aan de zorgverzekeraars kan worden toegekend, bedoeld in artikel 32, vierde lid, onderdeel a, van de wet;
f premie: de premie, bedoeld in artikel 16 van de wet;
g nominale rekenpremie: het fictieve bedrag voor verzekerde prestaties dat in de Rijksbegroting Volksgezondheid, Welzijn en Sport bij de berekening van de beschikbare middelen wordt gehanteerd als het fictieve bedrag dat op jaarbasis per verzekerde door een zorgverzekeraar in rekening wordt gebracht;
h het gemiddeld te betalen bedrag aan verplicht eigen risico: het geraamde bedrag dat verzekerden gemiddeld op grond van artikel 18a, eerste lid, van de wet in een kalenderjaar aan de zorgverzekeraar betalen;
i macro-prestatiebedrag: de beschikbare middelen, met uitzondering van de middelen, bedoeld in de artikelen 3.15 en 3.16, vermeerderd met de voor

zorgverzekeraars geraamde opbrengsten van de nominale rekenpremie en vermeerderd met het gemiddeld te betalen bedrag aan verplicht eigen risico van alle verzekerden tezamen;

j bijdrage: de bijdrage, bedoeld in artikel 32, eerste lid, van de wet;

k leeftijd en geslacht: verdeelcriteria waarbij verzekerden worden ingedeeld op basis van hun leeftijd en geslacht;

l aard van het inkomen: een verdeelcriterium waarbij verzekerden worden ingedeeld op basis van de aard van hun inkomen;

m regio: een verdeelcriterium waarbij verzekerden worden ingedeeld in categorieën op basis van de postcode van het adres waar de verzekerde woonachtig is;

n FKG's: Farmaceutische Kosten Groepen, een verdeelcriterium waarbij verzekerden worden ingedeeld in categorieën chronische aandoeningen op basis van geneesmiddelengebruik in het verleden;

o DKG's: Diagnosekostengroepen, een verdeelcriterium waarbij verzekerden worden ingedeeld in clusters van aandoeningengroepen die geïdentificeerd zijn op grond van uitgevoerde Diagnose Behandeling Combinaties;

p normatief bedrag: het aan een zorgverzekeraar toegerekende aandeel in het macro-prestatiebedrag.

q hogekostencompensatie: het poolen dan wel verrekenen met het Zorgverzekeringsfonds van een bij ministeriële regeling te bepalen percentage van de kosten van verzekerden met betrekking tot in dit besluit genoemde deelbedragen, voor zover zij uitgaan boven een bij ministeriële regeling te omschrijven drempel;

r nacalculatie: bijstelling van het deelbedrag op basis van het verschil tussen kosten en het deelbedrag per zorgverzekeraar, per onderscheiden categorie van prestaties;

s deelbedrag: het normatief bedrag per onderscheiden categorie van prestaties;

t generieke verevening: bijstelling van het deelbedrag op basis van het verschil per zorgverzekeraar tussen de kosten en het deelbedrag in relatie met de verschillen tussen de kosten en het deelbedrag bij andere zorgverzekeraars, per onderscheiden categorie van prestaties;

u in-vitrofertilisatiepoging: zorg volgens de in-vitrofertilisatiemethode, inhoudende:

1°. het door hormonale behandeling bevorderen van de rijping van eicellen in het lichaam van de vrouw;

2°. het afnemen van eicellen;

3°. de bevruchting van eicellen en het kweken van embryo's in het laboratorium; en

4°. het één of meer keren implanteren van een of twee embryo's in de baarmoederholte teneinde zwangerschap te doen ontstaan.

Hoofdstuk 2. De inhoud van de zorgverzekering

§ 1. De te verzekeren prestaties

Artikel 2.1

1 De zorg en overige diensten, bedoeld in artikel 11, eerste lid, onderdeel a, van de wet omvatten de vormen van zorg of diensten die naar inhoud en omvang zijn omschreven in de artikelen 2.4 tot en met 2.15.
2 De inhoud en omvang van de vormen van zorg of diensten worden mede bepaald door de stand van de wetenschap en praktijk en, bij ontbreken van een zodanige maatstaf, door hetgeen in het betrokken vakgebied geldt als verantwoorde en adequate zorg en diensten.
3 Onverminderd hetgeen is bepaald in de artikelen 2.4 tot en met 2.15, heeft de verzekerde op een vorm van zorg of een dienst slechts recht voor zover hij daarop naar inhoud en omvang redelijkerwijs is aangewezen.

Artikel 2.2

1 De vergoeding van kosten, bedoeld in artikel 11, eerste lid, onderdeel b, van de wet omvat de kosten die de verzekerde heeft gemaakt voor zorg of overige diensten zoals die naar inhoud en omvang zijn omschreven in de artikelen 2.4 tot en met 2.15.
2 Bij het bepalen van de vergoeding worden in mindering gebracht:
   a hetgeen de verzekerde als eigen bijdrage had moeten betalen indien hij krachtens de zorgverzekering recht zou hebben op prestaties bestaande uit zorg of overige diensten;
   b de kosten die hoger zijn dan in de Nederlandse marktomstandigheden in redelijkheid passend is te achten.

Artikel 2.3

1 Indien de behoefte aan zorg of een andere dienst het gevolg is van een of meer terroristische handelingen en de totale schade die in een kalenderjaar ten gevolge van dergelijke handelingen bij schade-, levens- of natura-uitvaartverzekeraars waarop de Wet financieel toezicht van toepassing is, zal worden gedeclareerd, naar verwachting van de Nederlandse Herverzekeringsmaatschappij voor Terrorismeschaden N.V. hoger zal zijn dan het door die maatschappij herverzekerde maximumbedrag per kalenderjaar, heeft de verzekerde slechts recht op prestaties tot een door die maatschappij te bepalen, voor alle verzekeringen gelijk percentage van de kosten of waarde van de zorg of overige diensten.
2 Het eerste lid geldt slechts indien de zorgverzekeraar waarbij de verzekerde zijn zorgverzekering heeft, zijn verplichtingen die in geval van terroristische handelingen uit de zorgverzekering voortvloeien, heeft herverzekerd bij de Nederlandse Herverzekeringsmaatschappij voor Terrorismeschaden N.V.

3 Indien na een terroristische handeling op grond van artikel 33 van de wet of artikel 3.16 van dit besluit een aanvullende bijdrage ter beschikking wordt gesteld, heeft de verzekerde in aanvulling op de prestaties, bedoeld in het eerste lid, recht op prestaties van een bij de regeling, bedoeld in artikel 33 van de wet of artikel 3.16 van dit besluit, te bepalen omvang.

Artikel 2.4

1 Geneeskundige zorg omvat zorg zoals huisartsen, medisch-specialisten, klinisch-psychologen en verloskundigen die plegen te bieden, met uitzondering van de zorg zoals tandarts-specialisten die plegen te bieden, alsmede paramedische zorg als bedoeld in artikel 2.6, met dien verstande dat:
a de zorg niet omvat:
   1°. het vaccineren ten behoeve van grieppreventie;
   2°. prenatale screening naar aangeboren afwijkingen, anders dan via een structureel echoscopisch onderzoek in het tweede trimester van de zwangerschap, indien de verzekerde jonger is dan 36 jaar en hiervoor geen medische indicatie heeft;
   3°. de vierde of volgende in-vitrofertilisatiepoging per te realiseren zwangerschap;
b behandeling van plastisch-chirurgische aard slechts onder de zorg valt indien die strekt tot correctie van:
   1°. afwijkingen in het uiterlijk die gepaard gaan met aantoonbare lichamelijke functiestoornissen;
   2°. verminkingen die het gevolg zijn van een ziekte, ongeval of geneeskundige verrichting;
   3°. verlamde of verslapte bovenoogleden die het gevolg zijn van een aangeboren afwijking of een bij de geboorte aanwezige chronische aandoening;
   4°. de volgende aangeboren misvormingen: lip-, kaak- en gehemeltespleten, misvormingen van het benig aangezicht, goedaardige woekeringen van bloedvaten, lymfevaten of bindweefsel, geboortevlekken of misvormingen van urineweg- en geslachtsorganen;
   5°. uiterlijke geslachtskenmerken bij een vastgestelde transseksualiteit;
c transplantatie van weefsels en organen slechts tot de zorg behoort indien het betreft:
   1°. beenmergtransplantatie;
   2°. bottransplantatie;
   3°. hoornvliestransplantatie;
   4°. huidweefseltransplantatie;
   5°. niertransplantatie;
   6°. harttransplantatie;
   7°. levertransplantatie, gepaard gaande met verwijdering van de eigen lever van de ontvanger;
   8°. longtransplantatie;

9°. hartlongtransplantatie;
10°. nierpancreastransplantatie;
d de zorg ten hoogste acht zittingen eerstelijnspsychologische zorg per jaar omvat;
e de zorg die niet gepaard gaat met verblijf of die geen psychoanalytische behandeling is, ten hoogste vijfentwintig zittingen dan wel, indien sprake is van persoonlijkheidsstoornissen of de verzekerde jonger is dan achttien jaar, ten hoogste vijftig zittingen psychotherapie omvat, met dien verstande dat de zorg meer zittingen psychotherapie kan omvatten indien die voor de verzekerde noodzakelijk zijn blijkens de normen die door de desbetreffende beroepsgroepen zijn aanvaard;
f de zorg die niet gepaard gaat met verblijf of die geen psychoanalytische behandeling is, geen psychotherapie omvat indien na beëindiging van voorafgaande psychotherapie in verband met het bereiken van het aantal zittingen, bedoeld in het eerste lid, onderdeel e, nog geen jaar is verstreken.
2 Bij ministeriële regeling kunnen vormen van zorg zoals medisch-specialisten die plegen te bieden, worden uitgezonderd.
3 Bij ministeriële regeling kan worden bepaald dat de verzekerde voor een zitting psychotherapie of een zitting eerstelijnspsychologische zorg een eigen bijdrage betaalt. Daarbij kan worden bepaald dat hij die bijdrage betaalt tot een bij die regeling aangeven maximum.

Artikel 2.5

De geneeskundige zorg, bedoeld in artikel 2.4, eerste lid, onderdeel c, omvat tevens vergoeding van de kosten van:
a specialistisch-geneeskundige zorg in verband met de selectie van de donor;
b specialistisch-geneeskundige zorg in verband met de operatieve verwijdering van het transplantatiemateriaal bij de gekozen donor;
c het onderzoek, de preservering, de verwijdering en het vervoer van het postmortale transplantatiemateriaal, in verband met de voorgenomen transplantatie;
d de zorg waarop ingevolge dit hoofdstuk aanspraak bestaat aan de donor, gedurende ten hoogste dertien weken na de datum van ontslag uit de instelling waarin de donor ter selectie of verwijdering van het transplantatiemateriaal opgenomen is geweest, voor zover die zorg verband houdt met die opneming;
e het vervoer van de donor in de laagste klasse van een openbaar middel van vervoer binnen Nederland of, indien medisch noodzakelijk, vervoer per auto binnen Nederland, in verband met de selectie, opneming en ontslag uit het ziekenhuis en met de zorg, bedoeld in onderdeel d;
f het vervoer van en naar Nederland, van een in het buitenland woonachtige donor, in verband met transplantatie van een nier of beenmerg bij een verzekerde in Nederland en overige kosten gemoeid met de transplantatie die verband houden met het wonen van de donor in het buitenland, met uitzondering van de verblijfskosten in Nederland en gederfde inkomsten.

Artikel 2.6

1 Paramedische zorg omvat fysiotherapie, oefentherapie, logopedie, ergotherapie en dieetadvisering.
2 Fysiotherapie of oefentherapie omvat zorg zoals fysiotherapeuten en oefentherapeuten die plegen te bieden ter behandeling van de in bijlage 1 aangegeven aandoeningen, voor zover de daarbij aangegeven termijn niet is overschreden. Deze zorg omvat voor de verzekerden van achttien jaar en ouder niet de eerste negen behandelingen.
3 Voor verzekerden jonger dan achttien jaar bestaat fysiotherapie en oefentherapie in andere gevallen dan het tweede lid tevens uit ten hoogste negen behandelingen van dezelfde aandoening per jaar, bij ontoereikend resultaat te verlengen met ten hoogste negen behandelingen.
4 Logopedie omvat zorg zoals logopedisten die plegen te bieden, mits de zorg een geneeskundig doel heeft en van de behandeling herstel of verbetering van de spraakfunctie of het spraakvermogen kan worden verwacht.
5 Ergotherapie omvat zorg zoals ergotherapeuten die plegen te bieden, mits deze als doel heeft de zelfzorg en de zelfredzaamheid van de verzekerde te bevorderen en te herstellen, tot een maximum van tien behanduren per jaar.
6 Dieetadvisering omvat voorlichting met een medisch doel over voeding en eetgewoonten, zoals diëtisten die plegen te bieden, tot een maximum van vier behanduren per jaar.

Artikel 2.7

1 Mondzorg omvat zorg zoals tandartsen die plegen te bieden, met dien verstande dat het slechts betreft tandheelkundige zorg die noodzakelijk is:
   a indien de verzekerde een zodanige ernstige ontwikkelingsstoornis, groeistoornis of verworven afwijking van het tand-kaak-mondstelsel heeft dat hij zonder die zorg geen tandheelkundige functie kan behouden of verwerven, gelijkwaardig aan die welke hij zou hebben gehad als de aandoening zich niet zou hebben voorgedaan;
   b indien de verzekerde een niet-tandheelkundige lichamelijke of geestelijke aandoening heeft en hij zonder die zorg geen tandheelkundige functie kan behouden of verwerven gelijkwaardig aan die welke hij zou hebben gehad als de aandoening zich niet had voorgedaan; of
   c indien een medische behandeling zonder die zorg aantoonbaar onvoldoende resultaat zal hebben en de verzekerde zonder die andere zorg geen tandheelkundige functie kan behouden of verwerven gelijkwaardig aan die welke hij zou hebben gehad als de aandoening zich niet had voorgedaan.
2 Onder de zorg, bedoeld in het eerste lid, onderdeel a, is tevens begrepen het aanbrengen van een tandheelkundig implantaat en het aanbrengen van het vaste gedeelte van de suprastructuur, indien er sprake is van een zeer ernstig geslonken tandeloze kaak en deze dienen ter bevestiging van een uitneembare prothese;

3 Orthodontische hulp is slechts onder de zorg, bedoeld in het eerste lid, begrepen in geval van een zeer ernstige ontwikkelings- of groeistoornis van het tand-kaak-mondstelsel, waarbij medediagnostiek of medebehandeling van andere disciplines dan de tandheelkundige noodzakelijk is.

4 Mondzorg omvat voor verzekerden jonger dan tweeëntwintig jaar in andere gevallen dan het eerste lid, onderdelen a tot en met c:
   a periodiek preventief tandheelkundig onderzoek, eenmaal per jaar, tenzij de verzekerde tandheelkundig meer keren per jaar op die hulp is aangewezen;
   b incidenteel tandheelkundig consult;
   c het verwijderen van tandsteen;
   d fluorideapplicatie aan verzekerden vanaf de leeftijd van zes jaar, maximaal tweemaal per jaar, tenzij de verzekerde tandheelkundig meer keren per jaar op die hulp is aangewezen;
   e sealing;
   f parodontale hulp;
   g anesthesie;
   h endodontische hulp;
   i restauratie van gebitselementen met plastische materialen;
   j gnathologische hulp;
   k uitneembare prothetische voorzieningen;
   l tandvervangende hulp met niet-plastische materialen alsmede het aanbrengen van tandheelkundige implantaten, indien het de vervanging van een of meer ontbrekende, blijvende snij- of hoektanden betreft die niet zijn aangelegd, dan wel omdat het ontbreken van die tand of die tanden het directe gevolg is van een ongeval;
   m chirurgische tandheelkundige hulp, met uitzondering het aanbrengen van tandheelkundige implantaten;
   n röntgenonderzoek, met uitzondering van röntgenonderzoek ten behoeve van orthodontische hulp.

5 Mondzorg omvat voor verzekerden van tweeëntwintig jaar en ouder in andere gevallen dan het eerste lid, onderdelen a tot en met c:
   a chirurgische tandheelkundige hulp van specialistische aard en het daarbij behorende röntgenonderzoek, met uitzondering van parodontale chirurgie en het aanbrengen van een tandheelkundig implantaat;
   b uitneembare volledige prothetische voorzieningen voor de boven- of onderkaak.

6 Bij ministeriële regeling kan worden bepaald dat de verzekerde een eigen bijdrage betaalt voor de zorg, bedoeld in het eerste of vijfde lid, onderdeel b.

Artikel 2.8

1 Farmaceutische zorg omvat terhandstelling van:
   a de bij ministeriële regeling aangewezen geregistreerde geneesmiddelen voor zover deze zijn aangewezen door de zorgverzekeraar;

    b mits het rationele farmacotherapie betreft, geneesmiddelen als bedoeld in:
    1°. artikel 40, derde lid, onder a, van de Geneesmiddelenwet;
    2°. artikel 40, derde lid, onder c, van de Geneesmiddelenwet, die op verzoek van een arts als bedoeld in die bepaling, in Nederland zijn bereid door een fabrikant als bedoeld in artikel 1, eerste lid, onder mm, van die wet; of
    3°. artikel 40, derde lid, onder c, van de Geneesmiddelenwet, die in de handel zijn in een andere lidstaat of in een derde land en op verzoek van een arts als bedoeld in die bepaling, binnen het grondgebied van Nederland worden gebracht en bestemd zijn voor een patiënt van hem die aan een ziekte lijdt die in Nederland niet vaker voorkomt dan bij 1 op de 150.000 inwoners;
    c polymere, oligomere, monomere en modulaire dieetpreparaten.
2 Farmaceutische zorg omvat geen:
    a farmaceutische zorg in bij ministeriële regeling aangegeven gevallen;
    b geneesmiddelen in geval van ziekterisico bij reizen;
    c geneesmiddelen voor onderzoek als bedoeld in artikel 40, eerste lid, onder b, van de Geneesmiddelenwet;
    d geneesmiddelen die gelijkwaardig of nagenoeg gelijkwaardig zijn aan enig niet aangewezen, geregistreerd geneesmiddel;
    e geneesmiddelen als bedoeld in artikel 40, derde lid, onder e, van de Geneesmiddelenwet.
3 De aanwijzing door de zorgverzekeraar geschiedt zodanig dat van alle werkzame stoffen die voorkomen in de bij ministeriële regeling aangewezen geneesmiddelen ten minste een geneesmiddel voor de verzekerde beschikbaar is.
4 Farmaceutische zorg omvat ook een ander bij ministeriële regeling aangewezen geneesmiddel dan het door de zorgverzekeraar aangewezen geneesmiddel, voor zover behandeling met het door de zorgverzekeraar aangewezen geneesmiddel voor de verzekerde medisch niet verantwoord is.
5 Bij de ministeriële regeling, bedoeld in het eerste lid, onderdeel a, worden de aangewezen geneesmiddelen zoveel mogelijk ingedeeld in groepen van onderling vervangbare geneesmiddelen. In die ministeriële regeling wordt tevens de aanvraagprocedure voor de aanwijzing geregeld, worden regels gesteld met betrekking tot de systematiek van de indeling in groepen van onderling vervangbare geneesmiddelen en worden regels gesteld met betrekking tot de vaststelling van een vergoedingslimiet voor elke groep van onderling vervangbare geneesmiddelen.
6 De verzekerde betaalt een eigen bijdrage voor een geneesmiddel dat is ingedeeld in een groep van onderling vervangbare geneesmiddelen, indien de inkoopprijs hoger is dan de vergoedingslimiet. Een eigen bijdrage wordt ook betaald voor zover een geneesmiddel is bereid uit een geneesmiddel waarvoor een eigen bijdrage is verschuldigd. Bij ministeriële regeling wordt geregeld hoe de eigen bijdrage wordt berekend.

Artikel 2.9

1 Hulpmiddelenzorg omvat bij ministeriële regeling aangewezen, functionerende hulpmiddelen en verbandmiddelen, waarbij kan worden geregeld:
   a in welke gevallen de verzekerde recht heeft op die zorg;
   b vergoeding van bij die regeling aangewezen kosten in verband met thuisdialyse.
2 De kosten van normaal gebruik van hulpmiddelen komen, tenzij bij ministeriële regeling anders is bepaald, voor rekening van de verzekerde.
3 Bij ministeriële regeling kan worden bepaald dat de verzekerde voor een hulpmiddel een eigen bijdrage betaalt ter grootte van:
   a het verschil tussen de aanschaffingskosten en het bij dat hulpmiddel vermelde bedrag, dat kan verschillen naar gelang de groep van verzekerden, waartoe de verzekerde behoort;
   b een daarbij vermeld bedrag wegens besparing van kosten.

Artikel 2.10

1 Verblijf omvat verblijf gedurende een ononderbroken periode van ten hoogste 365 dagen, dat medisch noodzakelijk is in verband met de geneeskundige zorg, bedoeld in artikel 2.4, al dan niet gepaard gaande met verpleging, verzorging of paramedische zorg.
2 Een onderbreking van ten hoogste dertig dagen wordt niet als onderbreking beschouwd, maar deze dagen tellen niet mee voor de berekening van de 365 dagen.
3 In afwijking van het tweede lid tellen onderbrekingen wegens weekend- en vakantieverlof mee voor de berekening van de 365 dagen.

Artikel 2.11

Naast de in artikel 2.10 bedoelde verpleging, omvat verpleging tevens zorg zoals verpleegkundigen die plegen te bieden, zonder dat die zorg gepaard gaat met verblijf, en die noodzakelijk is in verband met medisch-specialistische zorg.

Artikel 2.12

1 Naast de in artikel 2.10 bedoelde verzorging, omdat verzorging tevens zorg zoals kraamverzorgenden die plegen te bieden aan moeder en kind in verband met een bevalling, gedurende ten hoogste tien dagen, te rekenen vanaf de dag van bevalling.
2 Bij ministeriële regeling kan worden bepaald dat de verzekerde een eigen bijdrage betaalt voor de zorg, bedoeld in het eerste lid.

Artikel 2.13

1 Vervoer omvat ziekenvervoer per ambulance als bedoeld in artikel 1, eerste lid, van de Wet ambulancevervoer, van de verzekerde over een afstand van maximaal 200 kilometer:
   a naar een persoon bij wie of een instelling waarin hij zorg zal ontvangen waarvan de kosten geheel of gedeeltelijk ten laste van de zorgverzekering komen;
   b naar een instelling waarin hij geheel of gedeeltelijk ten laste van de bijzondere ziektekostenverzekering als bedoeld in de Algemene Wet Bijzondere Ziektekosten zal gaan verblijven;
   c vanuit een instelling, bedoeld in onderdeel b, naar:
      1°. een persoon bij wie of een instelling waarin hij geheel of gedeeltelijk ten laste van de bijzondere ziektekostenverzekering een onderzoek of een behandeling zal ondergaan;
      2°. een persoon of instelling voor het aanmeten en passen van een prothese die geheel of gedeeltelijk ten laste van de bijzondere ziektekostenverzekering wordt verstrekt;
   d naar zijn woning of een andere woning, indien hij in zijn woning redelijkerwijs niet de nodige verzorging kan krijgen, indien hij komt van een van de personen of instellingen, bedoeld in de onderdelen a, b of c.
2 Indien de zorgverzekeraar een verzekerde toestemming geeft zich te wenden tot een bepaalde persoon of instelling, geldt de beperking van 200 kilometer niet.

Artikel 2.14

1 Het vervoer omvat tevens ziekenvervoer per auto, anders dan per ambulance als bedoeld in artikel 1, eerste lid, van de Wet ambulancevervoer, dan wel uit vervoer in de laagste klasse van een openbaar middel van vervoer van en naar een persoon, instelling of woning als bedoeld in artikel 2.13, eerste lid, over een enkele reisafstand van maximaal 200 kilometer voor zover:
   a de verzekerde nierdialyses moet ondergaan;
   b de verzekerde oncologische behandelingen met chemotherapie of radiotherapie moet ondergaan;
   c de verzekerde zich uitsluitend met een rolstoel kan verplaatsen;
   d het gezichtsvermogen van de verzekerde zodanig is beperkt dat hij zich niet zonder begeleiding kan verplaatsen.
2 Indien het vervoer, bedoeld in het eerste lid, vervoer met een particuliere auto betreft, bedraagt de vergoeding een bij ministeriële regeling te bepalen bedrag per kilometer.
3 In afwijking van het eerste lid, onderdelen a tot en met d, omvat vervoer ook vervoer in andere gevallen, indien de verzekerde in verband met de behandeling van een langdurige ziekte of aandoening langdurig is aan-

gewezen op vervoer en het niet verstrekken of vergoeden van dat vervoer voor de verzekerde zal leiden tot een onbillijkheid van overwegende aard.
4 Indien de zorgverzekeraar een verzekerde toestemming zich te wenden tot een bepaalde persoon of instelling, geldt de beperking van 200 kilometer niet.

Artikel 2.15

1 In gevallen waarin ziekenvervoer per auto of een openbaar middel van vervoer niet mogelijk is, kan de zorgverzekeraar toestaan dat het ziekenvervoer plaatsvindt met een ander door de zorgverzekeraar aan te geven vervoermiddel.
2 Het ziekenvervoer omvat tevens vervoer van een begeleider, indien begeleiding noodzakelijk is, of indien het betreft begeleiding van kinderen beneden zestien jaar. In bijzondere gevallen kan de zorgverzekeraar vervoer van twee begeleiders toestaan.

Artikel 2.16

Bij ministeriële regeling kan worden bepaald dat de verzekerde voor ziekenvervoer, anders dan ambulancevervoer als bedoeld in artikel 1, eerste lid, van de Wet ambulancevervoer, een eigen bijdrage betaalt tot een bij die regeling aangeven maximum.

Artikel 2.16a

Als vormen van zorg of overige diensten waarvoor de zorgverzekeraar desgevraagd een persoonsgebonden budget verstrekt, worden aangewezen:
a hulpmiddelenzorg bestaande uit de op grond van artikel 2.9 omschreven hulpmiddelen voor zover deze middelen aangewezen zijn ter compensatie van een ernstige visuele beperking;
b geneeskundige zorg die gericht is op herstel van een psychiatrische aandoening, tenzij deze zorg wordt verleend ten tijde van het verblijf als bedoeld in artikel 2.10.

§ 2. Het eigen risico

Artikel 2.17

1 Kosten van het gebruik van zorg en overige diensten vallen buiten het verplicht eigen risico indien deze verband houden met:
a zwangerschap, bevalling en kraambed;
b zorg zoals huisartsen die plegen te bieden; en
c mondzorg bedoeld in artikel 2.7, vierde lid, met uitzondering van de chirurgische tandheelkundige hulp van specialistische aard en het daarbij behorende röntgenonderzoek en de uitneembare volledige prothetische voorzieningen.

2 De dag, bedoeld in artikel 18a, vijfde lid, van de wet, is 31 december.
3 In afwijking van het tweede lid is de zorgverzekeraar gerechtigd het verplicht eigen risico in rekening te brengen indien het aan de verzekerde te wijten is dat de rekening niet voor de in het tweede lid genoemde dag is ingediend.

Artikel 2.18

1 De kosten van inschrijving bij een huisarts of bij een instelling die huisartsenzorg verleent, vallen buiten het vrijwillig eigen risico.
2 Onder kosten van inschrijving worden verstaan:
   a een bedrag ter zake van de inschrijving als patiënt, tot ten hoogste het tarief dat op grond van de Wet marktordening gezondheidszorg als beschikbaarheidstarief is vastgesteld;
   b vergoedingen die samenhangen met de wijze waarop de geneeskundige zorg in de praktijk van de huisarts of in de instelling wordt verleend, met de kenmerken van het patiëntenbestand of met de locatie van de praktijk of de instelling, voor zover deze vergoedingen tussen de zorgverzekeraar van de verzekerde en zijn huisarts of instelling zijn overeengekomen en de huisarts of instelling deze vergoedingen krachtens eerderbedoelde overeenkomst bij de inschrijving van een verzekerde in rekening mag brengen.

Artikel 2.19 [Vervallen per 01-01-2008]

Hoofdstuk 3. Zorgverzekeraars

§ 1. De vereveningsbijdrage

§ 1.1 De onderverdeling van het macro-prestatiebedrag in macro-deelbedragen

Artikel 3.1

1 Het macro-prestatiebedrag is onderverdeeld in de volgende macro-deelbedragen:
   a het macro-deelbedrag variabele kosten van ziekenhuisverpleging en kosten van specialistische hulp, dat betreft geneeskundige zorg zoals medisch-specialisten die plegen te bieden, met uitzondering van zorg zoals klinisch-psychologen en psychiaters die plegen te bieden, en de variabele kosten van verblijf, verpleging en verzorging, met uitzondering van verblijf gepaard gaande met zorg zoals klinisch-psychologen en psychiaters die plegen te bieden, voor zover deze prestaties voor vergoeding op grond van de wet in aanmerking komen;

b het macro-deelbedrag vaste kosten van ziekenhuisverpleging, dat betreft vaste kosten van verblijf, verpleging en verzorging, met uitzondering van verblijf gepaard gaande met zorg zoals klinisch-psychologen en psychiaters die plegen te bieden, voor zover deze prestaties voor vergoeding op grond van de wet in aanmerking komen;
  c het macro-deelbedrag kosten van geneeskundige geestelijke gezondheidszorg, dat betreft de kosten van geneeskundige zorg zoals klinisch-psychologen en psychiaters die plegen te bieden alsmede het daarmee gepaard gaande verblijf, voor zover deze prestaties voor vergoeding op grond van de wet in aanmerking komen;
  d het macro-deelbedrag kosten van overige prestaties, dat betreft overige prestaties die voor vergoeding op grond van de wet in aanmerking komen.
2 Tot het macro-prestatiebedrag of de macro-deelbedragen behoren niet de kosten van zorg of andere verzekerde diensten die noodzakelijk zijn geworden ten gevolge van een terroristische handeling.
3 Bij de ministeriële regeling ingevolge artikel 32, vierde lid, van de wet wordt voor 1 oktober van ieder jaar de hoogte van het macro-prestatiebedrag en van de macro-deelbedragen bepaald.

§ 1.2 De verdeling van de macro-deelbedragen en de berekening van het normatieve bedrag ten behoeve van, en de bijdrage aan, een zorgverzekeraar

Artikel 3.2

Het College zorgverzekeringen verdeelt de in artikel 3.1 genoemde macro-deelbedragen elk volgens de artikelen 3.3 tot en met 3.6 in deelbedragen voor iedere zorgverzekeraar.

Artikel 3.3

1 Het College zorgverzekeringen verdeelt het macro-deelbedrag variabele kosten van ziekenhuisverpleging en kosten van specialistische hulp aan de hand van de verzekerdenaantallen onderverdeeld in klassen naar leeftijd en geslacht, FKG's, DKG's, aard van het inkomen en regio.
2 De minister kent aan alle klassen van de genoemde criteria gewichten toe.
3 De klassen, bedoeld in het eerste lid, en de gewichten, bedoeld in het tweede lid, worden jaarlijks bij ministeriële regeling bepaald.

Artikel 3.4

1 Het College zorgverzekeringen verdeelt het macro-deelbedrag vaste kosten van ziekenhuisverpleging op basis van enerzijds een vergoeding voor de uitgaven die gefinancierd worden op basis van gelijke bedragen per verzekerde en anderzijds een vergoeding voor de uitgaven met betrekking tot de overige vaste kosten van ziekenhuisverpleging.

2 De vergoeding voor de uitgaven die gefinancierd worden op basis van gelijke bedragen per verzekerde is gelijk aan een bij ministeriële regeling te bepalen bedrag per bij de zorgverzekeraar ingeschreven verzekerde, vermenigvuldigd met het aantal bij de zorgverzekeraar ingeschreven verzekerden.

Artikel 3.5

1 Het College zorgverzekeringen verdeelt het macro-deelbedrag kosten van geneeskundige geestelijke gezondheidszorg aan de hand van de verzekerdenaantallen onderverdeeld in klassen naar in elk geval leeftijd en geslacht, en regio.
2 De minister kent aan alle klassen van de genoemde criteria gewichten toe.
3 De klassen, bedoeld in het eerste lid, en de gewichten, bedoeld in het tweede lid, worden jaarlijks bij ministeriële regeling bepaald.

Artikel 3.6

1 Het College zorgverzekeringen verdeelt het macro-deelbedrag kosten van overige prestaties aan de hand van de verzekerdenaantallen onderverdeeld in klassen naar leeftijd en geslacht, FKG's, DKG's, aard van het inkomen en regio.
2 De minister kent aan alle klassen van de genoemde criteria gewichten toe.
3 De klassen, bedoeld in het eerste lid, en de gewichten, bedoeld in het tweede lid, worden jaarlijks bij ministeriële regeling bepaald.

Artikel 3.7

1 Het College zorgverzekeringen sommeert de ingevolge artikelen 3.2 tot en met 3.6 aan een zorgverzekeraar toegerekende deelbedragen tot één normatief bedrag.
2 Het College zorgverzekeringen brengt vervolgens op het berekende normatieve bedrag de door hem voor de zorgverzekeraar geraamde opbrengst van de nominale rekenpremie gecorrigeerd voor de gemiddelde betaling van het verplicht eigen risico in mindering.
3 Het College zorgverzekeringen kent een bijdrage toe aan de zorgverzekeraar ter hoogte van de uitkomst van de berekening, bedoeld in het tweede lid.
4 Het College zorgverzekeringen deelt aan de zorgverzekeraar het berekende normatieve bedrag en de toegekende bijdrage mee, en geeft hierbij aan welk geraamd bedrag voor opbrengst van de nominale rekenpremie en voor het gemiddeld te betalen bedrag aan verplicht eigen risico, bedoeld in het tweede lid, bij de berekening van de bijdrage zijn betrokken.

§ 1.3 De herberekening van het normatieve bedrag ten behoeve van een zorgverzekeraar en de vaststelling van de bijdrage aan een zorgverzekeraar

Artikel 3.8

1 Ter herberekening van de bijdrage, bedoeld in artikel 34, tweede lid, van de wet, vindt een herberekening plaats van de gewichten, genoemd in de artikelen 3.3 en 3.6, rekening houdend met de verwachte financiële gevolgen van de toepassing van een specifieke compensatie van hoge kosten voor groepen van verzekerden naar leeftijd en geslacht, FKG's, DKG's, aard van het inkomen en regio.
2 Ter herberekening van de bijdrage, bedoeld in artikel 34, tweede lid, van de wet vindt een herberekening plaats van de gewichten, genoemd in artikel 3.5, rekening houdend met de verwachte financiële gevolgen van de toepassing van een specifieke compensatie van hoge kosten voor groepen van verzekerden naar leeftijd en geslacht, en regio.
3 Ter herberekening van de bijdrage, bedoeld in artikel 34, tweede lid, van de wet, herberekent het College zorgverzekeringen het normatieve bedrag ten behoeve van een zorgverzekeraar. Het College zorgverzekeringen baseert de herberekening van het normatieve bedrag op de ingevolge dit besluit voor de onderscheiden deelbedragen relevante gegevens over het betreffende jaar. Indien zulks naar zijn oordeel is aangewezen, kan het College zorgverzekeringen in afwijking van de tweede volzin bepalen dat voor door hem aan te geven herberekeningen niet wordt uitgegaan van de resultaten in het betreffende jaar maar van de resultaten in een daaraan al dan niet onmiddellijk voorafgaand jaar.
4 Het College zorgverzekeringen deelt de vergoede kosten van ziekenhuisverpleging en specialistische hulp verleend door instellingen in het buitenland, overeenkomstig een bij ministeriële regeling te bepalen verdeelsleutel toe aan de variabele kosten van ziekenhuisverpleging en kosten van specialistische hulp, onderscheidenlijk aan de vaste kosten van ziekenhuisverpleging.
5 Indien uit de specificatie van de kosten van in het buitenland verleende hulp niet blijkt om welke soort prestatie het gaat, deelt het College zorgverzekeringen de vergoede kosten overeenkomstig een bij ministeriële regeling te bepalen verdeelsleutel toe aan de kosten voor overige prestaties, variabele kosten van ziekenhuisverpleging en specialistische hulp en vaste kosten van ziekenhuisverpleging.

Artikel 3.9

1 Het College zorgverzekeringen merkt voor een bij ministeriële regeling te bepalen gedeelte van de verschillende geldende tarieven binnen de kosten van ziekenhuisverpleging, kosten aan als variabele kosten van ziekenhuisverpleging en kosten van specialistische hulp.

2 Het College zorgverzekeringen merkt de declaraties van specialisten volledig aan als variabele kosten van ziekenhuisverpleging en kosten van specialistische hulp.
3 Het College zorgverzekeringen past op een bij ministeriële regeling te bepalen wijze hogekostencompensatie toe.
4 Na toepassing van het derde lid past het College zorgverzekeringen in een bij ministeriële regeling te bepalen mate generieke verevening toe.
5 Het College zorgverzekeringen calculeert ten slotte in een bij ministeriële regeling te bepalen mate na op het verschil tussen de variabele kosten van ziekenhuisverpleging en kosten van specialistische hulp, en het resultaat na toepassing van het vierde lid.

Artikel 3.10

1 Het College zorgverzekeringen merkt voor een bij ministeriële regeling te bepalen gedeelte van de verschillende geldende tarieven binnen de kosten van ziekenhuisverpleging, die kosten aan als vaste kosten van ziekenhuisverpleging.
2 Het College zorgverzekeringen calculeert in een bij ministeriële regeling te bepalen mate na het verschil tussen de vaste kosten van ziekenhuisverpleging vastgesteld ingevolge het eerste lid en het deelbedrag vaste kosten van ziekenhuisverpleging in het betreffende jaar.

Artikel 3.11

1 Het College zorgverzekeringen past op het deelbedrag kosten van overige prestaties op een bij ministeriële regeling te bepalen wijze hogekostencompensatie toe.
2 Na toepassing van het eerste lid past het College zorgverzekeringen in een bij ministeriële regeling te bepalen mate generieke verevening toe.
3 Het College zorgverzekeringen calculeert ten slotte in een bij ministeriële regeling te bepalen mate na op het verschil tussen de kosten van overige prestaties, en het resultaat na toepassing van het tweede lid.

Artikel 3.12

1 Het College zorgverzekeringen past op het deelbedrag kosten van geneeskundige geestelijke gezondheidszorg op een bij ministeriële regeling te bepalen wijze hogekostencompensatie toe.
2 Na toepassing van het eerste lid past het College zorgverzekeringen in een bij ministeriële regeling te bepalen mate generieke verevening toe.
3 Het College zorgverzekeringen calculeert ten slotte in een bij ministeriële regeling te bepalen mate na op het verschil tussen de kosten van geneeskundige geestelijke gezondheidszorg, en het resultaat na toepassing van het tweede lid.

Artikel 3.13

1 Het College zorgverzekeringen sommeert de ingevolge de artikelen 3.8 tot en met 3.12 herberekende deelbedragen tot één normatief bedrag.
2 Het College zorgverzekeringen brengt vervolgens op het herberekende normatieve bedrag de aan de zorgverzekeraar toegerekende opbrengsten van de nominale rekenpremie gecorrigeerd voor het gemiddeld te betalen bedrag aan verplicht eigen risico in mindering.
3 Het College zorgverzekeringen stelt de bijdrage vast op de uitkomst van de berekening, bedoeld in het tweede lid.
4 Het College zorgverzekeringen deelt aan de zorgverzekeraar het herberekende normatieve bedrag en de vastgestelde bijdrage mee, en geeft hierbij aan welke bedragen, bedoeld in het tweede lid, bij de vaststelling van de bijdrage zijn betrokken.
5 Het College zorgverzekeringen kan het normatieve bedrag ten behoeve van een zorgverzekeraar voorlopig herberekenen en de bijdrage voorlopig vaststellen. Het vierde lid is van overeenkomstige toepassing.
6 Het College Zorgverzekeringen kan bij de voorlopige herberekeningen en de vaststelling van de bijdragen, bedoeld in het vijfde lid, artikel 3.8, eerste en tweede lid, achterwege laten.

§ 1.4 Nadere bepaling met betrekking tot § 1.2. en § 1.3

Artikel 3.14

1 Waar het College zorgverzekeringen bij de berekening en de vaststelling van het normatieve bedrag ten behoeve van een zorgverzekeraar gebruik maakt van historische gegevens, kan hij, indien die gegevens niet beschikbaar zijn, uitgaan van een andere basis die een goede benadering geeft van de ontbrekende historische gegevens.
2 Indien het toepassen van historische gegevens tot onredelijke en niet-beoogde uitkomsten leidt, is het College zorgverzekeringen bevoegd om uit te gaan van een alternatieve basis.

§ 1.5 Aanvullingen op de bijdrage aan een zorgverzekeraar

Artikel 3.15

1 In aanvulling op de bijdrage, bedoeld in de artikelen 3.7 en 3.13, verstrekt het College zorgverzekeringen een uitkering in verband met uitvoeringskosten van verzekerden jonger dan 18 jaar.
2 De uitkering is gelijk aan een vast bedrag maal het aantal verzekerden jonger dan 18 jaar op peilmoment 1 juli van het betreffende jaar.
3 De hoogte van het vaste bedrag per verzekerde jonger dan 18 jaar wordt jaarlijks bij ministeriële regeling bepaald.

Artikel 3.16

1 In aanvulling op de bijdrage bedoeld in de artikelen 3.7 en 3.13, kan het College zorgverzekeringen een uitkering verstrekken in verband met een substantieel of structureel verschil tussen kosten en deelbedrag per verzekeraar dat rechtstreeks verband houdt met hogere kosten van verzekerden als gevolg van een zeer uitzonderlijke omstandigheid.
2 Ingevolge het eerste lid worden geen uitkeringen verstrekt dan nadat bij ministeriële regeling is vastgesteld dat sprake is van een nationale ramp die niet opgevangen kan worden binnen de reguliere wijze van vaststelling van de bijdrage aan zorgverzekeraars.
3 Bij ministeriële regeling wordt de wijze waarop het College zorgverzekeringen de uitkering, bedoeld in het eerste lid, vaststelt, geregeld.

Artikel 3.17

Bij ministeriële regeling kan worden bepaald dat de bijdrage, bedoeld in de artikelen 3.7 en 3.13, wordt verlaagd met de specifiek voor de verzekeraar geraamde betaling van het verplicht eigen risico en dat het College zorgverzekeringen bij het in mindering brengen van de geraamde opbrengst van de nominale rekenpremie op het berekende normatieve bedrag niet verlaagt met het gemiddeld te betalen bedrag aan verplicht eigen risico.

Artikel 3.18

1 In aanvulling op de bijdrage, bedoeld in artikel 3.13, verstrekt het College zorgverzekeringen een bijdrage voor het onder de dekking van de zorgverzekering houden van verzekerden ten aanzien van wie niet aan de premieplicht, bedoeld in artikel 16 van de wet, is voldaan.
2 De bijdrage, bedoeld in het eerste lid, wordt slechts verstrekt indien:
   a een premieschuld bestaat van zes maal de premie op maandbasis of meer;
   b de zorgverzekeraar ten aanzien van verzekerden met premieschuld handelt volgens de terzake door de zorgverzekeraars vastgestelde regels dan wel anderszins aantoont zich voldoende te hebben ingespannen om te komen tot inning van de verschuldigde premie; en
   c de zorgverzekering, nadat de onder a bedoelde situatie is ontstaan, gedurende het resterende deel van het kalenderjaar niet door de zorgverzekeraar is opgezegd of ontbonden, noch de dekking ervan is geschorst of beperkt.
3 De omvang van de bijdrage wordt bij ministeriële regeling bepaald.

Hoofdstuk 3a. De compensatie voor het verplicht eigen risico

Artikel 3a.1

Verzekerden hebben recht op de uitkering bedoeld in artikel 118a, eerste lid, van de wet indien zij de twee opeenvolgende jaren voorafgaande aan het jaar waarop de uitkering betrekking heeft, zijn ingedeeld in bij ministeriële regeling aangewezen FKG's of indien zij op 1 juli van het jaar waarop de uitkering betrekking heeft, zonder onderbreking meer dan een half jaar in een AWBZ-instelling verblijven.

Hoofdstuk 4. Slotbepalingen

Artikel 4.1

Bij de inwerkingtreding van de wet kunnen voor een zorgverzekeraar die als nieuwe rechtspersoon de wet uitvoert de gegevens van zijn rechtsvoorganger worden aangemerkt als historische gegevens.

Artikel 4.2

De rijksbelastingdienst verstrekt aan de zorgverzekeraar op een verzoek als bedoeld in artikel 89, eerste lid, van de wet, het persoonsgegeven dat een persoon als niet-ingezetene aan de loonbelasting is onderworpen ter zake van in Nederland in dienstbetrekking verrichte arbeid dan wel als niet-ingezetene aan de inkomstenbelasting is onderworpen ter zake van in Nederland verrichte beroepswerkzaamheden anders dan in dienstbetrekking.

Artikel 4.3

1 Dit besluit treedt in werking op 1 januari 2006, met uitzondering van artikel 2.4, eerste lid, voor zover het betreft zorg zoals psychiaters, zenuwartsen en klinisch-psychologen die plegen te bieden, de eerstelijnspsychologische zorg voor zover die niet wordt verleend door een huisarts, de onderdelen d, e en f van dat lid, het derde lid van dat artikel, artikel 3.1, eerste lid, subonderdeel c, artikel 3.5 en artikel 3.11.
2 Artikel 2.4, eerste lid, voor zover het betreft zorg zoals psychiaters, zenuwartsen en klinisch-psychologen die plegen te bieden, de eerstelijnspsychologische zorg voor zover die niet wordt verleend door een huisarts, de onderdelen d, e en f van dat lid, het derde lid van dat artikel, artikel 3.1, eerste lid, subonderdeel c, artikel 3.5 en artikel 3.11 treden in werking met ingang van 1 januari 2007.

Artikel 4.4

Dit besluit wordt aangehaald als: Besluit zorgverzekering.

Bijlage 1. van het Besluit zorgverzekering

Bijlage behorende bij artikel 2.6, tweede lid.
1 De aandoeningen, bedoeld in artikel 2.6, tweede lid, betreffen:
   a een van de volgende aandoeningen van het zenuwstelsel:
      1°. cerebrovasculair accident;
      2°. ruggenmergaandoening;
      3°. multipele sclerose;
      4°. perifere zenuwaandoening indien sprake is van motorische uitval;
      5°. extrapyramidale aandoening;
      6°. motorische retardatie of een ontwikkelingsstoornis van het zenuwstelsel en hij jonger is dan 17 jaar;
      7°. aangeboren afwijking van het centraal zenuwstelsel;
      8°. cerebellaire aandoening;
      9°. uitvalsverschijnselen als gevolg van een tumor in de hersenen of het ruggenmerg dan wel als gevolg van hersenletsel;
      10°. radiculair syndroom met motorische uitval;
      11°. spierziekte;
      12°. myasthenia gravis;
   b of een van de volgende aandoeningen van het bewegingsapparaat:
      1°. aangeboren afwijking;
      2°. progressieve scoliose;
      3°. juveniele osteochondrose en hij jonger is dan 22 jaar;
      4°. reflexdystrofie;
      5°. wervelfractuur als gevolg van osteoporose;
      6°. fractuur als gevolg van morbus Kahler, botmetastase of morbus Paget;
      7°. frozen shoulder (capsulitis adhaesiva);
      8°. reumatoïde artritis of chronische reuma;
      9°. chronische artritiden;
      10°. spondylitis ankylopoetica (morbus Bechterew);
      11°. reactieve artritis;
      12°. juveniele chronische artritis;
      13°. hyperostotische spondylose (morbus Forestier);
      14°. collageenziekten;
      15°. status na amputatie;
      16°. whiplash;
      17°. postpartum bekkeninstabiliteit;
      18°. fracturen indien deze conservatief worden behandeld;
   c of een van de volgende hartaandoeningen:
      1°. myocardinfarct (AMI);
      2°. status na coronary artery bypassoperatie (CABG);
      3°. status na percutane transluminale coronair angioplastiek (PTCA);
      4°. status na hartklepoperatie;
      5°. status na operatief gecorrigeerde congenitale afwijkingen;
   d of een van de volgende aandoeningen:
      1°. chronic obstructive pulmonary disease indien sprake is van een

FEV$_1$/VC kleiner dan 60%;
2°. aangeboren afwijking van de tractus respiratorius;
3°. lymfoedeem;
4°. littekenweefsel van de huid al dan niet na een trauma;
5°. status na opname in een ziekenhuis, een verpleeginrichting of een instelling voor revalidatie dan wel na dagbehandeling in een instelling voor revalidatie en de hulp dient ter bespoediging van het herstel na ontslag naar huis of de beëindiging van de dagbehandeling;
6°. claudicatio intermittens (vasculair) graad 2 of 3 Fontaine;
7°. wekedelentumoren;
8°. diffuse interstitiële longaandoening indien sprake is van ventilatoire beperking of diffusiestoornis.

2 Indien het een aandoening betreft als bedoeld in het eerste lid, onderdeel a, subonderdeel 10, of onderdeel b, subonderdeel 17, is de duur van behandeling maximaal drie maanden.

3 Indien het een aandoening betreft als bedoeld in het eerste lid, onderdeel b, subonderdeel 18, is de duur van behandeling maximaal zes maanden na conservatieve behandeling.

4 Indien het een aandoening betreft als bedoeld in het eerste lid, onderdeel b, subonderdeel 7, of onderdeel d, subonderdeel 6, is de duur van behandeling maximaal twaalf maanden.

5 Indien het een aandoening betreft als bedoeld in het eerste lid, onderdeel d, subonderdeel 5, is de duur van de behandeling maximaal twaalf maanden in aansluiting op ontslag naar huis of beëindiging van de behandeling in de instelling, bedoeld in het eerste lid, onderdeel d, subonderdeel 5.

6 Indien het een aandoening betreft als bedoeld in het eerste lid, onderdeel b, subonderdeel 16, is de duur van de behandeling maximaal drie maanden. Indien hierna nog sprake is van de trias bewegingsverlies, conditieverlies en cognitieve stoornissen, kan deze periode verlengd worden met maximaal zes maanden.

7 Indien het een aandoening betreft als bedoeld in het eerste lid, onderdeel d, subonderdeel 7, is de duur van behandeling maximaal twee jaren na bestraling.

Bijlage 3 Regeling zorgverzekering

Regeling van de Minister van Volksgezondheid, Welzijn en Sport van 1 september 2005, nr. Z/VV-2611957, houdende regels ter zake van de uitvoering van de Zorgverzekeringswet (Regeling zorgverzekering), laatstelijk gewijzigd bij regeling van 14 juli 2008, *Stcrt.* 2008, 139

De Minister van Volksgezondheid, Welzijn en Sport,

Handelende in overeenstemming met de Minister van Financiën en de Minister van Sociale Zaken en Werkgelegenheid,

Gelet op de artikelen 32, vierde lid, 35, vierde lid, 38, tweede lid, 39, vierde lid, 40, vijfde, tiende en elfde lid, 43, tweede lid, 45, tweede en vierde lid, 46, eerste lid, 47, 50, vierde lid, 52, 53, 59, negende lid, 59a, vierde lid, 68, eerste tot en met vierde lid, 69, tweede en vijfde lid, 70, elfde lid, 75, derde en vierde lid, 87, derde en zesde lid, 88, vierde lid, 89, zesde lid, 106, derde lid, 118, eerste lid en 118a, vierde lid van de Zorgverzekeringswet en de artikelen 2.4, tweede en derde lid, 2.7, zesde lid, 2.8, eerste, tweede, vijfde en zesde lid, 2.9, 2.12, tweede lid, 2.14, tweede lid, 2.16, 3.1, tweede lid, 3a.1, 3.3, derde lid, 3.4, tweede lid, 3.5, derde lid, 3.6, derde lid, 3.8, vierde lid, 3.9, eerste, derde, vierde en vijfde lid, 3.10, eerste en tweede lid, 3.11, eerste tot en met derde lid, 3.12, eerste tot en met derde lid, 3.15 derde lid, 3.17 en 3.18 van het Besluit zorgverzekering;

Besluit:

Hoofdstuk 1. Definities en algemene bepalingen

Artikel 1

1 Deze regeling verstaat onder:
    a de Minister: de Minister van Volksgezondheid, Welzijn en Sport;
    b specialité: een geneesmiddel als bedoeld in artikel 1, eerste lid, onderdeel h, van de Wet op de Geneesmiddelenvoorziening;

c preparaat: een geneesmiddel als bedoeld in artikel 1, eerste lid, onderdeel i, van de Wet op de Geneesmiddelenvoorziening;
d branded generic: een specialité die in de handel wordt gebracht onder een benaming waarin de stofnaam is vermeld en waaraan een merkaanduiding is toegevoegd;
e combinatiepreparaat: een geneesmiddel dat meer dan één werkzaam bestanddeel bevat;
f deel IB van het registerdossier: het registerblad, inhoudende de gegevens, bedoeld in artikel 2, eerste lid, onderdeel h, van het Besluit registratie geneesmiddelen, of het registerblad, bedoeld in deel I, onderdeel B, van de bijlage van de richtlijn nr. 75/318/EEG van de Raad van de Europese Gemeenschappen van 20 mei 1975 betreffende de onderlinge aanpassing van de wetgevingen van de Lid-Staten inzake de analytische, toxicologisch-farmacologische en klinische normen en voorschriften betreffende proeven op farmaceutische specialiteiten (PbEG L 147/1);
g registratiehouder: degene op wiens naam een geneesmiddel in het register, bedoeld in artikel 3, eerste lid, van de Wet op de Geneesmiddelenvoorziening staat ingeschreven dan wel degene die voor een geneesmiddel een vergunning heeft ingevolge de Verordening (EEG) nr. 2309/93 van de Raad van de Europese Gemeenschappen van 22 juli 1993 tot vaststelling van communautaire procedures voor het verlenen van vergunningen voor en het toezicht op geneesmiddelen voor menselijk en diergeneeskundig gebruik en tot oprichting van een Europees bureau voor de geneesmiddelenbeoordeling (PbEG L 214);
h Taxe: de Taxe, uitgegeven door de Z-index B.V.;
i Defined Daily Dose: de dagdosis van een geneesmiddel, als vastgesteld onder verantwoordelijkheid van het WHO Collaborating Centre for Drug Statistics Methodology;
j Anatomical Therapeutic Chemical Classification: de classificatie van geneesmiddelen, samengesteld onder verantwoordelijkheid van het WHO Collaborating Centre for Drug Statistics Methodology;
k standaardkuur: de totale hoeveelheid van het werkzame bestanddeel van een geneesmiddel dat, blijkens de dosering, vermeld in deel IB van het registerdossier, wordt gegeven;
l referentiehoeveelheid: de hoeveelheid van een werkzaam bestanddeel, in een farmaceutische vorm gebracht, waarmee, gegeven de standaarddosis en het gebruikelijke aantal keren per dag dat het geneesmiddel wordt gegeven om die standaarddosis te bereiken, de gebruikelijke dagelijkse dosering kan worden bereikt, met dien verstande dat bij keuze tussen een retardvorm en een niet-retardvorm wordt uitgegaan van de niet-retardvorm;
m dbc: diagnose behandeling combinatie;
n onderhandelbaar dbc-tarief: een lokaal overeengekomen tarief dat instellingen in rekening brengen bij het afsluiten van een door de Nederlandse Zorgautoriteit gedefinieerde onderhandelbare dbc;
o niet-onderhandelbaar dbc-tarief: een door de Nederlandse Zorgautoriteit vastgesteld niet-onderhandelbaar tarief dat instellingen in rekening

brengen bij het afsluiten van een door de Nederlandse Zorgautoriteit gedefinieerde niet-onderhandelbare dbc, zijnde een landelijk tarief met instellingsspecifieke opslagen (waaronder een opslag voor kapitaal) ter sluiting van het instellingsbedrag;

p tarief voor overige trajecten en verrichtingen: een door de Nederlandse Zorgautoriteit vastgesteld tarief voor een verrichting die instellingen naast dbc's mogen declareren, waaronder: verkeerde bed, gezonde zuigeling, gezonde moeder, klasseverpleging, beademing IC voor volwassenen, neonatale IC, pediatrische IC, post IC high care en brandwondenzorg;

q tarief voor ondersteunende en overige producten: een door de Nederlandse Zorgautoriteit vastgesteld tarief voor verrichtingen geleverd aan een ander specialisme als onderdeel van een dbc, dan wel geleverd op verzoek van de eerstelijn, dan wel geleverd aan een ander specialisme werkzaam binnen dezelfde instelling waarvoor de dbc-systematiek niet geldt, dan wel in het kader van onderlinge dienstverlening;

r renteheffingstarief: een tarief dat instellingen in rekening mogen brengen bij zorgverzekeraars in het geval deze niet overgaan tot het bevoorschotten van zorg gefinancierd op basis van dbc's;

s een rekening-courant: een rekening in de centrale administratie van 's rijks schatkist bij het ministerie van Financiën op naam van een rekening-couranthouder, waarop dagelijks het geldelijk tegoed (positief of negatief) wordt bijgehouden van de betrokken rekening-couranthouder bij het Rijk en de mutaties in het tegoed;

t de rekening-couranthouder: het College zorgverzekeringen;

u Euribor: de dagelijks door de European Banking Federation vastgestelde rente waartegen op de geldmarkt interbancair deposito's in euro's van verschillende looptijden worden aangeboden in landen waar de euro betaalmiddel is;

v prestatie: een prestatie als omschreven bij of krachtens artikel 11 van de Zorgverzekeringswet;

w prestatiebeschrijving:
1°. een beschrijving van de prestatie zoals die op grond van de Wet marktordening gezondheidszorg voor een zorgaanbieder is goedgekeurd of vastgesteld dan wel
2°. een beschrijving van de prestatie zoals die tussen de verzekerde en de zorgaanbieder is overeengekomen indien voor die zorgaanbieder niet een prestatiebeschrijving op grond van de Wet marktordening gezondheidszorg behoeft te worden goedgekeurd of vastgesteld;

x declaratieregeling: een regeling bedoeld in artikel 38, derde lid, onder b, van de Wet marktordening gezondheidszorg;

y formele controle: een onderzoek waarbij de zorgverzekeraar nagaat of het tarief dat door een zorgaanbieder voor een prestatie in rekening is gebracht:
1°. een prestatie betreft, welke is geleverd aan een bij die zorgverzekeraar verzekerde persoon;
2°. een prestatie betreft, welke behoort tot het verzekerde pakket van die

persoon,
3°. een prestatie betreft, tot levering waarvan de zorgaanbieder bevoegd is, en
4°. het tarief betreft, dat voor die prestatie krachtens de Wet marktordening gezondheidszorg is vastgesteld of een tarief is dat voor die prestatie met de zorgaanbieder is overeengekomen;
z materiële controle: een onderzoek waarbij de zorgverzekeraar nagaat of de door de zorgaanbieder in rekening gebrachte prestatie is geleverd en die geleverde prestatie het meest was aangewezen gezien de gezondheidstoestand van de verzekerde;
aa fraudeonderzoek: een onderzoek waarbij de zorgverzekeraar nagaat of de verzekerde of de zorgaanbieder valsheid in geschrifte, bedrog, benadeling van rechthebbenden of verduistering pleegt of tracht te plegen bij de totstandkoming of uitvoering van een overeenkomst van zorgverzekering betrokken personen en organisaties met het doel een prestatie, vergoeding, betaling of ander voordeel te krijgen waarop de verzekerde dan wel de zorgaanbieder geen recht heeft of recht kan hebben;
ab verhaalsrecht: het recht van de verzekeraar op grond van artikel 284 van het Wetboek van Koophandel de schade die is veroorzaakt door anderen dan de verzekerde op deze derden te verhalen;
ac gedragscode: de Gedragscode Verwerking Persoonsgegevens Financiële Instellingen, waaronder mede begrepen het daarbij behorende Addendum met het protocol materiële controle, opgesteld door Zorgverzekeraars Nederland waarvoor het College bescherming persoonsgegevens een verklaring heeft afgegeven als bedoeld in artikel 25 van de Wet bescherming persoonsgegevens.
2 Voor de toepassing van deze regeling wordt onder mogendheid mede verstaan de Nederlandse Antillen en Aruba.

Hoofdstuk 2. Bepalingen omtrent de prestaties

§ 1. De prestaties en eigen bijdragen

§ 1.1. Geneeskundige zorg

Artikel 2.1

De zorg bedoeld in artikel 2.4 van het Besluit zorgverzekering omvat niet:
a behandeling van bovenoogleden die verlamd of verslapt zijn, anders dan als gevolg van een aangeboren afwijking of van een bij de geboorte aanwezige chronische aandoening;
b liposuctie van de buik;
c het operatief plaatsen, het operatief verwijderen en het operatief vervangen van een borstprothese, anders dan na een gehele of gedeeltelijke borstamputatie;

d behandelingen tegen snurken met uvuloplastiek;
e behandelingen gericht op sterilisatie dan wel op het ongedaan maken daarvan;
f behandelingen gericht op circumcisie.

Artikel 2.2

1 Voor individuele, groeps- of gezinspsychotherapie betaalt de verzekerde een bijdrage van € 15,60 per zitting tot een maximum van € 702 per kalenderjaar, waarbij voor gezinstherapie de bijdrage en het maximum gelden per gezin.
2 Voor partnerrelatiepsychotherapie is een bijdrage verschuldigd van € 7,80 per verzekerde per zitting, tot een maximum van € 351 per verzekerde per kalenderjaar.
3 De bijdrage is niet verschuldigd, indien de verzekerde een bijdrage ingevolge artikel 4 van het Bijdragebesluit zorg is verschuldigd.

Artikel 2.3

Voor eerstelijnspsychologie betaalt de verzekerde een eigen bijdrage van € 10 per zitting.

§ 1.2. Mondzorg

Artikel 2.4

1 Voor zorg als bedoeld in artikel 2.7, eerste lid, onderdeel a, van het Besluit zorgverzekering onderscheidenlijk voor zorg als bedoeld in artikel 2.7, eerste lid, onderdeel b, van dat besluit indien die wordt verleend vanwege extreme angst voor mondzorg, betaalt de verzekerde van tweeëntwintig jaar of ouder, voor zover die zorg bestaat uit preventief onderzoek, incidenteel consult, extractie, parodontale hulp, endodontische hulp, restauratie van gebitselementen met plastische materialen of uitneembare nietvolledige prothetische voorzieningen, een bijdrage ter grootte van het bedrag dat ten hoogste in rekening mag worden gebracht voor zodanige prestaties indien er geen sprake is van toepassing van artikel 2.7, eerste lid, onderdeel a of b, van het Besluit zorgverzekering.
2 Indien de zorg, bedoeld in het eerste lid, een uitneembare volledige prothetische voorziening dan wel een uitneembare volledige prothetische voorziening te plaatsen op tandheelkundige implantaten betreft, betaalt de verzekerde een eigen bijdrage ter hoogte van € 90.
3 Voor een uitneembare volledige prothetische voorziening, bedoeld in artikel 2.7, vijfde lid, onderdeel b, van het Besluit zorgverzekering, betaalt de verzekerde een eigen bijdrage ter hoogte van vijfentwintig procent van de kosten van die voorziening.

§ 1.3. Farmaceutische zorg

Artikel 2.5

1 De aangewezen geregistreerde geneesmiddelen zijn de geneesmiddelen, genoemd in bijlage 1 bij deze regeling.
2 Indien een geneesmiddel, genoemd in bijlage 1 bij deze regeling, behoort tot een van de in bijlage 2 bij deze regeling genoemde categorieën van geneesmiddelen, omvat de farmaceutische zorg slechts aflevering van dat geneesmiddel indien voldaan is aan de bij die categorieën vermelde criteria.3. Polymere, oligomere, monomere en modulaire dieetpreparaten behoren slechts tot de farmaceutische zorg indien voldaan is aan onderdeel 1 van bijlage 2 van deze regeling.

§ 1.4. Hulpmiddelenzorg

Artikel 2.6

1 De aangewezen hulpmiddelen zijn:
   a prothesen voor schouder, arm, hand, been of voet, als omschreven in artikel 2.8;
   b mammaprothesen als omschreven in artikel 2.9;
   c gelaatsprothesen als omschreven in artikel 2.10;
   d oogprothesen als omschreven in artikel 2.11;
   e orthesen voor romp, arm, been, voet, hoofd of hals als omschreven in artikel 2.12;
   f gezichtshulpmiddelen als omschreven in artikel 2.13;
   g gehoorhulpmiddelen als omschreven in artikel 2.14;
   h verzorgingsmiddelen als omschreven in artikel 2.15;
   i hulpmiddelen voor anticonceptionele doeleinden als omschreven in artikel 2.16;
   j hulpmiddelen voor de mobiliteit van personen als omschreven in artikel 2.17;
   k pruiken als omschreven in artikel 2.18;
   l injectiespuiten als omschreven in artikel 2.19;
   m uitwendige hulpmiddelen te gebruiken bij het langdurig compenseren van het functieverlies van aderen bij het transport van bloed en het functieverlies van lymfevaten bij het transport van lymfe;
   n hulpmiddelen bij diabetes als omschreven in artikel 2.20;
   o apparatuur voor positieve uitademingsdruk als omschreven in artikel 2.21;
   p draagbare, uitwendige infuuspompen als omschreven in artikel 2.22;
   q schoenvoorzieningen, niet zijnde orthesen als omschreven in artikel 2.23;
   r hulpmiddelen voor het toedienen van voeding als omschreven in artikel 2.24;
   s allergeenvrije en stofdichte hoezen als omschreven in artikel 2.25;

t hulpmiddelen voor communicatie, informatievoorziening en signalering als omschreven in artikel 2.26;
u zuurstofapparatuur als omschreven in artikel 2.27;
v longvibrators;
w vernevelaars met toebehoren;
x beeldschermloepen;
y uitwendige elektrostimulators tegen chronische pijn met toebehoren;
z CPAP-apparatuur als omschreven in artikel 2.28;
aa solo-apparatuur als omschreven in artikel 2.29;
ab tactielleesapparatuur als omschreven in artikel 2.30;
ac vervanging van BAHA-hoortoestellen als omschreven in artikel 2.31;
ad zelfmeetapparatuur voor bloedstollingstijden als omschreven in artikel 2.32;
ae inrichtingselementen van woningen als omschreven in artikel 2.33;
af geleidehonden als omschreven in artikel 2.34;
ag hulpmiddelen ter compensatie van onvoldoende arm-, hand- en vingerfunctie als omschreven in artikel 2.35;
ah thuisdialyseapparatuur als omschreven in artikel 2.36.
2 De aangewezen verbandmiddelen zijn: verbandmiddelen toe te passen bij een ernstige aandoening waarbij een langdurige medische behandeling met deze middelen is aangewezen.

Artikel 2.7

1 Indien in de artikelen 2.8 tot en met 2.36 een leeftijd is vermeld, wordt bedoeld de leeftijd van de verzekerde op het moment waarop hij zich wendt tot de aanbieder van het hulpmiddel.
2 Indien een hulpmiddel in bruikleen wordt gegeven, omvat het hulpmiddel tevens vergoeding van de kosten van vervoer van het hulpmiddel naar en van de woning van de verzekerde, van het regelmatig onderhoud ervan alsmede van de voor gebruik, ontsmetting en reiniging van de apparatuur benodigde chemicaliën.

Artikel 2.8

Hulpmiddelen als bedoeld in artikel 2.6, eerste lid, onderdeel a, omvatten:
a prothesen voor schouder, arm of hand;
b algemeen gangbare hulp- en aanzetstukken voor armprothesen;
c prothesen voor been of voet;
d een oplaadinrichting en batterijen, indien de prothese voor schouder, arm of hand in bekrachtigde uitvoering is.

Artikel 2.9

Hulpmiddelen als bedoeld in artikel 2.6, eerste lid, onderdeel b, omvatten:
a de gebruiksklaar verkrijgbare mammaprothesen voor uitwendige toepassing ter vervanging van een geheel of nagenoeg geheel ontbrekende borstklier;
b ten behoeve van een verzekerde afzonderlijk vervaardigde mammaprothese indien het gebruik van gebruiksklaar verkrijgbare mammaprothesen niet mogelijk of redelijkerwijs niet verantwoord is.

Artikel 2.10

Hulpmiddelen als bedoeld in artikel 2.6, eerste lid, onderdeel c, omvatten ten behoeve van de verzekerde afzonderlijk vervaardigde prothesen ter bedekking van het gelaat of een gedeelte ervan, neus en oorschelpen daarbij inbegrepen.

Artikel 2.11 is vervallen.

Artikel 2.12

1 Hulpmiddelen als bedoeld in artikel 2.6, eerste lid, onderdeel e, omvatten:
a korsetten voor afwijkingen aan de wervelkolom;
b orthopedische beugelapparatuur;
c verstevigde spalk-, redressie- of correctieapparatuur voor langdurig gebruik, waarbij de versteviging een functioneel onderdeel vormt van de orthese en een therapeutische meerwaarde heeft ten opzichte van een niet verstevigde orthese, met dien verstande dat daaronder slechts een kniebrace valt indien sprake is van:
1°. een al dan niet gecombineerd letsel van de knie waarbij de kruisbanden of de collateraalbanden zijn gescheurd;
2°. eenzijdige gonartrose, voor zover sprake is van een standafwijking van minimaal 10 graden varus/valgusstand;
d kappen ter bescherming van de schedel indien er sprake is van een schedeldefect of indien door frequente evenwichts- of bewustzijnsstoornissen grote kans op vallen bestaat;
e tracheacanules;
f stemprothesen of spraakversterkers, al dan niet gecombineerd;
g breukbanden;
h orthopedisch schoeisel en orthopedische voorzieningen aan confectieschoenen, indien voldaan is aan een van de zorginhoudelijke criteria, vermeld in bijlage 3, onderdeel 1, van deze regeling, en de verzekerde redelijkerwijs niet kan volstaan met confectieschoenen, te weten:
1°. volledig individueel vervaardigd orthopedisch maatschoeisel, indien tevens niet kan worden volstaan met semi-orthopedische schoenen of met een voorziening aan confectieschoenen;
2°. volledig individueel vervaardigde orthopedische binnenschoenen;

3°. semi-orthopedisch schoeisel met individuele aanpassing;
   4°. orthopedische voorzieningen aan confectieschoenen, tenzij het uitsluitend een verhoging betreft van de gehele buitenzool van minder dan 3 cm.
2 Onder langdurig gebruik, bedoeld in het eerste lid, onderdeel c, valt niet preventief gebruik in verband met het beoefenen van sport.
3 De verzekerde betaalt voor hulpmiddelen als bedoeld in het eerste lid, onderdeel h, subonderdelen 1 en 3:
   a indien hij zestien jaar of ouder is, een eigen bijdrage van € 115 per paar;
   b indien hij jonger is dan zestien jaren, een eigen bijdrage van € 57,50 per paar.

Artikel 2.13

Hulpmiddelen als bedoeld in artikel 2.6, eerste lid, onderdeel f, omvatten:
a brillenglazen, waaronder filterglazen met of zonder visuscorrigerende werking, indien voldaan is aan een van de zorginhoudelijke criteria, vermeld in bijlage 3, onderdeel 2, van deze regeling en de aanschaf plaatsvindt binnen twaalf maanden na een eerdere aanschaf van dit hulpmiddel;
b contactlenzen, indien voldaan is aan een van de zorginhoudelijke criteria, vermeld in bijlage 3, onderdeel 2, van deze regeling en de aanschaf plaatsvindt binnen twaalf maanden na een eerdere aanschaf van dit hulpmiddel;
c bandagelenzen zonder visuscorrigerende werking voor zover van andere therapieën geen resultaat is verkregen of te verwachten is en voldaan is aan een van de zorginhoudelijke criteria als bedoeld in bijlage 3, onderdeel 3, van deze regeling;
d bijzondere optische hulpmiddelen, bestemd voor rechtstreekse waarneming, met inbegrip van montuur, statief of verlichting, indien deze met het hulpmiddel één geheel vormen en de verzekerde een dusdanig verlies van gezichtsvermogen heeft dat redelijkerwijs niet kan worden volstaan met een middel als bedoeld in onderdeel a of b.

Artikel 2.14

1 Hulpmiddelen als bedoeld in artikel 2.6, eerste lid, onderdeel g, omvatten:
   a electro-akoestische hoortoestellen voor persoonlijk gebruik, in gewone dan wel bijzondere uitvoering, bestemd om op of aan het menselijk lichaam te worden gebezigd ter verbetering van een gestoord gehoor, alsmede gehoorlepels of gehoorslangen die het geluid via mechanische weg versterken en de verschaffing en vervanging van oorstukjes, indien voldaan is aan een van de zorginhoudelijke criteria, vermeld in bijlage 3, onderdeel 4, van deze regeling;
   b ringleidingen, bestaande uit een snoer en versterker met zo nodig een tafelmicrofoon dan wel infraroodapparatuur of FM-apparatuur voor geluidsoverdracht, bestaande uit een ontvanger en een zender, al dan niet met inductiespoel of hoofdtelefoon, of in kinbeugel-uitvoering, met

zo nodig een tafelmicrofoon, indien voldaan is aan een van de zorginhoudelijke criteria, vermeld in bijlage 3, onderdeel 5, van deze regeling;
  c een maskeerder ter behandeling van ernstig oorsuizen alsmede verschaffing en vervanging van oorstukjes.
2 Als een bijzondere uitvoering van een elektro-akoestisch hoortoestel als bedoeld in het eerste lid, onderdeel a, wordt beschouwd:
  a een cros-uitvoering;
  b een bicros-uitvoering;
  c een beengeleider-uitvoering;
  d een uitvoering met één ingebouwde microfoon en twee aansluitingen;
  e een uitvoering met één uitwendige microfoon en één aansluiting;
  f een uitvoering met één ingebouwde microfoon, één uitwendige microfoon en één aansluiting.
3 Indien de aanschaffingskosten van een hoortoestel als bedoeld in het eerste lid, onderdeel a, hoger zijn dan € 476 en een toestel voor de eerste keer wordt verstrekt, dan wel korter dan zes jaar geleden aan de verzekerde is verstrekt, betaalt de verzekerde van zestien jaren of ouder een bijdrage ter grootte van het verschil tussen de aanschaffingskosten en dit bedrag.
4 Indien de aanschaffingskosten van een hoortoestel als bedoeld in het eerste lid, onderdeel a, hoger zijn dan € 566,50 en een toestel langer dan zes, maar korter dan zeven jaren geleden aan de verzekerde is verstrekt, betaalt de verzekerde van zestien jaren of ouder een bijdrage ter grootte van het verschil tussen de aanschaffingskosten en dit bedrag.
5 Indien de aanschaffingskosten van een hoortoestel als bedoeld in het eerste lid, onderdeel a, hoger zijn dan € 657,50 en een toestel zeven jaren of langer geleden aan de verzekerde is verstrekt, betaalt de verzekerde een bijdrage ter grootte van het verschil tussen de aanschaffingskosten en dit bedrag. Voor een verzekerde van jonger dan zestien jaren geldt de gebruiksduur van zeven jaren of langer geleden niet.
6 Indien sprake is van een hoortoestel in cros-, bicros- of beengeleideruitvoering, opgenomen in een brilmontuur, wordt het bedrag, genoemd in het derde, vierde en vijfde lid, vermeerderd met € 61,50.

Artikel 2.15

1 Hulpmiddelen als bedoeld in artikel 2.6, eerste lid, onderdeel h, omvatten:
  a urine-opvangzakken met de noodzakelijke hulpstukken ter bevestiging aan het been of bed;
  b voorzieningen voor stomapatiënten, te weten:
    1°. systemen ter bevestiging op een stoma voor de opvang van faeces of urine, bestaande uit opvangzakjes en kleefplaten, daarbij benodigde hulp- en verbindingsstukken, opvulmaterialen, reinigingsgaasjes, wegwerpzakjes, spoelapparatuur met toebehoren, stomapluggen, stomapleisters en indikmiddelen;
    2°. noodzakelijke huidbeschermende middelen, voor zover daarop niet reeds aanspraak bestaat op grond van artikel 2.8 van het Besluit zorg-

verzekering;
3°. afdekpleisters en katheters bestemd voor een continentstoma;
4°. stomabeschermers, niet zijnde verbandmiddelen, voor een gelaryngectomeerde;
c stompkousen;
d katheters met blaasspoelvloeistoffen, al dan niet met toebehoren;
e incontinentie-absorptiematerialen als omschreven in het tweede lid;
f spoelapparatuur voor anaalspoelen, zo nodig met toebehoren, indien sprake is van ernstige problemen met de ontlasting ten gevolge van anatomische of functionele afwijkingen van de darm of anus dan wel de zenuwvoorziening daarvan;
g slijmuitzuigapparatuur voor het wegzuigen van slijm uit het mond- of keelgebied, zo nodig met toebehoren.
2 Incontinentie-absorptiematerialen als bedoeld in het eerste lid, onderdeel e, omvatten:
a inlegluiers en luierbroeken voor incontinentie voor verzekerden van vijf jaar en ouder, indien sprake is van:
1°. incontinentie voor feces die langer bestaat dan twee weken;
2°. incontinentie voor urine, niet zijnde enuresis nocturna, die langer bestaat dan twee maanden;
3°. ondersteuning van bekkenbodemspieroefeningen of blaastraining voor de behandeling van urine-incontinentie, niet zijnde enuresis nocturna, voor de duur van deze behandeling;
4°. ziektebeelden waarvan mag worden aangenomen dat de incontinentie niet vanzelf geneest, of waarbij bekkenbodemspieroefeningen of blaastraining niet helpen;
b inlegluiers en luierbroeken voor incontinentie voor verzekerden van drie of vier jaar, indien sprake is van een niet-fysiologische vorm van incontinentie;
c anaaltampons;
d beschermende onderleggers, indien het verlies van bloed, exsudaat, vocht, urine of feces dusdanige hygiënische problemen oplevert dat deze slechts door het gebruik van een bedbeschermende onderlegger kunnen worden ondervangen.

Artikel 2.16

Hulpmiddelen als bedoeld in artikel 2.6, eerste lid, onderdeel i, omvatten:
a pessaria;
b koperhoudende spiraaltjes.

Artikel 2.17

Hulpmiddelen als bedoeld in artikel 2.6, onderdeel j, omvatten:
a krukken, loophulpen met drie of vier poten, looprekken, rollators en loopwagens, indien de verzekerde hier langdurig op is aangewezen om te kunnen lopen, niet kan worden volstaan met een eenvoudiger hulpmiddel

en sprake is van:
1°. evenwichtsstoornissen;
2°. functiestoornissen van de onderste extremiteiten, al dan niet gepaard gaande met defecten;
3°. stoornissen in het uithoudingsvermogen dan wel vormen van lichamelijke zwakte, waarbij de verschaffing van een loophulpmiddel strekt tot behoud van de zelfredzaamheid of ter voorkoming van opname in een instelling;
b serveerwagens indien de verzekerde hier langdurig op is aangewezen, niet volstaan kan worden met een eenvoudiger hulpmiddel en sprake is van een hand- of armfunctiestoornis;
c blindentaststokken;
d stoelen voorzien van een trippelfunctie, indien de verzekerde langdurig op dit middel is aangewezen en
1°. de verzekerde zich binnenshuis alleen zittend kan verplaatsen en niet beschikt over een in huis bruikbare rolstoel;
2°. de verzekerde voldoet aan de voorwaarde voor een hulpmiddel als bedoeld in onderdeel a, maar dit niet kan gebruiken vanwege een gestoorde hand- of armfunctie; of
3°. zich niet zonder gebruik van de handen staande kan houden;
e loopfietsen indien de verzekerde langdurig op dit middel is aangewezen, sprake is van functiestoornissen van de onderste extremiteiten, al dan niet gepaard gaande met defecten en de verzekerde niet kan volstaan met een eenvoudiger loophulpmiddel.

Artikel 2.18

1 Hulpmiddelen als bedoeld in artikel 2.6, eerste lid, onderdeel k, omvatten haarwerken ter gehele of gedeeltelijke vervanging van het hoofdhaar, indien de verzekerde van een blijvende of langdurige, gehele of gedeeltelijke kaalhoofdigheid zodanige psychische bezwaren ondervindt, dat het gebruik van een haarwerk redelijkerwijs is aangewezen.
2 Indien de aanschaffingskosten van hulpmiddelen als bedoeld in het eerste lid hoger zijn dan € 264,50, betaalt de verzekerde een bijdrage ter grootte van het verschil tussen de aanschaffingskosten en dat bedrag.

Artikel 2.19

1 Hulpmiddelen als bedoeld in artikel 2.6, eerste lid, onderdeel l, omvatten injectiespuiten met toebehoren dan wel injectiepennen met toebehoren, indien sprake is van een aandoening die een langdurig gebruik van dit middel noodzakelijk maken.
2 Een hulpmiddel als bedoeld in het eerste lid omvat tevens een aan een handicap aangepaste uitvoering, indien de verzekerde ten gevolge van een ernstige motorische handicap dan wel een verminderd gezichtsvermogen redelijkerwijs niet kan volstaan met een injectiespuit of injectiepen in een niet aangepaste uitvoering.

Artikel 2.20

1 Hulpmiddelen als bedoeld in artikel 2.6, eerste lid, onderdeel n, omvatten, indien sprake is van diabetes die met insuline wordt behandeld dan wel indien de diabetes nagenoeg is uitbehandeld met orale bloedsuikerverlagende middelen en behandeling met insuline wordt overwogen:
   a apparatuur voor het zelf afnemen van bloed en de daarbij behorende lancetten;
   b bloedglucosetestmeters, indien de verzekerde aangewezen is op teststrips, alsmede de daarbij behorende teststrips;
   c draagbare, uitwendige infuuspompen met toebehoren, indien tevens voldaan is aan een van de zorginhoudelijk criteria, vermeld in bijlage 3, onderdeel 6, van deze regeling.
2 Een hulpmiddel als bedoeld in het eerste lid, onderdelen a en b, omvat tevens een aan een handicap aangepaste uitvoering indien de verzekerde redelijkerwijs niet kan volstaan met een middel in een niet aangepaste uitvoering.

Artikel 2.21

Hulpmiddelen als bedoeld in artikel 2.6, eerste lid, onderdeel o, omvatten aangezichtsmaskers, dan wel mondstukken, met aanzetstukken bestaande uit een weerstandsbuis en een, in- en uitademingsweg scheidend, ademventiel, waarbij deze hulpmiddelen dienen om bij het uitademen een positieve druk te bewerkstelligen ter bevordering van de sputumproductie.

Artikel 2.22

Hulpmiddelen als bedoeld in artikel 2.6, eerste lid, onderdeel p, omvatten draagbare, uitwendige infuuspompen met toebehoren, indien sprake is van continue parenterale toediening in de thuissituatie van een geneesmiddel dat valt onder de farmaceutische zorg, bedoeld in artikel 2.8 van het Besluit zorgverzekering, met uitzondering van insuline.

Artikel 2.23

1 Hulpmiddelen als bedoeld in artikel 2.6, eerste lid, onderdeel q, omvatten:
   a verbandschoenen, indien voldaan is aan een van de zorginhoudelijke criteria, vermeld in bijlage 3, onderdeel 7, van deze regeling;
   b allergeenvrije schoenen, indien er sprake is van een allergie.
2 Indien de aanschaffingskosten van het hulpmiddel, bedoeld in het eerste lid, onderdeel a, hoger zijn dan € 136,50 betaalt de verzekerde een bijdrage ter grootte van het verschil tussen de aanschaffingskosten en dat bedrag.
3 De verzekerde betaalt voor een hulpmiddel als bedoeld in het eerste lid, onderdeel b, een bijdrage van:
   a indien hij zestien jaar of ouder is, € 115 per paar, vermeerderd met het verschil tussen de aanschaffingskosten en € 292,50;

b indien hij jonger is dan zestien jaren, € 57,50 per paar, vermeerderd met het verschil tussen de aanschaffingskosten en € 235.

Artikel 2.24

1 Hulpmiddelen als bedoeld in artikel 2.6, eerste lid, onderdeel r, omvatten, indien het gebruik om medische redenen aangewezen is:
  a niet-klinisch ingebrachte sondes met toebehoren;
  b uitwendige voedingspompen met toebehoren;
  c uitwendige toebehoren, benodigd bij de toediening van parenterale voeding;
  d eetapparaten.
2 Hulpmiddelen als bedoeld in het eerste lid omvatten geen voedings-, genees- en verbandmiddelen.

Artikel 2.25

Hulpmiddelen als bedoeld in artikel 2.6, eerste lid, onderdeel s, omvatten een allergeenvrije en stofdichte matrashoes, een dekbedhoes en een kussenhoes, indien uit de resultaten van laboratoriumonderzoek of een huidtest blijkt dat sprake is van een allergie voor uitwerpselen van huisstofmijt.

Artikel 2.26

1 Hulpmiddelen als bedoeld in artikel 2.6, eerste lid, onderdeel t, omvatten:
  a computers met bijbehorende apparatuur voor lichamelijk gehandicapten, indien de lichamelijk gehandicapte voor informatie en communicatie of bediening van huishoudelijke hulpmiddelen geheel of nagenoeg geheel op deze middelen is aangewezen;
  b schrijfmachines voor lichamelijk gehandicapten, indien de lichamelijk gehandicapte voor het onderhouden van maatschappelijke contacten geheel of nagenoeg geheel op deze middelen is aangewezen;
  c rekenmachines in een uitvoering, aangepast aan een lichamelijke handicap;
  d invoer- en uitvoerapparatuur en de daartoe benodigde programmatuur, noodzakelijke upgrades daarvan, alsmede accessoires voor een computer, een schrijfmachine en een rekenmachine, aangepast aan een lichamelijke handicap;
  e computerprogrammatuur voor grootlettersystemen voor visueel gehandicapten;
  f bladomslagapparatuur;
  g opname- en voorleesapparatuur voor gehandicapten, zijnde:
    1°. memorecorders voor visueel gehandicapten;
    2°. daisy-spelers of daisy-programmatuur voor visueel gehandicapten, dyslectici en motorisch gehandicapten;
    3°. voorleesapparatuur voor zwartdrukinformatie voor visueel gehandicapten;

h telefoons en een telefoneerhulpmiddel, zijnde:
  1°. hulpmiddelen voor het kiezen van telefoonnummers;
  2°. telefoonhoornhouders;
  3°. met omgevingsbesturingsapparatuur te bedienen telefoons;
  4°. teksttelefoons, faxapparatuur dan wel beeldtelefoons voor auditief gehandicapten, indien voldaan is aan een van de zorginhoudelijke criteria, vermeld in bijlage 3, onderdelen 8 en 9, van deze regeling;
i spraakvervangende hulpmiddelen bij een ernstige spraakhandicap;
j signaleringsapparatuur en een alarmeringssysteem, zijnde:
  1°. wek- en waarschuwingsinstallaties ten behoeve van auditief gehandicapten indien voldaan is aan een van de zorginhoudelijke criteria, vermeld in bijlage 3, onderdeel 10, van deze regeling;
  2°. persoonlijke alarmeringsapparatuur voor lichamelijk gehandicapten, indien de lichamelijk gehandicapte in een verhoogde risicosituatie verkeert.
2 Indien de aanschaffingskosten van faxapparatuur als bedoeld in het eerste lid, onderdeel h, subonderdeel 4, hoger zijn dan € 95, betaalt de verzekerde een eigen bijdrage ter grootte van het verschil tussen de aanschaffingskosten en dat bedrag.

Artikel 2.27

Hulpmiddelen als bedoeld in artikel 2.6, eerste lid, onderdeel u, omvatten:
a zuurstofapparaten met de daarbij behorende zuurstof;
b zuurstofconcentratoren met toebehoren en vergoeding van stroomkosten.

Artikel 2.28

Hulpmiddelen als bedoeld in artikel 2.6, eerste lid, onderdeel z, omvatten hulpmiddelen met toebehoren voor continue positieve luchtdruk tijdens het ademen, indien voldaan is aan een van de zorginhoudelijke criteria, vermeld in bijlage 3, onderdeel 11, van deze regeling.

Artikel 2.29

Hulpmiddelen als bedoeld in artikel 2.6, eerste lid, onderdeel aa, omvatten solo-apparatuur met toebehoren, indien er sprake is van een indicatie, vermeld in bijlage 3, onderdeel 12, van deze regeling alsmede indien de verzekerde:
a de apparatuur gebruikt voor het volgen van her- of bijscholing, dan wel niet tot het reguliere onderwijs behorende beroepsopleidingen in klassikaal- of groepsverband;
b de apparatuur gebruikt voor het volgen van regulier onderwijs of;
c de apparatuur gebruikt voor het volgen van speciaal onderwijs in klassikaal-, onderscheidenlijk groepsverband dat niet specifiek gericht is op dove en slechthorende leerlingen of;

d de apparatuur gebruikt tijdens het op medische gronden noodzakelijk ondergaan van een groepsgewijze therapeutische behandeling of;
e de apparatuur gebruikt bij het in een gestructureerd en georganiseerd verband verrichten van betaalde of niet betaalde werkzaamheden.

Artikel 2.30

Hulpmiddelen als bedoeld in artikel 2.6, eerste lid, onderdeel bb, omvatten tactielleesapparaten met toebehoren en vergoeding van de kosten, voor zover andere hulpmiddelen voor het lezen van zwartschrift voor de visueel gehandicapte niet doelmatig zijn en de verzekerde in staat is met het apparaat om te gaan.

Artikel 2.31

Hulpmiddelen als bedoeld in artikel 2.6, eerste lid, onderdeel cc, omvatten vervanging van BAHA-hoortoestellen die kunnen worden aangesloten op een te implanteren beengeleider, indien voldaan is aan een van de zorginhoudelijke criteria, vermeld in bijlage 3, onderdeel 4, van deze regeling en een luchtgeleidingstoestel redelijkerwijs niet kan worden aangepast.

Artikel 2.32

Hulpmiddelen als bedoeld in artikel 2.6, eerste lid, onderdeel dd, omvatten apparatuur en toebehoren waarmee de verzekerde zelf de stollingstijd van zijn bloed kan meten, nadat hij voor het gebruik van die apparatuur is opgeleid;

Artikel 2.33

1 Hulpmiddelen als bedoeld in artikel 2.6, eerste lid, onderdeel ee, omvatten, indien de verzekerde langdurig daarop is aangewezen:
   a aan functiebeperkingen aangepaste tafels;
   b aan functiebeperkingen aangepaste stoelen, indien sprake is van problemen bij het zitten, gaan zitten of het opstaan, niet kan worden volstaan met een stoel die voldoet aan de normale ergonomische eisen en niet uitsluitend sprake is van vetzucht, reuzen- of dwerggroei, waarbij de stoelen zijn voorzien van een of meer van de volgende functies of aanpassingen:
   1°. sta-opsysteem, indien de verzekerde niet zelfstandig kan opstaan uit een stoel met een optimale zithoogte;
   2°. specifieke polstering;
   3°. abductiebalk;
   4°. arthrodese-zitting;
   5°. pelottes voor zijwaartse steun;
   c anti-decubituszitkussens;

    d bedden in speciale uitvoering met inbegrip van daarvoor bestemde matrassen;
    e anti-decubitusbedden, -matrassen en -overtrekkken ter behandeling en preventie van decubitus;
    f dekenbogen, onrusthekken, bedgalgen, papegaaien en portalen;
    g bedverkorters en -verlengers.
2 Onder de in het eerste lid, onderdeel b, bedoelde hulpmiddelen zijn hulpmiddelen in een uitvoering met zwenkwielen, beremming of hoog/laag-mechanisme begrepen, indien het hulpmiddel op diverse plaatsen of met een verschillende werkhoogte moet worden gebruikt.
3 Hulpmiddelen als bedoeld in het eerste lid, onderdelen d tot en met g, zijn slechts als hulpmiddelen aangewezen, indien het gebruik daarvan strekt tot behoud van de zelfredzaamheid en met de verschaffing opneming in een instelling wordt voorkomen, dan wel indien de verzekerde is aangewezen op verpleging.

Artikel 2.34

1 Hulpmiddelen als bedoeld in artikel 2.6, eerste lid, onderdeel ff, omvatten:
    a blindengeleidehonden die een substantiële bijdrage leveren aan de mobiliteit of oriëntatie in het maatschappelijke verkeer van een verzekerde die blind is of dusdanig slechtziend dat hij hierop is aangewezen;
    b hulphonden die een substantiële bijdrage leveren aan de mobiliteit en de algemene of huishoudelijke dagelijkse levensverrichtingen van een verzekerde die volledig doof is of die als gevolg van blijvende, ernstige lichamelijke functiebeperkingen aangewezen is op hulp bij die mobiliteit of bij algemene of huishoudelijke dagelijkse levensverrichtingen, waardoor zijn zelfstandigheid wordt vergroot en het beroep op zorgondersteuning vermindert.
2 De hulpmiddelen, bedoeld in het eerste lid omvatten, tevens een tegemoetkoming in de redelijk te achten gebruikskosten.

Artikel 2.35

Hulpmiddelen als bedoeld in artikel 2.6, eerste lid, onderdeel gg, omvatten hulpmiddelen ter compensatie van onvoldoende arm-, hand- en vingerfunctie, indien de verzekerde als gevolg van blijvende, ernstige lichamelijke functiebeperkingen in arm-, hand-, en vingerfunctie aangewezen is op professionele hulp bij algemene of huishoudelijke dagelijkse levensverrichtingen.

Artikel 2.36

Hulpmiddelen als bedoeld in artikel 2.6, onderdeel hh, omvatten thuisdialyse-apparatuur met toebehoren alsmede:
a de regelmatige controle en het onderhoud ervan en de chemicaliën en vloeistoffen die nodig zijn voor het verrichten van dialyse;

b vergoeding van de kosten voor de redelijkerwijs te verrichten aanpassingen in en aan de woning en voor het herstel in de oorspronkelijke staat, voor zover andere wettelijke regelingen daarin niet voorzien;
c vergoeding van overige redelijk te achten kosten die rechtstreeks met de thuisdialyse samenhangen, voor zover andere wettelijke regelingen daarin niet voorzien.

§ *1.5. Verzorging*

Artikel 2.37

1 Voor verzorging als bedoeld in artikel 2.12 van het Besluit zorgverzekering ten huize van de verzekerde betaalt de verzekerde een eigen bijdrage van € 3,70 per uur.
2 Voor verzorging als bedoeld in artikel 2.12 van het Besluit zorgverzekering, verleend in een instelling zonder dat verblijf in de instelling medisch noodzakelijk is, betaalt zowel de moeder als het kind een eigen bijdrage van € 14,50 per dag, die wordt vermeerderd met het bedrag waarmee het tarief van de instelling € 104,50 per dag te boven gaat.

§ *1.6. Ziekenvervoer*

Artikel 2.38

1 Het bedrag, bedoeld in artikel 2.14, tweede lid, van het Besluit zorgverzekering, bedraagt € 0,25 per kilometer.
2 De verzekerde is voor ziekenvervoer anders dan ambulancevervoer als bedoeld in artikel 1, eerste lid, van de Wet ambulancevervoer, een bijdrage verschuldigd van ten hoogste € 86 per kalenderjaar.
3 Een bijdrage is niet verschuldigd:
   a voor vervoer van een instelling waarin de verzekerde ten laste van de zorgverzekering of de bijzondere ziektekostenverzekering is opgenomen, naar een andere instelling waarin de verzekerde ten laste van de zorgverzekering of de bijzondere ziektekostenverzekering wordt opgenomen voor het ondergaan van een specialistisch onderzoek of een specialistische behandeling waarvoor in de eerstbedoelde instelling niet de mogelijkheid bestaat;
   b voor vervoer van een instelling als bedoeld in onderdeel a naar een persoon of instelling voor het ondergaan van een specialistisch onderzoek of een specialistische behandeling ten laste van de zorgverzekering waarvoor in de eerstbedoelde instelling niet de mogelijkheid bestaat, alsmede het vervoer terug naar die instelling;
   c voor vervoer van een instelling waarin de verzekerde ten laste van de bijzondere ziektekostenverzekering is opgenomen, naar een persoon of instelling voor een tandheelkundige behandeling ten laste van de bijzondere ziektekostenverzekering, waarvoor in de eerstbedoelde instel-

ling niet de mogelijkheid bestaat, alsmede het vervoer terug naar die instelling.

§ 2. De regels voor indeling van geneesmiddelen in groepen van onderling vervangbare geneesmiddelen en voor de berekening van de vergoedingslimieten en eigen bijdrage voor geneesmiddelen

Artikel 2.39

Bij de aanwijzing op grond van artikel 2.8 van het Besluit zorgverzekering en bij de toepassing van deze paragraaf wordt uitsluitend acht geslagen op:
a deel IB van het registerdossier,
b de publicaties onder auspiciën van de World Health Organization over de Defined Daily Dose en de atomical Therapeutical Chemical Classification,
c de in medisch-farmaceutische kringen gebruikelijke farmacologische en farmacotherapeutische handboeken,
d publicaties in tijdschriften die in medisch-farmaceutische kringen als betrouwbare bronnen voor geneesmiddeleninformatie gelden,
e gegevens afkomstig van farmaco-economisch onderzoek, en
f andere gegevens en bescheiden die voldoen aan de regels ingevolge artikel 2, zesde lid, van het Besluit registratie geneesmiddelen.

Artikel 2.40

1 Geneesmiddelen worden als onderling vervangbaar aangemerkt, indien zij:
   a bij een gelijksoortig indicatiegebied kunnen worden toegepast,
   b via een gelijke toedieningsweg worden toegediend, en
   c in het algemeen voor dezelfde leeftijdscategorie zijn bestemd.
2 Bij de toedieningswegen wordt een onderscheid gemaakt in toediening door middel van injectie waarbij systemisch het gewenste effect wordt beoogd, toediening niet door middel van een injectie waarbij systemisch het gewenste effect wordt beoogd, toediening door middel van injectie waarbij lokaal het gewenste effect wordt beoogd en toediening niet door middel van een injectie waarbij lokaal het gewenste effect wordt beoogd.
3 In afwijking van het eerste en tweede lid worden geneesmiddelen niet als onderling vervangbaar aangemerkt, indien:
   a tussen die geneesmiddelen verschillen in eigenschappen bestaan,
   b deze verschillen in eigenschappen zich voordoen of kunnen voordoen bij de gehele patiëntenpopulatie, bij welke de geneesmiddelen kunnen worden toegepast, en
   c uit de gegevens en bescheiden, bedoeld in artikel 2.39, blijkt dat deze verschillen in eigenschappen, tezamen genomen, bepalend zijn voor de keuze van het geneesmiddel door de arts.
4 In afwijking van het eerste en tweede lid worden geneesmiddelen die behoren tot een subgroep die alleen uit preparaten bestaat of alleen uit

specialités onder dezelfde merknaam, niet als onderling vervangbaar beschouwd.
5 In afwijking van het eerste, tweede en derde lid wordt een combinatiepreparaat als onderling vervangbaar aangemerkt met een in een groep van onderling vervangbare geneesmiddelen opgenomen geneesmiddel, niet zijnde een combinatiepreparaat, dat een werkzaam bestanddeel bevat dat voorkomt in het combinatiepreparaat, indien:
   a alle werkzame bestanddelen van het combinatiepreparaat voorkomen in geneesmiddelen, niet zijnde combinatiepreparaten, die zijn opgenomen in een groep van onderling vervangbare geneesmiddelen, en
   b de in onderdeel a bedoelde geneesmiddelen langs dezelfde toedieningsweg worden toegediend en in het algemeen voor dezelfde leeftijdscategorie zijn bestemd als het combinatiepreparaat.
6 Het vijfde lid is niet van toepassing op combinatiepreparaten van oestrogenen en progestagenen en combinatiepreparaten van thiazide- en kaliumsparende diuretica.

Artikel 2.41

1 Voor de berekening van een vergoedingslimiet wordt uitgegaan van een standaarddosis van het werkzame bestanddeel van het geneesmiddel.
2 De standaarddosis wordt bepaald op basis van de Defined Daily Dose, tenzij de Defined Daily Dose lager is dan de in Nederland geadviseerde minimale dosering of hoger is dan de in Nederland geadviseerde maximale dosering.
3 Indien een werkzaam bestanddeel onder verschillende zout- of estervormen in de handel is en bij de Defined Daily Dose geen onderscheid is gemaakt naar de zout- of estervorm, wordt de standaarddosis voor de verschillende zout- of estervormen, voor zover mogelijk, herleid tot de zout- of estervorm die het meest voorkomt in de in artikel 2.39 genoemde bronnen.
4 Voor uitwendig toegepaste dermatologica geldt als standaarddosis 1 gram, 1 ml of 100 cm2, afhankelijk van de gehanteerde hoeveelheidsmaat.
5 De standaarddosis wordt zoveel mogelijk vastgesteld met overeenkomstige toepassing van de methodiek, gehanteerd bij de vaststelling van de Defined Daily Dose, indien:
   a voor een geneesmiddel geen Defined Daily Dose is vastgesteld, of
   b de Defined Daily Dose lager is dan de in Nederland geadviseerde minimale dosering of hoger is dan de in Nederland geadviseerde maximale dosering.
6 In afwijking van het eerste tot en met vijfde lid wordt bij geneesmiddelen waarvoor geldt dat de duur van de medicatie wordt bekort door de hoeveelheid per dag gegeven werkzame bestanddelen te verhogen, uitgegaan van de standaardkuur.
7 De vergoedingslimiet van een geneesmiddel wordt opnieuw vastgesteld, indien:

a de Defined Daily Dose van dat geneesmiddel bij een herziening van de Defined Daily Doses van een categorie van geneesmiddelen in de Anatomical Therapeutic Chemical Classification op niveau 4 wordt gewijzigd ten opzichte van de Defined Daily Dose waarvan eerder bij de bepaling van de standaarddosis was uitgegaan,

b voor dat geneesmiddel de standaarddosis was bepaald overeenkomstig het vijfde lid, aanhef en onderdeel a, en voor dat geneesmiddel een Defined Daily Dose wordt vastgesteld, of

c wijziging optreedt in de in Nederland geadviseerde minimale of maximale dosering van een geneesmiddel, bedoeld in het vijfde lid, aanhef en onderdeel b, en die wijziging zou leiden tot een andere standaarddosis dan die waarvan bij de indeling van dat geneesmiddel in de desbetreffende groep van onderling vervangbare geneesmiddelen is uitgegaan.

8 Indien de Defined Daily Dose van een geneesmiddel of van geneesmiddelen, van de prijs waarvan is uitgegaan voor de berekening van een vergoedingslimiet, bij een herziening van de Defined Daily Dose van een categorie van geneesmiddelen in de Anatomical Therapeutic Chemical Classification op niveau 4 wordt gewijzigd, wordt de vergoedingslimiet voor de groep onderling vervangbare geneesmiddelen waartoe dat geneesmiddel behoort, opnieuw vastgesteld. Bij de berekening van de nieuwe vergoedingslimiet worden slechts betrokken de geneesmiddelen die betrokken zijn bij de eerdere berekening van de vergoedingslimiet.

Artikel 2.42

1 Voor zover een groep van onderling vervangbare geneesmiddelen bestaat uit geneesmiddelen die voor 1 oktober 1998 geregistreerd waren en de prijs daarvan voorkwam in de op dat tijdstip geldende Taxe, wordt voor de berekening van de vergoedingslimiet voor de tot die groep behorende geneesmiddelen uitgegaan van de prijzen, vermeld in de bedoelde Taxe.
2 Indien een groep van onderling vervangbare geneesmiddelen bestaat uit geneesmiddelen die na het in het eerste lid bedoelde tijdstip geregistreerd zijn of waarvan de prijs voor het eerst voorkwam in een na dat tijdstip verschenen Taxe, wordt voor de berekening van de vergoedingslimiet voor de tot die groep behorende geneesmiddelen uitgegaan van de prijs van het geneesmiddel, waarvan de prijs het eerst in de Taxe is vermeld.
3 Bij de berekening van de vergoedingslimiet worden de prijzen van parallel geïmporteerde geneesmiddelen en van combinatiepreparaten als bedoeld in artikel 2.40, vijfde lid, buiten beschouwing gelaten.

Artikel 2.43

1 Per groep van onderling vervangbare geneesmiddelen wordt een gemiddelde prijs berekend.
2 Voor de berekening van de gemiddelde prijs wordt de groep verdeeld in subgroepen van geneesmiddelen die hetzelfde werkzame bestanddeel of dezelfde combinatie van werkzame bestanddelen hebben.

3 Binnen een subgroep wordt voor de specialités met eenzelfde merknaam, met uitzondering van de branded generics, een gemiddelde prijs per standaarddosis berekend.
4 Binnen een subgroep wordt voor andere geneesmiddelen dan die, bedoeld in het derde lid, een gemiddelde prijs per standaarddosis berekend. Die prijs is het gemiddelde van de laagste prijzen van de geneesmiddelen in dezelfde farmaceutische vorm.
5 Per subgroep worden de ingevolge het derde en vierde lid berekende gemiddelde prijzen per standaarddosis opgeteld en wordt die uitkomst gemiddeld, zodat een prijs per subgroep wordt verkregen.
6 Indien in de Taxe voor een specialité meer dan één prijs wordt vermeld, wordt uitgegaan van de laagste prijs.

Artikel 2.44

1 Indien de groep van onderling vervangbare geneesmiddelen bestaat uit slechts één subgroep, is de in artikel 2.43, vijfde lid, bedoelde prijs per subgroep de basis voor de berekening van de vergoedingslimiet van de tot die groep behorende geneesmiddelen.
2 Indien de groep van onderling vervangbare geneesmiddelen bestaat uit meer dan één subgroep, worden, indien:
   a de geneesmiddelen behoren tot één categorie in de Anatomical Therapeutic Chemical Classification op niveau 4, alle prijzen per subgroep bij elkaar opgeteld en wordt vervolgens het gemiddelde ervan berekend;
   b de geneesmiddelen behoren tot verschillende categorieën op niveau 4 van de Anatomical Therapeutic Chemical Classification, de prijzen voor de verschillende subgroepen, voor zover behorend tot dezelfde categorie, gemiddeld, worden de aldus berekende prijzen voor de afzonderlijke categorieën opnieuw gemiddeld en vormt het aldus verkregen gemiddelde de berekeningsbasis voor de bepaling van de vergoedingslimiet.

Artikel 2.45

1 Indien er binnen een groep van onderling vervangbare geneesmiddelen een geneesmiddel is, waarvan de prijs per standaarddosis gelijk is aan de in artikel 2.44 bedoelde berekeningsbasis, is de vergoedingslimiet voor de geneesmiddelen uit die groep gelijk aan de prijs per standaarddosis van dat geneesmiddel.
2 Indien er binnen een groep van onderling vervangbare geneesmiddelen geen geneesmiddel is waarvan de prijs per standaarddosis gelijk is aan de in artikel 2.44 bedoelde berekeningsbasis, is de vergoedingslimiet voor de geneesmiddelen uit die groep gelijk aan de prijs per standaarddosis van het geneesmiddel die zo dicht mogelijk onder de berekeningsbasis ligt.

Artikel 2.46

1 Indien van een geneesmiddel verschillende toedieningssterkten bestaan, wordt de vergoedingslimiet, berekend overeenkomstig de artikelen 2.41 tot en met 2.45, voor het geneesmiddel met de kleinste toedieningssterkte gecorrigeerd door de ongecorrigeerde vergoedingslimiet te vermenigvuldigen met 2/10 maal het quotiënt van de referentiehoeveelheid en de kleinste toedieningssterkte van dat geneesmiddel, vermeerderd met 8/10.
2 Voor geneesmiddelen die voor andere leeftijdscategorieën dan volwassenen zijn bestemd, is de referentiehoeveelheid de hoeveelheid die voorkomt in het preparaat van de hoogste hoeveelheid van die andere leeftijdscategorieën.
3 De dimensie van de referentiehoeveelheid moet gelijk zijn aan de dimensie van de kleinste toedieningsvorm.
4 Bij geneesmiddelen als bedoeld in de artikelen 2.40, vijfde lid, en 2.41, zesde lid, blijven het eerste tot en met het derde lid buiten toepassing.

Artikel 2.47

1 De vergoedingslimiet van een combinatiepreparaat als bedoeld in artikel 2.40, vijfde lid, is gelijk aan de som van de vergoedingslimieten voor de geneesmiddelen, niet zijnde combinatiepreparaten, die de werkzame bestanddelen bevatten die in het combinatiepreparaat voorkomen en die langs dezelfde toedieningsweg worden toegediend en in het algemeen voor dezelfde leeftijdscategorie zijn bestemd als het combinatiepreparaat.
2 Indien de in het eerste lid bedoelde geneesmiddelen die geen combinatiepreparaten zijn, een in het combinatiepreparaat voorkomend werkzaam bestanddeel bevatten in een andere hoeveelheid of in een andere toedieningsvorm dan die welke in het combinatiepreparaat voorkomt, wordt uitgegaan van de vergoedingslimieten, die voor die geneesmiddelen zouden hebben gegolden indien die geneesmiddelen dat werkzame bestanddeel zouden hebben bevat in de hoeveelheid en de toedieningsvorm die in het combinatiepreparaat voorkomt.

Artikel 2.48

Voor zover de toepassing van de artikelen 2.40 tot en met 2.47 naar het oordeel van de Minister tot een uitkomst leidt die niet in overeenstemming is met de strekking daarvan, kan de Minister een besluit nemen in afwijking daarvan.

Artikel 2.49

De eigen bijdrage bedraagt de kosten van een geneesmiddel, dat is ingedeeld in een groep van onderling vervangbare geneesmiddelen, voor zover de toepasselijke vergoedingslimiet, omgerekend naar de desbetreffende hoeveelheid, lager is dan de inkoopprijs die vermeld staat in de Taxe, verhoogd met de over het verschil verschuldigde omzetbelasting.

§ 3. De aanvraagprocedure voor aanwijzing geregistreerde geneesmiddelen

Artikel 2.50

1 De registratiehouder kan bij de Minister een aanvraag indienen om een geneesmiddel aan te wijzen ingevolge artikel 2.8, eerste lid, onderdeel a, van het Besluit zorgverzekering.
2 De aanvraag geschiedt met gebruikmaking van een door de Minister vast te stellen formulier. Daarbij worden de gegevens en de bescheiden verschaft die voor de beslissing op de aanvraag nodig zijn. De datum van ontvangst wordt aan de aanvrager meegedeeld.
3 Indien de overgelegde gegevens en bescheiden onvoldoende zijn, stelt de Minister de aanvrager in de gelegenheid binnen een door hem te bepalen termijn de aanvraag aan te vullen.
4 De Minister hoort over de aanvraag het College zorgverzekeringen.
5 De Minister beslist binnen 90 dagen na ontvangst van de aanvraag. Deze termijn wordt opgeschort met ingang van de dag waarop de Minister de aanvrager uitnodigt de aanvraag aan te vullen, tot de dag waarop de aanvraag is aangevuld of de daarvoor gestelde termijn ongebruikt is verstreken.
6 De inhoud van het voorgenomen besluit, voor zover betrekking hebbend op de aanvraag, wordt aan de aanvrager meegedeeld. Daarbij wordt tevens het oordeel van het College zorgverzekeringen toegezonden en wordt de motivering vermeld, tenzij redelijkerwijs kan worden aangenomen dat daaraan geen behoefte bestaat. Aan de aanvrager wordt meegedeeld welke rechtsmiddelen hem ter beschikking staan.
7 Het tweede tot en met het zesde lid zijn van overeenkomstige toepassing indien de registratiehouder verzoekt om herziening van een besluit ingevolge het eerste lid en hij daartoe nieuw gebleken feiten of veranderde omstandigheden aanvoert.
8 Indien de Minister voornemens is een geneesmiddel ambtshalve aan te wijzen ingevolge artikel 2.8, eerste lid, onderdeel a, van het Besluit zorgverzekering dan wel zodanige aanwijzing te wijzigen, deelt hij de registratiehouder uiterlijk een maand voor de beoogde datum van inwerkingtreding de zakelijke inhoud van het voorgenomen besluit mede. Het vierde en zesde lid zijn van overeenkomstige toepassing.
9 Indien het een geneesmiddel betreft met dezelfde werkzame bestanddelen, van dezelfde sterkte en in dezelfde farmaceutische vorm als een geneesmiddel dat reeds ingevolge artikel 2.8, eerste lid, onderdeel a, van het Besluit zorgverzekering is aangewezen, zijn het tweede tot en met vierde lid, het zesde lid, tweede volzin, en het zevende en achtste lid niet van toepassing.

Hoofdstuk 3. Bepalingen omtrent de vereveningsbijdrage 2008

§ 1. Algemene bepalingen

Artikel 3.1

De beschikbare middelen voor het verstrekken van bijdragen aan zorgverzekeraars als bedoeld in artikel 32, vierde lid, onderdeel a, van de Zorgverzekeringswet voor het jaar 2008 omvatten, naast de middelen, bedoeld in § 1.5 van hoofdstuk 3 van het Besluit zorgverzekering, een bedrag van € 16.831,7 miljoen.

§ 2. De vaststelling van de beschikbare middelen, het macro-prestatiebedrag en de onderverdeling daarvan in macro-deelbedragen

Artikel 3.2

1 Het macro-prestatiebedrag voor het jaar 2008 bedraagt € 30.494,3 miljoen.
2 Het macro-prestatiebedrag is onderverdeeld in de volgende macro-deelbedragen:
   a het macro-deelbedrag variabele kosten van ziekenhuisverpleging en kosten van specialistische hulp ad € 11.912,3 miljoen;
   b het macro-deelbedrag vaste kosten van ziekenhuisverpleging ad € 3.976,3 miljoen;
   c het macro-deelbedrag kosten van geneeskundige geestelijke gezondheidszorg (ggz) ad € 3.716,9 miljoen;
   d het macro-deelbedrag kosten van overige prestaties ad € 10.888,8 miljoen.

§ 3. De verdeling van de macro-deelbedragen en de berekening van het normatieve bedrag ten behoeve van, en de bijdrage aan, een zorgverzekeraar

Artikel 3.3

1 In de volgende leden wordt verstaan onder:
   a sociaaleconomische status: het gemiddelde inkomen per adres;
   b eenpersoonsadres: adres waarop één persoon ingeschreven staat;
   c ggz-regio: clustering van viercijferige postcodes, waarbij op postcodeniveau rekening is gehouden met de verschillen met betrekking tot ggz-zorgaanbod, sociaaleconomische omstandigheden en resterende geestelijke gezondheidsverschillen;
2 Aan de in de artikelen 3.3, eerste lid, en 3.6, eerste lid, van het Besluit zorgverzekering genoemde criteria wordt eenmalig het volgende criterium toegevoegd: sociaaleconomische status.
3 Aan de in artikel 3.5, eerste lid, van het Besluit zorgverzekering genoemde criteria worden eenmalig de volgende criteria toegevoegd: Farmaceutische

Kosten Groep psychische aandoeningen, aard van het inkomen, sociaaleconomische status, eenpersoonsadres en ggz-regio.
4 De gewichten en de klassen bedoeld in de artikelen 3.3, 3.5 en 3.6 van het Besluit zorgverzekering staan vermeld in bijlagen 4 en 5 bij deze regeling.

Artikel 3.4

1 Het in artikel 3.4, tweede lid, van het Besluit zorgverzekering genoemde bedrag per verzekerde bedraagt in 2008 € 0.
2 Het College zorgverzekeringen berekent de verwachte overige vaste kosten ziekenhuisverpleging, zoals genoemd in artikel 3.4, eerste lid, van het Besluit zorgverzekering, op basis van historische gegevens, waarbij zo nodig gecorrigeerd wordt voor de uitgaven die in 2008 buiten zorgverzekeraars om worden gefinancierd.

Artikel 3.5

Verzekerden die bij meer dan één zorgverzekeraar zijn ingeschreven, tellen voor het vaststellen van de bijdrage per zorgverzekeraar slechts gedeeltelijk mee. Hierbij is het gewicht van deze verzekerden omgekeerd evenredig aan het aantal zorgverzekeraars waarbij zij zijn ingeschreven, rekening houdend met de inschrijfduur per zorgverzekeraar.

§ 4. De herberekening van het normatieve bedrag ten behoeve van een zorgverzekeraar en de vaststelling van de bijdrage aan een zorgverzekeraar

Artikel 3.6

1 De basis voor de op grond van artikel 3.8, eerste lid en tweede lid, van het Besluit zorgverzekering herberekende gewichten, inclusief de gewichten die horen bij het in artikel 3.3, tweede lid, toegevoegde criterium, waarbij in de herberekening rekening is gehouden met de verwachte financiële gevolgen van de toepassing van een specifieke compensatie van de hoge kosten, die gehanteerd wordt bij de herberekening van de bijdrage aan een zorgverzekeraar, staat vermeld in bijlage 6 bij deze regeling. Hierbij wordt de in de bijlage 6 aangegeven klasse-indeling van de criteria aangehouden.
2 Het College zorgverzekeringen herberekent het normatieve bedrag per zorgverzekeraar en de onderliggende deelbedragen, op basis van de gewichten, bedoeld in het eerste lid, en de gerealiseerde verzekerdenaantallen per klasse van de criteria.
3 Het College zorgverzekeringen herberekent de in het eerste lid genoemde gewichten nader door deze per deelbedrag te vermenigvuldigen met de verhouding tussen de gerealiseerde kosten per deelprestatie over alle zorgverzekeraars en het bijbehorende herberekende deelbedrag over alle zorgverzekeraars op basis van het tweede lid. Op grond van de herberekende gewichten worden de normatieve bedragen per zorgverzekeraar nader herberekend.

4 Bij de herberekening van het normatieve bedrag gaat het College zorgverzekeringen uit van de realisatiecijfers van de volgende jaren:
   a 2007 voor de criteria FKG's en DKG's;
   b 2008 voor de criteria leeftijd en geslacht, aard van het inkomen, regio, sociaal-economische status en eenpersoonsadres.

Artikel 3.7

1 De kosten van verzekerde prestaties die verzekerden buiten Nederland vanaf 1 januari 2007 hebben gemaakt en die het College zorgverzekeringen op declaraties op kasbasis naar het werkelijke bedrag in 2008 vergoedt, dan wel de kosten die rechtstreeks door de zorgverzekeraar aan de buitenlandse zorgaanbieder worden vergoed, dan wel de kosten die de verzekerde zelf bij zijn zorgverzekeraar declareert, worden:
   a indien de kosten zijn gemaakt met toepassing van een bepaling van de Verordening (EEG) nr. 1408/71 inzake sociale zekerheid dan wel het Verdrag betreffende de sociale zekerheid van Rijnvarenden, welke recht geeft op zorg na toestemming van de zorgverzekeraar, door het College zorgverzekeringen voor 60% als variabele kosten van ziekenhuisverpleging en kosten van specialistische hulp en voor 40% als vaste kosten van ziekenhuisverpleging aangemerkt;
   b indien de kosten niet overeenkomstig onderdeel a zijn gemaakt en
   1°. uit de specificatie blijkt dat zij ofwel gelden als kosten van geneeskundige zorg zoals medisch-specialisten die plegen te bieden, met uitzondering van kosten van geneeskundige zorg die gericht zijn op herstel van een psychiatrische aandoening en voor zover die zorg daarmee gepaard gaat, kosten van verblijf, ofwel als kosten van verblijf, als bedoeld in artikel 2.10 van het Besluit zorgverzekering, door het College zorgverzekeringen voor 60% als variabele kosten van ziekenhuisverpleging en kosten van specialistische hulp en voor 40% als vaste kosten van ziekenhuisverpleging aangemerkt;
   2°. uit de specificatie blijkt dat zij gelden als kosten van geneeskundige zorg die gericht zijn op herstel van een psychiatrische aandoening en voor zover die zorg daarmee gepaard gaat, kosten van verblijf, door het College zorgverzekeringen voor 100% als kosten van geneeskundige ggz aangemerkt;
   3°. uit de specificatie blijkt dat zij niet gelden als kosten als bedoeld onder 1o of 2o, door het College zorgverzekeringen voor 100% als kosten van overige prestaties aangemerkt;
   4°. uit de specificatie niet blijkt om welk soort prestatie het gaat, door het College zorgverzekeringen voor 25% als kosten van overige prestaties, voor 45% als variabele kosten van ziekenhuisverpleging en kosten van specialistische hulp en voor 30% als vaste kosten van ziekenhuisverpleging aangemerkt.
2 Kosten van prestaties die overeenstemmen met de prestaties waarop de Zorgverzekeringswet recht geeft en die niet kunnen worden toegewezen aan afzonderlijke deelbedragen, worden door het College zorgverzekerin-

gen voor 40% als kosten van overige prestaties, voor 40% als variabele kosten van ziekenhuisverpleging en kosten van specialistische hulp, en voor 20% als vaste kosten van ziekenhuisverpleging aangemerkt.

3 Kosten van prestaties die overeenstemmen met de prestaties waarop de Zorgverzekeringswet recht geeft en die vallen binnen de beleidsregel 'Innovatie ten behoeve van nieuwe zorgproducten' van de zorgautoriteit en die kunnen worden beschouwd als ziekenhuiszorg, worden door het College zorgverzekeringen voor 75% als variabele kosten van ziekenhuisverpleging en kosten van specialistische hulp en voor 25% als vaste kosten van ziekenhuisverpleging aangemerkt.

Artikel 3.8

Tot de variabele kosten van ziekenhuisverpleging en kosten van specialistische hulp, de vaste kosten van ziekenhuisverpleging, de kosten van geneeskundige ggz en de kosten van overige prestaties worden niet gerekend de zorgkosten die voor rekening komen van de verzekerden, met uitzondering van betalingen uit hoofde van een vrijwillig eigen risico.

Artikel 3.9

1 Ter bepaling van de variabele kosten van ziekenhuisverpleging en kosten van specialistische hulp merkt het College zorgverzekeringen 100% van de kostencomponent van onderhandelbare dbc-tarieven, onafhankelijk van het type instelling of zorgverlener dat deze diagnosebehandelingcombinatie levert, aan als variabele kosten van ziekenhuisverpleging.
2 Van de kostencomponent van niet-onderhandelbare dbc-tarieven in algemene en academische ziekenhuizen, alsmede van het Oogziekenhuis merkt het College zorgverzekeringen een door hem per ziekenhuis vast te stellen percentage aan als variabele kosten van ziekenhuisverpleging.
3 Van de kostencomponent van de kosten van dbc's, geleverd door instellingen die meedoen aan experimenten in de zin van de Wet marktordening gezondheidszorg, die niet vallen onder de reguliere onderhandelbare dbc's, merkt het College zorgverzekeringen een door hem per ziekenhuis vast te stellen percentage aan als variabele kosten van ziekenhuisverpleging.
4 Het College zorgverzekeringen bepaalt per ziekenhuis het percentage, genoemd in het tweede en derde lid, op basis van door de zorgautoriteit te verschaffen gegevens.
5 Het College zorgverzekeringen merkt 75% van de kostencomponent van niet-onderhandelbare dbc-tarieven van instellingen dan wel zorgverleners die niet genoemd zijn in het tweede lid aan als variabele kosten van ziekenhuisverpleging.
6 De kostencomponent en honorariumcomponent van overige trajecten en verrichtingen en van ondersteunende en overige producten van instellingen en zorgverleners die in hoofdzaak worden gefinancierd op basis van dbc's, alsmede alle kosten van overige instellingen op het gebied van

ziekenhuisverpleging voor zover zij niet worden gefinancierd op basis van dbc's, merkt het College zorgverzekeringen voor 75% aan als variabele kosten van ziekenhuisverpleging, met uitzondering van de verpleegkosten van instellingen die niet gefinancierd worden op basis van dbc's, waarvoor een percentage van 60% wordt aangehouden.
7 Het College zorgverzekeringen betrekt de renteheffingstarieven niet bij de variabele kosten van ziekenhuisverpleging en kosten van specialistische hulp.
8 Het College zorgverzekeringen merkt de honorariumcomponent van onderhandelbare dan wel niet-onderhandelbare dbc's, alsmede eventuele overige declaraties van vrijgevestigde specialisten, met uitzondering van de honorariumcomponent van overige trajecten en verrichtingen en van ondersteunende en overige producten, volledig aan als variabele kosten van ziekenhuisverpleging en kosten van specialistische hulp.
9 Het College zorgverzekeringen past hogekostencompensatie toe, overeenkomstig artikel 3.13.
10 Het College zorgverzekeringen calculeert 50% na op het verschil tussen de variabele kosten van ziekenhuisverpleging en kosten van specialistische hulp, vastgesteld ingevolge het eerste tot en met achtste lid, en het resultaat na toepassing van het negende lid.
11 Indien het gemiddelde absolute resultaat per premieplichtige verzekerde na toepassing van het tiende lid meer dan € 20 afwijkt van 0, worden de buiten bedoelde bandbreedte liggende meer- of minderkosten voor 90% nagecalculeerd.

Artikel 3.10

1 Het College zorgverzekeringen baseert de herberekening per zorgverzekeraar van het deelbedrag vaste kosten van ziekenhuisverpleging, zoals genoemd in artikel 3.4, eerste lid, van het Besluit zorgverzekering, op de overige vaste kosten in het jaar 2007. Van de kostencomponent van niet-onderhandelbare dbc-tarieven in algemene en academische ziekenhuizen, alsmede van het Oogziekenhuis, merkt het College zorgverzekeringen een door hem per ziekenhuis vast te stellen percentage aan als vaste kosten van ziekenhuisverpleging.
2 Het percentage per ziekenhuis, bedoeld in het tweede lid, is gelijk aan 100 minus het percentage, bedoeld in artikel 3.9, tweede lid.
3 Van de kostencomponent van de kosten van dbc's, geleverd door instellingen die meedoen aan experimenten in de zin van de Wet marktordening gezondheidszorg, die niet vallen onder de reguliere onderhandelbare dbc's, merkt het College zorgverzekeringen een door hem per ziekenhuis vast te stellen percentage aan als vaste kosten van ziekenhuisverpleging.
4 Het percentage per instelling, bedoeld in het vierde lid, is gelijk aan 100 minus het percentage, bedoeld in artikel 3.9, derde lid.
5 Het College zorgverzekeringen merkt 25% van de kostencomponent van niet-onderhandelbare dbc-tarieven van instellingen dan wel zorgverleners

die niet genoemd zijn in het tweede lid aan als vaste kosten van ziekenhuisverpleging.
6 De kostencomponent en honorariumcomponent van overige trajecten en verrichtingen en van ondersteunende en overige producten van instellingen en zorgverleners die in hoofdzaak worden gefinancierd op basis van dbc's alsmede alle kosten van overige instellingen op het gebied van de ziekenhuisverpleging voor zover zij niet worden gefinancierd op basis van dbc's, merkt het College zorgverzekeringen voor 25% aan als vaste kosten van ziekenhuisverpleging, met uitzondering van de verpleegkosten bij instellingen die niet worden gefinancierd op basis van dbc's, waarvoor een percentage van 40% wordt aangehouden.
7 Het College zorgverzekeringen betrekt de renteheffingstarieven niet bij de vaste kosten van ziekenhuisverpleging.
8 Het College zorgverzekeringen calculeert 100% na op het verschil tussen de vaste kosten van ziekenhuisverpleging, vastgesteld ingevolge het tweede tot en met achtste, en het deelbedrag vaste kosten van ziekenhuisverpleging na toepassing van het eerste lid.

Artikel 3.11

Het College zorgverzekeringen calculeert 100% na op het verschil tussen de werkelijk gemaakte kosten voor geneeskundige ggz en de normatieve bijdrage geneeskundige ggz.

Artikel 3.12

1 Het College zorgverzekeringen past op het deelbedrag kosten van overige prestaties hogekostencompensatie toe, overeenkomstig artikel 3.13.
2 Het College zorgverzekeringen past geen nacalculatie toe op het deelbedrag kosten van overige prestaties, noch is sprake van generieke verevening.

Artikel 3.13

Het College zorgverzekeringen past de uitwerking van hogekostencompensatie voor de macro-deelbedragen variabele kosten van ziekenhuisverpleging en kosten van specialistische hulp en kosten van overige prestaties als volgt toe:
a 90% van de som van de variabele kosten van ziekenhuisverpleging en kosten van specialistische hulp van individuele verzekerden en van de kosten van overige prestaties van individuele verzekerden, voor zover deze kosten tezamen het bedrag van € 20 000 per verzekerde op jaarbasis overschrijden, wordt ten laste van een pool gebracht;
b de ten laste van de pool te brengen kosten worden per verzekerde gesplitst in enerzijds variabele kosten van ziekenhuisverpleging en kosten van specialistische hulp en anderzijds kosten van overige prestaties naar rato van de totalen van die beide kostensoorten van die verzekerde;

c vervolgens worden de uitkomsten per kostensoort per zorgverzekeraar gesommeerd;
d aan de ingevolge onderdeel c gesommeerde variabele kosten van ziekenhuisverpleging en kosten van specialistische hulp wordt per zorgverzekeraar 30% toegevoegd van de kosten van verzekerde prestaties die verzekerden buiten Nederland vanaf 1 januari 2007 hebben gemaakt en die het College zorgverzekeringen op declaraties op kasbasis naar het werkelijke bedrag in 2008 vergoedt, voor zover zij ingevolge artikel 3.7, eerste lid, als variabele kosten van ziekenhuisverpleging en kosten van specialistische hulp zijn aangemerkt;
e aan de ingevolge onderdeel c gesommeerde kosten van overige prestaties wordt per zorgverzekeraar 5% toegevoegd van de kosten van verzekerde prestaties die verzekerden buiten Nederland vanaf 1 januari 2007 hebben gemaakt en die het College zorgverzekeringen op declaraties op kasbasis naar het werkelijke bedrag in 2008 vergoedt, voor zover zij ingevolge artikel 3.7, eerste lid, als kosten van overige prestaties zijn aangemerkt;
f voor elk van beide kostensoorten wordt het percentage berekend dat voortvloeit uit de verhouding tussen de som van de ten laste van de pool gebrachte kosten van alle zorgverzekeraars tezamen en de som van de herberekende deelbedragen van alle zorgverzekeraars tezamen, en toegepast per deelbedrag van een zorgverzekeraar;
g de uitkomsten van onderdeel f worden ten gunste van de pool gebracht;
h op basis van de uitkomsten van onderdeel c en na toepassing van de onderdelen d, e en g, worden de genoemde deelbedragen herberekend.

Artikel 3.14

In aanvulling op het vijfde lid van artikel 3.13 van het Besluit zorgverzekering kan het College zorgverzekeringen, indien de benodigde gegevens op het moment van de voorlopige herberekening ontbreken, bij de voorlopige herberekening van het normatieve bedrag ten behoeve van een zorgverzekeraar in het jaar volgend op het jaar waarop het normatieve bedrag betrekking heeft, toepassing van artikel 3.13 en van de in het eerste lid van artikel 3.6 bedoelde herberekende gewichten achterwege laten.

§ 5. Aanvullingen op de bijdrage aan een zorgverzekeraar

Artikel 3.15

Het in artikel 3.15, derde lid, van het Besluit zorgverzekering genoemde bedrag per verzekerde bedraagt € 50.

Artikel 3.16

1 Op grond van artikel 3.17 van het Besluit zorgverzekering wordt de bijdrage, bedoeld in de artikelen 3.7 en 3.13 van dat Besluit, verlaagd met de

specifiek voor de zorgverzekeraar geraamde financieringsverschuiving als gevolg van de betaling van het verplicht eigen risico.
2 Geen verlaging, bedoeld in het eerste lid, vindt plaats voor verzekerden jonger dan achttien jaar.
3 Voor de bepaling van de verlaging, bedoeld in het eerste lid, gaat het College zorgverzekeringen voor verzekerden van achttien jaar of ouder die voldoen aan het criterium 'Geen FKG', uit van verzekerdenaantallen onderverdeeld in klassen naar leeftijd en geslacht, aard van het inkomen, en regio en de in bijlage 7 genoemde gewichten. Hierbij wordt de in de bijlage 7 aangegeven klassenindeling van de criteria aangehouden.
4 De verlaging, bedoeld in het eerste lid, bedraagt voor verzekerden van achttien jaar of ouder die niet voldoen aan het criterium 'Geen FKG', € 150 per verzekerde.

Artikel 3.16a

De bijdrage, bedoeld in artikel 3.18 van het Besluit zorgverzekering, is gelijk aan een twaalfde van de nominale rekenpremie voor iedere premie die per maand vanaf het moment waarop het recht op de bijdrage is ontstaan, niet volledig is betaald, verminderd met het bedrag dat de zorgverzekeraar tot en met het kalenderjaar, volgende op het jaar waarvoor de bijdrage wordt betaald, alsnog in verband met de desbetreffende verzekering heeft ontvangen.

§ 6. De betaling van de bijdragen door het College zorgverzekeringen

Artikel 3.17

De betaling van de bijdrage geschiedt overeenkomstig door het College zorgverzekeringen te stellen beleidsregels, waarin ten minste een betalingsschema is opgenomen dat rekening houdt met het betaalpatroon van de zorgverzekeraars.

§ 7. De gegevens voor het bepalen van de bijdragen door het College zorgverzekeringen

Artikel 3.18

1 De zorgverzekeraar neemt in ieder geval in zijn uitvoeringsverslag op:
   a het profiel, de organisatiestructuur en het gevoerde en voorgenomen beleid bij de uitvoering van de Zorgverzekeringswet;
   b de wijze waarop hij uitvoering geeft aan de zorgplicht;
   c de wijze waarop hij uitvoering geeft aan de acceptatieplicht en het verbod op premiedifferentiatie;
   d de wijze waarop hij de afhandeling van klachten van de verzekerden heeft georganiseerd alsmede de resultaten daarvan;
   e de wijze waarop hij uitvoering geeft aan gedragscodes waaraan hij zich heeft verbonden;

f of hij het Protocol incassotraject wanbetalers Zorgverzekeringswet is nagekomen, en zo nee, welke onderdelen niet, waarom niet, en wat hij in de plaats van die onderdelen aan incassowerkzaamheden heeft verricht;
  g algemene gegevens over de honorering van directie en bestuur van de zorgverzekeraar voor de uitvoering van de Zorgverzekeringswet;
  h gegevens over zijn relaties met de aanbieders van zorg en de wijze waarop hij stuurt op de kwaliteit van door hen geleverde zorg.
2 Het uitvoeringsverslag wordt, voor zover het gaat om de in het vorige lid genoemde aspecten, ingericht overeenkomstig een door de zorgautoriteit beschikbaar te stellen model.

Hoofdstuk 4. Bepalingen omtrent het zorgverzekeringsfonds

Artikel 4.1

De reserve, bedoeld in artikel 39, vierde lid, van de Zorgverzekeringswet wordt vastgesteld op nihil.

Artikel 4.2

In de centrale administratie van 's rijks schatkist wordt een rekening-courant geopend op naam van het College zorgverzekeringen ten behoeve van de financiële middelen van het Zorgverzekeringsfonds op grond van artikel 40, tweede lid, van de Zorgverzekeringswet.

Artikel 4.3

1 De betaalrekeningen van het College zorgverzekeringen bij in Nederland gevestigde banken worden door het Ministerie van Financiën in overeenstemming met de betrokken banken opgenomen in concernverband met betaalrekeningen van 's rijks schatkist bij die banken.
2 Dagelijks op nader in overleg met de betrokken banken te bepalen tijdstippen worden de op de betaalrekeningen van het College zorgverzekeringen voorkomende positieve saldi overgeboekt naar 's rijks schatkist, dan wel worden voorkomende negatieve saldi aangevuld vanuit 's rijks schatkist. De hiermee samenhangende mutaties op de betaalrekeningen worden door het Ministerie van Financiën ten gunste dan wel ten laste van de rekening-courant, bedoeld in artikel 4.2, geboekt.
3 Het Ministerie van Financiën sluit met het College zorgverzekeringen een overeenkomst ter uitwerking van het gebruik van de rekening-courant.
4 In de overeenkomst, bedoeld in het derde lid, worden afspraken vastgelegd over de wederzijdse informatievoorziening tussen enerzijds het Ministerie van Financiën en anderzijds het College zorgverzekeringen en kan bij wijze van uitzondering afgesproken worden om een betaalrekening buiten het concernverband als bedoeld in het eerste lid te houden.

Artikel 4.4

1 Ten gunste van de rekening-courant, bedoeld in artikel 4.2, worden door het Ministerie van Financiën tevens geboekt:
    a de bijdragen van het Rijk aan de rekening-couranthouder ten behoeve van het Zorgverzekeringsfonds;
    b de afdrachten van de door de rijksbelastingdienst geïnde bijdragen aan de rekening-couranthouder ten behoeve van het Zorgverzekeringsfonds;
    c de creditrente, bedoeld in artikel 4.5, vierde lid.
2 Ten laste van de rekeningen-courant, bedoeld in artikel 4.2, wordt door het Ministerie van Financiën tevens geboekt de debetrente, bedoeld in artikel 4.5, vierde lid.
3 De boekingen, bedoeld in het eerste lid, onderdeel b, worden door het Ministerie van Financiën van valutadata voorzien, zodanig dat deze data overeenkomen met de gemiddelde data waarop de bijdragen door de rijksbelastingdienst worden geïnd.

Artikel 4.5

1 Over het dagelijkse creditsaldo van de rekening-courant wordt door de Minister van Financiën een rente vergoed die gelijk is aan het 12-maands Euribor van de desbetreffende dag.
2 Over het dagelijkse debetsaldo van de rekening-courant wordt door de rekening-couranthouder een rente betaald die gelijk is aan het 1-maands Euribor.
3 De Minister van Financiën deelt het geldende rentepercentage schriftelijk aan de rekening-couranthouder mee.
4 De rente wordt jaarlijks achteraf, met valutadatum 31 december van het jaar waarop de renteberekening betrekking heeft, ten gunste respectievelijk ten laste van de rekening-courant geboekt. Daartoe stelt de Minister van Financiën een rentenota op.

Artikel 4.6

De rekening-couranthouder is bevoegd een bedrag van ten hoogste € 2,5 miljoen buiten de rekening-courant te houden.

Hoofdstuk 5. Bepalingen omtrent de inkomensafhankelijke bijdrage

Artikel 5.1

Het bijdrage-inkomen, bedoeld in artikel 42 van de Zorgverzekeringswet, dat voor de heffing van de inkomensafhankelijke bijdrage, bedoeld in artikel 41 van die wet, ten hoogste in aanmerking wordt genomen, wordt vastgesteld op € 31.231.

Artikel 5.2

1 Het percentage, bedoeld in artikel 45, eerste lid, van de Zorgverzekeringswet wordt vastgesteld op 7,2.
2 In afwijking van het eerste lid bedraagt het bijdragepercentage:
   a over bijdrage-inkomen voortvloeiende uit werkzaamheden van een verzekeringsplichtige aan boord van een zeeschip, mits de zeewerkgever of scheepseigenaar het risico als bedoeld in hoofdstuk 3 van de Zorgverzekeringswet, zolang deze verzekeringsplichtige niet is teruggekeerd of heeft kunnen terugkeren naar het land waar hij thuisbehoort, op grond van een verdragsrechtelijke bepaling of een bepaling die daar op stoelt in belangrijke mate voor zijn rekening neemt, nihil;
   b over bijdrage-inkomen waarover geen recht bestaat op de vergoeding van de verschuldigde inkomensafhankelijke bijdrage door de inhoudingsplichtige, bedoeld in artikel 46, eerste lid, van de Zorgverzekeringswet, met uitzondering van een uitkering op grond van de Algemene Ouderdomswet, 5,10;
   c over belastbare periodieke uitkeringen of verstrekkingen op grond van een rechtstreeks uit het familierecht voortvloeiende verplichting als bedoeld in artikel 3.101, eerste lid, onderdeel b, van de Wet inkomstenbelasting 2001, tenzij artikel 11, eerste lid, onderdeel g, van het Uitvoeringsbesluit loonbelasting 1965 toepassing vindt, indien deze periodieke uitkering of verstrekking ook in 2005 is genoten, nihil.
3 Ingeval het bijdrage-inkomen meer bedraagt dan het maximumbedrag, bedoeld in artikel 5.1, en is samengesteld uit bestanddelen waarover een verschillend bijdragepercentage is verschuldigd, worden de bestanddelen zodanig toegerekend dat het bijdragepercentage van 7,2 het eerste in aanmerking wordt genomen, vervolgens het bijdragepercentage van 5,1 en ten slotte het nihil-bijdragepercentage.

Artikel 5.3

De inkomsten, bedoeld in artikel 45, vierde lid, van de Zorgverzekeringswet, betreffen voor het berekenen van de bijdragepercentages die met ingang van 1 januari 2008 gelden:
a het geraamde totaalbedrag aan nominale rekenpremies, bedoeld in artikel 1, onderdeel g, van het Besluit zorgverzekering, dat in 2008 aan de zorgverzekeraars zal worden betaald;
b het geraamde totaalbedrag dat de zorgverzekeraars in 2008 van hun verzekerden zullen ontvangen ten gevolge van een door hen vast te stellen opslag op de in onderdeel a bedoelde rekenpremie;
c het geraamde totaalbedrag aan verplicht eigen risico dat over het kalenderjaar 2008 door verzekerden zal worden betaald, verminderd met het geraamde totaalbedrag dat het Centraal Administratiekantoor op grond van artikel 118a van de Zorgverzekeringswet aan de daar bedoelde verzekerden zal uitkeren;

d de rijksbijdrage, bedoeld in artikel 54 van de Zorgverzekeringswet, die voor het kalenderjaar 2008 aan het Zorgverzekeringsfonds wordt toegevoegd;
e het geraamde totaalbedrag aan inkomensafhankelijke bijdragen als bedoeld in artikel 43 van de Zorgverzekeringswet, die over 2008 geheven zullen worden.

Artikel 5.4

Als loon, bedoeld in artikel 46, eerste lid, van de Zorgverzekeringswet wordt aangewezen:
1 loon uit tegenwoordige dienstbetrekking overeenkomstig de wettelijke bepalingen van de Wet op de loonbelasting 1964, met uitzondering van:
1°. de genoten beloning, bedoeld in artikel 4, onderdeel f, van de Wet op de loonbelasting 1964;
2°. het in artikel 13bis van de Wet op de loonbelasting 1964 bedoelde voordeel, voor zover dit voordeel door middel van een aan de werknemer opgelegde naheffingsaanslag als loon in aanmerking is genomen;
3°. de genoten beloning van de directeur-grootaandeelhouder, bedoeld in de Regeling aanwijzing directeur-grootaandeelhouder;
2 tot de eerste dag van de kalendermaand volgende op de maand waarin de verzekeringsplichtige de leeftijd van 65 jaar bereikt: loon uit vroegere arbeid overeenkomstig de wettelijke bepalingen van de Wet op de loonbelasting 1964, met uitzondering van:
1°. uitkeringen ingevolge een pensioenregeling of regeling voor vervroegde uittreding als bedoeld in de Wet op de loonbelasting 1964, niet zijnde een uitkering ingevolge een regeling voor vervroegde uittreding die vóór 1 januari 2006 is ingegaan en op grond waarvan de uitkeringsgerechtigde ingevolge artikel 1, onderdeel g, van het Aanwijzingsbesluit verzekerden Zfw verzekerd was ingevolge de Ziekenfondswet;
2°. uitkeringen of pensioenen krachtens of vanwege een pensioenregeling als bedoeld in artikel 2, eerste lid, onder c en d, van de Toeslagwet Indonesische Pensioenen 1956, het Pensioenreglement Nederlands Nieuw Guinea (Gouvernementsblad van Nederlands Nieuw Guinea 1958, 83), de Wet aanpassing Pensioenvoorziening Bijstandskorps, de Garantiewet Surinaamse Pensioenen en de Toeslagregeling pensioenen Suriname en Nederlandse Antillen;
3°. uitkeringen en verstrekkingen ingevolge een aanspraak op periodieke uitkeringen en verstrekkingen als bedoeld in artikel 11, eerste lid, onderdeel g, van de Wet op de loonbelasting 1964;
4°. inkomsten als bedoeld in artikel 11, eerste lid, onderdelen a, d, f, i, j, k en l van het Uitvoeringsbesluit loonbelasting 1965;
5°. uitkeringen ingevolge de Algemene Ouderdomswet; en
6°. overbruggingsuitkeringen ingevolge een aanspraak op het overbruggingsfonds van de Stichting Contractspelersfonds KNVB en de Stichting Nederlands Wielrennersfonds;
7°. uitkeringen ingevolge de derde afdeling van de Algemene pensioenwet

politieke ambtsdragers die worden ontvangen door een afgetreden lid van de Tweede Kamer van wie de arbeidsverhouding gedurende het lidmaatschap van de Tweede Kamer ingevolge artikel 4, aanhef en onderdeel f, van de Wet op de loonbelasting 1964 voor de toepassing van die wet als dienstbetrekking werd beschouwd.

Artikel 5.5

Een bedrag dat in aanmerking is genomen als bijdrage-inkomen in de zin van artikel 43, eerste lid, onderdeel a, van de Zorgverzekeringswet wordt niet in aanmerking genomen als bijdrage-inkomen in de zin van artikel 43, eerste lid, onderdeel b, van die wet.

Artikel 5.6

Tot het bijdrage-inkomen, bedoeld in artikel 42 van de Zorgverzekeringswet, behoren niet:
a uitkeringen ingevolge de sociale-zekerheidswetgeving van een andere mogendheid die zijn onderworpen aan premieheffing krachtens een wettelijke regeling inzake ziektekosten van die andere mogendheid;
b ten aanzien van degene die verzekeringsplichtig is en die tevens werkzaamheden verricht of heeft verricht buiten Nederland: het gedeelte van het bijdrage-inkomen, waarop ingevolge een internationale regeling inzake sociale zekerheid die tussen Nederland en een of meer andere mogendheden van kracht is, de wetgeving van een andere mogendheid van toepassing is, of dat, bij gebreke van een internationale regeling, is onderworpen aan premieheffing krachtens een wettelijke regeling inzake ziektekosten van een andere mogendheid;
c ten aanzien van degene die niet is uitgezonderd van de volksverzekeringen op grond van artikel 13, eerste lid, onderdeel a, artikel 13, tweede lid, onderdeel c, artikel 13, derde lid, onderdeel a, artikel 13, vierde lid, onderdeel c, artikel 14, eerste lid, onderdeel a, artikel 15, eerste lid, onderdelen a, b en c, sub 1°, of artikel 16, eerste lid, onderdeel a, van het Besluit uitbreiding en beperking kring verzekerden volksverzekeringen 1999 in verband met het verrichten van de in die artikelen bedoelde andere werkzaamheden: het belastbare loon uit de dienstbetrekking uit hoofde waarvan hij zou zijn uitgezonderd van de volksverzekeringen indien hij die andere werkzaamheden niet zou hebben verricht.

Artikel 5.7

1 Ten aanzien van de persoon die gedurende een gedeelte van het kalenderjaar niet verzekeringsplichtig is ingevolge de Zorgverzekeringswet doch wel belastingplichtig is voor de inkomstenbelasting, wordt voor de bij-

drageheffing bij wege van aanslag het bijdrage-inkomen naar tijdsevenredigheid afgeleid van het bijdrage-inkomen dat in aanmerking zou zijn genomen indien de verzekeringsplicht ingevolge de Zorgverzekeringswet volledig zou zijn samengevallen met de belastingplicht.
2 In afwijking in zoverre van het eerste lid wordt als bijdrage-inkomen geen hoger bedrag in aanmerking genomen dan het bijdrage-inkomen verminderd met het gedeelte daarvan waarop, ingevolge een internationale regeling inzake sociale zekerheid die tussen Nederland en een of meer andere mogendheden van kracht is, de wetgeving van een andere mogendheid van toepassing is, of dat, bij gebreke van een internationale regeling, is onderworpen aan premieheffing krachtens een wettelijke regeling inzake ziektekosten van een andere mogendheid.

Artikel 5.8

Ten aanzien van degene die gedurende een deel van het kalenderjaar anders dan door overlijden niet verzekeringsplichtig is ingevolge de Zorgverzekeringswet, wordt voor de bijdrageheffing als bijdrage-inkomen in aanmerking genomen het bedrag dat naar tijdsevenredigheid is afgeleid van het bijdrage-inkomen dat op grond van artikel 43, tweede lid, van de Zorgverzekeringswet ten hoogste in aanmerking zou zijn genomen indien gedurende het gehele kalenderjaar sprake was geweest van verzekeringsplicht, tenzij toepassing van de bepalingen in de Zorgverzekeringswet of van de overige bepalingen in deze regeling tot een lager bijdrage-inkomen leidt.

Artikel 5.9

Indien voor de heffing van de inkomensafhankelijke bijdrage bij wege van aanslag het heffingspercentage of het bijdrage-inkomen wordt bepaald door middel van tijdsevenredige vaststelling, wordt daarbij:
a een kalenderjaar op 360 dagen gesteld;
b een kalendermaand op 30 dagen gesteld;
c de dag waarop het tijdvak aanvangt, als een gehele dag in aanmerking genomen;
d de dag waarop het tijdvak eindigt, niet in aanmerking genomen.

Artikel 5.10

1 Het bedrag, bedoeld in artikel 43, derde lid, van de Zorgverzekeringswet, dat voor de heffing van de inkomensafhankelijke bijdrage per loontijdvak

ten hoogste in aanmerking wordt genomen, wordt voor het jaar 2008 vastgesteld op:

Loontijdvak	Maximum
Dag	€ 119,65
Week	€ 598,29
Vier weken	€ 2393,18
Maand	€ 2602,58
Kwartaal	€ 7807,75
Jaar	€ 31231,00

2 In afwijking van het eerste lid wordt het bedrag, bedoeld in artikel 43, derde lid, van de Zorgverzekeringswet, dat voor de heffing van de inkomensafhankelijke bijdrage per loontijdvak ten hoogste in aanmerking wordt genomen, voor werknemers als bedoeld in artikel 63, eerste lid, onderdeel a, van de Uitvoeringsregeling loonbelasting 2001 vastgesteld op:

Loontijdvak	Maximum bijdrage-inkomen
Dag	€ 135,78
Week	€ 678,93
Vier weken	€ 2715,73
Maand	€ 2942,15
Kwartaal	-

3 In afwijking van het eerste lid wordt het bedrag, bedoeld in artikel 43, derde lid, van de Zorgverzekeringswet, dat voor de heffing van de inkomensafhankelijke bijdrage per loontijdvak ten hoogste in aanmerking wordt genomen, voor werknemers als bedoeld in artikel 63, eerste lid, onderdeel b, van de Uitvoeringsregeling loonbelasting 2001 vastgesteld op:

Loontijdvak	Maximum bijdrage-inkomen
Dag	€ 127,47
Week	€ 637,36
Vier weken	€ 2549,46
Maand	€ 2762,09
Kwartaal	-

4 De inkomensafhankelijke bijdrage die op grond van paragraaf 5.2 van de Zorgverzekeringswet is verschuldigd, wordt per loontijdvak met inachtneming van artikel 43, derde lid, van die wet, berekend over het verschil tussen het bijdrage-inkomen, bedoeld in artikel 43, eerste lid, onderdeel a, van die wet, dat de werknemer in het bijdragebetalingstijdvak heeft genoten tot en met dat loontijdvak en het bijdrage-inkomen, bedoeld in artikel 43, eerste lid, onderdeel a, van die wet, dat de werknemer in dat bijdragebetalingstijdvak heeft genoten tot en met het aan dat loontijdvak voorafgaande loontijdvak.

Artikel 5.11

1 De ontvangsten per bijdragejaar van de combineerde heffing van de loonbelasting, de premies voor de sociale verzekeringen en de bijdrage voor de Zorgverzekeringswet alsmede op looninkomsten betrekking hebbende naheffingsaanslagen, heffings- en invorderingsrente en boeteontvangsten worden uitgesplitst in een voor de afdracht vastgesteld verdeelpercentage per bijdragejaar.
2 Het verdeelpercentage in het eerste lid wordt maandelijks per bijdragejaar opnieuw berekend op basis van het relatieve aandeel van de bijdragen Zorgverzekeringswet in alle ontvangen collectieve aangiften en opgelegde naheffingen.
3 Alle ontvangen gelden over het bijdragejaar worden verdeeld op basis van het verdeelpercentage, bedoeld in het eerste lid. De mutatie ten opzichte van de vorige periode vormt het af te dragen bedrag.
4 Een jaar na afloop van het bijdragejaar wordt het verdeelpercentage voor het betreffende bijdragejaar definitief vastgesteld. Dit percentage wordt gehanteerd voor alle betalingen die daarna binnenkomen.

Artikel 5.12

1 De ontvangsten voor de overige inkomensafhankelijke bijdragen overeenkomstig artikel 49, eerste lid, van de Zorgverzekeringswet worden maandelijks vastgesteld.
2 De onder het eerste lid genoemde ontvangsten zijn inclusief de eventuele heffings- en invorderingsrente en boeteontvangsten.

Artikel 5.13

1 De inspecteur verleent vooruitlopend op een beschikking als bedoeld in artikel 50, eerste lid, van de Zorgverzekeringswet een voorschot indien:
   a het bijdrage-inkomen vermoedelijk ten minste € 568,18 meer zal bedragen dan het maximumbedrag, bedoeld in artikel 5.1;
   b het bijdrage-inkomen uitsluitend bestaat uit loon uit vroegere dienstbetrekking;
   c het bijdrage-inkomen waarover inkomensafhankelijke bijdrage wordt ingehouden afkomstig is van verschillende inhoudingsplichtigen; en
   d er jegens geen van de inhoudingsplichtigen, bedoeld in onderdeel c, recht bestaat op vergoeding van de over het bijdrage-inkomen verschuldigde inkomensafhankelijke bijdrage als bedoeld in artikel 46, eerste lid, van de Zorgverzekeringswet.
2 Het eerste lid is niet van toepassing met betrekking tot personen die op grond van artikel 2, tweede lid, onderdeel b, van de Zorgverzekeringswet niet verzekeringsplichtig zijn.
3 Voorschotten worden verrekend met de beschikking, bedoeld in artikel 50, eerste lid, van de Zorgverzekeringswet. Indien deze verrekening leidt tot een terug te vorderen bedrag, zijn bij de invordering hiervan de regels die gelden voor de inkomstenbelasting van overeenkomstige toepassing.
4 Bij de beschikking, bedoeld in artikel 50, eerste lid, van de Zorgverzekeringswet waarbij het bedrag van de teveel betaalde bijdrage wordt uitbetaald aan de verzekeringsplichtige, wordt enkelvoudig heffingsrente als bedoeld in hoofdstuk VA van de Algemene wet inzake rijksbelastingen berekend over het tijdvak dat aanvangt op de dag na het einde van het kalenderjaar waarop de bijdrage betrekking heeft en eindigt op de dag van de dagtekening van de beschikking.

Hoofdstuk 6. Het college zorgverzekeringen

§ 1. Vergoedingen leden Adviescommissie Pakket

Artikel 6.1.1

De leden van de commissie, bedoeld in artikel 59a, eerste lid, van de Zorgverzekeringswet, niet zijnde bestuursleden van het College zorgverzekeringen, ontvangen voor het bijwonen van vergaderingen per dagdeel waarin wordt vergaderd, een vergoeding van € 363.

Artikel 6.1.2

1 De vergoeding, bedoeld in artikel 6.1.1 wordt, ingeval het lid gebruik maakt van een eigen vervoermiddel en zijn woonhuis is gelegen in een gemeente die meer dan 10 kilometer is verwijderd van de gemeente waarin de vergadering wordt gehouden, vermeerderd met een vergoeding van € 0,27 voor elke afgelegde kilometer.
2 De vergoeding, bedoeld in artikel 6.1.1 wordt, ingeval het lid gebruik maakt van een openbaarvervoermiddel en zijn woonhuis is gelegen in een gemeente die meer dan 10 kilometer is verwijderd van de gemeente waarin de vergadering wordt gehouden, vermeerderd met:
   a de kosten voor een retourbiljet (1e klasse) van het gebruikte openbaar vervoer;
   b de gemaakte kosten voor plaatselijk vervoer in de gemeente, waarin de vergadering wordt gehouden.

§ 2. Subsidies ten laste van het Zorgverzekeringsfonds

§ 2.1. Algemene subsidiebepalingen

§ 2.1.1. Begrippen en algemene bepalingen

Artikel 6.2.1

In hoofdstuk 6.2 wordt verstaan onder:
a instelling: een privaatrechtelijke rechtspersoon met volledige rechtsbevoegdheid, dan wel een rechtspersoon krachtens publiekrecht ingesteld;
b project: een activiteit met een incidenteel karakter;
c instellingssubsidie: een subsidie aan een instelling in de kosten van haar structurele activiteiten of een gedeelte daarvan;
d projectsubsidie: een subsidie in de kosten van een project;
e ondersteuningssubsidie: een instellingssubsidie van ten hoogste € 11 344,51 in een gering deel van de totale kosten van het algemeen functioneren van een instelling.

Artikel 6.2.2

1 Het College zorgverzekeringen verstrekt op grond van deze regeling subsidies voor de in dit hoofdstuk, onder paragraaf 2.2, aangegeven doeleinden die ten laste komen van het zorgverzekeringsfonds.
2 Het aanvragen van de subsidie en de subsidievaststelling alsmede het nemen van besluiten met betrekking tot subsidies geschiedt overeenkomstig de in deze regeling gestelde regels.

Artikel 6.2.3

1 Subsidie wordt slechts verstrekt indien:
   a naar het oordeel van het College zorgverzekeringen mag worden verwacht dat de met de subsidiëring beoogde doeleinden zullen worden bereikt;
   b de aanvrager naar het oordeel van het College zorgverzekeringen de behoefte aan subsidie heeft aangetoond; en
   c de aanvrager aannemelijk heeft gemaakt dat de financiële middelen met inbegrip van subsidie voldoende zullen zijn om de voorgenomen activiteiten uit te voeren.
2 Het eerste lid, onderdelen b en c, zijn niet van toepassing op rechtspersonen krachtens publiekrecht ingesteld.

§ 2.1.2. Berekeningswijze instellingsubsidie

Artikel 6.2.4

Een instellingssubsidie bestaat uit een door het College zorgverzekeringen vast te stellen bedrag voor overeenkomstig een door het College zorgverzekeringen goedgekeurd activiteitenplan uitgevoerde activiteiten.

Artikel 6.2.5

1 Het bedrag, bedoeld in artikel 6.2.4 wordt verlaagd met het bedrag waarmee het maximaal toegestane bedrag van de in artikel 6.2.23 bedoelde reservering wordt overschreden.
2 Het eerste lid is niet van toepassing op een ondersteuningssubsidie.

Artikel 6.2.6

Baten en lasten die door middel van interne doorberekeningen worden toegerekend, worden bepaald op bedrijfseconomische en maatschappelijk aanvaardbare grondslagen. Voor zover hierin lasten zijn begrepen van materiële vaste activa, worden deze lasten op basis van aanschaffingsprijzen van die activa berekend.

§ 2.1.3. Berekeningswijze projectsubsidies

Artikel 6.2.7

Een projectsubsidie bestaat uit het verschil tussen de met de gesubsidieerde activiteiten samenhangende en met in achtneming van de ingevolge deze regeling in aanmerking komende werkelijke lasten, voor zover opgenomen in de door het College zorgverzekeringen goedgekeurde begroting, en de met de gesubsidieerde activiteiten samenhangende baten. De subsidie bedraagt niet meer dan het door het College zorgverzekeringen vastgestelde maximum.

§ 2.1.4. Modellen en formulieren

Artikel 6.2.8

Het College zorgverzekeringen stelt voor de subsidies in deze regeling de volgende modellen en formulieren vast:
a een formulier voor de aanvraag van subsidie;
b een model voor het projectplan;
c een model voor de begroting;
d een model voor het activiteitenplan;
e een model voor het activiteitenverslag;
f een controleprotocol;
g een model accountantsverklaring; en
h een formulier voor de aanvraag van de vaststelling van de subsidie.

§ 2.1.5. Aanvraag van een instellingssubsidie

Artikel 6.2.9

1 De instelling die voor haar activiteiten of een gedeelte daarvan in een jaar een instellingssubsidie verlangt, dient uiterlijk dertien weken vóór de aanvang van het desbetreffende jaar een subsidieaanvraag in. De aanvraag wordt onderbouwd met een activiteitenplan en een begroting en gaat, indien de liquiditeitsbehoefte niet regelmatig gespreid is over het jaar, vergezeld van een liquiditeitsprognose.
2 In het activiteitenplan worden de aard en de omvang van de voorgenomen activiteiten beschreven. Daarbij wordt aangegeven welke doelstelling de instelling met de activiteiten nastreeft, op welke wijze zij zullen worden uitgevoerd en voor welke doelgroep zij zijn bestemd.
3 De begroting geeft inzicht in de baten en lasten van de activiteiten van dat jaar. De begroting is voorzien van een postgewijze toelichting. Daarbij wordt uitgegaan van het prijspeil en van het niveau van de kosten van de arbeidsvoorwaarden op het moment van indiening van de aanvraag. In geval van een privaatrechtelijke rechtspersoon bevat de begroting tevens zowel de baten en lasten van de instelling als geheel als de baten en lasten van elk te onderscheiden onderdeel van de instelling.
4 De liquiditeitsprognose geeft gemotiveerd inzicht in het verloop van de liquiditeitsbehoefte van de activiteiten per kalenderkwartaal.
5 Het College zorgverzekeringen kan ontheffing verlenen van de in het eerste lid genoemde aanvraagtermijn.

Artikel 6.2.10

1 Bij de aanvraag van een instellingssubsidie door een privaatrechtelijke rechtspersoon worden tevens overgelegd:
   a een afschrift van de oprichtingsakte of de statuten;
   b een afschrift waaruit de inschrijving van de instelling in het geldende openbaar register blijkt;
   c een volledig overzicht van de financiële toestand van de instelling op het tijdstip van de aanvraag; en
   d indien de aanvraag is ondertekend door een of meer andere personen dan de personen die op grond van de statuten bevoegd zijn de instelling te vertegenwoordigen: een afschrift van de volmacht op grond waarvan de aanvraag door die andere persoon of personen is ondertekend.
2 Voor zover de aanvrager voor dezelfde begrote uitgaven tevens subsidie of een andere financiële bijdrage heeft aangevraagd bij andere bestuursorganen of organisaties, doet hij daarvan mededeling in de aanvraag, onder vermelding van de stand van zaken met betrekking tot de beoordeling van die aanvraag of aanvragen.
3 Overlegging van de in het eerste lid bedoelde afschriften kan achterwege blijven, indien de aanvrager er redelijkerwijs van uit kan gaan dat deze gegevens aan het College zorgverzekeringen bekend zijn.

§ 2.1.6. Aanvraag van een projectsubsidie

Artikel 6.2.11

1 Het College zorgverzekeringen kan projectsubsidies verlenen die zich uitstrekken over meer dan een kalenderjaar.
1 De natuurlijke persoon of rechtspersoon die subsidie voor een bepaald project verlangt, dient ten minste dertien weken vóór de aanvang van het project een aanvraag in. De aanvraag wordt onderbouwd met een projectplan en een begroting en gaat vergezeld van een liquiditeitsprognose.
2 In het projectplan worden de aard en de omvang van de voorgenomen activiteiten beschreven. Daarbij wordt aangegeven welke doelstelling de aanvrager met de activiteiten nastreeft en op welke wijze die zullen worden uitgevoerd.
3 De begroting geeft inzicht in de baten en lasten van het project. De begroting is voorzien van een postgewijze toelichting. Daarbij wordt uitgegaan van het prijspeil en van het niveau van de kosten van de arbeidsvoorwaarden op het moment van indiening van de aanvraag.
4 De liquiditeitsprognose geeft gemotiveerd inzicht in het verloop van de liquiditeitsbehoefte van de activiteiten per maand. De liquiditeitsprognose kan achterwege blijven als de liquiditeitsbehoefte regelmatig gespreid is over de duur van het project.
5 In afwijking van het tweede lid kan het College zorgverzekeringen bepalen dat aanvragen voor projecten op bepaalde terreinen vóór één of meer door hem vastgestelde data worden ingediend.

6 Het College zorgverzekeringen kan ontheffing verlenen van de in het tweede of zesde lid bedoelde aanvraagtermijn.

Artikel 6.2.12

1 Bij de aanvraag van de subsidie door een privaatrechtelijke rechtspersoon worden tevens overgelegd:
   a een afschrift van de oprichtingsakte of de statuten;
   b een afschrift waaruit de inschrijving van de instelling in het geldende openbaar register blijkt; en
   c indien de aanvraag is ondertekend door een of meer andere personen dan de personen die op grond van de statuten bevoegd zijn de instelling te vertegenwoordigen: een afschrift van de volmacht op grond waarvan de aanvraag door die andere persoon of personen is ondertekend.
2 Voor zover de aanvrager voor dezelfde begrote uitgaven tevens subsidie of een andere financiële bijdrage heeft aangevraagd bij andere bestuursorganen, doet hij daarvan mededeling in de aanvraag, onder vermelding van de stand van zaken met betrekking tot de beoordeling van die aanvraag of aanvragen.
3 Overlegging van in het eerste lid bedoelde afschriften kan achterwege blijven, indien de aanvrager er redelijkerwijs van uit kan gaan dat deze gegevens bij het College zorgverzekeringen bekend zijn.

Artikel 6.2.13

1 Het College zorgverzekeringen kan een aanvrager of een categorie aanvragers tevens verplichten tot het overleggen van een volledig overzicht van de financiële toestand van de instelling op het tijdstip van de aanvraag.
2 Het eerste lid is niet van toepassing indien een rechtspersoon, krachtens publiekrecht ingesteld, een projectsubsidie aanvraagt.

§ 2.1.7. Subsidieverlening en bevoorschotting

Artikel 6.2.14

Het College zorgverzekeringen geeft een beschikking op een aanvraag binnen dertien weken na ontvangst van de aanvraag.

Artikel 6.2.15

1 Nadat een subsidieaanvraag is ingediend, kan het College zorgverzekeringen voorschotten verlenen. Daarbij wordt rekening gehouden met de liquiditeitsbehoefte.
2 Het College zorgverzekeringen verstrekt, indien de liquiditeitsbehoefte regelmatig is gespreid, de volgende voorschotten op een verleende instellingssubsidie: in januari 15%, februari 7%, maart 7%, april 7%, mei 15%,

juni 7%, juli 7%, augustus 7%, september 3%, oktober 11%, en november 14% van het voor het desbetreffende jaar verleende bedrag.
3 Indien het College zorgverzekeringen voorschotten verstrekt voordat hij de beschikking tot subsidieverlening heeft gegeven, worden de percentages, bedoeld in het tweede lid, tot de datum van subsidieverlening, toegepast op het voor het voorgaande jaar verleende bedrag, in voorkomende gevallen bijgesteld overeenkomstig door het College zorgverzekeringen gegeven beschikkingen. Zodra de beschikking tot subsidieverlening voor het lopende jaar is gegeven, wordt het bedrag dat, gezien het in die beschikking verleende bedrag, te veel of te weinig is bevoorschot, zo spoedig mogelijk verrekend of door de subsidieaanvrager terugbetaald, onderscheidenlijk door het College zorgverzekeringen betaald.
4 Indien aannemelijk is dat er teveel is bevoorschot, kan het College zorgverzekeringen een bedrag vaststellen dat de subsidieontvanger aan hem dient te betalen binnen de bij die vaststelling genoemde termijn. Het College zorgverzekeringen kan het bedrag op andere wijze verrekenen.

Artikel 6.2.16

1 Bij de verlening van een subsidie kan het College zorgverzekeringen bepalen dat het subsidiebedrag door hem wordt bijgesteld, rekening houdend met de ontwikkeling van het prijspeil of de ontwikkeling in de kosten van de arbeidsvoorwaarden.
2 Met het oog op de toepassing van het eerste lid kan het College zorgverzekeringen bij de verlening van de subsidie tevens bepalen welk deel van het subsidiebedrag in aanmerking zal worden genomen voor een bijstelling in verband met de ontwikkeling van het prijspeil, onderscheidenlijk van de kosten van de arbeidsvoorwaarden.
3 Indien een subsidie met toepassing van het eerste lid wordt bijgesteld, kan de bevoorschotting overeenkomstig worden gewijzigd.

§ 2.1.8. *Verplichtingen van de subsidieontvanger*

Artikel 6.2.17

De subsidieontvanger zorgt ervoor dat:
a de doeleinden, gesteld in het activiteitenplan dan wel het projectplan, op doelmatige wijze worden nagestreefd;
b de werkzaamheden op een zodanige manier worden geregeld dat een goed beleid en beheer worden gevoerd; en
c de subsidie op doelmatige wijze wordt gebruikt voor de doeleinden waarvoor deze wordt verleend.

Artikel 6.2.18

De subsidieontvanger zorgt er voorts voor:
a dat de administratie op overzichtelijke en doelmatige wijze wordt gevoerd,
b dat de administratie een juist, volledig en actueel beeld geeft van het functioneren van de instelling, en
c dat van alle ontvangsten en uitgaven deugdelijke bewijsstukken aanwezig zijn waaruit de aard en de omvang van de geleverde goederen of van de verrichte diensten duidelijk blijken.

Artikel 6.2.19

Bij instellingen die een instellingssubsidie ontvangen, is het boekjaar gelijk aan het kalenderjaar.

Artikel 6.2.20

1 De subsidieontvanger doet zo spoedig mogelijk schriftelijk mededeling aan het College zorgverzekeringen van omstandigheden die van belang kunnen zijn voor een beslissing tot wijziging, intrekking of vaststelling van de subsidie.
2 Het eerste lid is van toepassing in de situatie dat de feitelijke liquiditeitsbehoefte lager is dan de verleende voorschotten.
3 Bij een mededeling overeenkomstig dit artikel worden de relevante stukken overgelegd.

Artikel 6.2.21

1 De privaatrechtelijke rechtspersoon die een instellingssubsidie ontvangt, verzekert haar roerende en onroerende zaken op afdoende wijze tegen het risico van diefstal en brand alsmede tegen het risico van wettelijke aansprakelijkheid tegenover derden.
2 De ontvanger van een instellingssubsidie verzekert voor vrijwilligers die werkzaamheden verrichten in het kader van de gesubsidieerde activiteiten, hun wettelijke aansprakelijkheid.
3 Het College zorgverzekeringen kan op aanvraag ontheffing verlenen van het eerste of tweede lid.
4 Het College zorgverzekeringen kan het eerste of tweede lid van overeenkomstige toepassing verklaren op de ontvanger van een projectsubsidie.

Artikel 6.2.22

De subsidieontvanger stelt na afloop van de periode of het project waarvoor subsidie is verleend een verslag vast dat inzicht geeft in de aard, duur en omvang van de in het kader van de subsidiëring verrichte activiteiten. Het verslag vergelijkt de verrichte activiteiten met de in het activiteitenplan, onderscheidenlijk projectplan, voorgenomen activiteiten.

Artikel 6.2.23

1 Voor zover het bedrag van de verleende instellingssubsidie, zonder toepassing van de in artikel 6.2.5 bedoelde vermindering, na uitvoering van de gesubsidieerde activiteiten overeenkomstig de geldende verplichtingen, niet is besteed aan de doeleinden waarvoor het is verstrekt, wordt het gereserveerd.
2 Voor de berekening van het in het eerste lid bedoelde te reserveren bedrag wordt het totaal van de met de gesubsidieerde activiteiten samenhangende baten, bestaande uit de verleende instellingssubsidie en de gerealiseerde overige baten, verminderd met de lasten van de gesubsidieerde activiteiten. Deze uitkomst wordt toegerekend naar rato van de verleende instellingssubsidie en de, in de ingediende begroting opgenomen, met de gesubsidieerde activiteiten samenhangende, overige baten. Het te reserveren bedrag is het aan de instellingssubsidie toegerekende deel.
3 Toevoegingen aan voorzieningen als bedoeld in artikel 374, eerste lid, van Boek 2 van het Burgerlijk Wetboek, die samenhangen met de gesubsidieerde activiteiten, worden gerekend tot de lasten van de gesubsidieerde activiteiten, bedoeld in het tweede lid.
4 Indien in de ingediende begroting onder de met de gesubsidieerde activiteiten samenhangende baten een vrijgevallen voorziening is opgenomen, blijft deze buiten beschouwing bij de berekening van het te reserveren bedrag, bedoeld in het tweede lid.
5 De verplichting, bedoeld in het eerste lid, geldt niet voor de ontvanger van een ondersteuningssubsidie.
6 De in het eerste lid bedoelde reservering wordt uitsluitend besteed aan doeleinden waarvoor de subsidie werd verstrekt.
7 Het totaal van de in het eerste lid bedoelde reservering in enig jaar bedraagt ten hoogste 10% van het bedrag van de voor dat jaar verleende subsidie, zonder toepassing van de in artikel 6.2.15 bedoelde vermindering.
8 Toevoeging aan de in het eerste lid bedoelde reservering kan niet plaatsvinden als de in het eerste lid bedoelde reservering reeds 10% of meer van het voor dat jaar verleende subsidie betreft.

Artikel 6.2.24

Op de balans worden de voorzieningen, gesplitst naar hun aard, en de reservering opgenomen. In de toelichting op de balans worden de toevoegingen en de onttrekkingen aan de voorzieningen en reservering toegelicht.

Artikel 6.2.25

1 De subsidieontvanger draagt er zorg voor dat, behoudens schriftelijke toestemming van het College zorgverzekeringen, publicatie of het anderszins openbaar maken op grond van deze regeling gesubsidieerd onderzoek, delen of samenvattingen daarvan, niet plaatsheeft binnen drie maanden nadat deze aan het College zorgverzekeringen zijn voorgelegd.
2 Het College zorgverzekeringen is bevoegd om onderzoek, bedoeld in het eerste lid, desgewenst te voorzien van commentaar, één of meermalen te vermenigvuldigen of te publiceren of anderszins openbaar te maken of te doen openbaar maken, met vermelding van de bron, zonder dat hiervoor enige vergoeding is verschuldigd.
3 De subsidieontvanger draagt er zorg voor dat de in het eerste lid bedoelde onderzoeksgegevens op verzoek van het College zorgverzekeringen onmiddellijk en kosteloos aan het College zorgverzekeringen of aan door het College zorgverzekeringen aangewezen natuurlijke personen of rechtspersonen beschikbaar worden gesteld.
4 Indien een gesubsidieerde activiteit leidt tot een publicatie, kan het College zorgverzekeringen bepalen dat de subsidieontvanger er zorg voor draagt dat bij de publicatie wordt aangegeven wie de uitvoerder en subsidiënt van het project zijn geweest.
5 Indien een subsidie gericht is of mede gericht is op de totstandkoming van een werk als bedoeld in artikel 10, subonderdeel 1, van de Auteurswet 1912, draagt de subsidieontvanger er zorg voor auteursrechthebbende te zijn ter zake van dat werk.
6 De subsidieontvanger vrijwaart de Staat der Nederlanden en het College zorgverzekeringen voor aanspraken van derden ter zake van alle schade die zij lijden ten gevolge van de door of vanwege de subsidieontvanger verrichte publicaties.

Artikel 6.2.26

Aan de subsidie kunnen verplichtingen als bedoeld in artikel 4:39 van de Algemene wet bestuursrecht worden verbonden.

Artikel 6.2.27

1 De subsidieontvanger is in de gevallen, genoemd in artikel 4:41, tweede lid, van de Algemene wet bestuursrecht, een vergoeding voor vermogensvorming verschuldigd.
2 Bij de bepaling van de hoogte van de vergoeding wordt uitgegaan van de waarde van de goederen en andere vermogensbestanddelen op het tijdstip waarop de vergoeding verschuldigd wordt, met dien verstande dat in geval van ontvangst van schadevergoeding voor verlies of beschadiging van zaken, wordt uitgegaan van het bedrag dat als schadevergoeding door de instelling wordt ontvangen. Indien het onroerende zaken betreft, geschiedt de waardebepaling door één of drie onafhankelijke deskundigen.

3 Toepassing van het eerste lid blijft achterwege indien de activiteiten van de subsidieontvanger, na toestemming van het College zorgverzekeringen, door een andere rechtspersoon worden voortgezet en de activa tegen boekwaarde aan die andere rechtspersoon in eigendom zijn overgedragen.

Artikel 6.2.28

1 De vergoeding die de instelling betaalt aan een organisatie die zich de ondersteuning van één of meer gesubsidieerde instellingen ten doel stelt, voor door die organisatie aan de instelling ter beschikking gestelde goederen, is niet hoger dan het bedrag dat op grond van de verkrijgingprijs of vervaardigingprijs verminderd met de ontvangen investeringssubsidies en bestemmingsgiften berekend wordt, rekening houdend met de geldende afschrijvingspercentages.
2 De vergoeding die de instelling betaalt aan een organisatie die zich de ondersteuning van één of meer gesubsidieerde instellingen ten doel stelt, voor door die organisatie aan de instelling geleverde diensten, is indien het diensten betreft die in het algemeen door soortgelijke instellingen in eigen beheer worden verricht, niet hoger dan het bedrag dat gelijk is aan de kosten die de instelling zou hebben gehad bij het verrichten van de diensten in eigen beheer.
3 De vergoeding die de instelling betaalt aan een organisatie die zich de ondersteuning van één of meer gesubsidieerde instellingen ten doel stelt, voor door die organisatie aan de instelling geleverde diensten, andere dan de in het tweede lid bedoelde diensten, is niet hoger dan het bedrag dat voor het doen verrichten van dergelijke diensten door andere organisaties gebruikelijk kan worden geacht.

Artikel 6.2.29

De subsidieontvanger die aan derden goederen ter beschikking stelt of voor derden diensten verricht, brengt daarvoor een vergoeding in rekening die ten minste kostendekkend is, tenzij het derden betreft voor wie de gesubsidieerde activiteiten bestemd zijn.

Artikel 6.2.30

1 De subsidieontvanger verstrekt aan de door het College zorgverzekeringen aangewezen ambtenaren of andere personen op hun verzoek alle bescheiden en inlichtingen die noodzakelijk zijn voor een juiste vervulling van hun taak. De bescheiden worden op één adres getoond en de inlichtingen, op verzoek, schriftelijk verstrekt. Indien de instelling slechts kan voldoen aan deze verplichting door inbreuk te maken op het recht van enig persoon op bescherming van zijn persoonlijke levenssfeer, verstrekt de instelling de verlangde gegevens op zodanige wijze dat deze niet tot personen herleidbaar zijn.

2 Ook anderszins wordt zoveel mogelijk medewerking verleend teneinde de door het College zorgverzekeringen aangewezen ambtenaren of andere personen in staat te stellen hun taak op een juiste wijze te vervullen.
3 De subsidieontvanger werkt mee aan door of namens het College zorgverzekeringen ingestelde onderzoekingen die erop zijn gericht inlichtingen te verschaffen ten behoeve van de ontwikkeling van het beleid.
4 De subsidieontvanger machtigt de in artikel 6.2.35 bedoelde accountant overeenkomstig het eerste tot en met het derde lid te handelen.

Artikel 6.2.31

Indien bij het College zorgverzekeringen het vermoeden is gerezen dat artikel 6.2.28 niet is nageleefd, spant de subsidieontvanger zich desgevraagd in de jaarrekening van de desbetreffende organisatie over te leggen.

§ 2.1.9. De aanvraag tot subsidievaststelling

Artikel 6.2.32

1 Binnen zes maanden na afloop van de periode of het project waarvoor subsidie is verleend, dient de subsidieontvanger een aanvraag in voor de subsidievaststelling.
2 De aanvraag voor de subsidievaststelling gaat vergezeld van:
   a het verslag, bedoeld in artikel 6.2.22;
   b de subsidiedeclaratie, bedoeld in artikel 6.2.33;
   c de jaarrekening; en
   d indien de aanvraag is ondertekend door één of meer andere personen dan de personen die op grond van de statuten bevoegd zijn de instelling te vertegenwoordigen: een afschrift van de volmacht op grond waarvan de aanvraag door die andere persoon of personen is ondertekend.
3 Een subsidiedeclaratie kan achterwege blijven indien de daarmee te verstrekken informatie reeds in de in te zenden jaarrekening is opgenomen.
4 De jaarrekening behoeft niet te worden ingezonden, indien het gaat om:
   a een projectsubsidie; of
   b een subsidie aan een rechtspersoon krachtens publiekrecht ingesteld.
5 Het College zorgverzekeringen kan ontheffing en vrijstelling verlenen van de in het eerste lid genoemde aanvraagtermijn.

Artikel 6.2.33

De subsidiedeclaratie geeft een zodanig inzicht dat een verantwoord oordeel kan worden gevormd omtrent de aanwending en de besteding van de subsidie door de instelling en geeft de nodige informatie om de subsidie vast te stellen. De subsidiedeclaratie sluit aan op de indeling van de bij de subsidieaanvraag ingediende begroting. Belangrijke verschillen tussen declaratie en begroting worden toegelicht. In de subsidiedeclaratie van instellingssubsidies wordt de aansluiting tussen de subsidiedeclaratie en de jaarrekening toegelicht.

Artikel 6.2.34

1 De afdelingen 2 tot en met 8 van Titel 9 van Boek 2 van het Burgerlijk Wetboek zijn van overeenkomstige toepassing op de jaarrekening, met dien verstande dat de winst- en verliesrekening vervangen wordt door een exploitatierekening. Op deze rekening zijn de bepalingen omtrent de winst- en verliesrekening zo veel mogelijk van overeenkomstige toepassing. Bepalingen omtrent winst en verlies zijn van overeenkomstige toepassing op het exploitatiesaldo.
2 De grondslag voor de waardering van activa en passiva is de verkrijging- of vervaardigingprijs verminderd met de ontvangen investeringssubsidies en bestemmingsgiften.
3 Het College zorgverzekeringen kan bepalen dat bepalingen van de in het eerste lid bedoelde Titel of onderdelen daarvan niet van toepassing zijn op bepaalde instellingen.

Artikel 6.2.35

1 De jaarrekening en de subsidiedeclaratie zijn ieder afzonderlijk voorzien van een verklaring van een accountant als bedoeld in artikel 393, eerste lid, van Boek 2 van het Burgerlijk Wetboek.
2 De jaarrekening of de subsidiedeclaratie gaat vergezeld van een rapportage omtrent de naleving van de subsidiebepalingen door de subsidieontvanger, opgesteld door de accountant overeenkomstig een door het College zorgverzekeringen vast te stellen protocol.
3 De subsidieontvanger draagt er zorg voor dat de accountant meewerkt aan door of namens het College zorgverzekeringen in te stellen onderzoeken naar de door de accountant verrichte werkzaamheden. Voor de aan dit onderzoek verbonden kosten wordt geen subsidie verstrekt.

§ *2.1.10. De vaststelling van de subsidie*

Artikel 6.2.36.1

Binnen zes maanden na ontvangst van de aanvraag, bedoeld in artikel 6.2.32, geeft het College zorgverzekeringen een beschikking tot vaststelling van de subsidie.

Artikel 6.2.36.2

Indien het College zorgverzekeringen bij de vaststelling van de subsidie rekening houdt met de ontwikkeling van het prijspeil of met de ontwikkeling in de kosten van de arbeidsvoorwaarden, en het bedrag aan subsidies dat alsdan op grond van een subsidieparagraaf vastgesteld zou worden het in die paragraaf genoemde subsidieplafond voor het desbetreffende jaar zou overschrijden, wordt dat plafond verhoogd met het verschil tussen het totaal door het College zorgverzekeringen op grond van die paragraaf aan subsidies vast te stellen bedrag en dat plafond.

§ 2.2. Specifieke subsidies

§ 2.2.1. Weesgeneesmiddelen extramuraal

Artikel 6.2.37.1

In deze paragraaf wordt verstaan onder:
a weesgeneesmiddel: het door de Minister aangewezen voor subsidiëring in aanmerking komende geneesmiddel, waarvan de therapeutische waarde en de doelmatigheid nog niet is vastgesteld en dat niet onderdeel is van de verstrekking medisch-specialistische zorg door of vanwege het ziekenhuis;
b subsidieontvanger: de in de door het College zorgverzekeringen vast te stellen beleidsregel genoemde instelling, organisatie, vereniging van behandelaren, behandelaar of zorgverlener;
c protocol: richtlijnen voor de behandeling van de aandoening waarvoor aan de fabrikant van het weesgeneesmiddel een handelsvergunning is verleend, die zijn opgesteld door de vereniging van behandelaren of behandelaren en die door het College zorgverzekeringen zijn goedgekeurd.

Artikel 6.2.37.2

1 Het College zorgverzekeringen neemt bij de subsidieverstrekking de voorwaarden die de Minister bij de aanwijzing van weesgeneesmiddelen stelt in acht.
2 Het College zorgverzekeringen kan bij de subsidieverlening de voorwaarde stellen dat de subsidieontvanger een evaluatieonderzoek verricht.

Artikel 6.2.37.3

1 Aan de subsidieontvanger wordt, met inachtneming van de door het College zorgverzekeringen vast te stellen beleidsregel per weesgeneesmiddel, op aanvraag een projectsubsidie verstrekt.
2 Bij de subsidieverstrekking worden slechts de volgende kosten in aanmerking genomen:
   a de kosten van het afgeleverde geneesmiddel;
   b de kosten van de geprotocolleerde extra zorgverlening;
   c de kosten van coördinatie samenhangend met de behandeling met het weesgeneesmiddel.
3 Slechts voor de kosten van behandeling van verzekerden die toestemming hebben gegeven voor het gebruik van hun behandelgegevens voor het vaststellen van de therapeutische waarde en de doelmatigheid van de be-

handeling met het weesgeneesmiddel wordt op grond van het eerste lid subsidie verstrekt.

Artikel 6.2.37.4

De Minister stelt per weesgeneesmiddel het maximale subsidieplafond vast.

Artikel 6.2.37.5

Subsidiëring heeft tot doel:
a meer gegevens te verzamelen over de therapeutische waarde en de doelmatigheid van het weesgeneesmiddel; en
b behandeling met het weesgeneesmiddel van de verzekerde die volgens protocol hiervoor in aanmerking komt.

§ 2.2.2 *[Vervallen per 01-03-2007]*

Artikel 6.2.38.1 [Vervallen per 01-03-2007]

Artikel 6.2.38.2 [Vervallen per 01-03-2007]

Artikel 6.2.38.3 [Vervallen per 01-03-2007]

Artikel 6.2.38.4 [Vervallen per 01-03-2007]

Artikel 6.2.38.5 [Vervallen per 01-03-2007]

Artikel 6.2.38.6 [Vervallen per 01-03-2007]

§ 2.2.3. *Subsidiëring gezondheidscentra*

Artikel 6.2.39.1

In deze paragraaf wordt verstaan onder:
a gezondheidscentrum: een door een instelling beheerd samenwerkingsverband, waar vanuit een gemeenschappelijke huisvesting integrale eerstelijnszorg wordt verleend door ten minste twee huisartsen, twee wijkverpleegkundigen, één maatschappelijk werkende en zo mogelijk vertegenwoordigers van andere disciplines in de eerste lijn;
b samenwerkingsovereenkomst: een schriftelijke overeenkomst, regelende de onderlinge verhouding tussen de bij een gezondheidscentrum betrokkenen;
c aanloopfase: een periode van maximaal vijf jaar, te rekenen vanaf de aanvang van de exploitatie van een gezondheidscentrum waarbinnen een zodanige groei moet worden gerealiseerd, dat met inachtneming van de subsidiemogelijkheden ingevolge deze paragraaf een sluitende exploitatie wordt verkregen.

Artikel 6.2.39.2

1 Voor de extra kosten van integrale eerstelijnszorg vanuit een gezondheidscentrum wordt een instellingssubsidie verleend indien voldaan wordt aan de volgende voorwaarden:
   a er is een samenwerkingsovereenkomst waarin zijn opgenomen de doelstelling, de wijze van samenwerking, de werkcontacten, de organisatorische vormgeving en de afspraken over de financiering;
   b de instelling beheert zonder winstoogmerk het gezondheidscentrum en maakt aannemelijk dat er uitzicht bestaat op continuïteit van het gezondheidscentrum;
   c de instelling die het gezondheidscentrum beheert, sluit een overeenkomst met een zorgverzekeraar inzake het functioneren van het gezondheidscentrum en de economische bedrijfsvoering gelet op de toekomstige financiering door de zorgverzekeraar;
   d de praktijkomvang per aan het gezondheidscentrum deelnemende huisarts bedraagt minimaal 800 personen;
   e de in het gezondheidscentrum werkzame hulpverleners en medewerkers hebben geen zetel in het bestuur van de instelling die het gezondheidscentrum beheert en kunnen ook anderszins niet een overwegende invloed uitoefenen op de besluitvorming in dat bestuur;
   f de bij het gezondheidscentrum betrokken zorgverzekeraars hebben geen overwegende invloed op de besluitvorming in het bestuur van de instelling die het gezondheidscentrum beheert;
   g de mogelijkheid tot participatie van cliënten van het gezondheidscentrum in het bestuur van de instelling die het gezondheidscentrum beheert, is geregeld;
   h de overeenkomst tussen het gezondheidscentrum en de daarin werkzame hulpverlener bevat:
      1°. een concurrentiebeding, waarin is bepaald dat de hulpverlener, na beëindiging van zijn werkzaamheden voor het gezondheidscentrum, gedurende een periode van ten minste vijf jaren niet binnen een afstand van ten minste vijf kilometer te rekenen vanaf de grens van het werkgebied van het gezondheidscentrum praktijk uitoefent;
      2°. het beding dat zonder schriftelijke toestemming van de instelling die het gezondheidscentrum beheert, geen gehonoreerde nevenwerkzaamheden worden verricht;
      3°. het beding dat de hulpverlener handelt overeenkomstig deze regeling en daaruit voortvloeiende voorschriften en aanwijzingen;
   i bij deelname door verschillende vrijgevestigde hulpverleners van eenzelfde discipline werken deze hulpverleners onderling samen in één maatschap, waarbij de gemeenschappelijke praktijkvoering en de onderlinge arbeidsverhouding zijn geregeld;
   j de instelling die het gezondheidscentrum beheert, legt een verklaring over waarin zij zich tegenover het College zorgverzekeringen verplicht om:
      1°. in geval van afsplitsing van een gezondheidscentrum dat tot zijn

exploitatie behoort, de resterende opbrengst aan het College zorgverzekeringen af te dragen ten gunste van het Zorgverzekeringsfonds tot het totaal van de ten laste van dat fonds ten behoeve van het gezondheidscentrum over de laatste vijf kalenderjaren ontvangen subsidies, te rekenen vanaf het vijfde kalenderjaar voorafgaande aan het jaar van afsplitsing;

2°. in geval van liquidatie van het gezondheidscentrum het eventuele batige saldo aan het College zorgverzekeringen af te dragen ten gunste van het Zorgverzekeringsfonds tot het totaal van de ten laste van dat fonds ten behoeve van het gezondheidscentrum over de laatste vijf kalenderjaren, voorafgaande aan het jaar waarin tot liquidatie wordt besloten, alsmede over dat jaar ontvangen subsidies.

2 Voor de extra kosten van integrale eerstelijnszorg vanuit een gezondheidscentrum, dat in het subsidiejaar niet meer in de aanloopfase verkeert en waaraan in het jaar voorafgaand aan het subsidiejaar op grond van artikel 1p van de Ziekenfondswet subsidie is verleend, wordt een instellingssubsidie verleend overeenkomstig artikel 6.2.39.9.

3 Voor de extra kosten van integrale eerstelijnszorg vanuit een gezondheidscentrum, anders dan bedoeld in het tweede lid, wordt een instellingssubsidie verleend overeenkomstig artikel 6.2.39.10 tot en met 6.2.39.12.

4 Indien een instelling verschillende gezondheidscentra beheert die niet in de aanloopfase verkeren, worden deze gezondheidscentra voor de toepassing van deze paragraaf aangemerkt als één gezondheidscentrum.

5 Voor de extra kosten van de afkoop van de in deze paragraaf bedoelde activiteiten in 2007 en volgende jaren wordt tevens een instellingssubsidie verstrekt aan de onder de leden 2 en 3 bedoelde gezondheidscentra.

Artikel 6.2.39.3

1 Indien één of meer andere vormen van zorgverlening door de instelling die een gezondheidscentrum beheert, worden geëxploiteerd, wordt geen subsidie verleend als het exploitatiesaldo van de instelling die het gezondheidscentrum beheert, vermeerderd met het bedrag van de egalisatiereserve van het centrum alsmede met het exploitatieoverschot bij de overige vormen van zorgverlening, in het jaar waarop het subsidieverzoek betrekking heeft, positief is en 10% of meer bedraagt van de kosten van het centrum van dat jaar.

2 Geen subsidie wordt verleend voor extra samenwerkingskosten van een vast samenwerkingsverband in een gezondheidscentrum waarvoor op grond van paragraaf 2.2.4 subsidie wordt verleend voor de extra kosten van integrale eerstelijnszorg.

Artikel 6.2.39.4

Het subsidieplafond voor de subsidiëring van extra kosten van integrale eerstelijnszorg door:

a gezondheidscentra als bedoeld in artikel 6.2.39.2, tweede lid, bedraagt voor het jaar 2006 € 24.600.000;
b gezondheidscentra als bedoeld in artikel 6.2.39.2, derde lid, bedraagt voor het jaar 2006 € 8.245.000;
c voor gezondheidscentra als bedoeld in onderdeel a en b, wordt voor arbeidsmarktbeleid een bedrag van € 477.021 gereserveerd.

Artikel 6.2.39.5

1 Voor de toepassing van dit artikel wordt verstaan onder:
   a honoreringsregeling: de landelijke regeling, inhoudende door de Nederlandse Zorgautoriteit vastgestelde tarieven voor hulp in het kader van de ziekenfondsverzekering;
   b norminkomen: het bedrag dat de Nederlandse Zorgautoriteit op grond van haar inkomensbeleidsregels voor de desbetreffende categorie hulpverleners in de gezondheidszorg vaststelt.
2 Voor de toepassing van artikel 6.2.23 worden, uitgaande van de door de Nederlandse Zorgautoriteit als zodanig voor de verleende hulp vastgestelde tarieven van de disciplines huisartsgeneeskunde, fysiotherapie, verloskunde en farmacie, voor zover deze in het gezondheidscentrum gedurende het subsidiejaar aangeboden worden, de volgende lasten in aanmerking genomen:
   a de personeelskosten;
   b de personeelskosten voor de coördinatie, administratie en interieurverzorging;
   c de huisvestingskosten, waarbij met betrekking tot de kosten van rente en afschrijvingen de door de Nederlandse Zorgautoriteit vastgestelde beleidsregels worden gehanteerd;
   d de praktijkkosten, waarbij met betrekking tot de kosten de door de Nederlandse Zorgautoriteit vastgestelde beleidsregels worden gehanteerd;
   e de organisatiekosten, waarbij met betrekking tot de kosten de door de Nederlandse Zorgautoriteit vastgestelde beleidsregels worden gehanteerd;
   f de financieringskosten, waarbij met betrekking tot de kosten de door de Nederlandse Zorgautoriteit vastgestelde beleidsregels worden gehanteerd.
   g Een toeslag voor samenwerkingstijd indien er geen sprake is van een dienstverband, berekend volgens het vierde tot en met zevende lid.
3 Voor de toepassing van artikel 6.2.23 worden de volgende lasten niet in aanmerking genomen:
   a uitgaven die hoger zijn dan die welke voortvloeien uit de van toepassing zijnde collectieve arbeidsovereenkomsten;
   b kosten, verbandhoudende met overname van praktijken, schadeloosstelling bij uittreding of ontslag, overeenkomstig beleidsregels van de Nederlandse Zorgautoriteit;

c lasten die op enigerlei andere wijze voor vergoeding in aanmerking komen.
4 Voor de berekening van de toeslag voor samenwerkingstijd worden de formaties van de navolgende in het kader van de zorgverzekering gehonoreerde disciplines in aanmerking genomen en als volgt vastgesteld:
　　a voor huisartsen: het totaal aantal ingeschreven patiënten wordt gedeeld door 2000;
　　b voor fysiotherapeuten: de totale omzet van de fysiotherapeuten wordt gedeeld door de normomzet ingevolge de honoreringsregeling onder aftrek van 10% voor extra tijdsinvestering;
　　c voor verloskundigen: de totale omzet van de verloskundigen wordt gedeeld door de normomzet ingevolge de honoreringsregeling onder aftrek van 10% voor extra tijdsinvestering;
　　d voor apothekers volgens de formule: (omzet van de apotheek – inkoopkosten van de omzet) / (0,85 × (norminkomen praktijkkostenvergoeding ingevolge honoreringsregeling)).
5 De formatie van een discipline wordt bepaald door het tijdsbeslag dat in relatie tot een volledige werktijd volgens de van toepassing zijnde honoreringsregeling is gemoeid met de beroepsuitoefening in het gezondheidscentrum. Andere werkzaamheden dan die rechtstreeks samenhangen met de beroepsuitoefening, blijven bij de bepaling van het tijdsbeslag buiten beschouwing. Per hulpverlener wordt maximaal één formatieplaats in aanmerking genomen.
6 De toeslag voor samenwerkingstijd is gelijk aan:
　　a voor huisartsen: het verschil tussen de totale vergoedingen voor nettohonorering, pensioenpremie en praktijkassistentie bij een praktijkomvang volgens de rekennorm van de honoreringsregeling en de hiervoor ontvangen vergoedingen bij een praktijkomvang als berekend volgens het vierde lid;
　　b voor fysiotherapeuten: het verschil tussen de totale vergoedingen voor nettohonorering en pensioenpremie bij een normpraktijkomvang krachtens de honoreringsregeling en de ontvangen vergoedingen bij een praktijkomvang als berekend volgens het vierde lid;
　　c voor verloskundigen: het verschil tussen de totale vergoedingen voor nettohonorering en pensioenpremie bij een normpraktijkomvang krachtens de honoreringsregeling en de ontvangen vergoedingen bij een praktijkomvang als berekend volgens het vierde lid;
　　d voor apothekers: 15% van het norminkomen bij een praktijkomvang als berekend volgens het vierde lid.
7 In afwijking van het vierde, vijfde en zesde lid wordt een toeslag voor samenwerkingstijd niet verleend, indien de praktijkomvang van de zorgverleners van de verschillende disciplines in overeenstemming is met de voor de honoreringsregelingen geldende rekennormen, dan wel deze te boven gaat.
8 De samenwerkingstijd geldt alleen voor een gezondheidscentrum dat reeds in 2005 werd gesubsidieerd.

Artikel 6.2.39.6

Voor de toepassing van artikel 6.2.23 worden als baten van het gezondheidscentrum aangemerkt alle baten die betrekking hebben op de activiteiten van het centrum, met dien verstande dat:
a het saldo van de van deelnemende vrijgevestigde hulpverleners te ontvangen vergoedingen voor praktijkkosten en door hen aan het gezondheidscentrum in rekening te brengen werkelijk te maken kosten en de inkomsten uit de in artikel 6.2.39.2, onderdeel h, subonderdeel 2, bedoelde toegestane nevenwerkzaamheden, die verband houden met de beroepsuitoefening in het gezondheidscentrum, als baten van het gezondheidscentrum wordt aangemerkt;
b voor de verleende hulp minimaal wordt uitgegaan van de door het College tarieven gezondheidszorg goedgekeurde of vastgestelde tarieven.

Artikel 6.2.39.7

1 De instelling kan voor een gelijkmatige verdeling van lasten over een groot aantal jaren voor cyclisch onderhoud van gebouwen en installaties van het gezondheidscentrum waarvan het onderhoud voor zijn rekening komt, met inachtneming van een daarvoor ontwikkeld onderhoudsplan, een voorziening onderhoud vormen.
2 De instelling kan voor een gelijkmatige verdeling van lasten over een groot aantal jaren voor loonkosten ingevolge ziekte en arbeidsongeschiktheid van personeelsleden, waarvoor zij niet verzekerd is, een voorziening loonkosten arbeidsongeschiktheid vormen.
3 In afwijking van artikel 6.2.23 kan ten laste van de subsidie een bedrag worden toegevoegd aan de in overeenstemming met de in het eerste of tweede lid bedoelde voorzieningen. De toevoeging aan de in het tweede lid bedoelde voorziening kan slechts plaatshebben voor zover deze voorziening, inclusief de toevoeging, niet meer bedraagt dan 7,56% van het premieplichtig loon van het subsidiejaar.
4 In afwijking van artikel 6.2.23 worden kosten, voor zover zij ten laste van de in het eerste en tweede lid bedoelde voorzieningen kunnen worden gebracht, bij het vaststellen van de subsidie niet als lasten aangemerkt.

Artikel 6.2.39.8

In afwijking van artikel 6.2.23:
a wordt onder egalisatiereserve verstaan: de reserve ter egalisatie van overschotten en tekorten op de exploitatie vanaf 1987;
b bedraagt de egalisatiereserve ten hoogste 10% van de krachtens deze paragraaf in aanmerking te nemen exploitatielasten in het subsidiejaar, exclusief de inkoopkosten van een eventuele deelnemende apotheek en de kosten van diensten voor derden.

Artikel 6.2.39.9

1 De subsidie voor de extra kosten van integrale eerstelijnszorg vanuit een gezondheidscentrum als bedoeld in artikel 6.2.39.2, tweede lid, dat niet meer in de aanloopfase verkeert, bedraagt maximaal het bedrag van de maximale subsidie in het jaar voorafgaand aan het subsidiejaar, vermeerderd met het door de Minister vast te stellen percentage voor indexering.
2 De subsidie voor de extra kosten van integrale eerstelijnszorg vanuit een gezondheidscentrum dat in het jaar voorafgaand aan het subsidiejaar in het vijfde jaar van de aanloopfase verkeerde, bedraagt maximaal € 239 274, vermeerderd met het door de Minister vast te stellen percentage voor indexering.

Artikel 6.2.39.10

1 De subsidie voor de extra kosten van integrale eerstelijnszorg vanuit een gezondheidscentrum als bedoeld in artikel 6.2.39.2, derde lid, dat in de aanloopfase verkeert, wordt voor het jaar 2006 vastgesteld op het saldo van de in de artikelen 6.2.39.5, 6.2.39.6 en 6.2.39.7 bedoelde lasten en baten, met dien verstande dat de subsidie maximaal € 239.274 bedraagt.
2 Voor de extra kosten van integrale eerstelijnszorg vanuit een gezondheidscentrum als bedoeld in artikel 6.2.39.2, derde lid, wordt geen subsidie verleend indien met de exploitatie reeds een aanvang is gemaakt voordat het College zorgverzekeringen op de daarop betrekking hebbende aanvraag heeft beslist.
3 In afwijking van artikel 6.2.23 bedraagt de egalisatiereserve het verschil tussen het saldo van de in de artikelen 6.2.39.5 en 6.2.39.6 bedoelde lasten en baten en het door het College zorgverzekeringen vastgestelde maximale subsidiebedrag.
4 De subsidie bedraagt met ingang van het jaar 2006 maximaal € 312 097 voor een gezondheidscentrum op een Vinex-locatie. Voor de toepassing van de vorige volzin wordt verstaan onder Vinex-locatie: een locatie waarvoor tussen het Rijk, grote stadsgewesten en provincies convenanten zijn afgesloten over aantallen te bouwen woningen op daarvoor aangewezen locaties en waarvoor de Minister van Volkshuisvesting, Ruimtelijke Ordening en Milieubeheer grondkostensubsidies verstrekt.

Artikel 6.2.39.11

1 De subsidie voor de extra kosten van integrale eerstelijnszorg vanuit een gezondheidscentrum als bedoeld in artikel 6.2.39.2, vierde lid, dat niet in de aanloopfase verkeert, wordt vastgesteld op het saldo van de in de artikelen 6.2.39.5, 6.2.39.6 en 6.2.39.7 bedoelde lasten en baten, met dien verstande dat de subsidie maximaal € 239.274 bedraagt.
2 Voor de toepassing van artikel 6.2.23, eerste lid, wordt slechts het saldo van de in de artikelen 6.2.39.5, 6.2.39.6 en 6.2.39.7 bedoelde lasten en baten in aanmerking genomen.

Artikel 6.2.39.12

1 De aanvragen voor subsidie als bedoeld in artikel 6.2.39.2 worden behandeld in volgorde van binnenkomst van de volledige aanvraag.
2 Aanvragen voor subsidie als bedoeld in artikel 6.2.39.2, derde lid, worden slechts in behandeling genomen, indien de aanvraag is ingediend voor 1 juli 2006 en de exploitatie van het gezondheidscentrum aanvangt voor 1 oktober 2006.

Artikel 6.2.39.13

1 Het College zorgverzekeringen kan onder door hem te stellen aanvullende voorwaarden op aanvraag in 2006 een aanvullende subsidie verlenen voor de volgende incidentele kosten van een gezondheidscentrum in de jaren 2004 tot en met 2006:
   a boekverliezen op vaste activa bij wijziging van de huisvestingssituatie van het gezondheidscentrum;
   b kosten verband houdende met ontslag van werknemers overeenkomstig de beleidsregels van de Nederlandse Zorgautoriteit;
   c extra kosten van waarneming van huisartsen of apothekers in verband met arbeidsongeschiktheid vanaf dertig dagen na aanvang van arbeidsongeschiktheid tot de datum van ontslag overeenkomstig de van toepassing zijnde collectieve arbeidsovereenkomst.
2 Subsidiëring voor in het eerste lid bedoelde kosten heeft slechts plaats indien:
   a de kosten onvermijdbaar zijn;
   b de kosten niet kunnen worden gedekt uit de exploitatie van of de egalisatiereserve voor het gezondheidscentrum of uit het eigen vermogen van de beherende instelling van het gezondheidscentrum; en
   c de continuïteit van het gezondheidscentrum in gevaar komt zonder aanvullende subsidiëring.
3 Het subsidieplafond voor de aanvullende subsidies ingevolge dit artikel bedraagt € 1 000 000. De aanvragen worden behandeld in volgorde van binnenkomst van de volledige aanvraag.

Artikel 6.2.39.14

In afwijking van artikel 6.2.23 vindt bij de uitkering goodwill die ter beschikking is gesteld aan de beherende instelling en ten goede komt aan de zorg voor de verzekerde geen verrekening plaats met het jaarlijks vast te stellen budget.
Ingeval de beherende instelling een toevoeging aan een bestemmingsreserve doet, moet de bestemming die de instelling aan deze uitkering geeft, zijn geoormerkt.

§ 2.2.3a. Beëindiging subsidiëring gezondheidscentra

Artikel 6.2.39a.1

1 Het laatste jaar waarvoor een subsidie als bedoeld in paragraaf 2.2.3 kan worden verstrekt, is 2006.
2 In afwijking van het eerste lid kan aan gezondheidscentra waarvan de aanloopfase op 1 januari 2008 afloopt, voor het jaar 2007 nog wel een subsidie als bedoeld in paragraaf 2.2.3 worden verstrekt.
3 In afwijking van het eerste lid kan aan gezondheidscentra waarvan de aanloopfase op of na 1 januari 2009 afloopt, voor de jaren 2007 en 2008 nog wel een subsidie als bedoeld in paragraaf 2.2.3 worden verstrekt.
4 Het tweede of derde lid gelden slechts voor gezondheidscentra waaraan reeds voor het jaar 2006 subsidie als bedoeld in paragaaf 2.2.3 is verstrekt.

Artikel 6.2.39a.2

1 In afwijking van artikel 6.2.39.10 bedraagt de subsidie aan een gezondheidscentrum als bedoeld in artikel 6.2.39a.1, tweede lid, voor 2007 maximaal de op grond van paragraaf 2.2.3 vastgestelde subsidie over het jaar 2005.
2 In afwijking van artikel 6.2.39.10 bedraagt de subsidie aan een gezondheidscentrum als bedoeld in artikel 6.2.39a.1, derde lid, voor de jaren 2007 en 2008 € 314 516 per jaar indien het centrum in een Vinex-locatie ligt, en € 241 129 per jaar indien dit niet het geval is.
3 De egalisatiereserve van een gezondheidscentrum als bedoeld in artikel 6.2.39a.1, derde lid, zoals deze per 31 december 2008 wordt vastgesteld, wordt per 1 januari 2009 aangemerkt als een mutatie in het eigen vermogen van dat centrum.

Artikel 6.2.39a.3

1 Aan een gezondheidscentrum waaraan reeds voor het jaar 2006 subsidie als bedoeld in paragraaf 2.2.3 is verstrekt en dat in dat jaar niet meer in de aanloopfase verkeerde, wordt voor de jaren 2007 en 2008 een afkoopsubsidie verstrekt, ter hoogte van:
   a voor het jaar 2007: 90% van de op grond van paragraaf 2.2.3 vastgestelde subsidie over het jaar 2005;
   b voor het jaar 2008: 60% van de op grond van paragraaf 2.2.3 vastgestelde subsidie over het jaar 2005.
2 Het College zorgverzekeringen verstrekt de afkoopsubsidie voor 2007 op 15 februari 2007 en voor 2008 op 15 februari 2008.
3 De egalisatiereserve van een gezondheidscentrum als bedoeld in het eerste lid, zoals deze per 31 december 2006 wordt vastgesteld, wordt per 1 januari 2007 aangemerkt als een mutatie in het eigen vermogen van dat centrum.

Artikel 6.2.39a.4

1 Aan een gezondheidscentrum waaraan in het jaar 2006 subsidie als bedoeld in paragaaf 2.2.3 is verstrekt en waarvan de aanloopfase in 2007 afloopt, wordt voor de jaren 2007 en 2008 een afkoopsubsidie verstrekt ter hoogte van:
 a voor het jaar 2007: 90% van € 237 847;
 b voor het jaar 2008: 60% van € 237 847.
2 Het tweede en derde lid van artikel 6.2.39a.3 zijn van toepassing.

Artikel 6.2.39a.5

1 Aan een gezondheidscentrum als bedoeld in artikel 6.2.39a.1, tweede lid, wordt voor het jaar 2008 een afkoopsubsidie verstrekt ter hoogte van 60% van € 237 847.
2 Het College zorgverzekeringen verstrekt de afkoopsubsidie op 15 februari 2008.
3 De egalisatiereserve van een gezondheidscentrum als bedoeld in het eerste lid, zoals deze per 31 december 2008 wordt vastgesteld, wordt per 1 januari 2009 aangemerkt als een mutatie in het eigen vermogen van dat centrum.

§ *2.2.4. Subsidiëring zwaarder gestructureerde samenwerkingsverbanden*

Artikel 6.2.40.1

In deze paragraaf wordt verstaan onder:
a een vast samenwerkingsverband: een schriftelijk geregeld samenwerkingsverband waarin ten minste twee huisartsen, twee wijkverpleegkundigen, één maatschappelijk werkende en zo mogelijk vertegenwoordigers van andere disciplines regelmatige en gestructureerde werkcontacten met elkaar onderhouden met het doel een geïntegreerde vorm van hulpverlening in de eerstelijnszorg te bieden in een voor de deelnemers overlappend werkgebied ten behoeve van de bevolking in dit werkgebied en zich gezamenlijk naar de bevolking toe presenteren.
b een gezondheidscentrum: een vast samenwerkingsverband dat werkt vanuit een gemeenschappelijke huisvesting.

Artikel 6.2.40.2

Voor de extra samenwerkingskosten van een vast samenwerkingsverband wordt een instellingssubsidie verleend indien wordt voldaan aan de volgende voorwaarden:
a de onderlinge verhouding tussen de deelnemende disciplines, of, bij dienstverband van de in het kader van de ziekenfondsverzekering gehonoreerde deelnemers, tussen de instelling voor wier rekening het samenwerkingsverband wordt geëxploiteerd en de overige disciplines, is geregeld in een samenwerkingsovereenkomst, waarin zijn opgenomen de

doelstelling, de wijze van samenwerking, de werkcontacten, de organisatorische vormgeving en de afspraken over de financiering;
b de instelling voor wier rekening het samenwerkingsverband wordt geëxploiteerd, maakt voldoende aannemelijk dat er uitzicht bestaat op continuïteit van het samenwerkingsverband;
c de instelling voor wier rekening het samenwerkingsverband wordt geëxploiteerd, voert overleg met zorgverzekeraars over de inpassing van de volledige financiering van de verleende hulp in de wettelijke verzekering tegen ziektekosten;
d de instelling die het zwaarder gestructureerde samenwerkingsverband beheert, legt een verklaring over waarin hij zich tegenover het College zorgverzekeringen verplicht om:
1°. in geval van afsplitsing van een vast samenwerkingsverband dat tot zijn exploitatie behoort, de resterende opbrengst aan het College zorgverzekeringen af te dragen ten gunste van het Zorgverzekeringsfonds tot het totaal van de ten laste van dat fonds ten behoeve van het vaste samenwerkingsverband over de laatste vijf kalenderjaren ontvangen subsidies, te rekenen vanaf het vijfde kalenderjaar voorafgaande aan het jaar van afsplitsing;
2°. in geval van liquidatie van het vaste samenwerkingsverband het eventuele batige saldo aan het College zorgverzekeringen af te dragen ten gunste van het Zorgverzekeringsfonds tot het totaal van de ten laste van dat fonds ten behoeve van het vaste samenwerkingsverband over de laatste vijf kalenderjaren, voorafgaande aan het jaar waarin tot liquidatie wordt besloten, alsmede over dat jaar ontvangen subsidies;
e Indien een instelling verschillende vaste samenwerkingsverbanden beheert, worden deze samenwerkingsverbanden voor de toepassing voor deze paragraaf aangemerkt als één vast samenwerkingsverband.

Artikel 6.2.40.3

Voor de extra samenwerkingskosten van een vast samenwerkingsverband wordt slechts een instellingssubsidie verleend aan instellingen waaraan in het jaar voorafgaand aan het subsidiejaar voor de extra samenwerkingskosten van een vast samenwerkingsverband subsidie is verleend op grond van artikel 1p, eerste lid, van de Ziekenfondswet.

Artikel 6.2.40.4

Het subsidieplafond voor de subsidiëring van de extra samenwerkingskosten van een vast samenwerkingsverband bedraagt voor het jaar 2006 € 3.060.000.

Artikel 6.2.40.5

1 Voor de toepassing van artikel 6.2.23 worden slechts de volgende lasten bij het verlenen van subsidie in aanmerking genomen:

  a de kosten van inhoudelijke samenwerking:
   1°. de kosten van een coördinator;
   2°. de kosten van agogische begeleiding, advisering en ondersteuning op tijdelijke basis;
   3°. de kosten van bevordering van samenwerkingsdeskundigheid;
   4°. de kosten van experimenten en projecten in het kader van de samenwerking in de hulpverlening alsmede begeleiding van deze experimenten en projecten, met uitzondering van de kosten die verband houden met het extra tijdsbeslag van de deelnemers in het samenwerkingsverband;
  b administratiekosten in verband met de samenwerking:
   1°. kosten van administratieve ondersteuning;
   2°. bestuurskosten;
   3°. overige administratieve kosten;
  c de extra huisvestingskosten, bedoeld in het tweede lid;
  d de kosten die verband houden met de stimulering van de betrokkenheid van de bevolking;
  e de kosten van het lidmaatschap van de Landelijke Vereniging Gezondheidscentra;
  f de kosten van beheer van de accommodatie.
2 Als extra huisvestingskosten worden aangemerkt de resterende kosten nadat op de totale huisvestingskosten de krachtens de honoreringsregelingen door de deelnemers in het samenwerkingsverband ontvangen vergoedingen en de kostendekkende bijdragen van de detacherende instellingen en onderhuurders in mindering zijn gebracht. Met betrekking tot de kosten van rente en afschrijving worden de door de Nederlandse Zorgautoriteit vastgestelde beleidsregels voor ziekenhuizen gehanteerd.
3 Kosten die verband houdend met overname van praktijk, schadeloosstelling bij uittreding of ontslag komen niet voor subsidie in aanmerking. In bijzondere gevallen kan de Nederlandse Zorgautoriteit bij de subsidievaststelling onder door haar te stellen voorwaarden afwijken van de vorige volzin.
4 Bij het bepalen van de in aanmerking komende lasten en baten wordt uitgegaan van de door de Nederlandse Zorgautoriteit voor de verleende hulp goedgekeurde of vastgestelde tarieven onderscheidenlijk maximumtarieven.
5 De lasten worden bij het verlenen van subsidie slechts in aanmerking genomen voor zover het vast samenwerkingsverband of het gezondheidscentrum als zodanig activiteiten ontplooit gedurende het subsidiejaar.
6 Uitgaven die hoger zijn dan die voortvloeien uit de van toepassing zijnde collectieve arbeidsovereenkomsten worden bij het verlenen van subsidie niet in aanmerking genomen.

Artikel 6.2.40.6

De subsidie bedraagt maximaal het bedrag waarop de subsidie in het jaar voorafgaand aan het subsidiejaar is vastgesteld, vermeerderd met het door de Minister vast te stellen percentage voor indexering.

Artikel 6.2.40.7

1 Het College zorgverzekeringen kan onder door hem vast te stellen aanvullende voorwaarden op aanvraag in 2006 een aanvullende subsidie verlenen voor incidentele kosten verband houdende met coördinatie van een vast samenwerkingsverband in de jaren 2000 tot en met 2006.
2 Subsidiëring voor in het eerste lid bedoelde kosten heeft slechts plaats indien:
   a de kosten onvermijdbaar zijn;
   b de kosten niet kunnen worden gedekt uit de exploitatie van of de egalisatiereserve voor het vaste samenwerkingsverband of uit het eigen vermogen van het vaste samenwerkingsverband; en
   c de continuïteit van het vaste samenwerkingsverband in gevaar komt zonder aanvullende subsidiëring.
3 Het subsidieplafond voor de aanvullende subsidies ingevolge dit artikel bedraagt € 250.000. De aanvragen worden behandeld in volgorde van binnenkomst van de volledige aanvraag.

§ 2.2.4a. Beëindiging subsidiëring zwaarder gesubsidieerde samenwerkingsverbanden

Artikel 6.2.40a.1

Paragraaf 2.2.4 vervalt.

Artikel 6.2.40a.2

1 Aan een vast samenwerkingsverband waaraan reeds voor het jaar 2006 subsidie als bedoeld in paragaaf 2.2.4 is verstrekt, wordt voor de jaren 2007 en 2008 een afkoopsubsidie verstrekt, ter hoogte van:
   a voor het jaar 2007: 90% van de op grond van paragraaf 2.2.4 vastgestelde subsidie over het jaar 2005;
   b voor het jaar 2008: 60% van de op grond van paragraaf 2.2.4 vastgestelde subsidie over het jaar 2005.
2 Het College zorgverzekeringen verstrekt de afkoopsubsidie voor 2007 op 15 februari 2007 en voor 2008 op 15 februari 2008.
3 De egalisatiereserve van een vast samenwerkingverband als bedoeld in het eerste lid, zoals deze per 31 december 2006 wordt vastgesteld, wordt per 1 januari 2007 aangemerkt als een mutatie in het eigen vermogen van dat samenwerkingsverband.

§ 2.2.5. *Subsidiëring samenwerkingsverbanden Vinex-locaties 2007-2008*

Artikel 6.2.41.1

In deze paragraaf wordt verstaan onder:
a samenwerkingsverband: een door een stichting beheerd samenwerkingsverband van ten minste twee samenwerkende huisartsen en ten minste twee andere eerstelijnsdisciplines zoals apotheker, fysiotherapeut, Cesar/Mensendieck-therapeut, verloskundige, logopedist, eerstelijnspsycholoog, maatschappelijk werk, wijkverpleging of thuiszorg, die integrale eerstelijnszorg verlenen;
b samenwerkingsovereenkomst: een schriftelijke overeenkomst gesloten tussen de betrokken partijen bij het samenwerkingsverband, regelende het zorgaanbod, de organisatie, de hoeveelheid te leveren prestaties en de bekostiging van het samenwerkingsverband;
c coördinatie: het overleg tussen zorgverleners en overdracht van patiënteninformatie tussen betrokken zorgverleners voor zo ver dit niet reeds valt onder de zorg zoals de specifieke beroepsgroep die pleegt te bieden alsmede de onderlinge afstemming van samenhangende zorginterventies verricht door de bij het samenwerkingsverband betrokken eerstelijnsdisciplines;
d praktijkkosten, zoals de kosten van personeel, huisvesting en automatisering voor zover deze niet gedekt worden door de tarieven van de Nederlandse Zorgautoriteit;
e exploitatie: de kosten en de opbrengsten van het samenwerkingsverband op basis van de tarieven van de Nederlandse Zorgautoriteit;
f Vinex-locatie: een locatie waarvoor tussen het Rijk, grote stadsgewesten en provincies convenanten zijn afgesloten over aantallen te bouwen woningen op daarvoor aangewezen locaties en waarvoor de Minister van Volkshuisvesting, Ruimtelijke Ordening en Milieubeheer grondkostensubsidies verstrekt conform de Vierde Nota Ruimtelijke Ordening Extra;
g werkgebied: de Vinex-locatie waarin het samenwerkingsverband zijn zorgaanbod aanbiedt aan het publiek.

Artikel 6.2.41.2

Aan de beherende stichting van het samenwerkingsverband wordt op aanvraag een instellingssubsidie verleend voor de praktijkkosten van dat samenwerkingsverband indien:
a het samenwerkingsverband actief is vanuit een gezamenlijke huisvesting op een Vinex-locatie, met dien verstande dat de eerstelijnsdisciplines maatschappelijk werk, wijkverpleging en thuiszorg niet hoeven te voldoen aan de voorwaarde van gezamenlijke huisvesting;
b er een samenwerkingsovereenkomst is met alle in het samenwerkingsverband deelnemende eerstelijnsdisciplines;
c de stichting het samenwerkingsverband beheert;

d de stichting continuïteit aantoont ten aanzien van zorgaanbod en exploitatie en dat de exploitatie sluitend is met inbegrip van de subsidieverstrekking op basis van deze paragraaf;
e de stichting, die het samenwerkingsverband beheert, een overeenkomst heeft met een zorgverzekeraar inzake het functioneren van het samenwerkingsverband waarin minimaal het werkgebied van het samenwerkingsverband is opgenomen, en deze zorgverzekeraar zicht houdt op de bedrijfsmatige exploitatie, de continuïteit van het samenwerkingsverband, de daadwerkelijke samenwerkingsactiviteiten en de regiefunctie. Voor een samenwerkingsverband gestart in 2007 is de looptijd van deze overeenkomst ten minste twee jaar. Voor een samenwerkingsverband gestart in 2008 is de looptijd van deze overeenkomst ten minste één jaar;
f bij aanvang van het samenwerkingsverband de praktijkomvang per deelnemende huisarts minimaal 800 ingeschreven verzekerden is;
g de hulpverleners van de eerstelijnsdisciplines allen in loondienst zijn of allen in maatschapsverband werken;
h de stichting verklaart en zich verplicht om:
1°. bij afsplitsing van een samenwerkingsverband dat tot de exploitatie van de stichting behoort na vaststelling van de subsidie door het College zorgverzekeringen tot aan het moment van afsplitsing de niet bestede subsidie af te storten aan het College zorgverzekeringen ten gunste van het Zorgverzekeringsfonds;
2°. bij liquidatie van een samenwerkingsverband na vaststelling van de subsidie door het College zorgverzekeringen tot aan het moment van liquidatie de niet-bestede subsidieverlening af te storten aan het College zorgverzekeringen ten gunste van het Zorgverzekeringsfonds.

Artikel 6.2.41.3

1 Geen subsidie wordt verleend voor praktijkkosten indien op grond van enige andere regeling of enige andere paragraaf van deze regeling subsidie wordt genoten of voor zover op basis van enig tarief of module van de Nederlandse Zorgautoriteit deze kosten worden vergoed.
2 In afwijking van artikel 6.2.9, eerste lid, dient de beherende stichting van het samenwerkingsverband dertien weken voor aanvang van de werkzaamheden van het samenwerkingsverband de subsidieaanvraag in.
3 Een samenwerkingsverband ontvangt geen subsidie indien het met zijn werkzaamheden is gestart voordat het College zorgverzekeringen op de subsidieaanvraag heeft beschikt.
4 De aanvragen voor subsidie worden behandeld in volgorde van binnenkomst van de volledige aanvraag.

Artikel 6.2.41.4

1 Het subsidieplafond voor de subsidiëring van praktijkkosten van samenwerkingsverbanden op Vinex-locaties bedraagt voor de periode 2007 en

2008 samen € 4.187.528, vermeerderd met het door de Minister vast te stellen indexatiepercentage.
2 De subsidie wordt slechts verleend indien het subsidieplafond toereikend is om de maximale subsidie toe te kennen.
3 De subsidie wordt ineens verleend voor de maximaal mogelijke subsidieduur, te weten twee jaar voor samenwerkingsverbanden gestart in 2007 en één jaar voor samenwerkingsverbanden gestart in 2008.
4 De maximale subsidie bedraagt € 319.233 per jaar vermeerderd met het door de Minister vast te stellen indexatiepercentage.

Artikel 6.2.41.5

1 De te subsidiëren praktijkkosten bedragen het verschil van de kosten en de opbrengsten van de exploitatie van het samenwerkingsverband, maar per kalenderjaar niet meer dan het bedrag, bedoeld in artikel 6.2.41.4, vierde lid.
2 Als kosten onder de exploitatie worden opgenomen voor de bij het samenwerkingsverband betrokken hulpverleners uit de eerste lijn het kostenbestanddeel als bepaald door de Nederlandse Zorgautoriteit respectievelijk, voor fysiotherapeuten en, totdat op grond van de Wet marktordening gezondheidszorg een tarief is vastgesteld, eerstelijnspsychologen, de in contracten met zorgverzekeraars opgenomen kostenbestanddelen, met daarop de volgende uitzonderingen:
   a voor de huisartsen:
      1°. de kosten uit avond-, nacht- en weekeindediensten, op grond van de Algemene Wet Bijzondere Ziektekosten gesubsidieerde influenzavaccinaties, cervixscreening en intensieve thuiszorg; en
      2°. de kosten uit nevenwerkzaamheden;
   b aanvullingen op het norminkomen of vergoedingen in het kader van samenwerking van of voor de hulpverleners, met uitzondering van de personeelskosten van assistentie voor de hulpverleners, coördinatie, administratie en interieurverzorging conform de geldende CAO voor het samenwerkingsverband
3 In afwijking van artikel 6.2.23 kan een samenwerkingsverband uitsluitend de toevoegingen ten laste van de subsidie brengen met betrekking tot:
   1°. een onderhoudsvoorziening op basis van een onderhoudsplan voor gebouwen en installaties, waarvan het onderhoud voor haar rekening komt; en
   2°. een ziekte of arbeidsongeschiktheidsvoorziening voor zo ver deze voorziening niet meer dan 7,56% bedraagt van de loonsom waarover loonheffingen plaatsvinden van het betreffende subsidiejaar.
4 In afwijking van artikel 6.2.23:
   1°. wordt onder egalisatiereserve verstaan: de reserve ter egalisatie van overschotten en tekorten op de exploitatie;
   2°. bedraagt de egalisatiereserve ten hoogste 20% van de krachtens deze paragraaf in aanmerking te nemen exploitatielasten in het subsidiejaar, exclusief de inkoopkosten van een eventuele deelnemende apotheek.

5 Als opbrengsten onder de exploitatie worden opgenomen de voor de bij het samenwerkingsverband betrokken hulpverleners uit de eerste lijn geldende tarieven van de Nederlandse Zorgautoriteit respectievelijk de naar aard, omvang en prijs conform het contract met de zorgverzekeraar uitgesplitste tarieven voor zorg zoals fysiotherapeuten of, totdat er op grond van de Wet marktordening gezondheidszorg een tarief is vastgesteld, eerstelijnspsychologen die plegen te bieden, vermenigvuldigd met het volume van de prestaties, met voor de huisartsen daarop de volgende uitzonderingen:
   a de opbrengsten uit avond-, nacht- en weekeinddiensten, op grond van de Algemene Wet Bijzondere Ziektekosten gesubsidieerde influenzavaccinaties, cervixscreening en intensieve thuiszorg;
   b de opbrengsten uit nevenwerkzaamheden.
6 Bij het indienen van de subsidievaststelling over enig jaar onder deze subsidie wordt het aantal ingeschreven verzekerden per deelnemende huisarts bepaald op basis van de eindstand van de maand december van dat jaar.

Artikel 6.2.41.6

Aan de Stichting Fonds Overleg Arbeidsvoorwaarden Gezondheidscentra in Utrecht wordt voor het voeren van arbeidsmarktbeleid op basis van de CAO Gezondheidscentra, ten behoeve van de gezondheidscentra, bedoeld in de paragrafen 2.2.3a, 2.2.4a en deze paragraaf, voor de jaren 2007 en 2008 telkens een afkoopsubsidie van € 480.000 verstrekt.

Artikel 6.2.41.7

Deze paragraaf vervalt op 1 januari 2009.

§ 3. Bijdrage van verdragsgerechtigden

Artikel 6.3.1

1 De voor een persoon, bedoeld in artikel 69, eerste lid, van de Zorgverzekeringswet verschuldigde bijdrage wordt berekend door de grondslag van de bijdrage te vermenigvuldigen met het getal dat wordt berekend uit de verhouding tussen de gemiddelde uitgaven voor zorg voor een persoon ten laste van de sociale zorgverzekering in het woonland van deze persoon, en de gemiddelde uitgaven voor zorg voor een persoon ten laste van de sociale zorgverzekeringen in Nederland.
2 De grondslag van de bijdrage is gelijk aan de som van:
   a een inkomensafhankelijke bijdrage, berekend overeenkomstig paragraaf 5.2 van de Zorgverzekeringswet;
   b een inkomensafhankelijke bijdrage, berekend overeenkomstig de op grond van de Wet financiering sociale verzekeringen verschuldigde premie voor de Algemene Wet Bijzondere Ziektekosten, en verminderd

met het bedrag waarop de partner van degene die de bijdrage verschuldigd is volgens de artikelen 8.9 en 8.9a van de Wet inkomstenbelasting 2001 recht zou hebben indien degene die de bijdrage verschuldigd is verzekerd zou zijn ingevolge de Algemene Wet Bijzondere Ziektekosten, voor zover op grond van deze bepalingen geen teruggave in de inkomstenbelasting is verleend; en

c vanaf de eerste dag van de kalendermaand volgende op de kalendermaand waarin deze persoon de leeftijd van achttien jaar heeft bereikt, een bijdrage per maand overeenkomende met eentwaalfde van het bedrag van de standaardpremie voor een zorgverzekering, zoals deze ingevolge artikel 4 van de Wet op de zorgtoeslag voor het desbetreffende jaar wordt vastgesteld (hierna: nominale deel).

Voor de toepassing van deze bepaling wordt onder een partner verstaan een partner in de zin van artikel 1.2 van de Wet inkomstenbelasting 2001.

c vanaf de eerste dag van de kalendermaand volgende op de kalendermaand waarin deze persoon de leeftijd van achttien jaar heeft bereikt, een bijdrage per maand overeenkomende met eentwaalfde van het bedrag van de geraamde gemiddelde premie voor een verzekerde voor een zorgverzekering in het berekeningsjaar (hierna: nominale deel). (Dit nieuwe deel treedt in werking op 1 januari 2009 en werkt terug tot en met 1 januari 2008).

Voor de toepassing van deze bepaling wordt onder een partner verstaan een partner in de zin van artikel 1.2 van de Wet inkomstenbelasting 2001.

3 De peildatum voor de vaststelling van het in het eerste lid genoemde woonland is telkens de eerste dag van de kalendermaand volgende op de kalendermaand waarin een wijziging van het woonland heeft plaatsgevonden.

4 Artikel 46 van de Zorgverzekeringswet is op de bijdrageplichtige persoon, bedoeld in het eerste lid, van overeenkomstige toepassing, waarbij de in onderdeel a van het tweede lid bedoelde bijdrage als inkomensafhankelijke bijdrage, bedoeld in artikel 41 van de Zorgverzekeringswet, wordt beschouwd.

5 Voor de toepassing van de Wet op de zorgtoeslag wordt het in het tweede lid bedoelde nominale deel, als premie voor een zorgverzekering beschouwd.

6 Het bedrag van de in artikel 69, derde lid, van de Zorgverzekeringswet bedoelde boete, wordt gebaseerd op het in het tweede lid bedoelde nominale deel en vermenigvuldigd met het in het eerste lid genoemde verhoudingsgetal.

7 De inkomensgegevens, benodigd voor de berekening van de in het tweede lid bedoelde grondslag, worden ontleend aan het toetsingsinkomen, bedoeld in artikel 8, eerste tot en met derde lid, van de Algemene wet inkomensafhankelijke regelingen.

8 Indien het in artikel 8, derde lid, van de Algemene wet inkomensafhankelijke regelingen bedoelde, niet in Nederland belastbaar inkomen niet is

vastgesteld op grond van artikel 8a van de Algemene wet inkomensafhankelijke regelingen, wordt het door de rijksbelastingdienst vastgesteld met overeenkomstige toepassing van dat artikel.
9 Ter zake van de opgaaf van niet in Nederland belastbaar inkomen is de Algemene wet inzake rijksbelastingen, met uitzondering van Hoofdstuk VIIIA, van toepassing als ware deze opgaaf een aangifte inkomstenbelasting.
10 Het in het eerste lid genoemde verhoudingsgetal wordt per land vastgesteld en met een toelichting over de wijze van berekening jaarlijks uiterlijk in november in de *Staatscourant* gepubliceerd.

Artikel 6.3.2

1 Organen die pensioen of rente uitkeren, verrichten de hen door het College zorgverzekeringen opgedragen werkzaamheden ter voorbereiding en uitvoering van de heffings- en inningsbeschikkingen, bedoeld in artikel 69, vierde lid, van de Zorgverzekeringswet.
2 De werkzaamheden, bedoeld in het eerste lid, houden ten minste in dat deze organen, nadat zij daartoe door het College zorgverzekeringen van de benodigde gegevens zijn voorzien, bijdragen die bijdrageplichtige personen en hun gezinsleden verschuldigd zijn op het pensioen of de rente van die bijdrageplichtigen inhouden en aan het Zorgverzekeringsfonds afdragen.
3 Het College zorgverzekeringen kan een orgaan opdragen een bijdrage op het pensioen of de rente in te houden en af te dragen, zolang het niet beschikt over de gegevens, bedoeld in het tweede lid. In dat geval berekent het orgaan de bijdrage uitgaande van de bij hem bekende gegevens over de samenstelling van het gezin van de bijdrageplichtige.
4 Indien een bijdrageplichtige recht heeft op meer dan één pensioen of rente, wordt het in artikel 6.3.1, tweede lid, bedoelde nominale deel van de bijdrage ingehouden op het pensioen dat of de rente die het eerst is toegekend. Indien dit pensioen of deze rente daartoe niet toereikend is, kan het College zorgverzekeringen hetzelfde of een ander orgaan opdragen het restant op een ander pensioen of een andere rente in te houden.
5 Voor de toepassing van het tweede lid wordt een toeslag, waaronder begrepen een toeslag als bedoeld in de Toeslagenwet, een toelage of enige aanvulling, onder welke benaming ook, op de uitkering, die door het orgaan in het algemeen met dezelfde regelmaat en gelijktijdig met de uitkering betaalbaar wordt gesteld, als onderdeel van het pensioen of van de rente aangemerkt.
6 Onder de in het eerste lid bedoelde organen worden mede verstaan werkgevers aan wie op grond van artikel 40 van de Wet financiering sociale verzekeringen toestemming is verleend het risico te dragen van de betalingen, bedoeld in artikel 40, eerste lid, van die wet.

Artikel 6.3.3

1 Het verschil tussen de door de bijdrageplichtige en zijn gezinsleden verschuldigde bijdragen en de ingehouden en afgedragen of anderszins geïnde bijdragen wordt, met inachtneming van het zevende tot en met het negende lid van artikel 6.3.1 en het tweede lid van dit artikel, door het College zorgverzekeringen vastgesteld en verrekend, geïnd of uitgekeerd. Uitkering vindt plaats aan de bijdrageplichtige dan wel, indien artikel 6.3.4 van toepassing is, aan de verzekeringsplichtige.
2 De in artikel 6.3.1, eerste lid, bedoelde persoon die aanspraak maakt op één of meer van de in hoofdstuk 8 van de Wet inkomstenbelasting 2001 vermelde heffingskortingen niet zijnde de algemene heffingskorting, de jonggehandicaptenkorting, de ouderenkorting of de alleenstaandeouderenkorting, kan het College zorgverzekeringen verzoeken daar bij de vaststelling van het verschil, bedoeld in het eerste lid, rekening mee te houden.
3 Indien slechts een bijdrage als bedoeld in artikel 6.3.1, tweede lid, onderdeel c, verschuldigd is, stelt het College zorgverzekeringen het in het eerste lid bedoelde verschil vast vóór 1 april van het jaar volgend op het kalenderjaar waarop de bijdrage betrekking heeft. In andere gevallen stelt het College het verschil voor 30 september van het jaar volgend op kalenderjaar waarop de bijdrage betrekking heeft voorlopig vast, en stelt het het verschil uiterlijk zes maanden na het tijdstip waarop zowel de aanslag inkomstenbelasting als de beschikking niet in Nederland belastbaar inkomen onherroepelijk zijn geworden, definitief vast.
4 Bij de vaststelling van het in het eerste lid bedoelde verschil brengt het College zorgverzekeringen enkelvoudige wettelijke rente in rekening over te weinig geheven of geïnde bijdrage dan wel vergoedt het wettelijke rente ingeval van teveel geheven of geïnde bijdrage, over het tijdvak dat aanvangt op de dag na het einde van het kalenderjaar waarop de bijdrage betrekking heeft en eindigt op de dag van de dagtekening van de vaststelling door het College zorgverzekeringen.
5 Het College zorgverzekeringen is bevoegd het te restitueren bedrag, indien dit minder bedraagt dan € 25, te verrekenen met een in de toekomst gelegen verschuldigde bijdrage.

Artikel 6.3.4

De voor een gezinslid van een verzekeringsplichtige verschuldigde bijdrage, bedoeld in artikel 6.3.1, wordt door het College zorgverzekeringen geheven en geïnd bij de verzekeringsplichtige.

Artikel 6.3.5 is vervallen.

Artikel 6.3.6

Voor de berekening van het in artikel 6.3.1 bedoelde nominale deel van de bijdrage die de in artikel 6.3.2, tweede lid, bedoelde rechthebbende op een pensioen of rente verschuldigd is, worden wijzigingen met betrekking tot de aan zijn aanspraak op zorg verbonden gezinsleden welke in de loop van een kalendermaand doch na de eerste dag van de kalendermaand plaatsvinden, eerst in aanmerking genomen vanaf de eerste dag van de daaropvolgende kalendermaand.

Artikel 6.3.7

Voor de toepassing van artikel 96 van de Zorgverzekeringswet wordt met het tijdstip van aanmelding bij het College zorgverzekeringen gelijkgesteld de datum waarop de kennisgeving aan het College zorgverzekeringen van de aanmelding van de rechthebbende op pensioen of rente bij het orgaan van de woonplaats van de rechthebbende, door dat orgaan is ondertekend.

§ 4. Spaarrekening gemoedsbezwaarden

Artikel 6.4.1

1 Uitkeringen ter vergoeding van kosten van zorg of overige diensten als bedoeld in artikel 11 van de Zorgverzekeringswet doet het College zorgverzekeringen uitsluitend op basis van originele nota's.
2 Voor de hoogte van de uitkering is, naast het bepaalde in artikel 70, zesde en zevende lid, van de Zorgverzekeringswet, het saldo van de rekening, als bedoeld in artikel 70, eerste lid, van de Zorgverzekeringswet, bepalend.
3 Verzoeken tot het doen van uitkeringen ter vergoeding van kosten van zorg of overige diensten als bedoeld in artikel 11 van de Zorgverzekeringswet moeten zijn gedaan ultimo het kalenderjaar volgend op het kalenderjaar waarop het verzoek betrekking heeft.
4 Voor het vaststellen van het saldo van de rekening, als bedoeld in artikel 70, eerste lid, van de Zorgverzekeringswet gaat het College zorgverzekeringen uit van de bijdragevervangende belasting die de Belastingdienst op grond van de Wet op de inkomstenbelasting vaststelt.
5 Voor het vaststellen van het saldo van de rekening gaat het College zorgverzekeringen uit van de gegevens zoals die op dat moment beschikbaar zijn in de polisadministratie van de Uitvoeringsorganisatie werknemersverzekeringen en/of de fiscale databank van de Belastingdienst. Het College zorgverzekeringen kan verzoeken om originele loon- en salarisstroken of anderszins over te leggen waaruit de inhouding bijdragevervangende belasting tot dat moment blijkt.
6 Als blijkt dat het verschil tussen het op grond van het vijfde lid bepaalde bedrag en de vastgestelde bijdragevervangende belasting meer of minder

bedraagt dan 25%, zal het College zorgverzekeringen overgaan tot verrekening.

Hoofdstuk 7. Verwerking persoonsgegevens

Artikel 7.1

1 Als persoonsgegevens, waaronder persoonsgegevens betreffende de gezondheid als bedoeld in de Wet bescherming persoonsgegevens, die noodzakelijk zijn voor de uitvoering van de zorgverzekering of van de Zorgverzekeringswet worden aangemerkt de in artikel 7.2 bedoelde persoonsgegevens.
2 Een zorgverzekeraar mag de in het eerste lid bedoelde gegevens gebruiken voor het verrichten van formele controle dan wel materiële controle ten behoeve van:
   a de geheel of gedeeltelijke betaling aan een zorgaanbieder;
   b de geheel of gedeeltelijke vergoeding aan een verzekerde van het in rekening gebrachte tarief voor aan een verzekerde geleverde prestatie;
   c de vaststelling van de eigen bijdragen van een verzekerde;
   d de vaststelling van een verplicht of vrijwillig eigen risico van een verzekerde; en
   e het verrichten van fraudeonderzoek.
3 Een zorgverzekeraar mag de in het eerste lid bedoelde gegevens gebruiken voor het uitoefenen van verhaalsrecht.

Artikel 7.2

De zorgverzekeraar beschikt ten behoeve van de in het voorgaande artikel aangegeven doelen en van de uitvoering van artikel 7.4a, over de volgende gegevens van de verzekerde:
a naam, adres, postcode en woonplaats;
b polisnummer, geslacht en geboortedatum;
c de prestatiebeschrijving van de aan de verzekerde geleverde prestatie;
d wanneer de prestatie is geleverd;
e het voor de geleverde prestatie in rekening gebrachte tarief;
f de gegevens die op grond van een declaratieregeling moeten worden verstrekt;
g de gegevens die noodzakelijk zijn om vast te stellen of de prestatie behoort tot het verzekerde pakket van die verzekerde; en
h het bank- of girorekeningnummer.

Artikel 7.3

De zorgaanbieder is verplicht de in artikel 7.2, onderdeel a tot en met g, bedoelde gegevens te verstrekken aan:

a de zorgverzekeraar, of een door die zorgverzekeraar daartoe aangewezen persoon, indien die zorgaanbieder het tarief voor de geleverde prestatie krachtens een door hem met de zorgverzekeraar gesloten overeenkomst rechtstreeks bij die zorgverzekeraar in rekening brengt;
b de verzekerde, indien de zorgaanbieder het tarief voor de geleverde prestatie bij de verzekerde in rekening brengt.

Artikel 7.4

1 De zorgverzekeraar verricht de materiële controle en het fraudeonderzoek op de wijze zoals bij de gedragscode is vastgelegd.
2 De zorgaanbieder is verplicht zijn medewerking te verlenen aan de controle en het onderzoek als bedoeld in het eerste lid.

Artikel 7.4a

De zorgverzekeraar verstrekt aan het Centraal Administratiekantoor voor 1 oktober van het jaar waarin een uitkering als bedoeld in artikel 118a van de wet wordt verstrekt, van zijn verzekerden of gewezen verzekerden die in dat jaar de leeftijd van achttien jaar hebben bereikt of nog zullen bereiken en die in de twee kalenderjaren, voorafgaande aan dat jaar in een FKG als bedoeld in artikel 8.3 zijn ingedeeld, de volgende persoonsgegevens:
a het burgerservicenummer of, bij het ontbreken daarvan, het sociaal-fiscaalnummer;
b het bank- of girorekeningnummer.

Artikel 7.5

De zorgverzekeraar draagt zorg voor een zorgvuldige verwerking op de wijze zoals bij de gedragscode is vastgelegd van de hem op grond van artikel 7.2 verstrekte persoonsgegevens.

Hoofdstuk 8. Overige en slotbepalingen

Artikel 8.1

Indien de verzekerde op het tijdstip van inwerkingtreding van deze regeling in het bezit is van een hoortoestel als bedoeld in artikel 2.14, eerste lid, onderdeel a, wordt dit toestel voor de toepassing van artikel 2.14, derde tot en met het zesde lid, beschouwd als te zijn verstrekt op grond van deze regeling.

Artikel 8.2

1 Ter zake van het verlenen van zorg of diensten in ziekenhuizen en medisch-specialistische zorg anders dan in ziekenhuizen, is artikel 118, eerste lid, van de Zorgverzekeringswet van toepassing.
2 Het eerste lid is niet van toepassing op instellingen waarin een enkelvoudige onderzoek- of behandelfunctie wordt uitgeoefend, klinische revalidatie-instellingen, centra voor epileptici, brandwondencentra en astmacentra.

Artikel 8.3

Als FKG's als bedoeld in artikel 3a.1 van het Besluit zorgverzekering worden aangewezen de FKG's, genoemd in tabel B4.2 van Bijlage 4 zoals deze luidde in het kalenderjaar voorafgaand aan het kalenderjaar waarop de uitkering, bedoeld in artikel 118a, eerste lid, van de wet betrekking heeft, met uitzondering van de FKG 'Hoog cholesterol'.

Artikel 8.4

Deze regeling treedt in werking met ingang van 1 januari 2006, met uitzondering van de artikelen 2.2 en 2.3 die in werking treden met ingang van 1 januari 2007.

Artikel 8.5

Deze regeling wordt aangehaald als: Regeling zorgverzekering.

Deze regeling zal met de toelichting in de Staatscourant worden geplaatst.
De Minister van Volksgezondheid, Welzijn en Sport, J.F. Hoogervorst

Bijlage 1. horende bij artikel 2.5, eerste lid, van de Regeling zorgverzekering

[niet opgenomen]

Bijlage 2. horende bij artikel 2.5, tweede en derde lid, van de Regeling zorgverzekering

1. *Polymere, oligomere, monomere en modulaire dieetpreparaten*
   Voorwaarde:
   uitsluitend voor een verzekerde:
   a die lijdt aan een ernstige slikstoornis, een ernstige passagestoornis, een ernstige resorptiestoornis, een ernstige voedselallergie of een ernstige stofwisselingsstoornis; of

b met een dreigende ernstige ondervoeding en die lijdt aan chronisch obstructief longlijden, cystische fibrose of een ernstige congenitaal hartfalen en bij dat hartfalen een dreigende groeiachterstand heeft.

2. *Rubellavaccin*
   Voorwaarde:
   uitsluitend voor een verzekerde vrouw in de reproductieve leeftijd.

3. *Difterievaccin, poliomyelitisvaccin, kinkhoestvaccin dan wel combinaties van twee of meer van deze vaccins of met het tetanusvaccin*
   Voorwaarde:
   uitsluitend voor een verzekerde jonger dan achttien jaar.

4. *Hepatitisvaccins*
a. Hepatitis A-vaccin
   Voorwaarde:
   uitsluitend voor een verzekerde:
1°. die lijdt aan een chronische hepatitis B-infectie;
2°. met een chronische hepatitis C-infectie; of
3°. met een niet-virale chronische leverziekte, en die daarbij een verhoogde kans op een hepatitis A-infectie heeft, tenzij de verhoogde kans op besmetting een gevolg is van reizen, beroepsuitoefening of een epidemie.

b. Hepatitis B-vaccin
   Voorwaarde:
   uitsluitend voor een verzekerde:
1°. die is aangewezen of op afzienbare termijn aangewezen kan zijn op het regelmatig gebruiken van bloed- of bloedproducten of op dialyse;
2°. met het syndroom van Down of met een daarmee vergelijkbare ernstige chromosomale afwijking en voor zover dit gepaard gaat met een verstoorde afweerfunctie;
3°. die partner, gezinslid of huisgenoot is van iemand die HbsAg positief is;
4°. die anders dan in beroepsuitoefening in een dagverblijf, in een tehuis, op een school voor verstandelijk gehandicapten dan wel een sociale werkplaats, blijkens een risico-analyse van de gemeentelijke gezondheidsdienst, een verhoogde kans op besmetting heeft; of
5°. die lijdt aan een chronische leverziekte.

c. Hepatitis A en B combinatievaccin
   Voorwaarde:
   uitsluitend voor een verzekerde die zowel voldoet aan een van de voorwaarden voor hepatitis A-vaccin als aan een van de voorwaarden voor hepatitis B-vaccin.

5. *Pneumokokkenvaccin*
   Voorwaarde:
   uitsluitend voor een verzekerde:

a in de leeftijd van twee jaar of ouder met een onvolwaardige miltfunctie ofwel na miltverwijdering,
b met lekkage van hersenvocht,
c met sikkelcelziekte,
d lijdend aan de ziekte van Hodgkin, non-Hodgkinlymfoom, myeloom of chronische lymfatische leukemie,
e lijdend aan levercirrose, chronische nierfunctiestoornis, chronisch hartfalen met stuwing, een ischemische hartziekte of alcoholisme met pneumokokkeninfectie in de anamnese,
f met een marginale longfunctie (dyspneu na 100 meter wandelen en een FVC < 50% van voorspeld, FEV_1, FEV_1/FVC ratio en DLco < 40% van voorspeld, of een VO_2max tussen 10-15 ml/(kg-min)),
g die immuungecompromitteerd is ten gevolge van een auto-immuunziekte, een immunosuppressieve behandeling, een orgaantransplantatie of een beenmergtransplantatie, of
h die HIV-geïnfecteerd is (CDC-classificatie HIV-infectie groepen II, III en IV) met een goede immuunrespons.

6. *Haemophilus influenzae type b vaccin*
Voorwaarde:
uitsluitend voor een verzekerde jonger dan achttien jaar met:
a een onvolwaardige miltfunctie,
b een gestoorde T-lymfocytenfunctie, of
c een miltverwijdering.

7. *Somatropine*
Voorwaarde:
uitsluitend voor een verzekerde:
a met een somatropinedeficiëntie, waarbij de groeischijven zijn gesloten,
b met een lengtegroeistoornis ten gevolge van een somatropinedeficiëntie, een chronische nierinsufficiëntie of het syndroom van Turner, waarbij de groeischijven nog niet zijn gesloten,
c met een Prader-Willi-syndroom, waarbij de groeischijven nog niet zijn gesloten,
d met een lengtegroeistoornis die bij geboorte 'small for gestational age' was en die op een leeftijd van vier jaar of ouder geen inhaalgroei meer vertoont bij een lengte < −2,5 SDS, waarbij de groeischijven nog niet zijn gesloten, of
e met een lengtegroeistoornis ten gevolge van totale lichaamsbestraling in verband met stamceltransplantatie, bij wie de groeischijven nog niet zijn gesloten.

8. *Een anti-retroviraal geneesmiddel*
Voorwaarde:
uitsluitend voor een verzekerde die voor behandeling met zo'n geneesmiddel een medische indicatie heeft waarvoor het geneesmiddel krachtens de Wet op de Geneesmiddelenvoorziening is geregistreerd.

9. *Een cholesterolverlagend geneesmiddel*
   Voorwaarde:
   uitsluitend voor een verzekerde:
   a die lijdt aan een vorm van erfelijke hypercholesterolemie, of
   b bij wie dieetmaatregelen gedurende een periode van zes maanden onvoldoende effectief zijn gebleken en die een sterk verhoogde kans heeft op het ontwikkelen van kransslagaderlijden als gevolg van een cholesterolgehalte van 8,0 mmol/l of hoger met ten minste één dan wel als gevolg van een cholesterolgehalte van 6,5 mmol/l of hoger met ten minste twee van de volgende additionele risicofactoren:
      $1°$. coronaire atherosclerotische hartziekten (CAHZ) in de anamnese;
      $2°$. een familie-anamnese van CAHZ voor het zestigste levensjaar;
      $3°$. diabetes mellitus;
      $4°$. hypertensie.

10. *Recombinant-interleukine-2*
    Voorwaarde:
    uitsluitend voor een verzekerde lijdende aan gemetastaseerde niercelcarcinoom.

11. *Granulocyt koloniestimulerende faktor*
    Voorwaarde:
    uitsluitend voor een verzekerde die:
    a wordt behandeld met cytostatica voor een kwaadaardige aandoening en voor het geneesmiddel een medische indicatie heeft waarvoor het geneesmiddel krachtens de Geneesmiddelenwet is geregistreerd,
    b wordt behandeld met ganciclovir voor een cytomegalovirus retinitis als gevolg van AIDS en voor het geneesmiddel een medische indicatie heeft waarvoor het geneesmiddel krachtens de Geneesmiddelenwet is geregistreerd,
    c wordt behandeld voor een ernstige congenitale, cyclische of idiopatische neutropenie, of
    d voor dat geneesmiddel een niet-geregistreerde medische indicatie heeft en lijdt aan een ziekte die in Nederland niet vaker voorkomt dan bij 1 op de 150000 inwoners, de werkzaamheid van dat geneesmiddel bij die indicatie wetenschappelijk is onderbouwd en in Nederland voor die aandoening geen behandeling mogelijk is met enig ander voor die aandoening geregistreerd geneesmiddel of rationele apotheekbereiding.

12. *Acetylcysteïne*
    Voorwaarde:
    uitsluitend voor een verzekerde met chronisch obstructief longlijden en die wordt behandeld overeenkomstig de richtlijnen die voor Nederland door de desbetreffende beroepsbeoefenaren zijn aanvaard.

13. *Alglucerase en Imiglucerase*
    Voorwaarde:

uitsluitend voor een verzekerde die lijdt aan de ziekte van Gaucher en die wordt behandeld overeenkomstig de richtlijnen die voor Nederland door de desbetreffende beroepsbeoefenaren zijn aanvaard.

14. Rabiës-vaccin
Voorwaarde:
uitsluitend voor een verzekerde die is blootgesteld geweest aan het rabiësvirus.

15. Gabapentine, lamotrigine, levetiracetam, topiramaat en zonisamide
Voorwaarde:
uitsluitend voor een verzekerde die voor epilepsie wordt behandeld overeenkomstig de richtlijnen die in Nederland door de desbetreffende beroepsgroep zijn aanvaard.

16. Galantamine
Voorwaarde:
uitsluitend voor een verzekerde die lijdt aan:
milde tot matig ernstige dementie bij de ziekte van Alzheimer en de therapie wordt geëvalueerd conform de door de beroepsgroepen geaccepteerde behandelrichtlijn voor medicamenteuze therapie bij dementie.

17. Apraclonidine, brinzolamide, dorzolamide en latanoprost
Voorwaarde:
uitsluitend voor een verzekerde die wordt behandeld overeenkomstig de richtlijnen die in Nederland door de desbetreffende beroepsgroep zijn aanvaard.

18. [Vervallen.]

19. Palivizumab
Voorwaarde:
Uitsluitend voor een verzekerde die:
a geboren is bij een zwangerschapsduur van tweeëndertig weken of minder en bij het begin van het respiratoir syncytieel virus seizoen jonger was dan zes maanden,
b jonger is dan een jaar en bronchopulmonale dysplasie heeft,
c jonger is dan twee jaar en die voor de behandeling van bronchopulmonale dysplasie zuurstoftherapie nodig heeft,
d jonger is dan twee jaar en die een congenitale hartaandoening heeft die hemodynamisch significant is,
e jonger is dan een jaar en een ernstige immuundeficiëntie heeft, of
f jonger is dan een jaar en een ernstige longpathologie ten gevolge van cystische fibrose heeft.

20. Montelukast
Voorwaarde:

uitsluitend voor een verzekerde die:
a lijdt aan matig persisterende astma en bij wie onvoldoende klinische controle wordt bereikt met inhalatiecorticosteroïden en kortwerkende β-sympathicomimetica, of
b lijdt aan inspanningsastma, bij wie behandeling met kortwerkende β-sympathicomimetica geen uitkomst biedt en die de leeftijd van vijftien jaar nog niet heeft bereikt.

21. *Clopidogrel*
Voorwaarde:
uitsluitend voor een verzekerde die:
a na een doorgemaakt myocardinfarct of ischemisch cerebrovasculair accident of bij een vastgestelde perifere arteriële aandoening, niet behandeld kan worden met acetylsalicylzuur vanwege overgevoeligheid voor acetylsalicylzuur of een andere absolute contra-indicatie voor acetylsalicylzuur heeft, of
b is aangewezen op het geneesmiddel in combinatie met acetylsalicylzuur bij:
1°. een acuut coronair syndroom zonder ST-segmentstijging,
2°. een acuut coronair syndroom op basis van een acuut myocardinfarct met ST-segmentstijging, of
3°. een stentplaatsing in het kader van een niet-acuut coronair syndroom.

22. *Etanercept*
Voorwaarde:
uitsluitend voor een verzekerde:
a met actieve reumatoïde artritis en met onvoldoende respons op of intolerantie voor behandeling met verschillende disease modifying antirheumatic drugs, waaronder ten minste methotrexaat tenzij er sprake is van een contra-indicatie voor methotrexaat,
b in de leeftijd van vier tot zeventien jaar met actieve polyarticulaire juveniele idiopatische artritis die onvoldoende reageert op methotrexaat,
c die de leeftijd van achttien jaar heeft bereikt, met actieve en progressieve artritis psoriatica bij wie de respons op eerdere disease modifying antirheumatic drugtherapie onvoldoende is gebleken,
d met ernstige actieve spondylitis ankylopoëtica waarbij er sprake is van onvoldoende respons op ten minste twee prostaglandinesyntethaseremmers in maximale doseringen en andere conventionele behandeling, of
e met matig tot ernstige chronische plaque psoriasis waarbij er sprake is van onvoldoende respons op, intolerantie voor of een contra-indicatie voor PUVA, methotrexaat en ciclosporine, en die wordt behandeld overeenkomstig de richtlijnen die in Nederland door de desbetreffende beroepsgroepen zijn aanvaard.

23. *Modafinil*
Voorwaarde:
uitsluitend voor een verzekerde die lijdt aan narcolepsie en die onvol-

doende reageert op methylfenidaat of dat middel vanwege bijwerkingen niet verdraagt.

24. Becaplermine
Voorwaarde:
uitsluitend voor een verzekerde die voor de behandeling met het middel een medische indicatie heeft waarvoor het middel krachtens de Wet op de Geneesmiddelenvoorziening is geregistreerd.

25. Rosiglitazon- en pioglitazonbevattende geneesmiddelen
Voorwaarde:
uitsluitend in combinatie met een sulfonylureumderivaat of metformine voor een verzekerde die lijdt aan diabetes mellitus type 2 en die niet behandeld kan worden met een combinatie van een sulfonylureumderivaat en metformine.

26. Een thiazolidinedion
Voorwaarde:
uitsluitend voor een verzekerde met diabetes mellitus type 2 die geen insuline gebruikt en dit middel gebruikt:
a als monotherapie omdat hij een contra-indicatie of klinisch relevante bijwerking heeft voor zowel metformine als een sulfonylureumderivaat,
b als tweevoudige therapie in combinatie met metformine
  1°. omdat de verzekerde een sulfonylureumderivaat niet kan gebruiken door contra-indicatie of klinisch relevante bijwerking en omdat de bloedglucosespiegel onvoldoende onder controle kan worden gebracht met metformine alleen, of
  2°. ter vervanging van een sulfonylureumderivaat omdat de bloedglucosespiegel onvoldoende onder controle kan worden gebracht met de combinatie van metformine en een sulfonylureumderivaat,
c als tweevoudige therapie in combinatie met een sulfonylureumderivaat
  1°. omdat de verzekerde metformine niet kan gebruiken door contra-indicatie of klinisch relevante bijwerking en omdat de bloedglucosespiegel onvoldoende onder controle kan worden gebracht met een sulfonylureumderivaat alleen, of
  2°. ter vervanging van metformine omdat de bloedglucosespiegel onvoldoende onder controle kan worden gebracht met de combinatie van metformine en een sulfonylureumderivaat, of
d als drievoudige therapie in combinatie met metformine en een sulfonylureumderivaat
  1°. omdat de bloedglucosespiegel onvoldoende onder controle kan worden gebracht met een tweevoudige therapie én
  2°. omdat de toediening van insuline op bezwaren stuit:
    – door ernstige aanhoudende problemen op de injectieplaatsen veroorzaakt door huidaandoeningen, te weinig onderhuids vetweefsel, infecties of contactallergie,

- door lichamelijke of geestelijke beperkingen (handfunctie, zien, cognitie) van de verzekerde waardoor hij niet in staat is zelfstandig insuline te injecteren,
- door prikfobie, of
- omdat de verzekerde door insulinegebruik zijn beroep niet meer kan uitoefenen.

27. R-DNA-interferon, erytropoëtine en analoga, mycofenolaat-mofetil en mycofenolzuur, glatirameer, anagrelide en levodopa/carbidopa, intestinale gel, anakinra
Voorwaarde:
uitsluitend voor een verzekerde die:
a voor het geneesmiddel een medische indicatie heeft waarvoor het geneesmiddel krachtens de Wet op de Geneesmiddelenvoorziening is geregistreerd, of
b voor dat geneesmiddel een niet-geregistreerde medische indicatie heeft en lijdt aan een ziekte die in Nederland niet vaker voorkomt dan bij 1 op de 150.000 inwoners, de werkzaamheid van dat geneesmiddel bij die indicatie wetenschappelijk is onderbouwd en in Nederland voor die aandoening geen behandeling mogelijk is met enig ander voor die aandoening geregistreerd geneesmiddel of rationele apotheekbereiding.

28. Epoprostenol en treprostinil
Voorwaarde:
uitsluitend voor een verzekerde die lijdt aan pulmonale arteriële hypertensie New York Heart Association klasse III of IV.

29. Bosentan
Voorwaarde:
uitsluitend voor een verzekerde die lijdt aan:
a pulmonale arteriële hypertensie New York Heart Association klasse III, of
b systemische sclerose en die
   1°. het geneesmiddel krijgt voorgeschreven ter voorkoming van nieuwe digitale ulcera,
   2°. onvoldoende reageert op de behandeling met dihydropyridine calciumantagonisten en iloprost, dan wel deze geneesmiddelen niet kan gebruiken en
   3°. 18 jaar of ouder is.

30. Tacrolimuszalf
Voorwaarde:
uitsluitend voor een verzekerde van twee jaar of ouder met matig tot ernstig constitutioneel eczeem die onvoldoende reageert op behandeling met andere lokale middelen, waaronder in ieder geval corticosteroïden.

31. Miglustat
Voorwaarde:

uitsluitend voor een verzekerde die lijdt aan de ziekte van Gaucher type 1 en niet kan worden behandeld met imiglucerase.

32. Clomifeen, gonadotrope hormonen, gonadoreline, gonadoreline-analoga, gonadoreline-antagonisten en urofollitropine
Voorwaarde:
uitsluitend voor een verzekerde die:
a deze geneesmiddelen krijgt ten behoeve van een eerste, tweede of derde invitrofertilisatiepoging als bedoeld in het Besluit zorgverzekering, of
b deze geneesmiddelen krijgt voor een andere aandoening dan een vruchtbaarheidsstoornis.

33. Adaliumumab
Voorwaarde:
uitsluitend voor een verzekerde:
a van achttien jaar of ouder met actieve reumatoïde artritis en met onvoldoende respons op of intolerantie voor behandeling met verschillende disease modifying antirheumatic drugs, waaronder ten minste methotrexaat, tenzij er sprake is van een contra-indicatie voor methotrexaat, of
b van achttien jaar of ouder met actieve en progressieve artritis psoriatica bij wie de respons op eerdere disease modifying antirheumatic drugtherapie onvoldoende is gebleken, of
c van achttien jaar of ouder met ernstige actieve spondylitis ankylopoëtica waarbij er sprake is van onvoldoende respons op ten minste twee prostaglandinesynthetaseremmers in maximale doseringen en andere conventionele behandeling, of
d met ernstige visusbedreigende uveïtis, die therapieresistent is voor ontstekingsremmende en immunosuppressieve geneesmiddelen, of
e van achttien jaar of ouder met de ziekte van Crohn waarbij er sprake is van onvoldoende respons op de maximale inzet van corticosteroïden en/of immunosuppressiva; of die dergelijke behandelingen niet verdraagt of bij wie hiertegen een contra-indicatie bestaat.

34. Pimecrolimus
Voorwaarde:
uitsluitend voor een verzekerde van twee jaar of ouder met mild tot matig constitutioneel eczeem die onvoldoende reageert op behandeling met andere lokale middelen, waaronder in ieder geval corticosteroïden.

35. Laxantia, kalktabletten, middelen bij allergie, middelen tegen diarree en maagledigingsmiddelen die op grond van de Wet op de Geneesmiddelenvoorziening zonder recept mogen worden afgeleverd en andere geneesmiddelen met eenzelfde werkzaam bestanddeel en in eenzelfde toedieningsvorm
Voorwaarde:
uitsluitend voor een verzekerde die blijkens het voorschrift langer dan zes maanden op het geneesmiddel is aangewezen en voor wie het geneesmiddel

is voorgeschreven ter behandeling van een chronische aandoening, tenzij het betreft een voor de verzekerde nieuwe medicatie.

36. *Teriparatide*
    Voorwaarde:
    uitsluitend voor een periode van maximaal achttien maanden voor een verzekerde vrouw met ernstige postmenopauzale osteoporose die:
    a ondanks behandeling met bisfosfonaten, raloxifeen of strontiumranelaat na twee wervelfracturen opnieuw één of meer fracturen heeft gekregen, of
    b bisfosfonaten, raloxifeen en strontiumranelaat niet kan gebruiken.

37. *Pregabaline*
    Voorwaarde:
    uitsluitend voor een verzekerde van achttien jaar of ouder:
    a als adjuvante behandeling bij partiële epilepsie, of
    b voor de behandeling van perifere neuropathische pijn.

38. *Efalizumab*
    Voorwaarde:
    uitsluitend voor een verzekerde van achttien jaar of ouder met matige tot ernstige plaque psoriasis die onvoldoende respons heeft gegeven op, een absolute contra-indicatie heeft voor of intolerant is voor andere systemische therapieën, inclusief ciclosporine, methotrexaat en PUVA en die wordt behandeld overeenkomstig de richtlijnen die in Nederland door de beroepsgroep zijn aanvaard.

39. *Memantine*
    Voorwaarde:
    Uitsluitend voor een verzekerde met een ernstige vorm van de ziekte van Alzheimer (AD) en de therapie wordt geëvalueerd conform de door de beroepsgroepen geaccepteerde behandelrichtlijn voor medicamenteuze therapie bij AD.

40. *Imiquimod*
    Voorwaarde:
    uitsluitend voor een verzekerde voor de behandeling van kleine superficiële basaalcelcarcinomen, indien chirurgische excisie op praktische bezwaren stuit.

41. *Sitaxentan en sildenafil*
    Voorwaarde:
    uitsluitend voor een verzekerde die lijdt aan pulmonale arteriële hypertensie New York Heart Association klasse III.

42. *Rivastigmine*
    Voorwaarde:
    uitsluitend voor een verzekerde die lijdt aan:

milde tot matig ernstige dementie bij de ziekte van Alzheimer of milde tot matig ernstige dementie bij patiënten met idiopathische ziekte van Parkinson en de therapie wordt geëvalueerd conform de door de beroepsgroepen geaccepteerde behandelrichtlijn voor medicamenteuze therapie bij dementie.

43. *Sorafenib*
Voorwaarde:
uitsluitend voor een verzekerde
a met gevorderd of gemetastaseerd niercelcarcinoom, na het falen van een behandeling met interferon-alfa of interleukine-2 of als deze middelen niet kunnen worden toegepast, of
b met hepatocellulair carcinoom bij wie een in opzet curatieve behandeling of een locoregionale of lokale palliatieve behandeling niet mogelijk is of niet medisch-zinvol wordt geacht.

44. *Sunitinib*
Voorwaarde:
uitsluitend voor een verzekerde:
a met gevorderd of gemetastaseerd niercelcarcinoom, of
b met een niet-operatief te verwijderen of gemetastaseerde maligne gastrointestinale stromatumor, als tweedelijnsbehandeling na het falen van een behandeling met imatinib.

45. *Parathyroïd hormoon*
Voorwaarde:
uitsluitend voor een periode van maximaal vierentwintig maanden voor een verzekerde vrouw met ernstige postmenopauzale osteoporose die:
a ondanks behandeling met bisfosfonaten, raloxifeen of strontiumranelaat na twee wervelfracturen opnieuw één of meer fracturen heeft gekregen, of
b bisfosfonaten, raloxifeen en strontiumranelaat niet kan gebruiken.

46. *Insuline voor inhalatie*
Voorwaarde:
uitsluitend voor een verzekerde van achttien jaar of ouder met diabetes, bij wie injectie met insuline niet mogelijk is vanwege ernstige, aanhoudende problemen op de injectieplaatsen, veroorzaakt door huidaandoeningen, te weinig onderhuids vetweefsel, infecties of contactallergie.

47. *Bupropion*
Voorwaarde:
uitsluitend voor een verzekerde die op dit geneesmiddel is aangewezen voor gebruik anders dan als therapie gericht op stoppen met roken.

48. *Infliximab*
Voorwaarde:
uitsluitend voor een verzekerde van achttien jaar of ouder

a met actieve reumatoïde artritis met onvoldoende respons op, of intolerantie voor behandeling met verschillende disease modifying antirheumatic drugs, waaronder tenminste methotrexaat, in optimale doseringen,
b met matig tot ernstige plaques psoriasis met onvoldoende respons op, intolerantie voor of een contra-indicatie voor PUVA, methotrexaat en ciclosporine, en die wordt behandeld overeenkomstig de richtlijnen die in Nederland door de desbetreffende beroepsgroepen zijn aanvaard,
c met ernstige actieve spondylitis ankylopoetica met onvoldoende respons op ten minste 2 prostaglandinesynthetaseremmers in optimale doseringen en andere conventionele behandeling,
d met artritis psoriatica met onvoldoende respons op DMARD's in optimale doseringen,
e met matige tot ernstige colitis ulcerosa met onvoldoende respons op de conventionele therapie met inbegrip van corticosteroïden en azathioprine of 6-mercaptopurine, of bij wie dergelijke therapie gecontra-indiceerd is, of die een dergelijke therapie niet verdragen,
f met de ziekte van Crohn met onvoldoende respons op de optimale inzet van thans beschikbare middelen, of
g met ernstige visusbedreigende uveïtis, die therapieresistent is voor ontstekingsremmende en immunosuppressieve geneesmiddelen.

50. Ivabradine
Voorwaarde:
uitsluitend voor een verzekerde met stabiele angina pectoris die een contra-indicatie of intolerantie heeft voor een bètablokker en:
a die een contra-indicatie voor of klinisch relevante bijwerkingen heeft op diltiazem of op de combinatie van een langwerkend nitraat en een dihydropyridine calciumantagonist, of
b bij wie sprake is van onvoldoende anti-angineus effect bij de behandeling met diltiazem of met de combinatie van een langwerkend nitraat en een dihydropyridine calciumantagonist,
c en die ivabradine als monotherapie of als combinatietherapie samen met een langwerkend nitraat of een dihydropyridine calciumantagonist gebruikt.

51. Sitagliptine
Voorwaarde:
uitsluitend voor een verzekerde met diabetes mellitus type 2,
a die een contra-indicatie voor of klinisch relevante bijwerkingen op sulfonylureumderivaten heeft en bij wie de bloedglucosespiegel onvoldoende onder controle kan worden gebracht met metformine in de maximale dosering, of
b bij wie door de combinatiebehandeling van metformine en een sulfonylureumderivaat in de maximale doseringen de bloedglucosespiegel onvoldoende onder controle kan worden gebracht,
c en die dit middel gebruikt in combinatie met metformine en zonder andere orale bloedglucoseverlagende middelen.

52. *Bortezomib*
Voorwaarde:
uitsluitend voor een verzekerde die lijdt aan een progressief miltipel myeloom en die minstens één eerdere specifieke farmaceutische of geneeskundige behandeling voor deze ziekte heeft gehad.

53. *Lenalidomide*
Voorwaarde:
uitsluitend voor een verzekerde die lijdt aan een progressief miltipel myeloom en die minstens één eerdere specifieke farmaceutische of geneeskundige behandeling voor deze ziekte heeft gehad en bij wie een behandeling met bortezomib medisch niet of niet langer toepasbaar is.

54. *Mecasermine*
Voorwaarde:
uitsluitend voor een verzekerde bij wie de groeischijven nog niet zijn gesloten:
met een groeistoornis ten gevolge van primaire insulineachtige groeifactor-1 deficiëntie, waarbij sprake is van:
a een lengte standaarddeviatiescore (SDS) ≤ -3,
b basale IGF-1-spiegels lager dan het 2,5e percentiel voor leeftijd en geslacht,
c voldoende groeihormonen, en
d geen secundaire vormen van IGF-1-deficiëntie.

55. *Vildagliptine*
Voorwaarde:
uitsluitend voor een verzekerde met diabetes mellitus type 2 die geen insuline gebruikt en dit middel gebruikt als een tweevoudige behandeling:
a In combinatie met metformine
  1°. omdat de verzekerde een sulfonylureumderivaat niet kan gebruiken door contra-indicatie of klinisch relevante bijwerking en omdat de bloedglucosespiegel onvoldoende onder controle kan worden gebracht met metformine alleen, of
  2°. ter vervanging van een sulfonylureumderivaat omdat de bloedglucosespiegel onvoldoende onder controle kan worden gebracht met de combinatie van metformine en een sulfonylureumderivaat, of
b In combinatie met een sulfonylureumderivaat
  1°. omdat de verzekerde metformine niet kan gebruiken door contra-indicatie of klinisch relevante bijwerking en omdat de bloedglucosespiegel onvoldoende onder controle kan worden gebracht met een sulfonylureumderivaat alleen, of
  2°. ter vervanging van metformine omdat de bloedglucosespiegel onvoldoende onder controle kan worden gebracht met de combinatie van metformine en een sulfonylureumderivaat.

Bijlage 3

1. *Orthopedisch schoeisel*
   Zorginhoudelijke criteria voor orthopedisch schoeisel zijn:
   a ontbreken van delen van de voet, waarop bij gaan en staan gesteund wordt;
   b ernstige objectiveerbare anatomische afwijkingen en functiestoornissen van de voet bestaande uit:
   1°. afwijkingen van de asstand in bovenste of onderste spronggewricht of andere steunende voetgewrichten;
   2°. afwijkingen van de lengte-breedteverhouding, onder meer ten gevolge van artrosis of artritis;
   c afwijkingen ten gevolge van sensibiliteits- of circulatiestoornissen;
   d functioneel of anatomisch beenlengteverschil van vier cm of meer;
   e het dragen van bijzondere typen beugels of binnenschoenen, waardoor een afwijkende voetvorm of -functie ontstaat als aangegeven onder b of c;
   f bijzondere individuele zorgvragen.

2. *Brillenglazen, waaronder filterglazen met of zonder visuscorrigerende werking, en contactlenzen*
   Zorginhoudelijke criteria voor vervanging van brillenglazen, waaronder filterglazen met of zonder visuscorrigerende werking, en contactlenzen zijn:
   a hoornvliesonregelmatigheden ten gevolge van keratoconus dan wel ten gevolge van littekens na hoornvliestransplantatie, na ontstekingen van de cornea zoals bijvoorbeeld herpes of na cornea perforatie;
   b sterke graden van brekingsafwijkingen als regel van meer dan 10 dioptrieën;
   c bijzondere individuele zorgvragen.

3. *Bandagelenzen zonder visuscorrigerende werking*
   Zorginhoudelijke criteria voor bandagelenzen zonder visuscorrigerende werking zijn:
   a keratitis sicca en pemphigoid;
   b keratitis bullosa;
   c indolente cornea-ulceraties;
   d cornea-etsingen;
   e keratitis-neuroparalytica;
   f cornea-dystrophieën;
   g status na cornea-operaties en cornea-traumata;
   h bijzondere individuele zorgvragen.

4. *Hoortoestel*
   Zorginhoudelijke criteria voor hoortoestellen zijn:
   a voor één hoortoestel, dat het drempelverlies van het audiogram van het beste oor ten minste 35 dB (verkregen door het gehoorverlies bij frequenties van 1000, 2000 en 4000 Hz te middelen) bedraagt en dat het verstaan

van spraak, in stilte aangeboden, met normale sterkte (55 dB) door toepassing van het hoortoestel ten minste 20% toeneemt.
b voor twee hoortoestellen, dat de winst van spraakverstaanvaardigheid ten minste 10% bedraagt ten opzichte van de aanpassing met één hoortoestel, dan wel het richtinghoren hersteld wordt tot een hoek van 45 graden;
c bijzondere individuele zorgvragen.

5. *Ringleiding, infrarood-apparatuur en FM-apparatuur voor geluidsoverdracht*
Zorginhoudelijke criteria voor ringleidingen, infrarood-apparatuur en FM-apparatuur voor geluidsoverdracht zijn:
a indien sprake is van een toondrempelverlies op het beste oor van 40 dB gemiddeld over 500, 1000 en 2000 Hz (zogenoemd Fletcherindex), of 50 dB gemiddeld over 1000, 2000 en 4000 Hz op het beste oor, of
b indien er volgens de meetmethode van Plomp sprake is van een hinderlijk verlies voor spraakverstaan in ruis van minimaal 3 dB, waarbij er rekening mee dient te worden gehouden dat dit met name bij jonge kinderen moeilijk of niet te meten is.

6. *Draagbare insuline-infuuspomp*
Zorginhoudelijke criteria voor een draagbare insuline-infuuspomp voor continue subcutane insuline injectie zijn:
a dat bij optimale zelfregulatie de bloedsuikerwaarden bij herhaling onaanvaardbare schommelingen vertonen, zijnde schommelingen groter dan 10 mmol/l, of dat geen HbAl-gehalte van minder dan 10% of een HbAlc-gehalte van minder dan 8% bereikt kan worden;
b dat ondanks goede gemiddelde instelling en zelfregulatie geregeld hypoglycaemieën optreden of dat goede gemiddelde instelling slechts kan worden bereikt door drie of meer injecties per dag;
c lijden aan diabetes en zwanger willen worden of in verwachting zijn en bij wie met maximaal twee injecties per dag geen optimale gemiddelde instelling kan worden bereikt ondanks goede instructie, motivatie en begeleiding;
d het lijden aan diabetes met pijnlijke en progressieve neuropathie, indien optimale zelfregulatie niet tot voldoende verbetering leidt;
e het leiden aan diabetes met groeistoornissen dan wel verlate puberteit, indien optimale zelfregulatie niet tot voldoende verbetering leidt;
f bijzondere individuele zorgvragen.

7. *Verbandschoenen*
Zorginhoudelijke criteria voor verbandschoenen zijn:
Huiddefecten, huidulcera, sensibiliteits- en circulatiestoornissen aan de voet, alsmede in de herstelperiode na partiële amputaties, traumatische beschadigingen of operatieve ingrepen aan de voet.

8. *Teksttelefoon of faxapparatuur*
Zorginhoudelijke criteria voor teksttelefoons of faxapparatuur zijn:

a Er is een toon-drempelverlies op het beste oor van 70dB gemiddeld over 500, 1000, 2000 en 4000 Hz; of
b het verstaan van spraak, in stilte aangeboden met normale sterkte (55dB), zelfs door toepassing van een hoortoestel, bedraagt met het beste oor niet meer dan 50%;
c bijzondere individuele zorgvragen.

9. Beeldtelefoon
Een indicatie voor een beeldtelefoon is aanwezig:
a indien een indicatie voor een teksttelefoon of faxapparatuur aanwezig is, maar deze telefoon of apparatuur voor de verzekerde niet bruikbaar is, en de verzekerde de Nederlandse Gebarentaal voldoende beheerst;
b bijzondere individuele zorgvragen.

10. Wek- en waarschuwingsinstallatie
Een indicatie voor wek- en waarschuwingsinstallatie is aanwezig:
a indien er sprake is van een toondrempelverlies op het beste oor van 60 dB gemiddeld over 500, 1000, 2000 en 4000 Hz;
b bijzondere individuele zorgvragen.

11. CPAP-apparatuur
Een indicatie voor continuous positive airway pressure (CPAP)-apparatuur is aanwezig, indien is voldaan aan de volgende voorwaarden:
a er is sprake van een klinisch relevant obstructief slaap-apneusyndroom. Dit is het geval als sprake is van hinderlijke klachten overdag die potentieel toe te schrijven zijn aan het obstructief slaap-apneusyndroom (OSAS). Voorbeelden hiervan zijn vergrote slaperigheid en moeheid overdag, concentratiestoornissen, stemmingsstoornissen en verhoogde prikkelbaarheid. Bovendien moet de diagnose OSAS bij polysomnografisch onderzoek zijn bevestigd. Dit is het geval als er sprake is van een apneu-hypopneu-index groter of gelijk aan 15, of een apneu-index groter dan 10, of een respiratoire arousal index groter dan 10. Bij hoge pretest waarschijnlijkheid op OSAS is polygrafie voldoende. De polygrafie dient dan minimaal te bestaan uit meting van het ademhalingspatroon, zuurstofsaturatie, snurkgeluid en slaaphouding;
b er is een indicatie voor CPAP-apparatuur met verlaagde expiratiedruk indien er sprake is van OSAS en voor de behandeling van de verzekerde CPAP met een druk van meer dan 15 cm H2o noodzakelijk is, maar door de verzekerde niet goed wordt verdragen;
c conservatieve maatregelen zijn of worden nagestreefd. Het gaat hierbij met name om gewichtsreductie, neusdoorgankelijkheid-verbeterende maatregelen en verbetering van de slaaphygiëne (onder meer het vermijden van het gebruik van tabak of alcohol voor de nachtslaap en het vermijden van slapen in rugligging);
d er moet sprake zijn van een succesvolle proefaanpassing. Dat wil zeggen dat een afdoende verbetering van de polysomnografische en klinische af-

wijkingen tijdens CPAP-behandelingen is geconstateerd en dat sprake is van acceptatie van de CPAP-behandeling door de patiënt.

12. *Solo-apparatuur*

Zorginhoudelijke criteria voor solo-apparatuur zijn:

a er is sprake van een toondrempelverlies op het beste oor van 40 dB gemiddeld over 500, 1000 en 2000 Hz (zogenoemde Fletcherindex), of 50 dB gemiddeld over 1000, 2000 en 4000 Hz op het beste oor.

b er is volgens de meetmethode van Plomp sprake van een hinderlijk verlies voor spraakverstaan in ruis van minimaal 3 dB, waarbij er rekening mee dient te worden gehouden dat dit met name bij jonge kinderen moeilijk of niet te meten is.

Bijlage 4

Bijlage behorende bij artikel 3.3, vierde lid, van de Regeling zorgverzekering.

De in deze bijlage genoemde gewichten zijn bedoeld voor de ex ante berekening van het normatieve bedrag ten behoeve van een zorgverzekeraar. De gewichten bevatten geen correctie voor hogekostenverevening (hkv).

Tabel B4.1	Gewichten voor het criterium leeftijd en geslacht (in euro's per verzekerde).			
	Variabele kosten ziekenhuisverpleging en kosten van specialistische hulp		Overige prestaties	
	Mannen	Vrouwen	Mannen	Vrouwen
0-4 jaar	787,39	653,33	521,00	480,14
5-9 jaar	420,67	372,51	569,60	520,99
10-14 jaar	520,99	372,27	533,30	538,06
15-19 jaar	412,93	438,96	555,94	622,06
20-24 jaar	407,73	515,23	448,38	630,91
25-29 jaar	415,68	681,35	402,17	787,44
30-34 jaar	433,92	767,99	424,66	863,02
35-39 jaar	863,02	680,80	465,53	695,34
40-44 jaar	695,34	602,17	494,17	580,08

	Variabele kosten ziekenhuisverpleging en kosten van specialistische hulp		Overige prestaties	
45-49 jaar	604,99	604,99	550,95	627,91
50-54 jaar	708,91	753,73	592,82	686,37
55-59 jaar	686,37	857,34	674,58	767,82
60-64 jaar	1043,69	935,82	716,90	821,05
65-69 jaar	1334,20	1073,77	871,78	913,88
70-74 jaar	1632,01	1282,67	971,28	1009,93
75-79 jaar	1878,84	1448,74	1087,32	1137,27
80-84 jaar	1874,96	1460,96	1220,32	1265,47
85-89 jaar	1783,34	1414,94	1381,66	1411,31
90$^+$ jaar	1669,86	1173,15	1589,67	1602,68

Tabel B4.2 Gewichten voor het criterium FKG's (in euro's per verzekerde)

FKG's	Variabele kosten ziekenhuis- verpleging en kosten van specialistische hulp	Overige prestaties
0 Geen FGK	-114,46	-198,31
1 Glaucoom	89,59	244,39
2 Schildklieraandoeningen	222,58	151,46
3 Psychische aandoeningen	49,65	456,30
4 Hoog cholesterol	202,17	333,49
5 Diabetes IIb (laag intensief)	251,54	438,69
6 Cara	518,61	852,09
7 Diabetes IIa (hoog intensief)	494,07	942,32

FKG's	Variabele kosten ziekenhuisverpleging en kosten van specialistische hulp	Overige prestaties
8 Epilepsie	466,63	982,29
9 Ziekte van Crohn (colitis ulcerosa)	452,06	742,69
10 Hartaandoeningen	1178,12	772,62
11 Reuma	1075,86	2596,75
12 Parkinson	793,74	2751,97
13 Diabetes I	913,17	2204,09
14 Transplantaties	553,56	2922,85
15 Cystic fibrosis/pancreas aandoeningen	1417,08	5527,11
16 Aandoeningen van hersenen en ruggenmerg	1012,10	8834,59
17 Kanker	3419,62	6983,87
18 HIV/Aids	1634,87	11645,83
19 Nieraandoeningen	8316,15	5107,10
20 Groeihormonen	1062,91	19994,57

Tabel B4.3 Gewichten voor het criterium DKG's (in euro's per verzekerde).

DKG's	Variabele kosten ziekenhuisverpleging en kosten van specialistische hulp	Overige prestaties
0	-71,50	-26,74
1	1148,28	373,15
2	1560,68	605,17
3	1845,15	767,96
4	2030,05	1193,91
5	2704,80	843,70

DKG's	Variabele kosten ziekenhuisverpleging en kosten van specialistische hulp	Overige prestaties
6	3367,47	1000,43
7	373,24	1795,67
8	4517,13	2416,51
9	4699,06	2698,23
10	5754,09	3980,48
11	6571,84	3450,03
12	8220,57	4772,44
13	47646,37	5284,20

Tabel B4.4	Gewichten voor het criterium aard van het inkomen (in euro's per verzekerde).	
	Variabele kosten ziekenhuisverpleging en kosten van specialistische hulp	Overige prestaties
Arbeidsongeschikten		
15-34 jaar	449,59	509,57
35-44 jaar	450,16	514,63
45-54 jaar	497,61	520,96
55-64 jaar	408,84	359,19
Bijstandgerechtigden		
15-34 jaar	155,31	28,27
35-44 jaar	135,71	115,52
45-54 jaar	213,11	176,78
55-64 jaar	150,56	98,73
WW, ANW(AWW) en overige uitkeringsgerechtigden		

15-34 jaar	49,95	22,61
35-44 jaar	-26,04	-9,13
45-54 jaar	-83,29	-33,94
55-64 jaar	-131,28	-76,65
Zelfstandigen		
15-34 jaar	-27,12	-21,54
35-44 jaar	-53,93	-65,54
45-54 jaar	-114,11	-103,87
55-64 jaar	-165,30	-139,18
Referentiegroep		
0-14 jaar	0,00	0,00
15-34 jaar	-17,30	-15,80
35-44 jaar	-29,74	-32,78
45-54 jaar	-56,11	-60,91
55-64 jaar	-87,37	-79,79
65+ jaar	0,00	0,00

Tabel B4.5	Gewichten voor het criterium regio (in euro's per verzekerde).	
Regio	Variabele kosten ziekenhuisverpleging en kosten van specialistische hulp	Overige prestaties
1	53,74	6,40
2	38,58	1,73
3	20,27	8,09
4	12,31	3,34
5	0,87	5,27

Regio	Variabele kosten ziekenhuisverpleging en kosten van specialistische hulp	Overige prestaties
6	-9,73	-0,26
7	-9,08	0,16
8	-26,73	-2,02
9	-38,43	-10,20
10	-73,37	-24,55

Tabel B4.6	Gewichten voor het criterium sociaaleconomische status (in euro's per verzekerde.)	
	Variabele kosten ziekenhuisverpleging en kosten van specialistische hulp	Overige prestaties
SES > 15 bewoners		
0-14 jaar	-14,35	-53,85
15-64 jaar	-14,35	-70,70
65+ jaar	15,85	502,40
SES 1 (laag)		
0-14 jaar	6,32	9,48
15-64 jaar	35,61	15,75
65+ jaar	284,31	121,78
SES 2 (midden)		
0-14 jaar	-9,24	-7,76
15-64 jaar	10,82	18,74
65+ jaar	-50,91	-35,22
SES 3 (hoog)		

	Variabele kosten ziekenhuisverpleging en kosten van specialistische hulp	Overige prestaties
0-14 jaar	0,12	-20,83
15-64 jaar	-37,13	-30,14
65+ jaar	-110,80	-90,15

Bijlage 5

Ggz-Bijlage behorende bij artikel 3.3, vierde lid, van de Regeling zorgverzekering.

De in deze bijlage genoemde gewichten zijn bedoeld voor de ex ante berekening van het normatieve bedrag ten behoeve van een zorgverzekeraar.

Tabel B5.1	Gewichten voor het criterium leeftijd en geslacht (in euro's per verzekerde).	
	Geneeskundige ggz	
	Mannen	Vrouwen
0-4 jaar	112,57	109,37
5-9 jaar	197,42	120,94
10-14 jaar	209,82	146,53
15-19 jaar	278,98	306,77
20-24 jaar	257,55	291,18
25-29 jaar	266,17	285,61
30-34 jaar	260,01	272,08
35-39 jaar	334,65	345,45
40-44 jaar	336,25	342,08
45-49 jaar	283,74	291,84
50-54 jaar	267,46	268,23
55-59 jaar	183,30	181,05

	Geneeskundige ggz	
60-64 jaar	178,83	178,82
65-69 jaar	115,30	114,70
70-74 jaar	118,68	120,82
75-79 jaar	125,59	118,24
80-84 jaar	134,97	130,79
85-89 jaar	138,27	135,18
90⁺ jaar	115,47	112,56

Tabel B5.2 | **Gewichten voor het criterium ggz-regio (in euro's per verzekerde).**

ggz-regio	geneeskundige ggz
1	135,68
2	82,46
3	28,64
4	-3,68
5	-15,97
6	-26,81
7	-30,45
8	-32,35
9	-36,98
10	-37,08

Tabel B5.3	Gewichten voor het criterium FKG psychische aandoeningen (in euro's per verzekerde).
FKG's	geneeskundige ggz
Geen FKG psychische aandoeningen	-59,15
FKG psychische aandoeningen	1721,09

Tabel B5.4	Gewichten voor het criterium aard van het inkomen (in euro's per verzekerde).
	geneeskundige ggz
Arbeidsongeschikten	
15-34 jaar	2585,39
35-44 jaar	1714,82
45-54 jaar	695,96
55-64 jaar	176,43
Bijstandgerechtigden	
15-34 jaar	2119,43
35-44 jaar	2351,76
45-54 jaar	1595,43
55-64 jaar	373,97
WW, ANW(AWW) en overige uitkeringsgerechtigden	
15-34 jaar	-26,93
35-44 jaar	-141,58
45-54 jaar	-108,58
55-64 jaar	-55,54
Zelfstandigen	
15-34 jaar	-132,19

	geneeskundige ggz
35-44 jaar	-208,47
45-54 jaar	-143,85
55-64 jaar	-55,53
Referentiegroep	
0-14 jaar	0,00
15-34 jaar	-120,86
35-44 jaar	-190,89
45-54 jaar	-137,49
55-64 jaar	-54,99
65⁺ jaar	0,00

Tabel B5.5	Gewichten voor het criterium sociaaleconomische status (in euro's per verzekerde).

	geneeskundige ggz
SES > 15 bewoners	
0-14 jaar	849,00
15-64 jaar	849,00
65⁺ jaar	95,60
SES 1 (laag)	
0-14 jaar	1,72
15-64 jaar	11,75
65⁺ jaar	6,02
SES 2 (midden)	
0-14 jaar	-5,24

	geneeskundige ggz
15-64 jaar	-7,09
65⁺ jaar	-3,86
SES 3 (hoog)	
0-14 jaar	-7,18
15-64 jaar	-20,86
65⁺ jaar	-10,21

Tabel B5.6	Gewichten voor het criterium eenpersoonsadres (in euro's per verzekerde).
	geneeskundige ggz
Niet	-5,96
Wel	40,72

Bijlage 6

Bijlage behorende bij artikel 3.6, eerste lid, van de Regeling zorgverzekering.
De in deze bijlage genoemde gewichten zijn bedoeld voor de ex post berekening van het normatieve bedrag ten behoeve van een zorgverzekeraar. De gewichten bevatten een correctie voor HKV.

Tabel B6.1	Gewichten voor het criterium leeftijd en geslacht (in euro's per verzekerde).			
	Variabele kosten ziekenhuisverpleging en kosten van specialistische hulp		Overige prestaties	
	Mannen	Vrouwen	Mannen	Vrouwen
0-4 jaar	744,49	621,04	509,40	469,56
5-9 jaar	401,99	358,62	564,92	514,43
10-14 jaar	364,01	357,03	525,51	528,44
15-19 jaar	385,39	424,13	537,82	615,25

Bijlage 3 Regeling zorgverzekering

	Variabele kosten ziekenhuisverpleging en kosten van specialistische hulp		Overige prestaties	
20-24 jaar	386,48	516,90	437,94	628,87
25-29 jaar	393,18	701,47	396,60	792,23
30-34 jaar	417,68	797,13	421,74	871,12
35-39 jaar	460,06	696,65	457,74	695,75
40-44 jaar	499,32	606,37	483,13	572,95
45-49 jaar	583,43	664,90	539,99	622,33
50-54 jaar	685,86	755,01	589,90	688,68
55-59 jaar	858,89	857,99	676,07	770,76
60-64 jaar	1015,16	945,94	722,86	826,68
65-69 jaar	1317,09	1102,41	874,45	921,63
70-74 jaar	1624,80	1333,19	975,58	1030,33
75-79 jaar	1911,86	1547,01	1108,95	1168,83
80-84 jaar	1995,64	1613,84	1262,50	1314,95
85-89 jaar	1981,56	1602,60	1442,10	1477,82
90+ jaar	1891,70	1351,18	1666,04	1676,44

Tabel B6.2 Gewichten voor het criterium FKG's (in euro's per verzekerde).

FKG's	Variabele kosten ziekenhuisverpleging en kosten van specialistische hulp	Overige prestaties
0 Geen FKG	-106,90	-194,03
1 Glaucoom	110,52	250,01
2 Schildklieraandoeningen	242,94	152,25
3 Psychische aandoeningen	69,26	475,69
4 Hoog cholesterol	198,88	354,38

FKG's	Variabele kosten ziekenhuisverpleging en kosten van specialistische hulp	Overige prestaties
5 Diabetes IIb (laag intensief)	275,50	452,78
6 Cara	527,07	859,35
7 Diabetes IIa (hoog intensief)	490,47	971,99
8 Epilepsies	468,80	972,80
9 Ziekte van Crohn/colitis ulcerosa	450,41	758,45
10 Hartaandoeningen	1040,44	723,92
11 Reuma	1041,90	2467,34
12 Parkinson	805,86	2719,47
13 Diabetes I	862,96	2191,68
14 Transplantaties	907,24	2814,60
15 Cystic fibrosis/pancreasaandoeningen	921,24	4025,89
16 Aandoeningen van hersenen en ruggenmerg	846,16	8529,88
17 Kanker	2916,16	4429,19
18 HIV/Aids	978,51	11094,23
19 Nieraandoeningen	3840,84	3409,58
20 Groeihormonen	556,47	15016,16

Tabel B6.3	Gewichten voor het criterium DKG's (in euro's per verzekerde).	
DKG's	Variabele kosten ziekenhuisverpleging en kosten van specialistische hulp	Overige prestaties
0	-53,55	-21,92
1	1223,41	385,16
2	1494,36	590,94
3	1762,66	726,72
4	1823,02	1118,00
5	2394,75	783,35
6	2872,11	883,78
7	3372,25	1683,90
8	3902,67	2063,79
9	3757,18	2446,49
10	4828,94	2921,85
11	5769,38	3266,02
12	6006,59	3337,13
13	16734,78	513,41

Tabel B6.4	Gewichten voor het criterium aard van het inkomen (in euro's per verzekerde).	
	Variabele kosten ziekenhuisverpleging en kosten van specialistische hulp	Overige prestaties
Arbeidsongeschikten		
15-34 jaar	372,19	466,46
35-44 jaar	409,53	492,17
45-54 jaar	448,71	491,79
55-64 jaar	375,41	343,02

	Variabele kosten ziekenhuisverpleging en kosten van specialistische hulp	Overige prestaties
Bijstandgerechtigden		
15-34 jaar	145,20	23,86
35-44 jaar	139,74	117,21
45-54 jaar	203,06	171,72
55-64 jaar	125,55	79,78
WW, ANW(AWW) en overige uitkeringsgerechtigden		
15-34 jaar	66,18	27,06
35-44 jaar	-14,31	-1,12
45-54 jaar	-70,74	-29,46
55-64 jaar	-118,83	-69,98
Zelfstandigen		
15-34 jaar	-22,82	-26,37
35-44 jaar	-59,54	-65,58
45-54 jaar	-112,01	-105,96
55-64 jaar	-153,31	-141,87
Referentiegroep		
0-14 jaar	0,00	0,00
15-34 jaar	-15,24	-14,35
35-44 jaar	-27,11	-31,69
45-54 jaar	-50,40	-57,07
55-64 jaar	-79,61	-74,92
65^+ jaar	0,00	0,00

Bijlage 3 Regeling zorgverzekering

Tabel B6.5 Gewichten voor het criterium regio (in euro's per verzekerde).

Regio	Variabele kosten ziekenhuisverpleging en kosten van specialistische hulp	Overige prestaties
1	54,51	4,71
2	38,19	2,02
3	21,23	7,06
4	12,85	3,84
5	0,93	5,41
6	-8,61	0,23
7	-14,43	-0,14
8	-27,20	-1,90
9	-37,51	-8,72
10	-72,29	-24,50

Tabel B6.6 Gewichten voor het criterium sociaaleconomische status (in euro's per verzekerde).

	Variabele kosten ziekenhuisverpleging en kosten van specialistische hulp	Overige prestaties
SES > 15 bewoners		
0-14 jaar	-4,58	-55,04
15-64 jaar	-4,58	-55,04
65$^+$ jaar	-20,50	519,58
SES 1 (laag)		
0-14 jaar	1,91	10,00
15-64 jaar	34,09	19,67
65$^+$ jaar	292,07	123,68

	Variabele kosten ziekenhuisverpleging en kosten van specialistische hulp	Overige prestaties
SES 2 (midden)		
0-14 jaar	-4,55	-7,61
15-64 jaar	11,51	18,96
65⁺ jaar	-48,74	-34,21
SES 3 (hoog)		
0-14 jaar	6.26	-24,02
15-64 jaar	-37,02	-33,58
65⁺ jaar	-120,47	-95,46

Bijlage 7

Bijlage behorende bij artikel 3. 16, tweede lid, van de Regeling zorgverzekering.

De in deze bijlage genoemde gewichten zijn bedoeld voor de berekening van de specifiek voor de zorgverzekeraar geraamde opbrengst van het verplicht eigen risico.

Tabel B7.1 Gewichten voor het criterium leeftijd en geslacht (in euro's per verzekerde).

Leeftijd	Mannen	Vrouwen
18-19 jaar	56,39	81,46
20-24 jaar	61,97	110,51
25-29 jaar	63,10	115,99
30-34 jaar	67,57	112,25
35-39 jaar	72,93	108,61
40-44 jaar	77,67	102,82
45-49 jaar	83,61	106,93
50-54 jaar	89,81	106,80

Leeftijd	Mannen	Vrouwen
55-59 jaar	98,19	112,55
60-64 jaar	105,04	116,86
65-69 jaar	114,97	123,47
70-74 jaar	125,34	131,30
75-79 jaar	132,48	136,37
80-84 jaar	136,75	138,14
85-89 jaar	138,46	137,07
90$^+$ jaar	137,45	131,96

Tabel B7.2 Gewichten voor het criterium aard van het inkomen (in euro's per verzekerde).

Categorie	Bedrag in euro's
Arbeidsongeschikten	
18-34 jaar	26,57
35-44 jaar	27,98
45-54 jaar	24,91
55-64 jaar	16,97
Bijstandgerechtigden	
18-34 jaar	13,55
35-44 jaar	16,64
45-54 jaar	13,69
55-64 jaar	3,02
WW, ANW(AWW) en overige uitkeringsgerechtigden	
18-34 jaar	7,45

Categorie	Bedrag in euro's
35-44 jaar	3,20
45-54 jaar	-1,13
55-64 jaar	-3,34
Zelfstandigen	
15-34 jaar	-4,32
35-44 jaar	-7,40
45-54 jaar	-9,98
55-64 jaar	-9,90
Referentiegroep	
18-34 jaar	-1,13
35-44 jaar	-1,35
45-54 jaar	-1,59
55-64 jaar	-2,06
65$^+$ jaar	0,00

Tabel B7.3	Gewichten voor het criterium regio (in euro's per verzekerde).
Regio	
1	2,51
2	1,54
3	1,15
4	0,20
5	-0,06
6	-0,66

Bijlage 3 Regeling zorgverzekering

Regio	
7	-1,24
8	-1,60
9	-1,22
10	-1,23

Bijlage 8

Bijlage behorend bij artikel 6.3.1 van de Regeling zorgverzekering.

Het in artikel 6.3.1, eerste lid, bedoelde verhoudingsgetal voor het jaar 2008, de gemiddelde uitgaven voor zorg in het woonland en de gemiddelde uitgaven voor zorg voor Nederland voor het jaar dat overeenkomt met het jaar waarvoor de kosten in het woonland zijn berekend, zijn in tabel 8.1 opgenomen in respectievelijk de kolom Woonlandfactor, de kolom Gemiddelde zorgkosten woonland en de kolom Gemiddelde zorgkosten Nederland en luiden als volgt:

Tabel B8.1	Verhouding gemiddelde zorgkosten Nederland versus gemiddelde zorgkosten woonland.[1]			
Land	Berekenings-jaar	Gemiddelde zorg-kosten woonland[2]	Gemiddelde zorg-kosten Nederland[2]	Woonlandfactor
België	2005	€ 1.807,62	€ 2.939,58	0,6149
Bosnië-Herzegovina	2005	€ 120,98	€ 2.939,58	0,0412
Bulgarije	2005	€ 110,72	€ 2.939,58	0,0377
Cabo Verde	2005	€ 45,94	€ 2.939,58	0,0156
Cyprus	2003	€ 368,80	€ 2.660,96	0,1386
Denemarken	2005	€ 1.774,74	€ 2.939,58	0,6037
Duitsland	2005	€ 1.977,89	€ 2.939,58	0,6728

1 Zie tabel B8.2 voor de bronvermelding van de gegevens uit deze tabel.
2 De gemiddelde zorgkosten van Nederland komen telkens overeen met het jaar waarvoor de gemiddelde zorgkosten van het woonland zijn berekend.

Land	Berekenings-jaar	Gemiddelde zorgkosten woonland[2]	Gemiddelde zorgkosten Nederland[2]	Woonlandfactor
Estland	2005	€ 297,55	€ 2.939,58	0,1012
Finland	2004	€ 1.478,71	€ 2.700,19	0,5476
Frankrijk	2004	€ 1.872,59	€ 2.700,19	0,6935
FRJ Montenegro	2002	€ 148,06	€ 2.448,29	0,0605
FRJ Servië	2002	€ 134,52	€ 2.448,29	0,0549
Griekenland	2005	€134,52	€ 2.448,29	0,0549
Groot-Brittannië	2003	€ 1.766,79	€ 2.660,96	0,6640
Hongarije	2005	€ 432,58	€ 2.939,58	0,1472
Ierland	2004	€ 2.747,78	€ 2.700,19	1,0176
IJsland	2005	€ 3.265,28	€ 2.939,58	1,1108
Italië	2004	€ 1.562,18	€ 2.700,19	0,5785
Kroatië	2005	€ 418,80	€ 2.939,58	0,1425
Letland	2005	€ 169,85	€ 2.939,58	0,0578
Liechtenstein	2005	€ 1.855,81	€ 2.939,58	0,6313
Litouwen	2005	€ 205,93	€ 2.939,58	0,0701
Luxemburg	2005	€ 2.213,36	€ 2.939,58	0,7530
Macedonië	2005	€ 122,12	€ 2.939,58	0,0415
Malta	2005	€ 570,17	€ 2.939,58	0,1940
Marokko	2002	€ 30,56	€ 2.448,29	0,0125
Noorwegen	2002	€ 3.204,38	€ 2.448,29	1,3088
Oostenrijk	2005	€ 1.759,12	€ 2.939,58	0,5984
Polen	2004	€ 182,51	€ 2.700,19	0,0676
Portugal	2005	€ 878,61	€ 2.939,58	0,2989

Bijlage 3 Regeling zorgverzekering

Land	Berekenings-jaar	Gemiddelde zorg-kosten woonland[2]	Gemiddelde zorg-kosten Nederland[2]	Woonlandfactor
Roemenië	2005	€ 128,35	€ 2.939,58	0,0437
Slovenië	2005	€ 755,12	€ 2.939,58	0,2569
Slowakije	2005	€ 310,97	€ 2.939,58	0,1058
Spanje	2005	€ 1.054,78	€ 2.939,58	0,3588
Tsjechië	2005	€ 523,50	€ 2.939,58	0,1781
Tunesië	2002	€ 68,72	€ 2.448,29	0,0281
Turkije	2004	€ 112,37	€ 2.700,19	0,0416
Zweden	2005	€ 2.180,08	€ 2.939,58	0,7416
Zwitserland	2005	€ 1.504,30	€ 2.939,58	0,5117

2 De gemiddelde zorgkosten van Nederland komen telkens overeen met het jaar waarvoor de gemiddelde zorgkosten van het woonland zijn berekend.

Tabel B8.2	Bronvermelding gegevens tabel B8.1 (voor het genoemde berekeningsjaar):
Land	Bron van de gegevens
België	Nota rekencommissie EU - CA.SS.TM. 236/07 - 4 september 2007
Bosnië-Herzegovina	Info Hauptverband der Österreichischen Sozialversicherungsträger
Bulgarije	Cijfers National Health and Insurance Fund - 12 oktober 2007
Cabo Verde	Instituto Nacional de Previdência Social: Relatório e Contas 2005
Cyprus	Nota Rekencommissie EU - CA.SS.TM. 283/07 - 5 oktober 2007
Denemarken	Brief Ministry of Interior and Health - 14 augustus 2007
Duitsland	Nota Rekencommissie EU - CA.SS.TM. 092/07 - 13 maart 2007
Estland	Nota Rekencommissie EU - CA.SS.TM. 309/07 - 24 oktober 2007
Finland	Nota Rekencommissie EU - CA.SS.TM. 105/07 - 20 april 2007
Frankrijk	Nota Rekencommissie EU - CA.SS.TM. 112/06 - 10 april 2006
FRJ Montenegro	Embassy of Serbia and Montenegro - Tableau statistique des donnes sur les frais de la protection medicale - 4 dec 2003
FRJ Servië	Embassy of Serbia and Montenegro - Tableau statistique des donnes sur les frais de la protection medicale - 4 december 2003
Griekenland	Nota Rekencommissie EU - CA.SS.TM. 093/07 - 19 maart 2007
Groot-Brittannië	Nota Rekencommissie EU - CA.SS.TM.100/06 - 7 april 2006
Hongarije	Informatie National Health Insurance Fund 4 oktober 2007
Ierland	Nota Rekencommissie EU - CA.SS.TM. 098/07 - 5 april 2007
IJsland	Statistics Iceland: Health, social affairs and justice: Social protection expenditure 2005
Italië	Nota Rekencommissie EU - CA.SS.TM. 123/07 - 27 april 2007
Kroatië	Brief Croatian Institute for Health Insurance van 8 mei 2006
Letland	Nota Rekencommissie EU - CA.SS.TM. 291/06 REV 2 - 25 april 2007
Liechtenstein	Nota Rekencommissie EU - CA.SS.TM. 261/06 - 16 oktober 2006

Bijlage 3 Regeling zorgverzekering 323

Land	Bron van de gegevens
Litouwen	Nota Rekencommissie EU - CA.SS.TM. 102/07 - 16 april 2007
Luxemburg	Nota Rekencommissie EU - CA.SS.TM 073/07 - 15 maart 2007
Macedonië	Brief Fonds voor de ziekteverzekering van Macedonië van 15 mei 2007
Malta	Nota Rekencommissie EU - CA.SS.TM. 106/07 - 18 april 2007
Marokko	Rapport Royaume du Maroc 'CNSS' - 30 december 2005
Nederland	2001: Nota Rekencommissie EU - CA.SS.TM. 265/03 - 29 september 2003 2002: Nota Rekencommissie EU - CA.SS.TM. 158/04 - 28 april 2004 2003: Nota Rekencommissie EU - CA.SS.TM. 190/05 - 13 mei 2005 2004: Nota Rekencommissie EU - CA.SS.TM. 266/06 - 21 september 2006 2005: Nota Rekencommissie EU - CA.SS.TM. 088/07 - 13 april 2007
Noorwegen	Nota Rekencommissie EU - CA.SS.TM. 303/05 - 23 maart 2006
Oostenrijk	Nota Rekencommissie EU - CA.SS.TM. 248/06 - 26 september 2006
Polen	Nota Rekencommissie EU - CA.SS.TM. 99/07 - 6 april 2007
Portugal	Nota Rekencommissie EU - CA.SS.TM. 303/07 9 oktober 2007
Roemenië	National House of Health Insurance - 20 oktober 2007
Slovenië	Nota Rekencommissie EU - CA.SS.TM. 290/06 - 7 november 2006
Slowakije	Nota Rekencommissie EU - CA.SS.TM. 280/07 - 28 september 2007
Spanje	Nota Rekencommissie EU - CA.SS.TM, 264/06 - 29 september 2006
Tsjechië	Nota Rekencommissie EU - CA.SS.TM. 262/06 - 9 oktober 2006
Tunesië	Caisse Nationale de Securite Sociale - 21 december 2004
Turkije	Ministry of labour and social security - Annual average costs calculation of medical treatment per one person - 28 maart 2006
Zweden	Nota Rekencommissie EU - CA.SS.TM. 279/07 - 28 september 2007
Zwitserland	Nota Rekencommissie EU - CA.SS.TM. 204/06 - 4 augustus 2006

Bijlage 4 Wet op de zorgtoeslag

Wet van 16 juni 2005, houdende regels inzake de aanspraak op een financiële tegemoetkoming in de premie van een zorgverzekering vanwege een laag inkomen, zoals deze wet laatstelijk is gewijzigd bij wet van 13 december 2007, *Stb.* 2007, 540 (Wet op de zorgtoeslag)

Artikel 1

1 In deze wet en de daarop berustende bepalingen wordt verstaan onder:
   a Onze Minister: Onze Minister van Volksgezondheid, Welzijn en Sport;
   b zorgverzekering: de schadeverzekering, bedoeld in artikel 1, onder d, van de Zorgverzekeringswet;
   c verzekerde: de persoon, bedoeld in artikel 1, onder f, of in artikel 69 van de Zorgverzekeringswet, vanaf de eerste dag van de kalendermaand volgende op de maand waarin hij achttien jaar wordt, met uitzondering van de verzekerde, bedoeld in artikel 24, eerste lid, van die wet;
   d zorgtoeslag: een tegemoetkoming in de premie voor een zorgverzekering;
   e drempelinkomen: 108% van het twaalfvoud van het voor de maand januari van het berekeningsjaar geldende in artikel 8, eerste lid, onderdeel a, van de Wet minimumloon en minimumvakantiebijslag bedoelde bedrag per maand, verminderd met het werknemersaandeel in de premie ingevolge artikel 25, tweede lid, van de Wet financiering sociale verzekeringen en vermeerderd met de vergoeding ingevolge artikel 46, eerste lid, van de Zorgverzekeringswet over dat loon;
   f de standaardpremie: het op grond van artikel 4 vastgestelde bedrag;
   g de normpremie: de aan de hand van het drempelinkomen en het toetsingsinkomen van de verzekerde berekende premie voor een zorgverzekering in het berekeningsjaar.
2 De hoogte van de zorgtoeslag is afhankelijk van de draagkracht.

Artikel 2

1 Indien de normpremie voor een verzekerde in het berekeningsjaar minder bedraagt dan de standaardpremie in dat jaar, heeft de verzekerde aan-

spraak op een zorgtoeslag ter grootte van dat verschil. Voor een verzekerde met een partner wordt daarbij tweemaal de standaardpremie in aanmerking genomen; in dat geval worden de verzekerde en zijn partner voor de toepassing van deze wet geacht gezamenlijk één aanspraak te hebben.

2 De normpremie bedraagt een percentage van het drempelinkomen in het berekeningsjaar, vermeerderd met een percentage van het toetsingsinkomen van de verzekerde in dat jaar voor zover dat toetsingsinkomen het drempelinkomen te boven gaat. Voor een verzekerde met een partner wordt daarbij het gezamenlijke toetsingsinkomen in aanmerking genomen.

3 De percentages worden voor verzekerden met een partner vastgesteld op 5% van het drempelinkomen, vermeerderd met 5% van het toetsingsinkomen voor zover dat boven het drempelinkomen uitgaat en voor een verzekerde zonder partner op 3,5% van het drempelinkomen, vermeerderd met 5% van het toetsingsinkomen voor zover dat boven het drempelinkomen uitgaat. Deze percentages kunnen bij algemene maatregel van bestuur worden gewijzigd.

4 In afwijking van het eerste lid bedraagt de aanspraak op een zorgtoeslag voor een verzekerde met een partner die geen verzekerde is, vijftig procent van het op grond van het eerste lid berekende bedrag.

5 In afwijking van het eerste lid heeft een verzekerde met een partner die niet heeft voldaan aan de voor hem op grond van artikel 2 van de Zorgverzekeringswet geldende verplichting zich krachtens een zorgverzekering te verzekeren, geen aanspraak op een zorgtoeslag.

6 De aanspraak op een zorgtoeslag wordt voor iedere kalendermaand afzonderlijk bepaald.

7 Bij regeling van Onze Minister kunnen omtrent het bepaalde in het zesde lid nadere regels worden gesteld.

8 De voordracht voor een krachtens het derde lid vast te stellen algemene maatregel van bestuur wordt niet eerder gedaan dan twee weken nadat het ontwerp aan beide kamers der Staten-Generaal is overgelegd.

Artikel 3

1 De standaardpremie voor een persoon als bedoeld in artikel 69 van de Zorgverzekeringswet is, in afwijking van artikel 4, gelijk aan het met toepassing van dat artikel bepaalde bedrag, vermenigvuldigd met het getal dat wordt berekend uit de verhouding tussen de gemiddelde uitgaven voor zorg voor een persoon ten laste van de sociale zorgverzekeringen in het woonland van deze persoon, en de gemiddelde uitgaven voor zorg voor een persoon ten laste van de sociale zorgverzekeringen in Nederland.

2 Bij ministeriële regeling wordt jaarlijks uiterlijk in november per land het in het eerste lid bedoelde verhoudingsgetal vastgesteld.

Artikel 4

Onze Minister stelt uiterlijk 15 dagen voorafgaande aan het berekeningsjaar bij regeling de standaardpremie voor het berekeningsjaar vast die wordt gevormd door de geraamde gemiddelde premie voor een verzekerde voor een zorgverzekering in het berekeningsjaar te vermeerderen met het geraamde gemiddelde bedrag dat een verzekerde naar verwachting in dat jaar betaalt ingevolge artikel 18a van de Zorgverzekeringswet, met dien verstande dat bij het geraamde gemiddelde bedrag verzekerden die recht hebben op een uitkering als bedoeld in artikel 118a van de Zorgverzekeringswet niet worden meegerekend.

Artikel 5

1 De Belastingdienst/Toeslagen is belast met de uitvoering van deze wet.
2 De zorgtoeslag komt ten laste van het Rijk.

Artikel 6

Onze Minister zendt binnen vier jaar na de inwerkingtreding van deze wet, en vervolgens telkens na vier jaar, aan de Staten-Generaal een verslag over de doeltreffendheid en de effecten van deze wet in de praktijk, in het bijzonder van de bij of krachtens deze wet vastgestelde percentages ter bepaling van de normpremie.

Artikel 7

Deze wet treedt in werking op een bij koninklijk besluit te bepalen tijdstip.

Artikel 8

Deze wet wordt aangehaald als: Wet op de zorgtoeslag.

De auteur

Mr. C.C. Beerepoot heeft Nederlands recht gestudeerd aan de Universiteit van Amsterdam en is haar carrière begonnen op het ministerie van Sociale Zaken en Werkgelegenheid op het terrein van het arbeidsrecht. Sinds 1992 is zij als jurist werkzaam op het ministerie van Volksgezondheid, Welzijn en Sport. In haar huidige functie op de directie Zorgverzekeringen van het ministerie houdt zij zich bezig met wetgeving en beleid op het terrein van de sociale-ziektekostenverzekeringen, meer in het bijzonder het aansprakenpakket. Zij is daarnaast werkzaam als auteur en redacteur van diverse juridische losbladige uitgaven, nieuwsbrieven en internetuitgaven inzake de zorgverzekeringen.

De auteur verzorgt deze uitgave à titre personnel.

Afkortingen

AFM
Autoriteit Financiële Markten

AMvB
algemene maatregel van bestuur

AOW
Algemene Ouderdomswet

AWBZ
Algemene Wet Bijzondere Ziektekosten

AWIR
Algemene wet inkomensafhankelijke regelingen

bsn
burgerservicenummer

BW
Burgerlijk Wetboek

cao
collectieve arbeidsovereenkomst

CBP
College bescherming persoonsgegevens

CTG
College tarieven gezondheidszorg

CTZ
College toezicht zorgverzekeringen

CVZ
College voor zorgverzekeringen

dbc
diagnosebehandelingcombinatie

D-G
Directeur-Generaal

DGA's
Directeuren-grootaandeelhouders

DIS
DBC-Informatie Systeem

DKG
diagnosekostengroep

DNB
De Nederlandsche Bank

EER
Europese Economische Ruimte

EG
Europese Gemeenschap(pen)

EU
Europese Unie

FKG
Farmaceutische Kosten Groep

GAR
gender-address-region

ggz
geestelijke gezondheidszorg

gvs
geneesmiddelenvergoedingssysteem

I&A-wet
Invoerings- en aanpassingswet Zorgverzekeringswet

IGZ
Inspectie voor de Gezondheidszorg

ILO
International Labour Organization

Jurispr.
Jurisprudentie

KB
Koninklijk Besluit

KNMG
Koninklijke Nederlandsche Maatschappij tot bevordering der Geneeskunst

MvT
memorie van toelichting

NHT
Nederlandse Herverzekeringsmaatschappij voor Terrorismeschaden

NMa
Nederlandse Mededingingsautoriteit

NPCF
Nederlands Patiënten Consumenten Federatie

NZa
Nederlandse Zorgautoriteit

PbEG
Publicatieblad van de Europese Gemeenschappen

pbg
persoonsgebonden budget

PVK
Pensioen- & Verzekeringskamer

Rv
Wetboek van Burgerlijke Rechtsvordering

Rvz
Raad voor de volksgezondheid en zorg

SES
Sociaal-economische status

Stb.
Staatsblad

Stcrt.
Staatscourant

Suwi
Wet structuur uitvoeringsorganisatie werk en inkomen

SZW
Sociale Zaken en Werkgelegenheid

UWV
Uitvoeringsinstituut werknemersverzekeringen

VWS
Volksgezondheid, Welzijn en Sport

WAO
Wet op de arbeidsongeschiktheidsverzekering

WBP
Wet bescherming persoonsgegevens

Wet BIG
Wet Beroepen in de gezondheidszorg

Wet IB 2001
Wet inkomstenbelasting 2001

Wet MOOZ
Wet medefinanciering oververtegenwoordiging oudere ziekenfondsverzekerden

WFD
Wet financiële dienstverlening

WFT
Wet op het financieel toezicht

Wfsv
Wet financiering sociale verzekeringen

WMG
Wet marktordening gezondheidszorg

WOR
Werkgroep onderzoekrisicoverevening

WTG
Wet tarieven gezondheidszorg

WTVb
Wet toezicht verzekeringsbedrijf 1993

Wtz
Wet op de toegang tot ziektekostenverzekeringen

WTZi
Wet toelating zorginstellingen

WW
Werkloosheidswet

Wzt
Wet op de zorgtoeslag

ZFW
Ziekenfondswet

ZN
Zorgverzekeraars Nederland

Zvw
Zorgverzekeringswet

Register

aanpassingsbesluit Zorgverzekeringswet	38	beroepswielrenners	92
aanpassingswet Zorgverzekeringswet	38	beroepszaken verdragsgerechtigden	68
aanvullende verzekering	113	beschikbaarheidstarief huisarts	98
aard van het inkomen	109	Besluit zorgverzekering	37
aard van het inkomen; criterium	102	betaalbaarheid zorg	27
academische component	110	bijdrage inkomen	93
acceptatieplicht	27, 28, 40, 83	bijdrage zorgkosten verzekerde	43
acceptatieplicht; ontheffing	83	bijdrage-inkomen	91
Addendum Zorgverzekeraars	48	boete	28
Adviescommissie Pakket	116	boete; CVZ	117
AFM	16	boete meldingsplicht verdragsgerechtigden	65
Algemene Wet Bijzondere Ziektekosten	18	boete; verzekeringsplicht	79
Algemene wet inkomensafhankelijke regelingen	22	boetebeschikkingen CVZ	112
alimentatie	93	Bolkestein, F.	55
Altmark-arrest	53	Bolkesteinbrief	55
ambtshalve teruggave inkomensafhankelijke bijdrage	91	buitengewone gebeurtenissen	105
AOW	93	Burgerlijk Wetboek	19
appraisalfase	116	burgerservicenummer	21, 22, 49, 91
assessmentfase	116	CAK-BZ	51
Autoriteit Financiële Markten	16	CBP	46, 47, 51
AWBZ	18	CFK	92
AWBZ-zorg verdragsgerechtigden	67	collectieve verzekering	87
AWIR	122, 126	collectiviteitskorting	87
		College voor zorgverzekeringen	37, 115
bedrijfsarts	45	compensatieregeling verplicht eigen risico	98
belastbare winst onderneming	94	concurrentiepositie	45
Belastingdienst/Toeslagen	125	contracteerplicht	86
beleidsregels CVZ	110	correctiemechanismen	100
beperkte reikwijdte zvw	40	CVZ	65, 115
berekeningssystematiek	124		
beroepsgeheim, medisch	47	dbc	50
beroepsvoetballers	92		

dbc-informatie	109	Farmaceutische Kosten Groep	50
DBC-informatiesysteem	50	Farmaceutische Kosten Groepen	99, 102
De Nederlandsche Bank	16	farmaceutische zorg	74
delegatiebevoegdheid	57	FKG	50, 102
Derde Schaderichtlijn	20, 55	FKG psychische aandoeningen	103
detentie	82	Functiegerichte omschrijving	41, 42
DGA	92		
diagnosebehandelingcombinatie	50	gedetineerden	124
diagnosekostengroepen	102	gedragscode bescherming persoonsgegevens ZN	46
DIS	50, 109		
DKG's	109	Gedragscode Verwerking Persoonsgegevens	46
DNB	16, 17, 61		
doelmatigheid zorgverzekeraar	118	Gedragscode zorgverzekeraars	51
doelmatigheid Zvw	45	gedragstoezicht	16, 17
draagkracht	122	gedragstoezicht AFM	61
drempelinkomen	122, 123	gegevensverstrekking	37
dubbele inschrijving	109	geheimhoudingsplicht	48
dwingendrechtelijke bepalingen titel 7.17 BW	40	gelijk speelveld voor verzekeraars	35
		gemoedsbezwaarden	125
		geneeskundige geestelijke gezondheidszorg	19, 37, 73
eenpersoonsadres	104		
eerstelijnspsychologische zorg	37	geneeskundige zorg; omvang	72
eerstelijnszorg, verwijzing	44	geneesmiddelen	38
EG-Verdrag	23	geneesmiddelenvergoedingssysteem	74
EG-Verordening 1	23	generieke verevening	106
eigen bijdrage	38	geschillen	117
eigen bijdrage; eerstelijnspsychologische zorg	72	geschillen verzekerde zorgverzekeraar	111
eigen bijdrage; kraamzorg	76	ggz	19, 44
eigen bijdrage; mondzorg	74	ggz-regio	103
eigen risico			
–, verplicht	97	hkv	107
–, vrijwillig	97	hogekostencompensatie	106
EPD	25	hogekostenverevening	107
equivalentiebeginsel	100	hogerberoepgeschillen	112
etalageartikel	87	huisarts; poortwachter	44
Etzioni	12	huisartsen	44
Europeesrechtelijke aspecten	52	hulpmiddelenzorg	38, 75
Europese regelgeving	52	I&A-wet	20
Europese schadeverzekeringsrichtlijnen	64, 86	IGZ	16
evidence based medicine	43	ILO-Verdragen	23
ex ante risicoverevening	100	indicatiegebieden	43
ex ante risicovereveningssysteem 2008	102	infectieziektenbestrijding	132
ex post aspecten risicoverevening	104	inkomen	93
ex post compensatiemechanismen	105	inkomensafhankelijke bijdrage	3, 13, 35, 37, 84, 90
ex post correctiemechanismen	100		
		inkomensafhankelijke bijdrage; heffing	131

Register

inkomensafhankelijke bijdrage; tegemoetkoming	21
inkomensafhankelijke regelingen	22
inkomenssolidariteit	27, 35, 122
innovatie academische ziekenhuizen	110
Inspectie voor de Gezondheidszorg	16
kernbegrippen Zvw	35
keuze eigen risico	34
keuzevrijheid verzekerde	36
kinderen tot 22 jaar; mondzorg	74
kraamzorg	44, 76
kring van verzekerden	18, 28
kring van verzekerden AWBZ	62, 83
last onder dwangsom	118
lijfrente-uitkering	94
macrodeelbedragen	38
macroprestatiebedrag	38
marktwerking	15, 35
mededelingsplicht	40
medisch beroepsgeheim	47
medisch specialisten	38
medisch-specialistische zorg	44, 57, 72
melding verdragsgerechtigden	65
militairen	124
modelovereenkomst zorgverzekering	88
modelovereenkomsten	118
mondzorg	74
monitoring Wzt	129
nacalculatie	106
nachtwakersstaat	31
naturapolis	36, 42, 85
Nederlandse Mededingingsautoritei	16
negatieve optie	113
nietig beding	113
niet-verzekerde partner	124
NMa	16
no-claimteruggave	34
no-claimteruggaveregeling	96
nominale premie	3, 13, 24, 28, 29, 36, 45, 89, 95, 110
normpremie	124
nultarief	93
NZa	117
NZa; modelovereenkomst	88
opzegging zorgverzekering	79
overgangsrecht vrijwillige AWBZ	62
pakketbeheer	115
paramedische zorg	73
participatiemaatschappij	33
Peerbooms	43
pensioenuitkering	94
percentage inkomensafhankelijke bijdrage	92
periodieke uitkeringen en verstrekkingen	94
persoonsgebonden budget	114
persoonsgegevens	38, 46, 109
persoonsgegevens; verbod gebruik	48
pgb	114
polisadministratie UWV	84, 91
positieve notificatie	52
postactieve uitkeringsgerechtigden	62
premie zorgverzekering	89
premiebetaling; onder 18 jaar	41
premiedifferentiatie	27, 45
premiedifferentiatie; verbod	36
premieschuld	80
prestaties	37
preventie	77
privaatrecht	34
privaatrechtelijk verzekeringsregime	36
privaatrechtelijke verzekering	27, 40
privacy	46
privacy enhancing technologies	50
pro-lifepolissen	43, 77
Protocol incassotraject wanbetalers Zorgverzekeringswet	81
protocol materiële controle	46
prudentieel toezicht	16, 17
pseudo-identiteit	50
rechtsbescherming	111
rechtsgang bronheffing verdragsgerechtigden	68
Regeling zorgverzekering	37
Regeling zorgverzekering verdragsgerechtigden	66
regels algemene (schade)verzekeringsrecht	40

regiocriterium	103	vereveningsbijdrage	37, 49
Reparatiewet 2008	24	vereveningsmodel	102
reserves ziekenfondsen	54	vereveningsregeling	115
restitutiepolis	36, 42, 85	vergunning DNB	63
resultaat uit overige werkzaamheden	94	verloskundigen	44
Rijnlandse model	34	verpleging	76
risicosolidariteit	27, 28, 29, 35	verplicht eigen risico	12, 13, 34, 37, 97
risicoverevening	29, 53, 100	verplicht eigen risico; compensatie	37
risicoverevening; gegevensstromen	108	verplicht eigen risico; compensatieregeling	38, 50
risicovereveningsstelsel	48		
risicovereveningssysteem	52	verplicht eigen risico; kwijtschelding	97
royement	80	vervoer; inhoud en omvang	77
		verwijzing eerstelijnszorg	44
schadelastverschuiving	101	verwijzing zorgaanbieder	21
Schaderichtlijn	20	verzekerd vanaf 18 jaar	28
schaderichtlijnen	27	verzekerde	40
schadeverzekering	19, 27, 28, 40, 55	verzekerde pakket	43
SES	103	verzekerde prestatie	42
Smits	43	verzekerde prestaties	27, 28, 71
sociaal-economische status	103	verzekerde risico	41
sociaal-rechtelijke randvoorwaarden	34	verzekerde tot 18 jaar; ggz	73
sociale karakter zorgverzekering	40	verzekerden tot 18 jaar; paramedische zorg	74
sociale randvoorwaarden	35, 45		
socialezekerheidsverdrag	65	verzekerdenkenmerken	28, 49
spoedeisende zorg; niet-gecontracteerde zorg	86	verzekerdennacalculatie	104
		verzekering van rechtswege	28
stand van de wetenschap en praktijk	42	verzekeringsplicht	27, 28, 40, 79, 83
standaardpremie	123	verzekeringsplicht; jonger dan 18 jaar	125
standaardverzekering curatieve zorg	37	verzekeringsplicht; vaststelling	37
Stichting Contractspelersfonds KNVB	92	verzekeringsplichtige; buitenland	83
subsidies	78	verzekeringsrecht	40
subsidies CVZ	116	verzorgingsstaat	31, 34
		Vierde tranche Algemene wet bestuursrecht	25
tarifering	118		
terrorismeregeling	56	volgorde verplicht en vrijwillig risico	98
toegankelijkheid	27	voorhang	57
toeslagpartner	126	vreemdelingen	24
toetsingsinkomen	122, 123, 125	vrije keuze zorgverzekering	85
toezicht op afstand	60	vrijwillig eigen risico	36, 61, 97
topreferente zorg	110	vrijwillige AWBZ	61
Transparantierichtlijn	113		
		Wabb	22
verblijf; medsich noodzakelijk	76	wachttijd overstap lager eigen risico	97
verbod premiedifferentiatie	29	wanbetalers	24, 33
verdeelkenmerken	101	Wbp	21, 51
verdragsgerechtigden	65	werkgebied zorgverzekeraar	83
verevening	37, 48	Wet algemene bepalingen burgerservice-	

nummer	22
Wet bescherming persoonsgegevens	21
Wet cliënt en kwaliteit van zorg	25
Wet maatschappelijke ondersteuning	19
Wet marktordening gezondheidszorg	15
Wet op het financieel toezicht	17
Wet toelating zorginstellingen	17
Wijffels, Herman	32
wilsverklaring	40
WMG	15, 60
WMO	19
woonlandfactor	66
woonlandpakket	62, 64, 66
WTZi	17
zeevarenden	93
ziekenfondsen, reserves	54
ziektekostenstelsel; publiekrechtelijk	34
Zorgautoriteit	8, 16, 18, 60, 117
zorgfuncties	42
zorginkoopmarkten	60
zorgpolis	94
zorgtoeslag	36, 122
zorgtoeslag; feitelijke verzekering	127
zorgtoeslag; gedetineerden	127
zorgtoeslag; jonger dan 18 jaar	127
zorgtoeslag verdragsgrechtigden	66
zorgtoeslag verdragsverzekerden	125
zorgverleningsmarkt	60
zorgverzekering	19, 27
zorgverzekering; beëindiging rechtswege	81
zorgverzekering; begin, einde en opschorting	79
zorgverzekering; einde	81
zorgverzekering; opschorting	81, 82
zorgverzekering; opzegging	41, 79
zorgverzekering; vrije keuze	85
Zorgverzekeringsfonds	37, 110
Zorgverzekeringsfonds; bijdragen	101
zorgverzekeringsmarkt; toezicht	60
zwijgplicht; ontheffing	47

GPSR Compliance

The European Union's (EU) General Product Safety Regulation (GPSR) is a set of rules that requires consumer products to be safe and our obligations to ensure this.

If you have any concerns about our products, you can contact us on

ProductSafety@springernature.com

In case Publisher is established outside the EU, the EU authorized representative is:

Springer Nature Customer Service Center GmbH
Europaplatz 3
69115 Heidelberg, Germany

www.ingramcontent.com/pod-product-compliance
Lightning Source LLC
LaVergne TN
LVHW080311260326
834688LV00038B/1052